MECKLENBURG
SCHWERIN und STRELITZ.
OST-SEE
MECKLENBURG SCHWERIN
MEKL. STRELITZ
Provinz Pommern
Provinz Brandenburg
Die Müritz See
Barth
Damgarten
Ribnitz
Marlow
Tribsees
Sülze
Rostock
Warnemünde
Doberan
Kröpelin
Tessin
Loitz
Gnoien
Dargun
Demmin
Jarmen
Anklam
Peendamm
Poel
Wismar
Neu Bukow
Schwaan
Bützow
Güstrow
Lage
Laage
Neu Kalden
Teterow
Malchin
Stavenhagen
Treptow
Friedland
Neu Brandenburg
Strasburg
Woldeck
Warin
Brüel
Sternberg
Crivitz
Goldberg
Krakow
Serrahn
Malchow
Plau
Waren
Penzlin
Stargard
Lübz
Parchim
Neustadt
Ludwigslust
Grabow
Röbel
Neu Strelitz
Alt Strelitz
Feldberg
Prenzlow
Fürstenwerder
Boizenburg
Mirow
Wesenberg
Fürstenberg
Lychen
Templin
Zehdenick
Gransee
Rheinsberg
Wittstock
Pritzwalk
Freienstein
Meienburg
Puttlitz
Perleberg
Lenzen
Wittenberge
Zechlin
Peene
30°
31°
30
53

Mecklenburg in Bildern

HAUPT TITEL
ZU DEN
4 JAHRGÄNGEN 1842-45
VON
MEKLENBURG IN BILDERN
MIT 100 LITHOGR.
Original-Ansichten, National-Trachten,
Militair-u. Portrait-Blättern;
WELCHE MIT ERLEUTERNDEM TEXTE BEGLEITET
VON
G.C.F. LISCH,
GROSSHERZOGL. MEKLENBURGISCHEM ARCHIVAR.
Lithographie, Druck und Verlag
DER
J.G. TIEDEMANN'SCHEN HOF-STEINDRUCKEREI
in
ROSTOCK

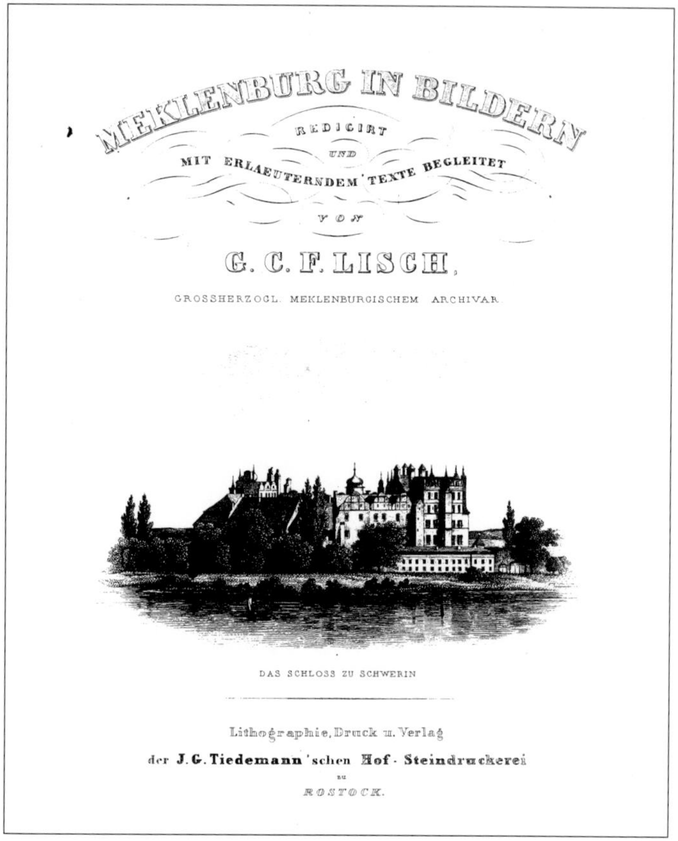
MEKLENBURG IN BILDERN
REDIGIRT
UND
MIT ERLAEUTERNDEM TEXTE BEGLEITET
VON
G. C. F. LISCH,
GROSSHERZOGL. MEKLENBURGISCHEM ARCHIVAR
DAS SCHLOSS ZU SCHWERIN
Lithographie, Druck u. Verlag
der J. G. Tiedemann'schen Hof-Steindruckerei
zu
ROSTOCK.

Titelblätter der Originalausgabe

Mecklenburg in Bildern

Mit geschichtlichen Erläuterungen von
Georg Christian Friedrich Lisch
zu 100 farbigen Ansichten
aus der
J.G. Tiedemann'schen Hof-Steindruckerei
in Rostock

Nach den Ausgaben von 1842-1845
neu herausgegeben
und zusammengestellt
von
Hanno Lietz
und
Peter-Joachim Rakow

Edition Temmen

Die Deutsche Bibliothek - CIP-Einheitsaufnahme

Mecklenburg in Bildern / mit geschichtlichen Erl. von Georg Christian Friedrich Lisch zu 100 farb. Ansichten aus der J. G. Tiedemann'schen Hof-Steindruckerei in Rostock. Nach den Ausg. von 1842 - 1845 neu hrsg. und zsgest. von Hanno Lietz und Peter-Joachim Rakow. - Bremen : Ed. Temmen, 1994
ISBN 3-86108-110-5

NE: Lisch, Georg C. F.; Lietz, Hanno [Hrsg.]

Reproduktionen:
Angelika Heim, Rostock

Für die Neuausgabe wurden Originale aus der Universitätsbibliothek Rostock und der Mecklenburgischen Landesbibliothek Schwerin verwendet.
Der Text wurde unverändert wiedergegeben.

Umschlagabbildung:
Doberan im Jahre 1800

Karte im Vorsatz:
Mecklenburg-Schwerin und Strelitz im Jahre 1845, aus: Kleiner Atlas der Deutschen Bundes-Staaten (den ganzen Preußischen Staat inbegriffen) für Schulen und zum häuslichen Gebrauch, besorgt von Adolf Stieler, Gotha 1845

3. Auflage 1999

Platz der Freundschaft 1 – 18059 Rostock
Tel. 0381-4019723 – Fax. 0381-4019729
Hohenlohestr. 21 – 28209 Bremen
Tel. 0421-34843-0 – Fax. 0421-348094
e-mail: Ed.Temmen@t-online.de

Druck: Saik Wah Press Pte Ltd
ISBN 3-86108-110-5

Inhalt

Vorwort

In seiner »Urgeschicht von Meckelnborg« erfindet Fritz Reuter die hübsche Geschichte, wie der Inspektor Knitschky in seinem Beisein auf der Suche nach einem unterirdischen Gang auf ein steinernes Gewölbe stößt. »Teigen Daler wull ich gewen, wenn nu de Herr Archivrat Lisch ut Swerin hir wir«, läßt Reuter sich sagen. »Worüm dat?« fragt der Inspektor »Wil de't versteiht! De knackt sei so'n oll Gewölw up as 'ne Hasselnöt. Un wat dat Slimmst is: wenn wi wat finnen, denn glöwt hei uns dat nich tau, denn hei glöwt blot an dat, wat hei sülwen funnen hett.« Reuter glossiert damit so launig wie treffend den Ruf und das Ansehen eines Mannes, der zu den hervorragenden Gelehrten des 19. Jahrhunderts in Deutschland gehörte und bei seinen Landsleuten in Mecklenburg als absolute Autorität in allen Fragen der Landesgeschichte galt. Friedrich Lisch war Archäologe, Philologe, Volkskundler, Historiker, Archivar und Bibliothekar in einer Person. Seine Interessen erstreckten sich auf das Gesamtgebiet und viele Nebengebiete der »antiquarischen« Erforschung seines Landes, wobei seine besondere Neigung den »Schätzen der Vorzeit« und dem mecklenburgischen Mittelalter galt. Dazu gehörten die steinzeitlichen Pfahlbauten und Großsteingräber ebenso wie die slawischen Burgwälle, der frühe Kirchenbau, Rechtsaltertümer, Fürsten- und Adelsgenealogien, Münzen und Wappen. Dieses Interesse an den Altertümern entsprach einem Geschichtsverständnis, wie es in der ersten Hälfte des 19. Jahrhunderts unter dem Einfluß der Romantik und nach dem Vorbild der »Gesellschaft für ältere deutsche Geschichtskunde« des Freiherrn vom und zum Stein vorherrschend war.

Friedrich Lisch ist maßgeblich auch die Herausgabe von *Meklenburg in Bildern* zu verdanken, einer Sammlung von Bildwerken, deren Erscheinen er im Oktober 1841 mit dem ambitiösen Anspruch ankündigte daß sie alles umfassen solle, was für Mecklenburg von einiger Bedeutung geworden ist: »(...) Merkwürdiges, Sehenswerthes und Erinnerungswürdiges in Städten, in Flecken und auf dem Lande, an Gegenden, Gebäuden, Denkmälern, Volkstrachten usw.« Ein Vorhaben also, das viel erwarten ließ: »Es ist auf Alles für Alle berechnet.« Lisch wirbt eindringlich um Mithilfe und Teilnahme des Publikums, erläutert Entwurf und Plan des Werkes und bittet um geneigte Subskription. Die im bunten Wechsel dargebotenen Ansichten aus der J.G. Tiedemann'schen Hof-Steindruckerei sollen von geschichtlichen Erläuterungen begleitet werden. Man beabsichtige, sie periodisch in Einzelheften zu liefern – wobei ein Jahrgang 8 Hefte umfassen sollte – und erscheinen zu lassen, »so lange der Absatz die sehr bedeutenden Kosten deckt«. Den Preis dafür wolle man jedoch so niedrig wie möglich halten, damit sich auch der Unbemittelte die Anschaffung leisten könne. »Das Unternehmen wird daher geschmackvollern und sinnreichern Schmuck auch in die Hütten zu verbreiten im Stande sein.«

Tatsächlich erschien die erste Lieferung dann bereits zu Weihnachten 1841. Schon der Titel verriet die Handschrift des Autors: »Meklenburg« steht da statt »Mecklenburg«, also die Schreibweise ohne »c«, die Lisch schon 1832 als die orthographisch einzig richtige erkannt haben wollte. Von den damals höchsten Autoritäten auf dem Gebiet der deutschen Philologie, den Gebrüdern Jacob und Wilhelm Grimm, ließ er sich diese Schreibweise absegnen und hielt an ihr trotz der bald einsetzenden Kritik zeitlebens eigensinnig fest, ja, in dem von ihm gegründeten *Verein für mecklenburgische Geschichte und Altertumskunde* sollte ihn die »Expulsion des c« (Julius Wiggers) noch Jahre überdauern. Erst mit ihrem 69. Jahrgang (1904) wagten die »Jahrbücher« des Vereins zum angestammten »ck« zurückzukehren. Man lese dazu das Vorwort des Vereinsvorstands, der mit der Begründung der »unscheinbaren orthographischen Änderung« zugleich einen kurzen Überblick über die Geschichte dieses gar nicht so unscheinbaren mecklenburgischen Gelehrtenstreits im 19. Jahrhundert gibt. Der Streit ist seitdem nicht wieder aufgeflammt. Daß der unkundige Fremdling den Namen des Landes nun häufig so ausspricht, wie es ihm die Schreibweise nahelegt, gehört zu den kleinen Ärgerlichkeiten, die sich der gestandene Mecklenburger immer wieder gefallen lassen muß.

Friedrich Lisch war zur Zeit des Erscheinens von *Meklenburg in Bildern* gerade vierzig Jahre alt. Der großherzoglich-mecklenburgische Archivarius hatte in den knapp sieben Jahren seines öffentlichen Wirkens schon ein beträchtliches Ansehen erworben und war als ausgewiesener Kenner der mecklenburgischen Geschichte, ihrer Altertümer und Denkmäler ein bekannter Mann im Land. Sein Name stand für frischen Forschergeist und wissenschaftliche Gediegenheit – Eigenschaften, die in einem Klima der allgemein erwachten Begeisterung für die Werte vaterländischer Geschichte bei seinen Landsleuten für ein solides Bildungserlebnis bürgten. Der Prophet galt etwas im Vaterland; er konnte sich der Beachtung seiner Buchankündigung sicher sein. Das wußte gewiß auch der Rostocker Verleger Johann Gottfried Tiedemann. Für die Bilder aus seiner renommierten Hof-Steindruckerei hätte er sich keinen besseren Kommentator als Lisch denken können.

Georg Christian Friedrich Lisch, wie er mit allen seinen Vornamen hieß, wurde am 29. März 1801 in der Stadt Strelitz im Herzogtum Mecklenburg-Strelitz geboren. Bemittelte Gönner ermöglichten dem begabten Knaben den Besuch des Gymnasiums in Güstrow. Nach seiner Immatrikulation an der Landesuniversität in Rostock studierte Lisch von 1822–1827 hier und in Berlin unter entbehrungsvollen Umständen Theologie, Philologie und Geschichte. Seinem Bewerbungsschreiben für das Archivamt ist zu entnehmen, daß es in Rostock vor allem Professor Johann Rudolf Schröter war, der seine »Liebe zur vaterländischen Altertumskunde« weckte, während ihn in Berlin Professor Karl Lachmann, der Begründer der modernen philologischen Textkritik, zum »historischen Studium des Gesamtgebiets der deutschen Sprache und aller Perioden ihrer Entwicklung« anregte.

Der Kandidat der Theologie erhielt nach dem Studium zunächst eine Stelle als Hilfslehrer (Kollaborator) am Gymnasium Fridericianum in Schwerin, wo er durch gelehrte Abhandlungen auf sich aufmerksam machte. Dadurch – und unterstützt durch offenbar höchste Regierungsprotektion – erhielt er schließlich die ersehnte Anstellung am Geheimen und Hauptarchiv in Schwerin, in das er am 2. Juli 1834 als zweiter Archivar eintrat. Damit saß er buchstäblich an der Quelle. Das Archiv, das dann schon ein Jahr später aus den Gewölben des Schlosses in das neuerrichtete Kollegiengebäude umzog, barst fast von den ungehobenen Schätzen einer jahrhundertealten Landesgeschichte. »Die meisten bedeutenden Forschungen unserer Zeit sind unmittelbar den Schätzen unserer Archive entnommen«, notierte Lisch in Anbetracht der Berge alter Urkunden und Akten. »Diese Schätze zu heben, ist aber nur sehr wenigen und zwar nur den Männern gegönnt, welche am Orte der Archive mit hinlänglich reicher Muße und der nötigen diplomatischen Ausrüstung wohnen. Historische Forschung kann *nur durch Abdruck der Quellen* allgemeiner angeregt werden. Aber gerade hierfür ist in den neuen Zeiten fast nichts getan (...).«

Voller Tatendrang und zielstrebig, den dienstälteren ersten Archivar Heinrich Groth bald beiseite drängend, ging Lisch daran, die Auswertung dieser Quellen zu organisieren. Dies geschah in enger Wechselwirkung mit dem bereits genannten *Verein für mecklenburgische Geschichte und Altertumskunde*, dessen Gründung der junge Archivar schon 1835 initiierte, und der Herausgabe der vereinseigenen Jahrbücher, die Lisch im Zeitraum von 1836 bis 1879 allein besorgte. Während er schon in den Jahrbüchern mit dem Abdruck mecklenburgischer Urkunden begann, unterstützte ihn der Verein bei der Veröffentlichung einer ersten Urkundensammlung, die unter dem Titel »Meklenburgische Urkunden« von 1837–1842 in drei Abteilungen erschien. Die Druckkosten hatte Großherzog Georg von Mecklenburg-Strelitz getragen. Gleichzeitig übernahm Lisch als Aufseher der großherzoglichen Altertümersammlung die Vollendung des von Johann Rudolf Schröter 1824 begonnenen und von Großherzog Friedrich Franz I. von Mecklenburg-Schwerin protegierten, ursprünglich großangelegten Tafelwerks der Denkmäler »aus der altgermanischen und slavischen Zeit Meklenburgs« (das sogenannte *Friderico Francisceum*), dessen sechstes und letztes Heft mit einem Textband 1837 bei Breitkopf und Härtel in Leipzig herauskam.

Um diese Zeit nahm auch die Geschäftsverbindung zwischen Lisch und dem Rostocker Verleger Tiedemann ihren Anfang. Unmittelbare Veranlassung dazu mag das »Mecklenburgische Wappenbuch« mit seinen vorzüglichen Wiedergaben mecklenburgischer Adelswappen in einfacher und kolorierter Ausgabe gegeben haben, das Tiedemann zusammen mit Rektor Gottlieb Matthias Carl Masch herausgegeben hatte. Lisch und der Vereinsausschuß äußerten sich jedenfalls sehr beeindruckt von den Steindruckproben, die sie schon vor dem endgültigen Druck einsehen konnten. In der Folgezeit trennte sich Lisch im Guten von Breitkopf und Härtel und wandte sich entschlossen Tiedemann und dessen Lithographischer Anstalt zu. Beide waren sich in ihrem Ideenreichtum und der Vielfalt ihrer Interessen sehr ähnlich. Während Lisch den ehrgeizig aufstrebenden, umtriebigen Gelehrtentyp seiner Zeit verkörperte, steht Tiedemann beispielhaft für den neuen Typ des wendigen, zupackenden Geschäftsmannes.

Georg Christian Friedrich Lisch
Gemälde von Fischer-Poisson (1854)

Johann Gottfried Tiedemann entstammte einer Försterfamilie aus Hundehagen bei Kröpelin, wo er am 26. September 1803 geboren wurde. Er trat 1819 als Handlungsbursche in das Geschäft des Kaufmanns Klinger in Rostock ein, erhielt von diesem, seinem zukünftigen Schwiegervater, eine gründliche kaufmännische Ausbildung, erwarb 1825 das Bürgerrecht und stellte sich schon bald darauf geschäftlich auf eigene Füße. Das Sortiment seines Handelshauses reichte von allen möglichen Baustoffen über Düngemittel und Rauchtabak bis hin zu Gipsfiguren. Dazu traten bald das Verlagsgeschäft und eigene Produktionsstätten. Ständig auf Erweiterung und Spezialisierung bedacht, baute Tiedemann seine Unternehmungen zu einem kleinen Rostocker Wirtschaftsimperium aus, das bei seinem frühen Lebensende (10.8.1850) eine Steindruckerei, eine Steinhauerei, eine Spielkartenfabrik, eine Papierhandlung, die Fabrikation von Goldleisten für Bilderrahmen und wohl noch manches andere umfaßte.

Kern- und Glanzstück dieses »Imperiums« aber wurde die Tiedemann'sche Lithographische Anstalt. Mit ihr wurde er zum Besitzer einer »Kunstanstalt«, sie war es, die seinen Namen weit über die Landesgrenzen bekannt machte und ihm öffentliches Ansehen und Ehrungen verschaffte. Seit 1839 durfte sich die Anstalt mit dem begehrten Prädikat einer »Hof-Steindrukkerei« schmücken; Tiedemann selbst erhielt die preußische Medaille für Wissenschaft und Kunst.

Tiedemann profitierte bei der Gründung der Anstalt von der Konjunktur des lithographischen Gewerbes, die seit der Erfindung des Steindrucks als Flachdruckverfahren durch Alois Senefelder (1789) eingesetzt hatte. Die Steindruckerei unterschied sich von älteren graphischen Techniken durch ihre einfachere Handhabung und verminderte Produktionskosten. Sie eignete sich daher vor Erfindung der Fotografie in hervorragender Weise für die massenhafte Reproduktion und kommerzielle Verbreitung von Musiknoten, Landkarten, Landschafts- und Stadtprospekten, Portraits, Stickmustern, Schriftproben, Briefbogen mit Ansichten, Formularen und Geschäftspapieren aller Art. Ein weiterer Durchbruch gelang Senefelder 1826 mit der Herstellung von Mehrfarbendrucken. Es sollte nicht lange dauern, bis auch Maler, Graphiker, Zeichner den Steindruck als eigenwilliges künstlerisches Gestaltungsmittel für sich entdeckten und in den Kunstbetrieb einführten. Dafür standen in Deutschland so berühmte Namen wie Joseph Anton Koch, Johann Gottfried Schadow, Karl Blechen, Franz Krüger, Theodor Hosemann und Adolph Menzel. Nach dem Vorbild Senefelders in München etablierten sich seit Anfang des Jahrhunderts in zahlreichen Städten florierende Steindruckereien und lithographische Verlage.

Auch Johann Gottfried Tiedemann konnte sich auf Erfahrungen und Vorarbeiten stützen, als er 1829 mit dem Betrieb seiner Steindruckerei begann. Denn bereits 1819 hatte Rudolf Suhrlandt in Mecklenburg mit der Lithographie experimentiert. Zu nennen sind weiterhin die Zeichner Gustav Mau aus Wismar und Ernst August Achilles aus Rostock, die seit Beginn der zwanziger Jahre den Steindruck erprobt und das Publikum aus eigener Presse mit den üblichen profanen Erzeugnissen, aber auch schon mit anspruchsvolleren künstlerischen Lithographien – darunter ersten mecklenburgischen Stadt- und Landschaftsansichten »nach der Natur auf Stein gezeichnet« – beliefert hatten. Tiedemann betrieb schon seit 1826 die Verlagshandlung für das Lithographische Institut des Ernst August Achilles. Nur zwei Jahre später hatte er den begabten, aber geschäftsuntüchtigen und hoch verschuldeten Künstler völlig aus dem Geschäft verdrängt. Achilles wich nach Schwerin aus und setzte dort – 1830 zum Hoflithographen ernannt – seine lithographischen Arbeiten fort, ohne jedoch existentiell je wieder Fuß zu fassen. Er starb verarmt 1861 in Altona.

1829 also hatte Tiedemann Lithographie, Druck und Verlag zu einer Anstalt, der Tiedemann'schen Lithographischen Anstalt zu Rostock, vereinigt. Ohne lästige Konkurrenz konnte sich das Unternehmen nun voll entfalten und Absatzmöglichkeiten weit über Rostock und Mecklenburg hinaus erschließen. Für Tiedemann lithographierten bekannte Künstler und versierte Praktiker wie Heuer, Deinert, Tischbein, Schultz und Senefelder jun., um nur einige zu nennen. Der wirtschaftliche Erfolg seiner Unternehmungen ließ Tiedemann nun genügend Spielraum für die Verfolgung seiner künstlerischen Ziele. Dabei reflektierte der Verleger geschickt auf die gehobenen Darstellungsbedürfnisse des aufstrebenden Bürgertums, des Landadels und des Hofes. Ermutigt durch den erfolgreichen Verkauf des »Mecklenburgischen Wappenbuches«, begann Tiedemann die Herausgabe einer europäischen Variante vorzubereiten, die um 1840 als »Wappen-Almanach der Souveränen Regenten Europa's« erschien und ihm große Anerkennung bei den Adressaten einbrachte. Im Lande fanden seine Bilder von Volksszenen, Portraits »beliebter Zeitgenossen«, Ansichten aus Mecklenburg – wie z. B. die handkolorierten Tableaus vom Heiligen Damm, von Doberan und Rostock – aber auch die »Rostocker Spielkarten« viel Anklang. Bei Tiedemanns Vorliebe für Sujets mecklenburgischer Städte und Landschaften lag schon die Idee nahe, eine Sammlung mit Bildern dieser Art herauszugeben.

Für Friedrich Lisch und den Vereinsausschuß war die Tiedemann'sche Anstalt jedoch zunächst und vor allem für den Illustrationsbedarf der »Jahrbücher« interessant: für die Abbildung von Siegeln und Wappen, Münzen, Epitaphen, Inschriften, Grundrissen und Lageplänen etwa - und immer häufiger von vor- und frühgeschichtlichen Bodenfunden, den sogenannten »Altertümern«. Bis dahin hatte Achilles den nötigsten Bedarf befriedigt. Tiedemann, der die Chance zu einer dauerhaften, gewinnbringenden Geschäftsverbindung rasch erkannte, wurde Mitglied des »Vereins für mecklenburgische Geschichte und Altertumskunde« und führte sich im 4. Jahrgang der »Jahrbücher« (1839) mit einer Tafel von »Druckproben und Druckerzeichen der vier ältesten Rostocker Buchdruckereien« als Beilage zu dem Aufsatz von Lisch über die »Geschichte der Buchdruckerkunst in Meklenburg bis zum Jahre 1540« recht vorteilhaft ein. Fortan besetzte Tiedemann das »Jahrbuch« mit seinen Lithographien, und der Verein versäumte keine Gelegenheit, die gute Zusammenarbeit zu loben und auf »die Leistungen dieses einheimischen Künstlers aufmerksam zu machen«, um so mehr »als derselbe überaus billige Preise stellt«, wie Wilhelm Gottlieb Beyer in dem Jahresbericht des Vereins vom Juli 1847 anmerkt. Im 12. Jahrgang desselben »Jahrbuchs« gab Tiedemann übrigens mit »zwei artistischen Beilagen« einen weiteren exquisiten Qualitätsbeweis aus der Arbeit seiner Steindruckerei: eine Ansicht des Burgwalls von Mecklenburg (nach einer Zeichnung des Malers Theodor Fischer) und eine farbige Lithographie von dem ersten Miniaturbild aus der Reimchronik des Ernst von Kirchberg (nach 1378), den Chronisten selbst darstellend (nach einer Kopie des Hofmalers Carl Schumacher). »Beide Tafeln sind aus dem lithographischen Institut des Herrn Tiedemann in Rostock hervorgegangen«, rühmt Beyer, »und verdient besonders die Ausführung des schwierigen Farbendrucks, bei welchem nur ein Teil des Gesichtes, die grauen Beinkleider und der grüne Berg mit dem Pinsel koloriert sind, gewiß volle Anerkennung.«

Lisch und Tiedemann hatten sich gewissermaßen gesucht und gefunden. Krönung ihrer persönlichen Zusammenarbeit wurde das Album *Meklenburg in Bildern*. Wie schon aus der ersten Ankündigung vom Oktober 1841 hervorging, ließen sie sich dabei von der Idee eines Kaleidoskops von Land und Leuten aus historischer Erinnerung und gegenwärtiger Betrachtung leiten. Dem Publikum sollten im bunten Wechsel reizvolle und denkwürdige Bilder von mecklenburgischen Städten und Landschaften, von Schlössern, Kirchen und Klöstern, von Fürst und Volk gezeigt und historisch erklärt werden – in einer Kombination von Kunst- und Literaturprodukt, von Bilder- und Lesebuch – zwecks »Erweckung, Belebung und Verbreitung der Vaterlandskunde und dadurch der Vaterlandsliebe«, wie sie erklärten.

Beide gaben ihr Bestes. Tiedemann lieferte aus seiner Steindruckerei außerordentlich detailfreudige und naturgetreue, bestechend schöne und meisterhaft kolorierte Lithographien, dabei war er bewußt um einen »größeren Aufwand von Kunst« bemüht. – Lisch steuerte begleitende Texte bei, die weit über das hinausgingen, was die Bilder zeigten. Er nutzte die Gelegenheit, möglichst viel von dem Wissen über die »vaterländische Geschichte« auf dem neuesten, d.h. vor allem »seinem« Forschungsstand einzubringen, so daß am Ende – freilich noch lückenhaft und unsortiert – so etwas wie eine »Landesgeschichte in Einzeldarstellungen« entstand. Dabei stellte Lisch seine Begabung für eine bildhafte Erzählweise unter Beweis, so daß es ihm gelang, über seine wissenschaftliche Klientel und den elitären Vereinszirkel hinaus auch breitere Bevölkerungskreise anzusprechen.

Meklenburg in Bildern erschien, wie die Dokumentation am Ende dieser Ausgabe belegt, mit acht Heften pro Jahr und in vier

Johann Gottfried Tiedemann
Kreidelithographie (um 1840)

Jahrgängen von 1842 bis 1845. Insgesamt kamen 100 Bilder zusammen. Konnte Tiedemann bei den ersten Lieferungen vermutlich noch aus einem bereits vorhandenen Fundus schöpfen, so druckte er seine Bilder spätestens seit dem 2. Jahrgang »nach lauter neuen Originalzeichnungen«. Das Unternehmen lief offenbar gut an. Die Teilnahme sei groß und allgemein gewesen, gaben Verleger und Redakteur nach Erscheinen des 1. Jahrgangs bekannt. Doch das blieb leider nicht so. Unvermittelt wurde der 4. Jahrgang dann schon als »Schluß dieses vaterländischen Bildwerks« angekündigt. »Leider werden die nicht unbeträchtlichen Kosten (...) durch die Subskription seit Beginn des 2ten Jahrgangs nicht mehr gedeckt.«

War es tatsächlich nachlassender Absatz, nüchternes kaufmännisches Kalkül, die zum Abbruch der Bilderfolgen führten? Hatten sich Verleger und Redakteur auf Dauer übernommen? War das Interesse von Lisch erlahmt, weil der historische Stoff erschöpft oder ihm andere Aufgaben wichtiger waren? Diese Fragen müssen offen bleiben.

Neben den beiden Wappenbüchern sind die *Bilder aus Meklenburg* zweifellos das Beste und Bedeutendste, was Tiedemann seinen Zeitgenossen zur Freude und Belehrung bescherte und der Nachwelt als bleibenden Wert hinterließ. In der hohen Perfektion und künstlerischen Reife seiner »Bilder« vollendete sich die Entwicklung einer mecklenburgischen Lithographie, die mit den ersten Steindrucken eines Rudolph Suhrlandt oder Ernst August Achilles ein knappes Vierteljahrhundert zuvor begonnen hatte. Unter Tiedemanns Erben und Nachfolgern verblaßte dieser Ruhm. Die große Zeit des Steindrucks war vorbei. Sein Sohn Matthias Heinrich Tiedemann, der das väterliche Unternehmen von 1855 bis 1875 weiterführte, verlegte sich zu einem Teil bereits auf den Buchdruck. 1920 wurde die zuletzt von Johannes Bätke betriebene Lithographische Kunstanstalt und Buchdruckerei endgültig aufgelöst.

Als Friedrich Lisch 1845 die letzten Texte für die Tiedemann'schen Bilder schrieb, stand ihm dagegen die Erfüllung seiner großen wissenschaftlichen Pläne noch bevor. Nach seiner Ernennung zum Regierungsbibliothekar (1835) und zum Aufseher der Altertümer- und Münzsammlung (1836), wurde er 1852 auch noch zum Konservator der Geschichts- und Kunstdenkmäler in den Domänen bestellt. 1859 übernahm er ganz die Leitung des Geheimen und Hauptarchivs. Internationales Ansehen, ja »europäische Berühmtheit« (so Robert Beltz) und den fast legendären Ruf, den »der Archivrat Lisch« bei seinen Landsleuten genoß, erwarb er sich vor allem durch seine archäologischen Forschungen. Gemeinsam mit dem Dänen Thomson und dem Gymnasialdirektor Danneil aus Salzwedel gehörte Lisch zu den Verfechtern des Dreiperiodensystems (Stein-, Bronze-, Eisenzeit), das seinerzeit die wissenschaftliche Welt faszinierte, ehe es ihrer Kritik zum Opfer fiel. Die Krönung seiner Arbeit als Archivar und Urkundenforscher aber wurde die Anregung, Konzeption und Begründung des »Mecklenburgischen Urkundenbuchs«, von dem zu seinen Lebzeiten immerhin noch zwölf Bände erschienen und welches mit schließlich 25 Bänden zu einem der gediegensten Urkundenwerke in Deutschland werden sollte. Schon 1849 von der Universität Rostock zum Doktor honoris causa promoviert, wurde Friedrich Lisch Mitglied zahlreicher in- und ausländischer Akademien und wissenschaftlicher Gesellschaften. Er starb am 22. September 1883 in Schwerin. Die Halle des heutigen Mecklenburgischen Landeshauptarchivs in der Schweriner Graf-Schack-Allee schmückt eine von dem Bildhauer Christian Genschow 1855 geschaffene Lisch-Büste.

Mit ihrem Gemeinschaftswerk haben sich Friedrich Lisch und Johann Gottlieb Tiedemann in Wort und Bild selbst ein unvergängliches Denkmal gesetzt. Schon bald nach ihrem Erscheinen ein beliebtes Sammelobjekt, wurden die »Bilder« um so begehrter, je weniger die Zeitläufte davon übrig ließen. Das ist bis heute so geblieben.

Literaturhinweise:

P. -J. Rakow: Friedrich Lisch (1801-1883) - Geheimer Archivrat und bürgerliche Forscherpersönlichkeit. In: Rostocker Wiss. hist. Manuskripte, Heft 13 (1986)

K.-H. Jügelt: Steindruck in Mecklenburg - Bilder, Wappen, Karten. In: 10. Almanach für Kunst und Kultur im Ostseebezirk Rostock (1987)

E. Krackow: Ausstellung J.G. Tiedemann (6. Nov.- 11. Dez. 1955). In: Veröffentlichungen des Kunst- und Geschichtsmuseums in Rostock, Heft 1 (1955)

Residenzen

Schwerin

Schwerin, oder nach alter Schreibart *Zuerin* oder *Suerin*, seit fast fünfhundert Jahren die Hauptresidenz der meklenburgischen Fürsten und vorher an zweihundert Jahre Residenz der Grafen von Schwerin, ist die einzige Stadt in den wendischen Ostseeländern, welche seit uralter Zeit ununterbrochen den Ruhm einer Residenz und Hauptstadt behauptet hat. In einer durch Fruchtbarkeit und durch Wasser- und Waldreichthum gleich ausgezeichneten Gegend, einer der reizendsten Norddeutschlands, gelegen, leitet sie ihren Ursprung aus den Zeiten der Wenden her, welche dem Orte den Namen *Zuerin, d.h. Thiergarten oder Lustwald*, gaben, einen Namen, mit dem noch heute wendische Völker ihre Lusthaine belegen; die ältern Lobredner der Stadt werden nicht müde, die Gegend von Schwerin mit der Lage der Stadt Capernaum am galiläischen Meere zu vergleichen. Schwerin liegt nämlich am Südende des mit reichen Hügelufern und Inseln geschmückten großen schweriner Sees, welcher an drei Meilen lang und eine halbe Meile breit ist, und wird außerdem noch von fünf kleinern Seen bespült.

Die Stadt Schwerin verdankt ihren Ursprung der wendischen Burg gleichen Namens, welche an der Stelle des jetzigen alten Schlosses, auf einer kleinen Insel, lag. Die wendischen Hauptorte oder Vesten waren nämlich nur kleine, auf Inseln oder in Mooren aufgeworfene Erdwälle von ungefähr tausend Schritten Umfang. In Friedenszeiten mochten sich unter dem Schutze dieser Vesten vor denselben Anbauer in größerer Anzahl ansiedeln; diese zerstoben jedoch in die Wälder, sobald ein Kriegssturm hereinbrach: von einer wendischen Stadt im neuern Sinne kann also nicht die Rede sein. Zuerst erscheint Schwerin (Zuarin) im J. 1018 als Veste des Obotriten=Königs Mistizlav; aber erst 150 Jahre später tritt sie in die zusammenhangende Geschichte: in der Mitte des 12ten Jahrhunderts war sie eine der Hauptvesten des letzten Wendenkönigs Niklot.

Als der Herzog Heinrich der Löwe von Sachsen im J. 1161 seinen großen, zweiten Kreuzzug gegen Wendland eröffnete, brannte der Obotritenkönig Niklot seine Vesten *Schwerin*, Dobin, Meklenburg und Ilow nieder und zog sich in die Burg Werle zurück; bei einem Ausfalle aus Werle fand Niklot den Heldentod und mit ihm fiel die Stütze des Heidenthums. Nachdem Heinrich der Löwe das Obotritenland unterjocht hatte, bauete er die Veste Schwerin wieder auf, legte eine starke Besatzung hinein und vertrauete die neue Schöpfung, die Hauptstütze seiner Macht im Wendenlande, seinem Statthalter, dem tapfern Ritter *Guncelin* von der Hagen. Nach manchen hartnäckigen Kämpfen im J. 1164 ward der zum Christenthume bekehrte ältere Sohn Niklots, der Fürst Pribislav, im J. 1166 in einen Theil seines väterlichen Erbes wieder eingesetzt und dadurch das meklenburgische Fürstenhaus gegründet; zu gleicher Zeit stiftete der Sachsenherzog aber auch die *Grafschaft Schwerin* und belehnte mit derselben seinen Statthalter *Guncelin*.

Aber der größere Kampf stand noch bevor, der Kampf um die Einführung der christlichen Lehre und Bildung unter ein hartnäckiges Volk. Häufige Versuche, dem Christenthume durch einen Bischofssitz auf der obotritischen Hauptburg Meklenburg eine feste Stütze zu geben, waren bisher immer gescheitert. Jetzt machten der Feuereifer und der ehrwürdige Geist des Bischofs *Berno*, des Apostels der Obotriten, der mit Wahrheit, Klugheit und Unerschrockenheit die Götzen stürzte, die Heiden taufte und ihnen den Glauben predigte, Kirchen und Klöster gründete und Bildung verbreitete, das fast Unglaubliche möglich. Mit weisem Blicke knüpfte Bischof *Berno* die Erhebung des Christenthums an die Kraft der Burg

Schwerin und bestimmte im J. 1167 den Sachsenherzog, den *Bischofssitz* von Meklenburg *nach Schwerin* zu verlegen: am 5. Sept. 1171 ward das *Bisthum Schwerin* von dem Herzoge bestätigt und mit Gütern ausgestattet.

Also ward *Schwerin Grafen= und Bischofssitz,* der Mittelpunct sächsischer Bildung und der Hauptsitz der Regierung im Lande; und dies ist der Grundstein der Bedeutung Schwerins geworden.

Mit der Grafschaft Schwerin ward auch die *Stadt Schwerin* (1166), die erste deutsche Stadt im Obotritenlande, vor der Burg gegründet. Der Sachsenherzog gab ihr eine Stadtverfassung, bewidmete sie mit einem eigenen Rechte, dem schwerinschen Rechte, welches später vielen Städten bis nach Pommern hinein verliehen ward, und schenkte ihr sein eigenes Reitersiegel zum Wappen.

Die Stadt Schwerin

Die eigentliche alte *Stadt Schwerin*, später, im Gegensatze zur Neustadt, die *Altstadt* genannt, war sehr klein und umfaßte im Mittelalter auf dem Raume zwischen dem Dom und der Burg einen kleinen Marktplatz und ungefähr 12 enge Straßen, welche größtentheils von Handwerkern und Krämern bewohnt wurden, außer dem Domgebiete für die Wohnungen der zahlreichen Geistlichkeit und der Burgfreiheit vor der Burg; die nördliche Stadtmauer gegen die spätere Neustadt stand dort, wo jetzt die Friederichs= und die Scharfrichterstraße gehen. Schon im ersten Jahrhunderte der Stadt erwarb das Bisthum nach und nach das nördlich vor der Stadt gelegene Feld, die *Schelfe* oder kleine Schelfe genannt, und im J. 1228 ward hier die St. Nicolai=Kapelle an der Stelle der jetzigen Schelfkirche gegründet. Bald ward auch der Raum von der Altstadt bis zu dieser Kapelle in drei Straßen: der Pfaffen=, der Stein= (und Ritter=) und der Fischer= (jetzigen Münz=) Straße, angebauet und mit dem Namen der *Schelfe* oder *kleinen Schelfe* oder *Neustadt Schelfe* belegt, wenn auch mitunter den später angebaueten Straßen auf dem Moorgrunde der Altstadt, jetzt der große und der kleine Moor, der Name Neustadt gegeben ward; die alte Neustadt Schelfe ward von Domherren, als den Grundherren, und den zahlreichen untergeordneten Geistlichen, von Rittern, welche nicht unter dem Stadt=Regiment leben wollten, und von Fischern, deren Gewerbe eine freiere Bewegung außerhalb der in alten Zeiten strenger verschlossenen Stadt forderte, bewohnt: daher die Namen der Straßen in der alten Neustadt Schelfe.

Bis über die St. Nicolai=Kapelle dehnte sich jedoch in alter Zeit die Neustadt gegen Norden nicht aus. Nachdem durch den westphälischen Frieden im J. 1648 das Bisthum Schwerin weltlich geworden und an das regierende Fürstenhaus gefallen war, wandte sich zu verschiedenen Zeiten die Sorgfalt der Landesherren mehr auf die Hebung der Hauptstadt. Vorzüglich war es der wohlmeinende Herzog Friedrich Wilhelm, welcher durch Beförderung der Gewerbthätigkeit das Vaterland und namentlich die Stadt Schwerin zu heben suchte. Er erweiterte daher die Vorstadt Schelfe in der bedeutenden Ausdehnung bis zum Ziegelsee, ordnete den Grundplan des großen neuen Stadttheils, gab diesem unter dem Namen der *Neustadt* im J. 1705 eine Stadtverfassung und bauete an der Stelle der St. Nicolai=Capelle in der Mitte der Neustadt die Schelfkirche, welche er sich auch zur Ruhestätte erkor. Noch in demselben Jahrhundert war die Neustadt, welche die Altstadt an räumlicher Ausdehnung übertrifft, in freundlichen, regelmäßigen Straßen bebaut. Kaum war aber die Neustadt geordnet, als ein fürstliches Jagdschloß beim Dorfe Klenow 1731–1735 gegründet ward, aus dessen Umgebungen sich unter dem Herzoge Friederich seit dem J. 1756 unter dem Namen *Ludwigslust* eine Residenz entwickelte, welche fast ein Jahrhundert hindurch der Hauptstadt die besten Kräfte entzog. Erst unter dem regierenden Großherzoge Paul Friederich nahm die Stadt Schwerin wieder den ihr gebührenden Rang ein, indem dieser Fürst bald nach seiner

Thronbesteigung im J. 1837 das Großherzogliche Hoflager wieder nach Schwerin verlegte. Mit glühender Begeisterung verwandelte er durch seine Thätigkeit nicht allein die Altstadt und deren Umgebungen auf fast wunderbare Weise zu einem der reizenden Lage angemessenen Orte, sondern erweiterte auch die Stadt um einen bedeutenden Raum, dessen Ausdehnung im J. 1841 durch Wall und Graben begrenzt und demnächst mit 5 neuen Thoren geziert ward; er legte nicht allein die *Vorstadt*, welche sich erst seit ungefähr einem Jahrhundert ausgebildet hatte, zur Stadt, sondern gründete auch auf dem Felde längs dem ganzen westlichen Ufer des Pfaffenteiches einen neuen Stadttheil, die *Paulsstadt*. Durch diese Paulsstadt, welche den übrigen Stadttheilen an Größe nicht nachsteht und ohne Zweifel der schönste Theil der Stadt zu werden verspricht, kommt ein großes Seebecken, der Pfaffenteich, innerhalb der Stadt zu liegen, und die Ausführung dieses Gedankens giebt Aussicht zu einer der reizendsten Stadtanlagen in Norddeutschland. Schon im J. 1841 war mit bisher unerhörten Anstrengungen der ganze Boden der Paulsstadt in zwei Terrassen geebnet, mit gepflasterten Straßen durchschnitten und ungefähr zum Drittheil bebauet. Am 3. Mai 1841 wurden den Straßen in der Paulstadt und andern neuen Straßen, sowie den neuen Thoren Namen gegeben.

Auf unserm *Bilde* sehen wir von der wismarschen Chaussee im Vordergrunde den Pfaffenteich, im Hintergrunde die *Altstadt* mit dem Dome, links die *Neustadt* mit der Schelfkirche, rechts die *Paulsstadt* mit dem neuen wismarschen Thore und rechts vor dem Thore die sogenannte Bischofsmühle unter dem Schatten einer sehenswerthen Weide, und hinter der Paulsstadt die *Vorstadt*.

Der Dom zu Schwerin

Nachdem der Herzog Heinrich der Löwe, der gewaltige Eroberer des Wendenlandes, im J. 1167 auf Rath und Wunsch des Bischofs Berno, des Apostels der Wenden, den Bischofssitz im Lande der Obotriten von Meklenburg nach Schwerin verlegt hatte, gründete er hier im J. 1171 am 5. September (daher noch der September-Jahrmarkt oder die Kirchgründungsmesse) den Dom und bewidmete das Bisthum Schwerin. Von der ersten christlichen Kirche in Schwerin steht lange nichts mehr, obgleich noch einzelne Alterthümer und geschichtliche Nachrichten dafür zeugen, daß neben der jetzigen Kirche ein noch älteres kirchliches Gebäude gestanden habe. Bald aber ward der Grundstein zu der noch stehenden großen Domkirche gelegt, namentlich nachdem der glorreiche Graf Heinrich I. von Schwerin einen Tropfen des Heiligen=Blutes von seinem Kreuzzuge nach Palästina heimgebracht, denselben der Domkirche am grünen Donnerstage 1222 (daher noch der Jahrmarkt am Donnerstage vor Palmarum) geweiht und ein Drittheil der Gaben der Gläubigen zum Dombau bestimmt hatte. Jetzt konnte der Bau kräftig betrieben und schon am St. Vitus=Tage, den 15. Junii (daher noch der Jahrmarkt der Kirchweihmesse), im J. 1248 mit großem Pomp in Gegenwart vieler Prälaten unter dem Bischofe Wilhelm eingeweiht werden. Jedoch ward sie erst nach und nach vollendet und erst im Anfange des 15ten Jahrhunderts ward das Schiff von den Stralsundern zur Lösung vom Banne, der wegen der Ermordung dreier Priester im J. 1407 über sie verhängt war, gewölbt. Damit ward der Bau der Kirche vollendet; für die Einrichtung derselben that noch der ehrwürdige Bischof Conrad Loste (1482-1503) sehr viel. Nachdem schon seit dem Jahre 1526 durch Martin Oberländer in der St. Georgen=Hospital=Kirche in der Vorstadt und demnächst seit 1529 durch den Magister Aegidius Faber in einer neu erbaueten Kapelle in der Salzstraße die evangelische Lehre gepredigt war, vernichtete der Herzog Johann Albrecht I.

DIE STADT SCHWERIN

im J. 1552 das Heilige Blut und bestellte zwei evangelische Prediger am Dom, und damit ward dem Papismus am Bischofssitze ein Ende gemacht, wenn auch das Dom=Capitel noch bis zur Aufhebung des Bisthums durch den westphälischen Frieden im J. 1648 dem Namen nach bestand. Schon im J. 1585 wurden die Chöre, Chorgitter und Altäre des katholischen Gottesdienstes entfernt; eine große Umwandelung erlitt die Kirche aber im J. 1815, als bei den nöthigen Reparaturen nach den trüben Kriegsjahren auch eine sogenannte Restauration vorgenommen und dabei der Boden der Kirche gleichgelegt, die Einrichtung neu geschaffen und manches ehrwürdige Kunstwerk alter Zeit entfernt ward. Seit dem J. 1840, in welchem Jahre das zweite norddeutsche Musikfest in der Kirche gefeiert ward, ist man bemüht, die wenigen Zierden des Doms aus alter Zeit nach ihrem Geiste wiederherzustellen und dem Ganzen nach und nach eine würdevollere Einrichtung zu geben.

Die Kirche ist eine Kreuzkirche von großer Ausdehnung im Spitzbogenstyl von sehr großartigen und erhabenen Formen, welche durch die Harmonie ihrer Verhältnisse und die Reinheit ihrer Glieder in hohem Grade befriedigen. Die Gewölbe erheben sich 98 Fuß über dem jetzigen erhöheten Fußboden der Kirche, sind früher aber im Schiffe wohl an hundert Fuß hoch gewesen.

An alten Kunstwerken besitzt die Kirche nicht sehr viel, jedoch ist sehenswerth: die in der Reformationszeit zum fürstlichen Erbbegräbnisse umgeschaffene Heilige=Bluts=Kapelle hinter dem Altare mit den im J. 1400 ausgeführten und im J. 1841 restaurirten Wandgemälden von 6 Grafen von Schwerin und 2 Herzogen von Meklenburg; das von dem berühmten Rothgießer Peter Vischer zu Nürnberg gegossene Epitaphium auf die Herzogin Helena († 1524), zweite Gemahlin des Herzogs Heinrich des Friedfertigen, hinter dem Altare, der Heil. Bluts=Kapelle gegenüber; die marmornen Bildsäulen des Herzogs Christoph († 1592) und seiner Gemahlin Elisabeth, des Königs Gustav I. Wasa von Schweden Tochter († 1597), in der fürstlichen Begräbniß=Kapelle neben dem Altare; die zwei bewundernswerthen, gravirten Messingplatten aus dem 14ten Jahrhundert auf den Gräbern der 4 Bischöfe aus dem Hause von Bülow vor dem Altare, und die herrliche, von Antonius Mörß aus Antwerpen im J. 1557 erbauete Orgel.

Das alte Schloß zu Schwerin

Der letzte Wendenkönig Niklot hatte die wendische Burg Schwerin im J. 1161 bei seinem Rückzuge vor der andringenden sächsischen Kriegsmacht niedergebrannt und er selbst bald darnach den Heldentod gefunden. Nachdem der Sachsenherzog Heinrich der Löwe zum Schutze des eroberten Landes im J. 1166 eine *Grafschaft* errichtet hatte, ward Schwerin der Sitz des ersten Grafen von Schwerin, Guncelins, und die auf der Stelle der alten wendischen Veste wieder aufgebauete Burg das Stammschloß der Grafen von Schwerin. Von den alten Gebäuden aus der Grafenzeit ist jedoch keine Spur mehr vorhanden.

Nach dem Aussterben des schwerinschen Grafenhauses und dem Erwerb der Grafschaft durch die Herzoge von Meklenburg i. J. 1359 verlegte der Herzog Albrecht I. die herzogliche Residenz von Wismar in die Burg oder "*Festung* Schwerin", welche seitdem ununterbrochen, wenn auch mitunter nur der Form nach, Hauptresidenz der meklenburgischen Fürsten geblieben ist. Die jetzige Gestalt erhielt das ehrwürdige Gebäude im Allgemeinen im 16ten Jahrhundert. Schon um das Jahr 1500 hatte der Herzog Magnus auf der Burg zwei Gebäude, links vom Eingange das lange Haus, und rechts, diesem gegenüber, das Zeughaus aufgeführt, jedoch den Ausbau derselben nicht vollendet. In der Zeit vom J. 1520–1525 führte der Herzog Heinrich der Friedfertige das Gebäude (mit dem Thurme und der Schloßuhr) der Auffahrt gegenüber auf. Am meisten that jedoch für das Schloß der gelehrte und weise Herzog Johann Albrecht I., dem Schwerin, so wie

DER DOM ZU SCHWERIN

das Land überhaupt, die neue Gestaltung der Verhältnisse nach der Reformation verdankt. Während er das neue Schloß zu Wismar (jetzt Tribunal oder Fürstenhof genannt) zu seiner Vermählung erbauete, vollendete er auch im J. 1553 die Ausstattung der beiden vom Herzoge Magnus um 1500 in den Mauern erbaueten Flügel, schmückte auch sie im Aeußern und Innern mit den zunächst zum wismarschen Schlosse bestimmten Ziegelbildern, da in jener Zeit die Kunst der erhabenen Arbeit in Thon und Metall in vorzüglicher Blüthe stand, und bauete im J. 1555 das Treppenhaus oder Portal vor das Hauptgebäude links auf dem Schloßhofe. Darauf führte er durch den Baumeister Johann Baptist Parr zu beiden Seiten dieses ältern Hauptgebäudes neue Flügel (1554–1570) auf, in deren einem links an der Auffahrt sich die Schloßkirche, 1560–1563 erbaut, befindet. Die Befestigung ließ der Herzog von seinem italienischen Baumeister Franz von Bornau aus Brescia ausführen. An der Auffahrt standen noch einige alte Gebäude. Der Herzog Adolph Friederich I. beabsichtigte, durch seinen niederländischen Baumeister Gerhard Evert Piloot aus Emden dem ganzen Schlosse eine gleichmäßige innere und äußere Einrichtung zu geben. Die letzten alten Gebäude wurden 1618 abgebrochen und bald darauf ward mit dem gleichen Abputz der beiden vom Herzoge Johann Albrecht I. neu aufgeführten Gebäude der Anfang zur Restauration des ganzen Schlosses gemacht. Der dreißigjährige Krieg und das Eindringen Wallensteins (1628), der trotz der Sage nichts am schweriner Schlosse gebauet hat, störte jedoch die Ausführung des Plans. Seit dieser Zeit steht das Schloß noch ganz so, wie die wallensteinsche Gewaltherrschaft das Unternehmen unterbrochen hat, ein ehrwürdiges Denkmal von dem Walten des Herzogs Johann Albrecht I., eines der ruhmwürdigsten Fürsten, welche je auf dem Throne gesessen haben.

Das Schloß füllt ganz den Raum einer kleinen Insel im großen schweriner See in einer der reizendsten Gegenden Norddeutschlands. Mit der Stadt ist das Schloß durch eine kurze Brücke verbunden. Wir sehen auf dem *Bilde* die Seite des Schlosses von der Auffahrt: links den 1560–1563 erbaueten Flügel mit der Schloßkirche und den fürstlichen Wohnzimmern über der Kirche in dem Abputz, den er bald nach 1618 erhalten hat, daneben rechts auf den Fundamenten des vom Herzoge Adolph Friederich I. angefangenen Baues die im vorigen Jahrhundert leicht erbauete Bildergallerie von Fachwerk, und rechts davon über die Wache hinaus im inneren Schloßhofe: links den im J. 1553 ausgebaueten, mit Thonbildern verzierten, rechts den vom Herzoge Johann Albrecht I. neu erbaueten Flügel.

Schwerin

Die durch die Grafenresidenz, den Bischofssitz und das Stadtrecht so berühmt gewordene Stadt Schwerin beschränkte sich in ältern Zeiten auf die *Altstadt*, welche etwa ein Dutzend unregelmäßiger Straßen hatte, die ihren Namen von Oertlichkeiten oder Ständen, meistentheils aber von den Gewerben trugen, welche seit den frühesten Zeiten in den Landstädten betrieben wurden: Burg=, Ritter=, Bader=, Salz=, Filter= (später Königsstraße), Mühlen=, Schuster=, Schmiedestraße, (Faule) Grube, Glaisin, die kleinen Straßen um das Rathhaus, die engen Verbindungsgassen zwischen der Königsstraße und der Faulen=Grube und die von der zahlreichen Geistlichkeit bewohnten Räume um den Dom. Fast die ganze östliche Hälfte, ein Moor, auf welchem jetzt zwei Hauptstraßen, der große und der kleine Moor, mit den Verbindungsstraßen der beiden Glaisin, und die grüne und die Scharfrichterstraße stehen, war noch unbebaut; einige Gebäude am Glaisin und am Moor nannte man auch wohl die Neustadt. Das war Schwerin des Mittelalters! Diese Stadt war ohne Zweifel dicht bebaut und stark bevölkert. Sie war auf den Landseiten mit Mauern, Wällen und Gräben umgeben, welche dort gingen, wo jetzt die Fließgraben=, Friedrichs= (früher Neue=), Scharf-

DAS ALTE SCHLOSS
ZU SCHWERIN

richter= und Theater= (früher Armensünder=) Straße stehen, an den andern Seiten vom Burgsee, Pfaffenteiche und dem Moor und dem großen See. Die dem Dom=Capitel gehörende *Neustadt Schelfe* war bis gegen die jetzige Schelfkirche hin in drei Straßen weitläufig bebaut und gehörte nicht mit zur Stadt. Die *Vorstadt* bestand aus einigen Häusern, welche um das Beguinen=Hospital zu St. Georg vor dem Thore gebauet waren. Dem *Dom=Capitel* gehörte der ganze Raum rund um den Dom und den Bischofshof (die Domfreiheit): vom Schmiedethore an die ganze nördliche Seite der Schmiedestraße, die nördliche Seite des Marktes und die Domstraße in einer Linie vom Markte bis an den Anfang der jetzigen Scharfrichterstraße. Zunächst um den Dom standen die Wohnungen des Bischofs, der 12 Domherren und der vielen Priester und Vicare, welche den Dienst an den 48 Altären des Doms versahen; viele der letzteren wohnten jedoch auch auf der Schelfe. Innerhalb der Stadt vor der Burg, wo gegenwärtig das Collegien=Gebäude steht, lag das *Franziskaner=* oder Graue=Mönchs=*Kloster* mit seinen Umgebungen, auf denen jetzt die Straße "Hinter dem Klosterhofe", dem einzigen Ueberreste der Stiftung, steht. Der *Marktplatz* war kaum halb so groß, als jetzt: die Schmiedestraße und die Schusterstraße trafen auf der Mitte des jetzigen Marktes zusammen. – Unter solchen Umständen waren die Verhältnisse in der Stadt rein bürgerlich.

Dennoch konnte es natürlich nicht fehlen, daß die Stadt dic Schicksale der höhern Gewalten, der Landesherrschaft und des Bisthums, theilte und vielfach unter dem Einflusse derselben stand. Die Geschichte der Stadt ist daher innig mit der Geschichte der Landesherrschaft und des Bisthums verkettet. Als der Kaiser Otto IV. zu Goslar am 20sten Junius 1209 und zu Capua am 4ten Januar 1211 die Gerechtigkeiten des Bisthums unter Anhängung einer goldenen Bulle erneuerte, bestätigte er auch zugleich die Privilegien der Stadt: den freien Handel mit 2 großen Schiffen und beliebig vielen kleinen Fahrzeugen im Hafen Wismar (denn die Stadt Wismar stand noch nicht), und die Zollfreiheit im ganzen Herzogthume Sachsen, zu welchem auch Meklenburg gehörte. Großes Ansehen erlangte die Stadt, als der tapfere Graf Heinrich I. von Schwerin nach seiner Heimkehr aus dem Heiligen Lande im Jahr 1222, über die Gewaltthätigkeiten des anmaßenden Königs Waldemar von Dänemark empört, über das Meer segelte und den König und seinen Sohn Waldemar gefangen in das Verließ der Burg zu Schwerin führte, in welchem sie zwei Jahre lang schmachten mußten; zugleich machte des Grafen Tapferkeit dem dänischen Einflusse im deutschen Reiche ein Ende. Der König zahlte endlich ein großes Lösegeld, schickte seine drei Söhne als Geißeln nach Schwerin und gewann also seine Freiheit wieder; aber er sann auf Rache, ließ sich vom Pabste seiner Eide entbinden und rückte gegen die Fürsten der Wendenländer mit seiner ganzen Kriegsmacht, welche jedoch am 22sten Julius 1227 bei Bornhövd vollständig geschlagen ward. Die Geißeln und Gefangenen kamen erst nach des Grafen Tode (1228) frei. Durch das *Heilige Blut*, welches der Graf von seiner Wallfahrt mitbrachte und zu dessen Verehrung er die Heil. Bluts=Kapelle im Dome hinter dem Hochaltare bestimmte, machte er Schwerin zu einem berühmten *Wallfahrtsorte*; von den Gaben der Wallfahrer ward stiftungsmäßig der Dom zum Theil und das Franziskaner=Kloster erbauet. Des Grafen Heinrich nachgelassene zweite Gemahlin Audacia († erst 1287) vollendete nämlich dic Stiftung ihres gefeierten Gemahls und führte ungefähr seit dem Jahr 1236 das schöne *Franziskanerkloster* vor der Burg auf, welches bei Nähe der Stammburg und der besondern Liebe der Gräfin für den Orden unter der theilnehmenden Obhut der Grafen stand. Ihr Sohn, der Graf Gunzelin III. († 1274), welcher während seiner Regierung erblindete, half seiner Mutter getreulich in der Ausführung der Absichten seines Vaters und führte eine segensreiche, milde Regierung, unter welcher alle Einrichtungen bestärkt wurden und viele mildere Saiten des Lebens anklangen, wie auch *Minnesänger*, wie Rumelant, an seinem Hofe Schutz und Pflege fanden.

Unter dem Grafen Gunzelin III. (1228-1274) hob sich die Stadt mächtig. Sie erwarb schon damals (vor 1282) die *Dörfer* Zippendorf, Göhren und Ostorf, von denen das letztere bei der Nähe der Stadt frühe nach und nach zerstückelt ward und aus dem Besitze der Stadt kam. Im J. 1330 erwarb die Stadt das Dorf Thurow, zwischen der Stadt und Neumühlen, und legte es zur Stadtfeldmark. Die Hospitäler zum Heil. Geist an der Grube und zu St. Georg in der Vorstadt standen mit Kapellen und Scheuren schon im J. 1283. Am 6. December 1284 verglich sich der Graf Helmold auch mit dem Bischofe nach langen Irrungen über die Grenzen und die Gerechtigkeiten des Bisthums und erkannte den Bischof auch für die in der Stadt liegenden Güter als Landesherrn an, bewilligte der Schelfe jedoch keine eigene Stadt= und Marktgerechtigkeit, erleichterte ihr aber den Handelsverkehr in der Altstadt so viel als möglich. Links vor dem Mühlenthore beim St. Georg hatte die Stadt einen "Rosengarten" zu Tänzen im Freien und rechts vor dem Thore einen "Wettlauf" zu öffentlichen Spielen.

So ward schon im 13. Jahrhundert das innere Leben der Stadt geregelt und gehoben. Die Macht der Städte befestigte sich seit dem 14. Jahrhundert zugleich mit der Macht der Fürsten, aber es fehlte dabei nicht an heftigen Kämpfen und Kriegen. Schwerin hielt sich wacker, indem es im J. 1322 tapfer einem Heere der Fürsten von Pommern und Werle widerstand. Solche Gefahren aber mochten die Veranlassung sein, daß in der Zeit von 1326 bis 1339 die Bürger um die Stadt, welche bisher nur mit Gräben und Planken befestigt gewesen war, *Wälle* und *Mauern* mit Befestigungsthürmen baueten. So war die Stadt schon völlig ausgebildet, als die Grafschaft im J. 1358 in den Besitz der Herzoge von Meklenburg kam, freilich nicht ohne Kampf, da der Uebergang der Grafschaft an die Herzoge nicht unbestritten war. Der große Herzog Albrecht rückte in dem schwerinschen Successionskriege vor die Stadt, welche zu muthvoller Gegenwehr gerüstet war, und wenn er auch auf der Schelfe eine Belagerungsburg, die er Neuburg Schwerin oder *Schelfburg* nannte, aufführen ließ, so scheiterten doch alle Bemühungen an der muthvollen und mannhaften Tapferkeit der Bürger, welche der meklenburgischen Kriegsmacht drei viertel Jahre lang widerstand; nur gütliche Vergleichsvorschläge, welche im Gefolge des Kaufes der Grafschaft durch die Herzoge gemacht wurden, öffneten am 1. December 1358 die Thore, und der Herzog erhob, in Anerkennung so ungeschminkter Treue und des Uebermuthes der Seestädte müde, die Burg Schwerin zur *Hauptresidenz* der Herzoge.

Bis auf die allerneuesten Zeiten ereigneten sich aber keine Begebenheiten von großer Bedeutung für die Stadt, wenn es auch an umgestaltenden Ereignissen nicht gefehlt hatte. Am 25. Julius 1531 brannte die Stadt, mit Ausnahme der Domfreiheit, der Schmiedestraße und der halben Schusterstraße, ganz ab, auch das Rathhaus mit allen Urkunden und Schriften ward ein Raub der Flammen; jedoch gewann die Stadt beim Wiederaufbau nichts an Regelmäßigkeit. Eine glänzende Zeit erlebte Schwerin unter dem hochgebildeten Herzoge Johann Albrecht I. (1552–1576), der den größern Theil des Schlosses erbauete, viele wissenschaftlich gebildete Männer um sich versammelte und die Wissenschaften und Künste in Flor brachte. Darauf aber sank, bei schlechten Zeiten, die Stadt immer tiefer. Nach der allgemeinen Noth des dreißigjährigen Krieges, in welcher im J. 1638 die im J. 1640 mit dem Königsschusse begnadigte Todtenzunft zur gegenseitigen Hülfe in der Pestnoth gestiftet ward, brannte am 18. Julius 1651 die ganze Altstadt, mit Ausnahme des Doms ab; beim Wiederaufbau wurden mehrere Straßen, z.B. die Schuster= und Schmiedestraße, grade gelegt, wodurch der Marktplatz eine bedeutende Vergrößerung erhielt. Alle diese Leiden gönnten dem wackern Herzoge Adolph Friederich I. wenig Gelegenheit, viel für die Stadt zu wirken. Die Herzoge Friederich Wilhelm I. (1692–1713) und Christian Ludwig II. (1747–1756) sorgten eifrig für die Verschönerung der Stadt und für bessere polizeiliche Einrichtungen; unter ihnen wurden auch die Schelfneustadt, die Moore und die Vorstädte zusammenhangend bebauet. Die Verlegung der Residenz nach Ludwigslust unter dem Herzoge Friederich wirkte dagegen sehr nachtheilig auf den Fortschritt des Stadtwesens zurück; jedoch geschah manches Einzelne, z.B. die Vergrößerung des Marktes und die Anlegung der Neuen= (jetzigen Friedrichs-) Straße. Der Großherzog Friederich Franz schmückte Schwerin mit mehreren großen Gebäuden, wie dem Collegien=Gebäude und dem Schauspielhause. Aber erst unter dem unvergeßlichen Großherzoge *Paul Friederich* gewann Schwerin nicht nur das wieder, was es in früheren Zeiten verloren hatte, sondern gewann noch mehr dazu, als es durch eigne Kraft je zu gewinnen hoffen durfte. Unter seiner Regierung gewann auch die Altstadt nicht wenig, indem, außer sehr vielen einzelnen Verschönerungen, mehrere Straßen, wie die Burg=, Königs=, Friedrichs= und Bischofsstraße, im großstädtischen Style ganz neu erbauet wurden und der große Moor durch den neuen Marstall einen Schlußstein erhielt.

Die Altstadt Schwerin

Das Innere der Altstadt Schwerin hat, mit Ausnahme des Domes und des Marktes, bis auf die neuern Zeiten, keinen bemerkenswerthen Punkt gehabt, zumal da es ihr sonst ganz an öffentlichen Plätzen und Gebäuden fehlt. Allgemeinere und höhere Bestrebungen wandten sich immer gegen die Fürstenburg hin, und so vereinigte sich fast Alles, was die Stadt Schwerin früher sehenswerthes hatte, um den öffentlichen Platz vor dem Schlosse, welcher wegen seiner reizenden Aussichten zu den schönsten Plätzen Norddeutschlands gehört. Wir sehen auf unsern Bildern

1. Die Altstadt Schwerin vom Schlosse im J. 1842 und

2. Die Altstadt Schwerin vom Schlosse vor 100 Jahren

diesen Platz mit seinen Umgebungen und dahinter die Altstadt bis zum Dome, ungefähr von demselben Standpunkte, wie man den für die Altstadt einzig günstigen Anblick aus den Fenstern der Wohnzimmer des Landesherrn auf dem alten Schlosse früher genoß und jetzt genießt. Die Vergleichung beider Bilder wird einen klaren Ueberblick über die Geschichte des Platzes und seiner Umgebungen liefern.

In ältern Zeiten nannte man den Platz "*Vor der Burg*". Er war von der Stadt durch einen "Graben" ("*Grube*") und Plankwerk geschieden, welches an der Theaterstraße (früher Armensünderstraße) entlang ging. Vor der in die Stadt führenden Burgstraße stand das *Burgthor*. Der Herzog Johann Albrecht I. ließ am Ende seines Lebens (1572–1576) den Platz zu einem *Garten* umschaffen, welcher mit der Zeit wegen seiner Lage vor der Reitbahn der *Bahngarten* hieß, am Ende des 17. Jahrhunderts aber, nach Anlegung des großen Schloßgartens, den Namen des *Alten Gartens* erhielt, den der Platz noch jetzt führt; er ward von 1693 bis heute zum Paradeplatz benutzt. Der Herzog Christian Ludwig II. ließ ihn um die Mitte des vorigen Jahrhunerts neu einrichten und mit Springbrunnen zieren. Der Großherzog Paul Friederich that für die Eindämmung, Erhöhung und Verschönerung des Platzes sehr viel, legte auch an der Burgseeseite seit Eröffnung der Eldenschifffahrt einen *Hafenplatz* an.

Auf der rechten, nordöstlichen Seite reichte das fürstliche Gebiet, jetzt mit dem Namen *Tappenhagen* belegt, bis gegen den Moor. Hier stand am Burgplatz in früheren Zeiten immer ein *Ritterhof*, auf welchem im 14. Jahrhundert die Beyenflet, seit 1403 die Split (*Splitshof*), darauf die Raven auf Stük (*Ravensburg*) wohnten und vor welchem um 1570 der Baumeister des Schlosses, Franz Parr, sich ein Haus bauete. Am 23. Februar 1842 begann der Bau eines *neuen Schlosses* an dieser Stelle.

Auf der mittlern, nordwestlichen Seite ward auf dem alten Garten an der Grube im J. 1698 ein fürstliches *Ballhaus* (zum Ballspiele nach damaliger Sitte) erbauet, welches jedoch bald zum *Reithause* benutzt ward. Im J. 1788

DIE ALTSTADT SCHWERIN, V. SCHLOSSE, VOR 100 JAHREN

ward das Gebäude zum *Schauspielhause* eingerichtet. Das Gebäude brannte am 22–23 April 1831 ab und an der Stelle desselben ward 1832–17. Januar 1836 das zum *Hoftheater* bestimmte *Schauspielhaus* erbauet.

Links, auf auf der südwestlichen Seite, lag im Mittelalter der "*lange Stall*", ein uraltes massives Gebäude. Der lange Stall ward als *Reithaus* benutzt, bis das Ballhaus dazu eingerichtet ward; seit dieser Zeit hieß das Gebäude das "*alte Reithaus*" und stand bis gegen das Ende des vorigen Jahrhunderts; vor demselben war eine *offene Reitbahn* eingerichtet, welche im J. 1842 einging. Neben dem langen Stalle stadtwärts, am Burgthore, stand die fürstliche *Hausvogtei*, vor welcher an der Burgthor=Brücke die Criminalstrafen vollzogen wurden. Hinter der Reitbahn und der Hausvogtei stand bis zum J. 1842 die (Reit=) *Bahnschmiede* oder Hofschmiede.

Hinter der Hausvogtei, in der Stadt, am Graben stand in den ältesten Zeiten das in der ersten Hälfte des 13. Jahrhunderts gegründete *Franziskanerkloster* mit der schönen *Klosterkirche*, einer Lieblingsstiftung der Grafen von Schwerin. Seit dem J. 1533 ward in der *Kirche* die evangelische Lehre gepredigt und die Mönche verloren sich nach und nach. Als in den Religionskriegen die Reichstruppen im J. 1554 bis gegen Schwerin schwärmten, ließ der Schloßhauptmann von Schwerin, Veit von Saalfeld, das herrliche Gewölbe der Kirche einschlagen, damit diese nicht zur Feste gegen das Schloß dienen könne. Der Herzog Johann Albrecht I. ließ darauf im J. 1557 die Ruinen abbrechen und das Material zu den Schloßbauten benutzen. – Als im J. 1558 ein großer Brand auch die fürstliche Zehentscheure beim Dome verzehrt hatte, ließ der Herzog aus den Materialien anderer Klostergebäude, namentlich mit den mächtigen Balken, welche der bekannte Klostergeist *Peter Pück* herbeigeführt haben sollte, an der Stelle der Kirche ein *Kornhaus* aufführen, welches als fürstliches *Wagen= und Kornhaus* am Ende des 17. Jahrhunderts aus den alten Materialien neu aufgebauet ward.

In einem *Klostergebäude* gründete der Herzog Johann Albrecht I. im J. 1553 die *Burgschule* (bis 1576), welche unter den Rectoren Dabercusius und Hederich großen Ruf erlangte. Im J. 1588 ward hier die *Justiz=Canzlei* angeordnet, welche hier bis zum J. 1715 blieb; auch war hier seit dem J. 1711 die im J. 1553 angelegte fürstliche Bibliothek.

An der Stelle dieser Gebäude und des Klosters ward am 29. Sept. 1825–1833 das im rein griechischen Style aufgeführte und mit trefflichen Bildhauerarbeiten und Freskogemälden gezierte *Collegiengebäude* erbauet, vielleicht das schönste Gebäude in den deutschen Ostseeländern.

Zwischen diesem Prachtgebäude und dem großen Schauspielhause steht das bescheidene *Palais*, in welchem der unvergeßliche Großherzog *Paul Friederich* lebte und starb. Es war im Anfange dieses Jahrhunderts von dessen hochseligem Vater Friederich Ludwig aus Privatbesitze zum Absteigequartier angekauft; früher standen hier einige Buden am Burgthore.

In der Burgstraße links neben dem Collegiengebäude steht das sogenannte "alte Commandantenhaus", in welchem einst des Herzogs Johann Albrecht I. großer Canzler Johann von Lucka und darauf sein treuer Rath Andreas Mylius wohnten, dann das Hofmarschallamt, dann das sogenannte "Hornsche Haus", in welchem des Herzogs Friederich Wilhelm Minister, Graf Horn, wohnte.

Auf dem Bilde: *Schwerin vor hundert Jahren*, sehen wir auf dem Alten Garten rechts den Tappenhagen, in der Mitte das Ballhaus und links davon die Häuser an der Stelle des Palais, links das alte Reithaus mit der Reitbahn davor, die Hausvogtei mit der Bahnschmiede, die Justiz=Canzlei, das Wagen= und Kornhaus, und in der Burgstraße das Commandanten=, das Hofmarschallamts= und das Hornsche Haus.

Auf dem Bilde: *Schwerin im J. 1842*, sehen wir auf dem Alten Garten rechts den Bauplatz des neuen Schlosses, in der Mitte das Schauspielhaus und das Palais, links den Platz der ehemaligen Reitbahn, das Collegiengebäude und in der Burgstraße die genannten alten Gebäude, wie sie seit dem vorigen Jahrhundert stehen.

DIE ALTSTADT SCHWERIN, VOM SCHLOSSE, IM J. 1842

Der Herzog Johann Albrecht I. und dessen Gemahlin Anna Sophia

Der Stolz Meklenburgs wird immerdar der Herzog Johann Albrecht I. (geb. 1525 † 1576) bleiben, von den Zeitgenossen der Gelehrte und Salomo genannt, ein edler Mann, gleich groß in jeder Richtung der Lebensthätigkeit. Von seinen Aeltern, dem Herzoge Albrecht dem Schönen zu Meklenburg=Güstrow und der kirchlich gesinnten Anna, geb. Prinzessin von Brandenburg, in der Jugend sorgfältig gepflegt und erzogen, gewann er frühzeitig zu Hause und im Auslande eine seltene Bildung in den Künsten des Friedens und des Krieges, und trat geistig gereift schon im 23sten Jahre seines Alters nach dem Tode seines Vaters im J. 1547 neben seinem Oheim, Heinrich dem Friedfertigen, in die Regierung des Staates. Sein milder Sinn bequemte sich einige Jahre in das ruhige Walten des Oheims, der mit Weisheit und Geschicklichkeit während der bewegten Zeit der Reformation zum Vortheil der evangelischen Fürsten das Staatsruder gelenkt hatte. Aber die Gefahr für die evangelischen Fürsten ward immer größer, die Gewalt des spanischen Hofes Kaisers Carl V. für Deutschland immer drückender und bedenklicher. Da starb Heinrich am 6. Febr. 1552, und Johann Albrecht trat zu Schwerin die Regierung des ganzen Landes an, die er im J. 1554 wieder mit seinem Bruder Ulrich von Meklenburg=Güstrow theilte. Keinen Augenblick zauderte der hochherzige Fürst, beim Antritt seiner Regierung das deutsche Reich und den evangelischen Glauben zu retten; sogleich stieß er mit seinem kühnen und tapfern Bruder *Georg*, der am 20. Juli 1552 bei der Belagerung Frankfurts a.M. den Heldentod fand, an der Spitze von 600 Reitern zu den evangelischen Bundesgenossen, welche durch Hessen und Baiern flogen, die Engpässe Tyrols vorzüglich durch den Heldenmuth Georgs stürmten, mit der siegenden Allgewalt des Glaubens Alles vor sich niederwarfen, den Kaiser und die tridentinische Kirchenversammlung vor sich her jagten und schon am 2. August 1552 zu Passau den Religions=Frieden forderten und erhielten. Kaum sah Johann Albrecht den Sieg der Evangelischen gesichert, als er in die Heimath eilte, hier alsbald die letzten Reste des katholischen Aberglaubens vertilgte, die Klöster und andere katholische Stiftungen aufhob und die großartigsten Veranstaltungen zu einer neuen Staatseinrichtung traf, welche der Fortschritt der Zeit und die bedeutende Vermehrung der Domainen forderten. Er hatte auch das Glück, während einer langen Regierung alle für nöthig erachteten Maaßregeln durchzusetzen. Sein Walten, bei dem ihm der begeisterte Eifer seines großen Canzlers *Johann von Lucka* und die einsichtsvolle Feinheit seines Rathes *Andreas Mylius* treulich halfen und an dem des Herzogs gleichgesinnter, wackerer Bruder *Ulrich* zu Güstrow gleichen Theil und gleiche Thätigkeit nahm, ist der Grundstein der Staatsverfassung geworden bis auf den heutigen Tag. Wo wäre ein Zweig der Staatsverwaltung, zu dem er nicht durch Ordnungen und Einrichtungen den Grund gelegt hätte? Gerichts= und Polizei=Verfassungen aller Art wurden gegeben und verbessert, die Landesverwaltung geregelt, eine große Anzahl von Ordnungen erlassen, welche auch wirklich Ordnung und Einheit in den Staat brachten; Fabriken wurden angelegt, Ströme schiffbar gemacht und Canäle gegraben, der Handel gehoben, Schlösser, Höfe und Festungen gebaut, die Kunst gepflegt. Vor allen Dingen aber lag dem edlen Manne die Sicherung der evangelischen Kirche am Herzen; Schulen wurden gegründet und unter seiner persönlichen Obhut bald berühmt, so daß selbst Schulen kleinerer Städte sich gelehrten Schulen näherten, Büchersammlungen wurden angelegt, die Kirchen und Pfarren wurden visitirt und mit ausgezeichneten Männern besetzt, der Wirkungskreis der Superintendenten geregelt, mitten unter erbitterten geistlichen Zänkereien klar und bestimmt Kirchen=, Superintendenten= und Consistorial=Ordnungen erlassen. Vorzüglich war die *Universität Rostock* Gegenstand der Pflege des Herzogs; nie hat sie in einem solchen Ansehen gestanden, als zu seiner Zeit, wo sie einen europäischen Ruhm errang und selbst über

JOHANN ALBRECHT I.
Herzog von Meklenburg
† 12. Febr. 1576

ANNA SOPHIA
dessen Gemahlin
† 6. Febr. 1591

Deutschland hinaus Wirksamkeit erlangte. Und bei allen diesen Arbeiten, deren jeder der Fürst persönlich den lebendigsten Antheil widmete, fand er noch Muße genug, die Pflege der *Wissenschaft* zu seiner Erheiterung und Erholung fortzusetzen und durch sie seinen Geist zu stärken; er war Meister in der lateinischen Sprache und der feine, sichere Ausdruck seiner klaren Gedanken erregt Bewunderung. Täglich fast wechselte er freundliche und herzliche lateinische Briefe mit seinem *Freunde*, dem Rathe *Andreas Mylius*; täglich schrieb er Gedanken und Selbstbetrachtungen in lateinischer Sprache nieder oder übersetzte die Bibel und andere Werke; häufig gingen inhaltsschwere Briefe hin und her zwischen ihm und dem allgemein hochverehrten Professor *David Chyträus* zu Rostock und andern gelehrten Männern des Landes, deren Schaar sehr groß war, und des Auslandes; mit seinem Mathematiker *Tilemann Stella* trieb er eifrig Mathematik und Festungsbaukunst und in stillen, heitern Nächten Sternkunde auf dem schweriner See. – Doch es ist der Raum zu enge und die Kraft zu schwach, das Leben dieses ewig denkwürdigen Regenten zu schildern, unter dessen Regierung Meklenburg den gegründetsten Ruhm erwarb; nur so viel möge hier noch bemerkt werden, daß er nach langen Irrungen im Jahr 1573 auch mit der Stadt *Rostock* einen ersehnten *Frieden* schloß, welcher ebenfalls die Grundlage des neuern Zustandes dieser Stadt ward. – Nachdem er mit einem merkwürdigen Testamente, durch welches er auch die Thronfolge nach der Erstgeburt festsetzte und die verderblichen Landestheilungen abzuschaffen suchte, sein einfaches, häusliches, thatenreiches Leben geschlossen hatte, ging er ruhig und fest in jene Welt hinüber, begleitet von dem Segen der Mitwelt und Nachwelt. Seine Leiche ruht in der Heiligen=Bluts=Capelle hinter dem Hochaltare im Dome z u Schwerin!

Eines solchen Fürsten vollkommen würdig war seine Gemahlin *Anna Sophia*, Tochter des ihrem Gemahle gleichgesinnten, wackern Albrecht, ersten Herzogs von Preußen, und Dorotheens, des ruhmwürdigen Königs Friedrich I. von Dänemark Tochter, (geb. am 11. Jun. 1527, † 6. Febr. 1591). Nachdem im deutschen Reiche und im Lande die Angelegenheiten einigermaßen geordnet waren, empfing Johann Albrecht I. am 24. Febr. 1555 seine wegen ihrer Sittsamkeit allgemein verehrte Braut als Gemahlin zu *Wismar*, wo er hiezu den neuen, noch stehenden Fürstenhof hatte aufführen lassen. Voll des einstimmigen Lobes über die ächt weiblichen und fürstlichen Tugenden dieser edlen Frau sind alle Zeitgenossen: wie sie, von ihrem ehrwürdigen Vater dazu angeleitet, in den hohen Geist ihres edlen Gemahls einging, ihm durch Liebe, Sanftmuth und Häuslichkeit das seelenreiche Leben verschönerte, mit Einsicht und Vertraulichkeit alle seine großen Sorgen und Arbeiten theilte, in Frömmigkeit, geistreicher Beschäftigung, Einfachheit und Pflichttreue allen Menschen nah und fern voranleuchtete, wie sie mit ihrem Gemahle Ein Herz und Eine Seele war. Es ist bekannt, daß für alle ihre Umgebungen ihr Haus eine Schule der Gottesfurcht, der Zucht und der Mäßigkeit war, daß, wie sie selbst täglich ihre bestimmten Andachtsübungen und Selbstprüfungen hatte, sie auch ihren Hof zum Lesen ernster Schriften anhielt und alle leichtfertigen Bücher von demselben verbannte. Am edelsten offenbarte sich aber ihr Gemüth in der Mutterliebe, indem sie ihren drei Söhnen: Albert, den sie am Anfange seines sechsten Lebensjahres zu Königsberg verlor, Johann und Sigismund August, sowohl die Mutterbrust reichte, als auch alle schweren Pflichten und Sorgen der Pflege und Wartung in den ersten Lebensjahren selbst widmete und späterhin ihre Erziehung leitete: Handlungen, ewig der Nacheiferung würdig. Eben so bildete sie auch die Jungfrauen ihres Hofes zum ernstern Lebensberuf mit Liebe heran, steuerte sie aus und wachte mit mütterlicher Sorgfalt über ihr Geschick. Und als Krankheit den Gemahl auf das Sterbebette warf, wachte sie mit Ausdauer und Standhaftigkeit, mit Liebe und Aufmerksamkeit ohne gleichen an seinem Lager, bis ihn, der kaum 50 Jahre alt geworden war, der unerbittliche Tod von ihrer Seite riß. Sie aber zog sich mit glaubensreicher Ergebung und Hoffnung auf ihren Wittwensitz Lübz zu-

rück, wo sie noch 15 Jahre in stiller, frommer Abgeschiedenheit lebte, bis sie nach langem Krankenlager der Tod am 6.Febr. 1591 erlöste und ihre sterbliche Hülle mit der ihres Gemahls wieder vereinigte.

Das Bild ist eine getreue Copie nach einem Original=Gemälde ungefähr aus dem J. 1560 aus des Herzogs Gesellschafts=Saal auf dem Schlosse zu Schwerin.

Die alte Burg Schwerin vom Burgsee (Titelblatt von 1842)

Auf der Titel=Vignette bieten wir den Vaterlandsfreunden eine Ansicht des alten Schlosses zu Schwerin, welche von der Höhe des Schießhofes in der Vorstadt jenseits des Burgsees aufgenommen ist und den ältesten Charakter des alten Gebäudes getreu wiedergiebt. Wir sehen hier ungefähr die rechts von der Auffahrt liegende Hälfte des Schlosses, welche die ältesten Theile desselben enthält. Der mittlere Theil unserer Ansicht, hinter den Pappeln auf dem Walle, das kleinste, nur zwei Stock hohe, Gebäude des Schlosses, das alte Brau= und Backhaus, ist der einzige, jedoch werthlose Rest aus dem Mittelalter; hin und wieder sieht man noch zugemauerte Spitzbogen in den Wänden. Links daran schließt sich bis zur Auffahrt das Zeughaus, aus der ersten Hälfte des 16. Jahrhunderts, jetzt fast nur aus nackten Wänden bestehend, und rechts Herzogs Heinrich kleines Haus (1520) mit der Schloßuhr im Thurme, und hieran rechts an der Ecke des Herzogs Johann Albrecht I. Gebäude aus der zweiten Hälfte des 16. Jahrhunderts. Bei den Veränderungen, welche diesen Theil der Burg, der weiter kein bauliches und geschichtliches Interesse gewährt, über kurz oder lang treffen dürfen, wird gerade diese Ansicht nicht unwillkommen sein.

Die Neustadt Schelfe

Die alte Stadt Schwerin reichte gegen Norden nur bis an die jetzige Scharfrichter= und Friedrichsstraße, in deren Richtung Mauern, Wälle und Gräben gingen; an der Stelle, wo beide Straßen zusammenstoßen, stand das Schelfthore mit starken Thürmen. Das große Feld von dem Schelfthore bis zum Werder hieß seit den ältesten Zeiten die *Schelfe*, wahrscheinlich von dem *Schilfe* so benannt; denn vom Ziegelsee her bis gegen den jetzigen Schelfmarkt erstreckte sich ein tiefer Sumpf, der sich hier in zwei Arme theilte, deren einer sich über die jetzigen Wasserstraßen und die Apothekerstraße nach dem Pfaffenteiche, der andere über die Taube= oder Lehm=Straße gegen den Ziegenmarkt und über diesen hinaus nach dem Großen See hinzog. Durch den letztern Sumpfarm ward die Schelfe in zwei Theile getheilt: in die *kleine Schelfe* zunächst der Stadt und die *große* Schelfe vom jetzigen Ziegenmarkt bis zum Werder. Den *Werder* (d. i. Insel) oder *Schelfwerder* erhielt bei der Bewidmung des Bisthums Schwerin am 9. September 1171 der *Bischof* zu seinem Tafelgute.

Die *kleine Schelfe* ward schon früh bebauet, während die große Schelfe lange Ackerland blieb. Schon in den nächsten Jahren nach der Stiftung des Bisthums schaueten die Domherren lüstern nach den schönen Fluren in der Nachbarschaft ihrer Kirche und Höfe und schon im 12. Jahrhundert besaßen sie, wahrscheinlich durch Geschenk des Grafen Guncelin I. von Schwerin, die Hälfte der kleinen Schelfe und hatten die große Schelfe und die Bischofsmühle durch Ausdeutung der Stiftungsurkunde des Bisthums an sich zu bringen gewußt. Zum Danke für den Sieg bei Bornhöved (22. Jul. 1227), wie man sagt, stiftete der Graf Heinrich I. von Schwerin im J. 1228 die *Kapelle zu Ehren des Heil. Nicolaus* auf der Schelfe, mußte aber die Ausführung des Werkes seinem Sohne Guncelin III. überlassen. Im J. 1238 weihete des Erzbischofs Gerhard II. von Bremen Stellvertreter Arnold, welcher im Mai d. J. im Lande war, die Kirche, für welche ihr Pfarrer Rudolph eine Hufe zu Wittenförden erwarb. Bei dieser Gelegenheit schenkte der Graf Guncelin III. dem Dom=Capitel 12 Höfe auf der Schelfe, deren einer, an der davon benannten Pfaffenstraße belegen, zur Wohnung des Dom=Dechanten bestimmt ward, welcher die Aufsicht über die Nicolai=Kirche führte. Derselbe Graf und andere Begünstiger der Kirche schenkten dem Dom=Capitel später noch mehrere Hausstellen und wie der Reichthum des Doms sich mehrte und der Gottesdienst in demselben sich ausbreitete, erhielt die Schelfe immer mehr Wohnungen für die zahlreichen untergeordneten Geistlichen des Doms, welche andere Bewohner nach sich zogen. Bald war auf der Schelfe eine kleine Stadt entstanden, in welcher die Domherren wegen ihres bedeutenden Besitzes, um so mehr da ihnen schon seit alter Zeit die Hälfte des Grundbesitzes gehörte, die erste Rolle spielten. Mancherlei Irrungen wurden am 6. Dec. 1284 durch einen Vergleich zwischen dem Grafen Helmold II. und dem mächtigen Bischofe Hermann I., Grafen von Schladen, völlig gehoben. Der *Dom erhielt* durch diesen Vergleich *die ganze, kleine und große, Schelfe*, den Ziegelsee und die Aue mit dem medeweger See als Eigenthum zugesichert; die Bewohner der Schelfe blieben jedoch in großer Abhängigkeit von der Altstadt. Schon in den ältesten Zeiten lagen auf der Schelfe ein *großer* und ein *kleiner Weinberg*.

Jetzt dehnte sich die *neue bischöfliche Stadt* auf der Schelfe immer mehr aus, so daß sie schon in der Mitte des 13. Jahrhunderts mitunter die Neue Stadt oder *Neustadt* Schwerin genannt ward; bald waren 3 Straßen ganz bebauet: die Pfaffenstraße bis zur jetzigen Apothekerstraße, die Steinstraße, und in ihrer Verlängerung: Ritterstraße, bis zur Nicolai=Kirche, und die Fischerstraße, in welcher seit den ältesten Zeiten die Fischer wohnten, jetzt Münzstraße, bis zum Amte oder Hintenhof. Mehr als diese 3 *Straßen* waren aber bis auf die neuern Zeiten nicht angebauet. Es wohnten hier Domherren und Vicare, mehrere Ritterfamilien auf Höfen, z.B. die von Lützow auf Eickhof, die von Raven auf Stück, die von Sper-

DIE NEUSTADT SCHWERIN

ling u. A., und viele gewerbetreibende Bürger; auch hatte schon seit dem Mittelalter ein eigener *Vogt* (Schelfvogt) oder *Richter* seinen Sitz auf der Schelfe.

Auf der *Schelfe* hatte schon im Mittelalter der Bischof zwei Bauhöfe oder Ackerhöfe, den *großen Bauhof* oder *Hintenhof*, an der *Stelle* des jetzigen Amtes, und den kleinen Bauhof, der Nicolai=Kirche gegenüber an der Ritterstraße, am Ende der Schelfstadt. Obgleich in dem Vertrage vom J. 1284 bestimmt war, daß auf der Schelfe keine Befestigung angelegt werden solle, so errichtete doch der Herzog Albrecht in dem Successionskriege wegen der Grafschaft Schwerin im J. 1358 hier eine Festung "*Burg Neu-Schwerin" oder "Schelfburg", in welcher 31 Ritter lagen, welche jedoch die Stadt viele Monate lang vergeblich belagerten.*

Mit der Reformation verlor die Neustadt Schelfe ihre Bedeutsamkeit; die Wohnungen der Geistlichen gingen nach und nach an Bürger über. Die Nicolai=Kirche stand seit der Einführung der Reformation lange wüst, bis sie im J. 1589 wieder neu eingerichtet ward und einen eigenen Prediger erhielt, jedoch nur als Tochterkirche des Doms. Während des dreißigjährigen Krieges verfiel die Kirche aber immer mehr und mehr. Durch den westphälischen Frieden ward die Neustadt im J. 1648 fürstliches Eigenthum. Auf der Schelfe standen damals 7 Höfe, 35 Vollhäuser, 15 halbe Häuser und 33 Buden.

Die jetzige Neustadt oder Schelfe aber ist fast ganz ein Werk des Herzogs *Friederich Wilhelm* (1692–1713), der in seinem Minister, *Grafen von Horn*, einen gleichgesinnten Diener hatte. Dieser Fürst, in eifrigem Streben für Lebhaftigkeit und Gewerbthätigkeit, namentlich für Errichtung von Fabriken und Manufacturen, beschloß, um so mehr da die Altstadt allerdings etwas eng ward, auf der Schelfe eine neue Stadt zu gründen und in ihr vorzüglich die Gewerbthätigkeit zu befördern. Am 9. März 1705 ertheilte er den Kammeräthen, dem Landrentmeister Sturm und dem Capitain und Baumeister Reutz den Auftrag zur Ausführung der Bebauung der Schelfe. Die Seele der Ausführung war der Capitain *Reutz*, die schriftlichen Arbeiten verfertigte zum großen Theile der Kammerrath Varenius, an der Spitze der Ausführung stand der Ingenieur Capitain vom Hammerstein. Am *26. Junii 1795* erschien eine herzogliche "Declaration" über den Anbau der Schelfe und zugleich erklärte der Herzog die Schelfe "nunmehr zu einer *rechten, neu angelegten Stadt*" und versprach einen eigenen Magistrat zu bestellen und ein Rathhaus zu erbauen, eine Kirche aufzuführen und ihr eigene, selbstständige Prediger zu geben, Vieh= und Jahrmärkte anzuordnen und den bürgerlichen Verkehr auf alle mögliche Weise zu befördern.

Nachdem sofort der Plan der neuen Stadt abgesteckt war, wurden erst die wüsten Stellen in den alten Straßen bebauet. Noch im J. 1705 ließ der Herzog das *Manufactur=Haus* in der jetzigen Amtsstraße bauen. Mehrere Privatleute gründeten noch im J. 1705 größere Häuser, wie der Landrentmeister Sturm in der Fischerstraße, welches Haus im J. 1758 zur Münze eingerichtet ward und der *Münzstraße* den Namen gab. An der Stelle des jetzigen fürstlichen *Palais auf der Neustadt* an der Steinstraße bauete der Kammerrath Schulz unter dem Herzoge Friederich Wilhelm einen großen Hof, welchen der Herzog von dem Erbauer erwarb und seinem Bruder Christian Ludwig gab (1708 "Prinz Ludwigs=Hof"). Späterhin erhielt es die Prinzessin Charlotte Sophie († 1810), Wittwe des Prinzen Ludwig, für welche der Herzog Friederich im J. 1779 das jetzt noch stehende Palais an derselben Stelle neu aufführen ließ. Die davon benannte *Palaisstraße* ("Quergasse") ward schon im J. 1701 durchgebrochen. Nachdem schon seit dem J. 1698 der Herzog an dem Spielzaun=Damm hatte arbeiten lassen, ward seit dem J. 1705 die Arbeit daran eifriger fortgesetzt und im J. 1707 ein Thor ("*Spielthor*") auf demselben errichtet und die Landstraße aus der Neustadt über diesen Damm eröffnet. Darauf ward die Gegend um die Kirche und nach dem Spielthore hin (die Landreiterstraße) bebauet. Im Anfange des J. 1708 ward die alte Nicolai=Kapelle abgebrochen und am 6. Mai 1708 von dem Herzoge Friederich Wilhelm, in Gegenwart seiner Gemahlin und sei-

DIE PAULSSTADT SCHWERIN

nes Bruders Christian Ludwig, der Grundstein zu der *neuen Schelfkirche* unter der Kanzel gelegt. Der Erbauer dieses Werkes mit seinem geschmackvollen Thurme war der Capitain Reutz. Im J. 1711 war die Kirche fertig; kurz vor der Vollendung, im J. 1711, starb der Capitain Reutz und ward auf des Herzogs Befehl mitten in der Kirche begraben; an seine Stelle ward der bekannte Bau=Director und Kammerrath Storm aus Frankfurt a. O. berufen.

Am 13. Julii 1713 starb der Herzog Friederich Wilhelm zu Mainz auf der Rückreise von Schlangenbad und ward in der Schelfkirche beigesetzt. Unter der unruhigen Regierung des Herzogs Carl Leopold ruhete die Fortsetzung der Arbeit an der Neustadt, bis im J. 1735 sein Bruder *Christian Ludwig*, als kaiserlicher Commissarius und der Landes=Administrator seine Residenz zu Schwerin nahm, nachdem der Herzog Carl Leopold durch die Reichs=Executions=Truppen aus Schwerin vertrieben war. Bei dieser Gelegenheit mußte die Neustadt eine kurze Belagerung (6.-8. Febr. 1735) aushalten, indem der Herzog am Spielthor und auf dem *Windmühlenberge* (an der Ecke der *Mühlen=* und Apothekerstraße, von in den ältesten Zeiten der kleine Weinberg, später der Judenkirchhof, darauf seit ungefähr 1710–1734 eine Windmühle gewesen war) Batterien gegen die Batterie der Belagerer auf dem Kläterberge hatte aufführen lassen. Der wohlgesinnte Herzog *Christian Ludwig* († 1756) war auf die Verschönerung Schwerins und die Hebung der Neustadt, namentlich die Ausführung des Werkes seines Bruders, eifrig bedacht. Unter ihm wurden namentlich die *Apothekerstraße* (durch des Apothekers Gesenius Garten) mit den Querstraßen, die *Bergstraße* (auf dem ehemaligen großen Weinberge) oder der *Stephansberg* (von dem Erbauer des ersten Hauses, Koch Stephans) und die *Werder=Allee* oder *Werderstraße* angelegt.

So ward die Schelfe im Wesentlichen vollendet und es bedurfte nicht großer Beförderung, um die freundliche und gesunde Neustadt bald ganz zu bebauen. Der Herzog Christian Ludwig starb am 30. Mai 1756 und ward ebenfalls in der Schelfkirche beigesetzt, nachdem er im J. 1725 die in dem großen Brande des Schlosses zu Grabow unversehrt gebliebenen Leichen seiner Großmutter und seiner Aeltern in die Fürstengruft dieser Kirche hatte versetzen lassen.

Unter dem Herzoge Friederich Franz I. ward im J. 1787 das Werkhaus in der Bergstraße, im J. 1812 die Tuchfabrik am Ende der Bergstraße an der Stelle des Schießhofes der neuen Schützenzunft (jetzt eine Privat=Sägemühle mit der ersten (1842) Dampfmaschine in Schwerin) gegründet, 1813 die Justiz=Canzlei in die Schelfstraße verlegt, 1816 das Carolinenstift in der Apothekerstraße gestiftet, 1822 die Thierarzeneischule in der Amtsstraße gegründet, 1827 die Münze ausgebauet.

Mochte auch unter dem Großherzoge *Paul Friederich* die Neustadt Schelfe durch die Gründung der Paulsstadt zu leiden scheinen, so ward doch der Grund zu einem so großen Verkehr gelegt, daß die Neustadt wahrscheinlich nie eine so sichere und dauernde Hülfe erhalten hat, als durch den unvergeßlichen Fürsten. Er führte nämlich den großartigen Gedanken aus, die östlichen Ufer des schweriner Sees durch einen Damm durch den See und eine Kunststraße durch den Werder mit der Stadt zu verbinden. Das Riesenwerk ward in den J. 1840 und 41 ausgeführt. Da die neue Chaussee sich in die Neustadt Schelfe mündet, so erwachte rasch ein reges Bauleben in den Gegenden zunächst der Chaussee und es entstanden sehr viele neue Häuser in der Werderstraße, welche jetzt erst zusammenhangend bebauet ward, in der Waisenhausstraße und den nächsten Querstraßen. Im J. 1838 ward die Justiz=Canzlei ausgebauet und vergrößert, im J. 1840 das große städtische und Domanial=Krankenhaus in der Werderstraße aufgeführt und darauf das Domanial=Krankenhaus in der Bergstraße zum Cadettenhause eingerichtet, im J. 1842 das güstrowsche Thor an der Werder=Allee und das Schulhaus hinter dem Krankenhause gebauet und im J. 1843 die Chaussee am Ziegelsee entlang auch in die Schelfstraße geführt.

Dies sind die Hauptschicksale der Schelfe. Wir sehen auf unserm *Bilde* die Neustadt Schelfe vom Ziegelsee und

DER SCHLOSSGARTEN ZU SCHWERIN

dem großen Sumpfe her die Schelf= und Königsstraße hinauf, rechts die Justiz=Canzlei, dahinter den Schelfmarkt und die Schelfkirche.

Die Paulsstadt

Die Hausgärten der Altstadt Schwerin bespülte ein ziemlich großes Gewässer, der *Pfaffenteich*, dessen Ufer von Feldern und Gärten umgeben waren, welche sehr unscheinbar lagen, so reizend auch die Lage des Sees zu seinen fernern Umgebungen war. Kaum hatte der unvergeßliche Großherzog Paul Friederich seine Residenz nach Schwerin verlegt und neues Leben durch die Adern des alten Körpers gegossen, als er den hohen Gedanken faßte, an dem jenseitigen Ufer des Pfaffenteiches einen neuen Stadttheil zu gründen, denselben durch einen Damm mit der Altstadt und durch die Spielthorchaussee mit den Neustadt zu verbinden, dadurch den Pfaffenteich in die Stadt zu ziehen und dur.ch dies Alles aus Schwerin eine Stadt zu machen, die in der Lage im Innern ihres Gleichen sucht. Alsbald waren hunderte von Händen unausgesetzt thätig, die Felder zu ebenen und zu terrassiren und einen Damm zur Neuen=, jetzt Friederichsstraße durch das sehr tiefe Südende des Sees zu schütten. Der neue Stadttheil, nach seinem Gründer *Paulsstadt* genannt, ward so angelegt, daß am Pfaffenteichc entlang eine Linden=Allee, ein Fahrweg und eine Reihe großer Häuser (die Alexandrinenstraße), hinter dieser Straße eine Straße mit zwei Reihen Häuser (Wismarsche Straße) lief und diese Straßen die nöthigen Querstraßen und einen öffentlichen Platz erhielten. Im J. 1840 war der Damm durch den Pfaffenteich (ein Theil der Arsenalstraße) unter großen Schwierigkeiten vollendet, die Neue Straße und die Bischofsstraße mit großen, prachtvollen Häusern bebauet. In demselben J. 1840 ward der Grundstein zu dem colossalen Arsenale gelegt und das erste Haus (des Oberbauraths Wünsch) nördlich neben dem Arsenale an der Alexandrinenstraße bezogen. In diesem Jahre wurden die ersten 6 Häuser an der Alexandrinenstraße gebauet, die Bebauung der wismarschen Straße begonnen, das wismarsche Thor aufgeführt und im J. 1841 der größere Theil der unvergleichlichen Paulsstadt vollendet, so daß der vielgeliebte Fürst bei seinem viel beweinten Scheiden am 7. März 1842 sein großes Werk als ausgeführt betrachten konnte. In der Zeit 1842/3 ward am nördlichen Ende der Alexandrinenstraße das große Domanial=Amts=Gebäude gebauet und unter Dach gebracht.

Wir sehen auf unserm Bilde von dem Palais=Garten auf der Schelfe über den Pfaffenteich den schönsten Theil der Paulsstadt: vor uns das Zeughaus oder Arsenal, ein colossales, schönes, tüchtiges Werk des Hofbauraths Demmler, welches im J. 1840 gegründet und am Ende des J. 1842 unter Dach gebracht war, und rechts die ersten Privathäuser der Alexandrinenstraße. Links erblicken wir den kostbaren Erddamm durch den Pfaffenteich und auf demselben zuerst die Wohnung des Militair=Befehlshabers, dann das im J. 1842 erbauete Haus des Hofbauraths Demmler und in der Ferne die Forsetzung der Arsenalstraße.

Der Schloßgarten

Das größte Kleinod Schwerins ist der *Schloßgarten*, erhaben und reizend, ausgestattet mit den entzückendsten Gaben der Natur und geschmückt mit den anmuthigsten Erfindungen der Kunst, Einwohnern und Fremden stets ein beglückender Anblick. In den ältesten Zeiten gehörten die äußern Theile des Gartens zur Feldmark des nahen Stadtdorfes Ostorf, welche schon früh zerstückelt ward. Im Anfange des 16. Jahrh. legten die Herzoge auf der "Terrasse" einen Finkenheerd an, an welchen sich nach und nach Weinberge und kleinere Anlagen anschlossen. Der Festungs=Charakter der Stadt und des

Bauer und Bauermädchen aus der Gegend von Schwerin

Schlosses hemmte die freie Benutzung. Im Gegentheil ward der Raum vor dem Schlosse zu Gartenanlagen benutzt. Im J. 1572 ließ der Herzog Johann Albrecht I. vor der Burg einen Garten anlegen, welcher im 17. Jahrh. der Bahngarten, seit der Anlegung des neuen Schloßgartens bis heute aber der *Alte Garten* genannt ward, den noch der Herzog Christian Ludwig II. in der Mitte des vorigen Jahrhunderts verschönerte. – So blieb der Schloßgarten lange ohne besondere Beachtung, bis der Herzog *Friederich Wilhelm* im J. 1708 durch den Ingenieur=Capitain von Hammerstein den vordern Theil des Gartens im französischen Geschmack so anlegen ließ, wie er noch heute dem Blicke sich darbietet. Der Herzog Christian Ludwig that seit 1749 viel zu seiner Verschönerung. Mit geringen Veränderungen, zum Theil auch der Verwilderung entgegengehend, blieb der Garten aber in der alten Verfassung, bis der Großherzog *Paul Friederich* mit seiner klaren Einsicht die unvergleichliche Anlage auf den Standpunct hob, dessen sie würdig war. Zuerst ward das Dickicht des alten Gartens gelichtet und reizend verschönert, 1838/9 der Garten durch einen Bergrücken der Feldmark Ostorf bis gegen den "Püsser=Krug" hin erweitert, in den nächsten Zeiten die Anlage um den Faulen=See und am Großen See entlang bis gegen Zippendorf hin gemacht und der Bau mehrerer Privat=Landhäuser vermittelt, im J. 1840 der Weinberg angelegt, und so fort ohne Rast geschaffen, daß bald das schöne Werk vollendet war.

Auf unserm Bilde sehen wir links den fürstlichen *Wintergarten*, an den die fürstlichen Sommergemächer stoßen, den Mittelpunct des Schloßgartens, im J. 1837 erbauet, und über der Chaussee nach Ludwigslust die in der Eisengießerei zu Güstrow gegossene, schöne eiserne Brücke, welche das *Cavalier=Haus* rechts mit den fürstlichen Gemächern in Verbindung setzt.

Bauer und Bauernmädchen aus der Gegend von Schwerin

Die Volkstracht in der Gegend von Schwerin hat zwar nicht viel Auffallendes, zeigt aber ziemlich klar die in dem größern Theile von Meklenburg fast *allgemein herrschende Volkstracht* der Landbewohner, welche in der Nähe größerer Städte immer mehr ihrem Untergange entgegengeht. Wahrscheinlich ist es die uralte *sächsische Tracht*, welche in der *Grafschaft und dem Bisthume Schwerin* sich am leichtesten festsetzen konnte, um so mehr, da die alten Chroniken sagen, daß Heinrich der Löwe das ganze Wendenland von Holstein "bis Schwerin" in eine einzige *Sachsen=Colonie* umgeschaffen habe. Die Tracht der Männer wird nur noch selten gefunden. Die Tracht der Frauen hält sich aber noch und ist sehr kleidsam und sittsam, besonders bei religiösen Feiern: dann sind die Kleider schwarz und Schürze, Tuch und Mützenstrich klarweiß.

Ludwigslust

Der in neuern Zeiten mit einer Mauer umgebene Flecken Ludwigslust ist eine der merkwürdigsten Erscheinungen in der Geschichte Meklenburgs. In einer sandigen, wasserarmen, reizleeren Ebene, ganz in der Nähe der beiden Städte Grabow und Neustadt, vier Meilen südlich von Schwerin, erwuchs aus den Umgebungen eines unscheinbaren fürstlichen Jagdschlosses beim Dorfe Klenow unter der Regierung der Herzoge Friederich und Friederich Franz I. in ganz kurzer Zeit ein Ort, welcher nach seiner Größe und Einrichtung mit vollem Rechte eine Stadt genannt werden kann, der aber, da ihm Stadtgerechtigkeit fehlte, für die Verfassung des Vaterlandes ein Flecken blieb. Daher ist Ludwigslust, da es aus einem Dorfe entstanden ist und früher ein offener Ort war, mitunter das "schönste Dorf" genannt. Seinem Aeußern nach läßt sich Ludwigslust wohl mit Doberan und Putbus vergleichen, seinem Innern nach wohl mit Potsdam und ähnlichen Neben=Residenzen, welche im vorigen Jahrhundert auf einige Zeit Haupt=Residenzen waren. Ludwigslust hat ganz das Gepräge eines plötzlich entstandenen Hoflagers der jüngst entschwundenen Zeit. Ganz ein Werk der Herzoge Friederich und Friederich Franz, für die Bedürfnisse des Hofes geschaffen, ist der Ort regelmäßig und sauber angelegt und ausgeführt. Was die Natur versagte, hat die Kunst mit großen Opfern innerhalb der Mauern und der nächsten Umgebungen geschaffen: Kanäle und herrliche Wasserwerke, Blumen und Waldbäume, feste Wege und einen freundlicheren Himmel, und es würde der Ort allerdings Reize haben, wenn ein regerer Verkehr die weiten Straßen belebte. An historischen Erinnerungen ist Ludwigslust aber reich; denn es war Lieblingsjagdschloß des Herzogs Christian Ludwig II., die Herzoge Friederich und Friederich Franz I. hatten mit ihren Familien hier ihren beständigen Wohnsitz erwählt, die Großherzoge Paul Friederich und Friederich Franz II. verlebten hier ihre Jugendzeit, bis sie die Stammburg Schwerin bezogen, und die Herzogin Helene von Orleans liebte Ludwigslust als ihre Heimath. Es war auch seit einem Jahrhundert für keinen Ort Meklenburgs so viel gethan, als für das rasch wachsende Ludwigslust, denn ein sauberer Bau folgte dem andern, um die Bedürfnisse der landesherrlichen Familie zu befriedigen und den Ort zu vollenden. Daher hat hier im Aeußern und im Innern durchweg Alles das Gepräge des Hofes, da der Ort nur den Hof hatte. Seit dem Jahr 1837 ist Ludwigslust Neben=Residenz geworden, und seitdem entfaltet sich hier eine größere Selbstständigkeit und regsamere Betriebsamkeit, da neue Erwerbsquellen geschaffen werden müssen, wenn der Ort, wie früher, blühend bleiben soll.

Das Dorf Klenow, oder: Ludwigslust vor hundert Jahren

An der Stelle von Ludwigslust stand früher das Dorf Klenow, welches jetzt vor dem Schweriner Thore besteht. Der Ort muß schon zur wendischen Zeit ziemlich bedeutend und alt gewesen sein, da sowohl in der Gegend der Kirche, als des Klenower Schulzengehöftes sich überall ungewöhnlich viele Heidengräber finden. In der christlichen Zeit war das Dorf Klenow, welches in der frühesten Zeit zur Grafschaft Danneberg gehörte und von dieser an die meklenburgischen Fürsten kam, ein Lehngut der adeligen Familie von Klenow, welche ganz in der Nähe des jetzigen Schlosses ihren Hof hatte; der Stammvater des Geschlechts von Klenow hieß Herrmann, welcher zuerst im Jahre 1294 genannt wird und wahrscheinlich der Familie von Hagenow angehörte. Außer den von Klenow hatten auch die in der Gegend der Stadt Grabow angesessenen von Pinnow, auch Wagel genannt, im Mittelalter mehrere Besitzungen in Klenow. Vielfache Streitigkeiten über Grenzen und Jagden veranlaßten die von Klenow, ihr altes Lehn am 6. Junius 1616 an die Landesherren zu verkaufen. Darauf war die Familie im Amte Stavenhagen angesessen, bis sie sich gegen das Ende des 17ten Jahrhunderts nach Dänemark wandte und hundert Jahre später daselbst ausstarb. Seit der Erwerbung des Gutes durch die Herzoge war in Klenow ein Pachterhof, welcher rechts vor dem jetzigen Schlosse stand: das Schloß steht in dem ehemaligen Hofgarten. Außerdem waren in Klenow 14 Bauern, deren Höfe an der jetzigen vom Schlosse her führenden Großen Straße und an der Kanalstraße entlang bis zum Schweriner Thore hin lagen. Die Kirche lag rechts im Anfange hinter der Großen Straße in der Nähe eines Teiches. Auf unserm Bilde sehen wir die Kirche von Klenow mit ihren Umgebungen, welche jetzt ungefähr den Mittelpunct des Ortes vor dem Schlosse bilden.

Das Schloß zu Ludwigslust

Durch einen fürstbrüderlichen Vergleich vom J. 1707 war dem Prinzen Christian Ludwig das Amt Grabow angewiesen, welches derselbe jedoch seinem ältern Bruder Friederich Wilhelm auf dessen oder seiner männlichen Erben Lebenszeit wieder überließ. Als nun der Herzog Friederich Wilhelm im Jahr 1713 ohne Leibeserben starb, forderte der Prinz Christian Ludwig, da er sich mit der Prinzessin Gustave Caroline von Meklenburg=Strelitz zu vermählen wünschte, von seinem zweiten Bruder Carl Leopold, dem regierenden Herzoge, das Amt Grabow. Carl Leopold wollte seinem Bruder dagegen die entfernter liegenden Aemter Plau und Wredenhagen überlassen, welche dieser jedoch anzunehmen sich weigerte. Der Herzog Carl Leopold beharrte unwandelbar bei seiner Weigerung und der Prinz Christian Ludwig konnte von dem Amte Grabow nicht anders Besitz nehmen, als unter dem Bekenntniß, daß es ihm nur aus Güte des regierenden Herzogs eingethan sei. Alle Mittel zu Beilegung dieses Streites blieben erfolglos, selbst die Bemühungen des Kaisers und einer kaiserlichen Commission waren bei der Unbeugsamkeit Carl Leopolds vergeblich. In diesem Zwiste aber lag der erste Keim der Spaltung zwischen den beiden fürstlichen Brüdern. Der Prinz Christian Ludwig erhielt jedoch das Versprechen des kaiserlichen Schutzes.

Der Herzog Carl Leopold zog im Jahr 1721 nach Danzig. Der Prinz Christian Ludwig suchte sich, namentlich seit dem Tode der Herzogin Mutter, welche am 16ten Mai 1722 auf dem Schlosse zu Grabow gestorben war, in seinem Amte gemüthlicher festzusetzen. Christian Ludwig liebte die Jagd, welche bekanntlich bei Ludwigslust in der Nähe der Lewitz sehr ergiebig ist. Deshalb und weil bei dem der Stadt Grabow benachbarten Dorfe Klenow in der sonst sandigen und einförmigen Gegend ein größerer Wechsel im Boden und eine angenehmere Mannigfaltigkeit im Holzwuchs herrschte, ja selbst schöne Hartholzwaldung zu finden war, beschloß Christian Ludwig hier die Anlegung eines Lustschlosses. Im Jahr 1724 ließ er in der Nähe des Hofes zu Klenow ein Jagdhaus aufführen. Doch der Herzog Carl Leopold hinderte von Danzig aus durch die schärfsten Maaßregeln den Bau, so wie im Jahr 1725 den Bau eines Jagdhauses im Dorfe Kummer. Das noch nicht vollendete Haus in Klenow ward abgebrochen und auf die Multzow, eine Horst auf dem kummerschen Felde, versetzt; aber auch diesen Bau untersagte Carl Leopold. Da legte am 3. Junius 1725 eine Feuersbrunst die ganze Stadt und das Schloß Grabow in Asche. Christian Ludwig hatte keine andere Zuflucht, als das noch nicht vollendete Schloß zu Neustadt, und auch diese nur gegen den Willen seines Bruders. Nachdem er das Schloß in einen wohnlichen Zustand gebracht hatte, ward ihm die größere Entfernung der guten Wildbahn bei Klenow fühlbar und er beschloß

KLENOW, ODER LUDWIGSLUST VOR 100 JAHREN

guten Wildbahn bei Klenow fühlbar und er beschloß wieder die Erbauung eines Jagdhauses daselbst. Das Holzwerk des Gebäudes ward in Neustadt zugerichtet und im August 1731 an der Stelle eines alten Gartenhauses der Herren von Klenow im Garten des Hofes zu Klenow aufgeführt. Sogleich begannen die alten Streitigkeiten wieder mit einer solchen Heftigkeit, daß der Bau nur unter dem Schutze der kaiserlichen Commission durch militairische Hülfe gefördert werden konnte. In den Jahren 1732 und 1733 wurden die inneren Einrichtungen des Jagdhauses vollendet, die Nebengebäude aufgeführt und die ersten Gartenanlagen geschaffen. Nachdem der Prinz im Jahr 1733 kaiserlicher Commissarius zur Regierung des Landes geworden war und im Jahr 1735 seine Residenz nach Schwerin verlegt hatte, hatten die Anlagen zu Klenow ein glücklicheres Gedeihen und kamen zur Vollendung. In den Jahren 1733–35 ward auch der alte Hof Klenow abgebrochen und weiter von dem Jagdschlosse versetzt; das Dorf blieb jedoch in der alten Verfassung. Je größer die Hemmungen waren, mit denen Christian Ludwig zu kämpfen gehabt hatte, desto lieber war ihm sein Jagdhaus zu Klenow geworden und er besuchte es jährlich auf einige Zeit; jedoch blieb Klenow nur ein Lustschloß.

Nach Christian Ludwigs Tode im Jahr 1765 erkor sein Sohn, der Herzog Friederich, in seiner Vorliebe zu einem geräuschlosen Leben das zum Andenken an seinen Vater mit dem Namen *Ludwigslust* belegte Jagdschloß zu *Klenow* zu seiner *Residenz*. Der Herzog war Kenner und Liebhaber des Bauwesens und nahm an allen Bauten und Einrichtungen den thätigsten Antheil, und so schuf er durch Geschmack und Beharrlichkeit, im Vereine mit seinem Baumeister *Busch*, in der von der Natur ärmlich ausgestatteten Gegend einen Ort, welcher überraschende Reize genug hat und wirklich sehenswerth ist. Zuerst versorgte er (1756-1760) den Ort mit Wasser, indem er einen Kanal von den Stör= und Elde=Gewässern bei Friedrichsmoor über Ludwigslust in die Elde ziehen ließ und denselben zugleich zu den anmuthigsten Wasserwerken benutzte, die in Norddeutschland gefunden werden und das sandige Ludwigslust vor allen Dingen verschönern. Die Unruhen des siebenjährigen Krieges waren der Ausbildung des Ortes nicht förderlich; mit dem Jahre 1764 begannen aber die Bauten mit verdoppeltem Eifer. Zuerst ließ der Herzog (1765–20. Oct. 1770) dem Jagdhause gegenüber, nach dem Abbruche der alten klenowschen Kirche, die schöne *Kirche* erbauen und für die dringendsten Bedürfnisse des Hofstaates den Platz vor derselben, den Kirchenplatz, mit Wohnhäusern besetzen. Zugleich ward der Anfang mit der Großen Straße gemacht und das Dorf Klenow an die Landstraße nach Schwerin verlegt. Nachdem für das Unterkommen so vieler zum Bau nothwendiger Leute einigermaßen gesorgt war, schritt der Herzog im Jahr 1772 mit großem Kostenaufwande zum Bau des ausgezeichnet tüchtigen, im Aeußern mit pirnaer Sandstein bekleideten *Residenzschlosses*, welches dicht hinter dem Jagdhause, der Kirche gegenüber, gegründet ward. Während dieses Baues näherten sich der Kirchenplatz und die Große Straße der Vollendung, und eine Nebenstraße, die Nummerstraße, ward, vorzüglich für Handwerker, angelegt. Zu der Vermählung des Erbprinzen Friederich Franz (1775) ward im Jahr 1774 die Prinzenwohnung am Kirchenplatze eingerichtet. Das Schloß ward im Jahr 1776 bis auf einen Theil des innern Ausbaues vollendet; der Herzog bezog mit seiner Gemahlin alsbald die fertigen Wohnzimmer und ließ nun das alte Jagdhaus bis auf die noch stehenden Pavillons abbrechen. Im Jahre 1780 ward der schöne Wasserfall vor dem Schlosse auf einem Granitbaue mit einem Kostenaufwande von 80,000 Rthlr. vollendet und darauf die Brücke aus Granit gebauet. In den nächsten Jahren erhielten die angelegten Straßen und eine dritte Straße, die Louisenstraße, so wie die ausgedehnten Garten=Anlagen ihre Vollendung. Der Herzog Friederich starb am 24. April 1785 und ward in der Kirche zu Ludwigslust beigesetzt.

Der Herzog Friederich Franz I. behielt seine Residenz in dem neuen, saubern Ludwigslust, in welchem er seine

DAS SCHLOSS ZU LUDWIGSLUST

gen Geiste noch Stoff genug zur Arbeit gab, um so mehr, da seit dem Jahre 1793 ihn eine neue Schöpfung jährlich in der schönsten Zeit nach Doberan rief. Friederich Franz fuhr zunächst mit der Vollendung der reizenden Gartenanlagen und mit der Erweiterung und Ausbauung des Ortes fort, verlieh demselben im Jahre 1793, als er schon 1500 Einwohner zählte, die Marktfleckengerechtigkeit und gab ihm im Jahre 1801 eine eigene Gerichtsbarkeit mit den Rechten eines Stadtgerichts, nachdem dem Amte Grabow die Gerichtsbarkeit über Ludwigslust genommen war. Jetzt entstand bald ein größerer Verkehr und die Straßen vermehrten sich, namentlich seitdem der Erbprinz Friederich Ludwig sich im Jahr 1799 mit der Großfürstin Helena Paulowna vermählt hatte. Nach dem Tode derselben am 24. September 1803 ward die schöne griechische Begräbnißkapelle im Prinzengarten und ein Jahr darauf die treffliche katholische Kirche auf einer Insel im Schloßgarten gegründet. Die Besetzung des Landes durch die Franzosen im Jahre 1806 und deren Folgen störten freilich auf einige Zeit alle innern Unternehmungen; aber nach dem Frieden erwachte die Baulust mächtiger, als je, namentlich seitdem im Jahre 1826 die erste meklenburgische Chaussee, von Berlin nach Hamburg, durch Ludwigslust geführt ward. Für den größeren Verkehr ward ein großer Posthof eingerichtet; die Kaserne, der Marstall, der Prinzenstall, das Landschullehrer=Seminar, die Villa des Herzogs Gustav vor dem Grabower Thore wurden gebaut; es entstanden die Schweriner, die Kanal=, die Marstall=, die Mauer=Straße; endlich ward der Ort mit Mauern aus Raseneisenstein umgeben. Im Jahre 1818 geschah die Regulierung mit der Dorfschaft Klenow und Ludwigslust erhielt eine eigene Kämmerei, welche dem Orte reichere Mittel verschaffte; in dem Maaße, in welchem die fürstlichen Besitzungen mit größerer Pracht sich entfalteten, wuchs auch bei den Einwohnern der Trieb, ihre Besitzungen zu verschönern, und zwar um so stärker, je schwerer dem dürren Boden Früchte abzugewinnen waren. Friederich Franz beschloß am 1. Februar 1837 in Ludwigslust sein thatenreiches Leben, nachdem er hier am 24. April 1835 sein denkwürdiges Regierungs=Jubiläum gefeiert hatte.

Auf unserm Bilde sehen wir das Schloß zu Ludwigslust von der Vorderseite und zu beiden Seiten die beiden noch stehenden, gleichen, vorspringenden Flügel und Pavillons des alten Jagdhauses, namentlich zur linken Seite den einen Flügel, den Küchenflügel, ganz.

Doberan

Nach der Aufhebung des reichen Klosters im J. 1552 blieb Doberan Sitz der Verwaltung der ehemaligen Klostergüter, des jetzigen Domainen=*Amtes* Doberan. Jedoch behielten die Landesfürsten immer Vorliebe für den Ort, da nicht nur die ihnen theure Kirche ihr Gemüth fesselte, sondern auch die reizende Gegend zur Erholung und Freude einlud.

Amt Doberan vor hundert Jahren

Doberan ward daher gewissermaßen Neben=Residenz und Jagdschloß; schon im ersten Jahrhundert nach der Reformation hielten hier oft die Landesfürsten in der Abtei, in der Gegend des jetzigen Amtshauses, Hof und fingen nach und nach wieder an, ihre Ruhestätte in der alten Familiengruft zu erwählen; namentlich residirten hier öfter die Herzoge Ulrich und Carl. In den Jahren 1638 und 1639 ward der Ort, und besonders die Kirche, sowohl von den Kaiserlichen, als auch von den Schweden auf die empörendste Weise verwüstet. Nach und nach verfielen die alten Gebäude innerhalb der alten zum Theil noch stehenden Ringmauern des Klosters. Von dem J. 1707 an, in welchem die fürstlichen Brüder ihres Unterhalts wegen Vergleiche schlossen, residirte der Prinz *Carl Leopold* bis zu seiner Thronbesteigung im J. 1713 zu Doberan, wo derselbe manche neue Einrichtung treffen ließ. Durch alle diese Verhältnisse war Doberan ein ziemlich ansehnlicher Flecken geblieben, der ungefähr 900 Menschen in ungefähr 80 Häusern zählte, war jedoch in seinem Aeußern so unbedeutend, wie die *Abbildung* nach einem *vor etwa funfzig Jahren angefertigen Gemälde* zeigt, daß sich das alte Doberan jetzt schwerlich wieder erkennen läßt.

Der Badeort und das großherzogliche Palais zu Doberan

Unter dem Herzoge *Friederich Franz* entfaltete Doberan einen Glanz, den man früher nicht zu denken gewagt hatte, indem der einsichtsvolle Fürst hier im J. 1793 das *erste Seebad* in Deutschland durch den Professor *Vogel* zu Rostock einrichten ließ, welches der unvergeßliche Stifter selbst von diesem Jahre an alljährlich in den Sommermonaten besuchte. Es wurden sogleich nicht allein an dem Meeresgestade, sondern auch in dem Flecken die nöthigen Einrichtungen getroffen. In kurzer Zeit ward Doberan zu einem sehr schönen und freundlichen Orte umgeschaffen. Im J. 1796 war das große *Logierhaus*, im J. 1802 der *Speisesaal* an der einen und im J. 1806 das *Schauspielhaus* an der andern Seite des Logierhauses vollendet; in den unglücklichen Jahren von 1806–1809 ward das Großherzogliche *Palais* gebauet. Der seit dem J. 1795 vor dieser Reihe stattlicher Gebäude angelegte schöne Spaziergang, der *Kamp* genannt, der jetzt ringsumher regelmäßig und schön bebaut ist, ward im J. 1807 eingehegt und seitdem der Mittelpunkt des Doberaner Badelebens. So hob sich Doberan in unglaublich kurzer Zeit; der erhebende Anblick der See und das stärkende Bad, die reizende Gegend, seltene Kunstgenüsse und Vergnügungen aller Art, Wettrennen, Volksfeste und andere Sehenswürdigkeiten zogen eine große Menge wohlhabender Menschen herbei, so daß zu manchen Zeiten kaum ein Unterkommen zu finden war und der Ort jetzt über 200 Häuser mit etwa 2500 Einwohnern zählt.

Auf unserm Bilde sehen wir die große Straße und an derselben links zuerst das großherzogliche Palais, dann den Speisesaal, das Logierhaus und das Schauspielhaus, rechts eine Ecke vom Kamp. Wer erinnert sich nicht mit

Freuden eines in Doberan verlebten heitern Tages und des freundlichen, heimgegangenen Schöpfers dieser Freuden! Wer erinnerte sich nicht seiner hellen Wohnung und der *Garde* vor derselben, welche den Zutritt zu ihm nicht verwehrte!

Der heilige Damm bei Doberan

Doberan hat den Ruhm, das *älteste Seebad* in Deutschland zu besitzen und die Benutzung von Seebädern in Deutschland angeregt zu haben. In England und Frankreich benutzte man schon längst die Heilkraft des Meerwassers, welche Lichtenberg, von England gestärkt heimgekehrt, im Jahr 1793 den Deutschen pries und empfahl. Der nachmalige Geheime Medicinalrath *von Vogel*, der vieljährige Badearzt zu Doberan († 1836), ergriff den Gedanken mit Lebhaftigkeit. Seine Empfehlungen bei dem Landesherrn fanden gleichen Anklang, so daß der Herzog *Friederich Franz* mit der ihm eigenen Lebendigkeit und Thätigkeit die Stiftung eines Seebades schon am 22. Julius 1793 beschloß. Der Flecken *Doberan* mit seinen geschichtlichen Reichthümern, mit dem reinlichen Strande, der unmittelbar von schönen Laubwaldungen umkränzt ist, welche bis gegen den nahen Flekken Doberan hin reichen, ward zum Badeorte bestimmt. Man wählte besonders diejenige Stelle des Meeresstrandes, welche seit uralter Zeit den Namen des *Heiligen Dammes* führt. Die offene See geht hier in einen meilenweiten, ganz flachen Bogen in das Land, an welchem sich eine Meeresströmung bricht. Weit vom Strande liegt ein Riff von Kieseln, welche durch Strömung und Wellen völlig glatt geschliffen und durch Sturm und Wasserdrang auf das Land geworfen werden und hier einen festen *Damm* bilden. Früher drängte, so erzählt die Sage, das Meer oft über die Ufer. Bei der Stiftung der Abtei habe nun auf Gebet der Mönche ein Sturm in Einer Nacht den Damm gebildet, welcher daher fortan der *Heilige Damm* genannt worden sei. – Augenblicklich gingen der verewigte Stifter und sein gleichgestimmter Rathgeber an die Ausführung des Werkes. Schon in demselben Jahre wurden die nöthigen Anstalten zum Bade und zur Verschönerung des Fleckens gemacht. Der Raum um die Kirche, welche dem Fürsten ein theures Kleinod war, ward zu einem Parke umgeschaffen und die Stelle zum Logirhause bestimmt. Am Meere ward vorläufig ein kleines Badehaus angelegt, bis Vogel auf Reisen in andere Bäder mehr Erfahrungen gesammelt haben würde. Im folgenden Jahre 1794 fanden sich schon Gäste ein, und in eben dem Maaße, wie Doberan sich rasch erweiterte und verschönerte, stieg auch die Zahl der Badegäste und Besuchenden, so daß sich in Doberan sehr bald ein so glänzendes Leben entfaltete, wie es Meklenburg wohl selten gesehen hat.

Im J. 1795 ward am Heiligen Damm das große *Badehaus* mit Bade= und Erfrischungszimmern aufgeführt. Dieses Gebäude ward der Mittelpunct der eigentlichen Badeanstalt; es ward nach und nach fortwährend vergrößert und verschönert, durch Anbaue erweitert und bald auch zum Wohnen für Kranke eingerichtet. So wie die Zahl der Badegäste und Besuchenden stieg und Doberan viele berühmte Personen sah, welche oft eine zahllose Menge Menschen anzogen, blühete auch der Flecken Doberan auf; im Jahr 1797 ward der Camp, ein Spaziergang innerhalb des Ortes, 1800 der Speisesaal, 1806 das Schauspielhaus, 1806–10 das großherzogliche Palais angelegt und ausgeführt und im Jahr 1804 ward das erste Pferderennen gehalten, das bis heute nachhaltige Wirkungen auf den Flor Meklenburgs geäußert hat. Während der Zeit wurden die Einrichtungen zum Baden am Meeresstrande unverdrossen verbessert und erweitert und die Gebäude für das Baden im Freien errichtet. Da tobte im Jahr 1807 der Kriegssturm, vor welchem selbst die die landesherrliche Familie weichen mußte, durch das Land. Nachdem Friederich Franz nach einem halbjährigen Aufenthalt im Auslande wieder in die Heimath zurückgekehrt war, hielt er am 10. *August* 1807 seinen ju-

DOBERAN IM J. 1800

belvollen *Einzug* in Doberan; dieser Tag blieb ununterbrochen ein denkwürdiger Erinnerungstag, den der Fürst alljährlich unter einem großen Zusammenflusse theilnehmender Menschen feierte und an den sich auch die landesfestlichen Wettrennen anschlossen.

Trotz der drückenden Zeiten rastete die Sorge des Landesvaters für seine blühende Schöpfung nicht. In der Zeit von 1814–17 ward der großartige *Saal* mit Säulenhallen, Ruhe= und Erfrischungszimmern am Strande erbauet und dadurch im Badehause viel Raum für Bäder und andere wohlthätige Einrichtungen gewonnen; schon im Jahre 1810 war ein Badehaus für Arme aufgeführt. Auch der Flecken Doberan ging immer mehr seiner Vollendung entgegen: im Jahre 1819 ward der Speisesaal erweitert, 1819–23 das erbgroßherzogliche Palais und 1822 das Stahlbad gebauet.

Friederich Franz, der ruhmreiche Begründer und Vollender des Seebades Doberan, endete seine rastlose Thätigkeit am 1. Febr. 1837; seine Leiche ward, dem Willen des hohen Verewigten zufolge, in die doberaner Kirche geführt, wo sie jetzt ein von ihm selbst noch angeordneter, prachtvoller, sehenswerther Sarkophag von geschliffenem, meklenburgischen Granit umschließt.

Der unvergeßliche Großherzog *Paul Friederich*, dessen kurze, aber glückliche Regierung die Weckung eines höchst lebendigen Verkehrs bezeichnet, verfolgte mit Eifer auch die Ausbildung des gefeierten Seebades. Die Verhältnisse der Seebäder hatten sich schon unter Friederich Franz bedeutend geändert, da man sehr bald allgemein von der unerschöpflichen Heilkraft des Seewassers und der Seeluft überzeugt war. Wo nur eine Wohnung am Seestrande stand, war ein Seebad: wer nur konnte, zog im Sommer zum Meere, und so entstanden viele größere Seebäder, namentlich auch in der nächsten Nähe von Doberan zu *Warnemünde*; man wollte nicht allein im Meere baden, man wollte auch unmittelbar am Meere wohnen. Der Flecken Doberan liegt aber eine halbe Meile vom Meeresstrande entfernt: ist nun auch das Klima und die Umgebung von Doberan unvergleichlich schön, die Fahrt nach dem Heiligen Damme und die tägliche Abwechselung äußerst angenehm und wohlthuend, so fordern doch oft viele Rücksichten den beständigen Aufenthalt des Leidenden unmittelbar an der Stelle des Bades. Dies faßte der hochselige Großherzog Paul Friederich gleich bei seinem Regierungsantritt scharf ins Auge, und so wie sich auch im Flecken Doberan durch den Bau von Chausseen, durch die häufigern, regelmäßigen Schnellposten und durch den ganzen höhern Schwung des Lebens und Treibens ein lebendiger Verkehr erhielt, so hoffte er, auf die Bedürfnisse einer andern Zeit eingehend, dies auch auf Doberan anwenden, und indem er das Seebad Doberan gewissermaßen in zwei gleiche Hälften theilte, den Verkehr und die Wirkung eines Badelebens noch erhöhen zu können. Er ließ daher zunächst auf das *Badehaus* am Heiligen Damme einen dritten Stock aufsetzen und die beiden obern Stockwerke zu Logirzimmern sehr bequem einrichten, am Heiligen Damme alle Anstalten zur Verpflegung und Erheiterung herstellen, eine Chaussee vom Flecken Doberan bis zur See bauen und eine regelmäßige Schnellpost dahin anordnen. Eben so sorgte er eifrig für die Hebung des Lebens im Flecken Doberan, der durch die neuen Chausseen in nähere Verbindung mit den entferntern Städten, namentlich mit Rostock, gekommen war. Um alle möglichen Wünsche zu befriedigen, ward die Anlegung von kleinen *Wohnhäusern für Familien* am Heiligen Damme beschlossen. Auf einer Terrasse am Saume des Waldes ward ein schöner Spaziergang und im Walde ein ausgedehnter Park angelegt, und im Jahr 1839 wurden hier zwei Wohnhäuser für Familien, jedes mit sechs kleinen Wohnungen, erbaut; im Jahr 1841 ward ein Gebäude für die Frau Großherzogin Alexandrine in derselben Reihe gegründet. Leider mußte der geliebte und liebende Fürst schon am 7. März 1842 von dieser Welt scheiden.

Im Jahr 1843 feierte das Seebad Doberan das Jubelfest seines fünzigjährigen blühenden Bestehens. Der Großherzog *Friederich Franz II.* ließ zu diesem Feste in dankbarer Erinnerung an die von seinen Vorfahren dem Vater-

DAS GROSSHERZOGL. PALAIS
ZU DOBERAN

lande gespendeten Wohlthaten einen ungeheuren Granitblock von einer halben Million Pfund Gewicht über eine Meile weit von Elmenhorst nach dem Heiligen Damme wälzen und beschloß, demselben die Inschrift zu geben:

Friederich Franz, dem Begründer des ersten Seebades in Deutschland 1793.

Wir sehen auf unserm Bilde in der Mitte den großen *Saal* mit den Säulenhallen, rechts daneben das *Badehaus* mit den Logirzimmern und dahinter die Badeanstalten; dem Badehause gegenüber links liegt jetzt der *Gedächtnißstein*. Links von dieser Mittelgruppe liegen die *Herrenbäder*, rechts die *Damenbäder*, und hoch dahinter am Walde zunächst die beiden neuen *Wohnhäuser* und rechts am Ende das neue *Wohnhaus für die Frau Großherzogin*.

DER HEILIGE DAMM V.D. SEESEITE

Neustadt

In einer wiesenreichen Ebene, dort wo die *Elde* die Wasser aus dem nahen, nördlich angrenzenden, großen *Lewitz=Bruche* und durch die Stör aus dem schweriner See aufnimmt und sich in mehrere Arme verzweigt, steht auf mehreren Inseln des in vielen Krümmungen sich windenden Eldeflusses die kleine Stadt Neustadt mit ungefähr 1800 Einwohnern in 200 Häusern, zu denen sehr bedeutende *Wiesenflächen* und viele Gärten gehören. In dem großen Sandlande, welches die Stadt weit umgiebt, nicht sehr weit von einem ziemlich großen See, macht die Lage derselben einen freundlichen Eindruck. Diese von der *Natur* in einer sonst nicht reichen Gegend bevorzugte Lage, mitten in einem großen *Jagdrevier*, nahe dem Südsaum der *Lewitz*, welche jeden Durchgang hemmt, an der südöstlichen Grenze der *Grafschaft Schwerin*, veranlaßte die Grafen von Schwerin, hier am Ende des 13. Jahrhunderts eine *Burg* und *Stadt* zu erbauen. Die Stadt ward auf der Feldmark des Dorfes *Glewe* gegründet und daher in dem ersten Jahrhundert ihres Daseins beständig die *Neustadt Glewe* genannt. Neustadt Glewe hieß sie aber zum Unterschiede von der Schelf=Neustadt Schwerin, welche schlechtweg Neustadt genannt ward. Diese Neustadt Glewe kommt nun zuerst im J. 1300 vor, als der Graf Guncelin V. die erste Messe in der Andreas=Kirche seiner neuen Stadt Glewe stiftete. Im j. 1333 bestätigte der Graf Heinrich IV. der Stadt ihren Besitz und beschrieb dessen Grenzen, und hiemit läßt sich die Vollendung der Stadt annehmen. Der Anfang wird mit der *Burg* gemacht sein, welche schon im J. 1332 eine eingerichtete, bis zum J. 1366 öfter vorkommende *Burg=Capelle* hatte; im J. 1333 bewachten schon mehrere ritterliche Burgmänner das Schloß.

Als Neustadt gegründet ward, stand das schwerinsche Grafenhaus in der höchsten Blüthe und Neustadt gehörte der Linie Schwerin an. Aber noch vor dem Verlauf von 50 Jahren war die ganze Grafenfamilie bis auf einen Stamm, der in Schwerin Hof hielt, abgestorben, und damit hatte die politische Bedeutsamkeit der jungen Neustadt ein Ende. Die Erwerbung der Grafschaft Schwerin durch die *Herzoge von Meklenburg* im J. 1359 brachte Neustadt an diese, welche es wohl als *Jagdschloß* benutzten; in dieser Gegend, bei der Lewitz, haben seit einigen Jahrhunderten immer die Jagdschlösser gelegen, wie Neustadt, Kraak, Picher, Jasnitz, Ludwigslust, Friedrichsmoor. Daß die Herzoge auch Neustadt zuweilen besuchten, geht daraus hervor, daß im Anfange des 16. Jahrhunderts das Schloß zur Aufnahme fürstlicher Personen eingerichtet war.

Mit dem Anfange des 16. Jahrhunderts begann für Neustadt eine bessere Zeit und die kleine Stadt spielt in der Geschichte des Vaterlandes eine ganz eigenthümliche Rolle: Neustadt ward eine *Fabrikstadt* durch die Benutzung theils der unter der Wiesendecke in der Nähe und in der Ferne vorhandenen großen Lager von *Sumpfeisenstein* oder Wiesenerz, plattdeutsch *Klump* oder Klumpeisen, auch Ur genannt, theils der Verzweigung und Schiffbarkeit des *Eldeflusses* zu Mühlenanlagen und zur Schifffahrt; sowohl auf den Eldeinseln, als auf dem Kiez entstanden nach und nach mehrere *Fabrikmühlen*, welche über zwei Jahrhunderte hindurch eine große Thätigkeit entfalteten, so daß man der Stadt Neustadt für die früheren Zeiten Meklenburgs allein den Namen einer *Fabrikstadt* geben kann.

Schon im J. 1520 arbeiteten zu Neustadt, außer der *Kornmühle*, eine *Pulvermühle* und zu derselben Zeit eine *Papiermühle*, welche erst im J. 1741 abbrannte; bald darauf kam dazu eine *Oelmühle* und eine *Sägemühle*. Eine *Eisenschmelzhütte* und ein *Eisenhammer* bestanden auch schon vor dem J. 1544, da in diesem Jahre neben diesen Werken noch ein Blechhammer angelegt ward. Die *Eisenwerke* zu Neustadt haben mehrere Jahrhunderte hindurch die Aufmerksamkeit der Landesfürsten in Anspruch genommen. Umfangreiche *Eisenwerke* hatte Neustadt unter den Herzogen *Johann Albrecht* I. (bis 1576), *Adolph Friederich* I. (bis 1658) und *Wallenstein* (1629), und *Friederich Wilhelm* (bis 1713). Für die Eisenwerke von 1576 entstanden auf Privatrechnung seit dem J. 1592 große *Kupfer= und Messingwerke*, welche aus einer *Kupferhütte*, einer *Messinghütte*, einer *Kesselhütte* und *zwei andern Hütten* bestanden. Dieser Betrieb hat bis auf die neueren Zeiten Spuren zurückgelassen. Die Schrecken des dreißigjährigen Krieges vernichteten aber alle Fabrik=Anlagen. Im J. 1694 suchte eine große *Feuersbrunst* die Stadt heim. – Dem Herzoge *Friederich Wilhelm* verdankte Neustadt, wie manche andere Stadt des Landes, einen größern Flor; er ließ im J. 1702 nicht nur die *Papiermühle*, die *Oelmühle* und das *Messingwerk* wieder aufrichten, sondern bauete auch im J. 1703, außer einem *Sensenwerke* und einem *Polierwerke* in dem nahen *Wabel*, eine *Eisenhütte*, welche großen Betrieb hatte, aber nur bis zum J. 1717 bestand.

Bei seiner Vorliebe für Gewerbthätigkeit und Jagd ließ der Herzog *Friederich Wilhelm* seit dem J. 1711 auch das *neue Schloß ausbauen*. Diese Zeiten mögen für Neustadt wohl die glücklichsten gewesen sein. Mit der Regierung des Herzogs *Carl Leopold* nahm Verwirrung und Unfriede überhand im Lande; die Fabrikwerke stockten und die Vollendung des Schlosses verzögerte sich mehrere Jahre. Das Land ward unter die Leitung des trefflichen Prinzen, nachmaligen Herzogs *Christian Ludwig* II. und einer hannoverschen Reichs=Commission mit hinreichenden Truppen gestellt. Der Herzog *Carl Leopold* ging im J. 1721 nach Danzig, wo er bis zum J. 1730 blieb; der Prinz *Christian Ludwig residirte* 1725-1735 *zu Neustadt*. Da verzehrte am 26/27 Julii 1728 ein furchtbarer *Brand* die ganze Stadt bis auf die beiden Schlösser, das Amtshaus, die Schule, die Mühlen und ungefähr 20 kleine Häuser auf der Amtsfreiheit. Da die Aussicht zum Landesfrieden immer weiter ward, so ward der Prinz Christian Ludwig zum kaiserlichen Commissarius ernannt. *Carl Leopold* rief im J. 1733 zu den Waffen und zog gegen die fremden *Executionstruppen* zu Felde, wobei es in Neustadt am 15. und 19. Sept. zu hitzigen *Gefechten* kam. Der Prinz Christian Ludwig verlegte im J. 1735, nachdem sein Bruder sich in Dömitz zur Ruhe begeben hatte, seine Residenz nach Schwerin: und hiemit hört die Bedeutsamkeit von Neustadt ganz auf.

Das alte Schloß zu Neustadt

Das *alte Schloß* zu Neustadt, südlich von der Stadt nach dem Kiez hin auf einer rundlichen Erhöhung, verdankt seinen *Ursprung* ohne Zweifel dem *Grafen Guncelin* V. *von Schwerin*, der mit dem Bau desselben wohl die Gründung der Stadt begann; es ist daher das *älteste weltliche Gebäude* in Meklenburg. Bereits 1333 stand es und hatte schon damals eine Burgkapelle und Burgmänner. Wir sehen auf unserm *Bilde* das Gebäude von der hintern, innern Seite: vor uns am Eingangsthor einen starken, schön gebaueten, runden *Thurm*, in dessen Erdgeschosse sich ein nur von oben zugängliches Burgverließ befindet, das die Sage fälschlich für das Gefängniß des von dem Grafen Heinrich I. im J. 1222 gefangenen Dänenkönigs Waldemar II. ausgiebt; rechts und links stehen Längsgebäude von 2 Stockwerken. Die beiden Gebäude oder Häuser auf dem Schlosse haben im Laufe der Zeit mancherlei Schicksale erlitten, wenn auch die Ringmauern noch die alten sein mögen. Nach dem Erwerbe der Grafschaft Schwerin durch die Herzoge von Meklenburg wurden sie nur als *Jagdschloß* oder Nebenresidenz benutzt. Im 16. Jahrhundert war der *Flügel* stadtwärts, auf dem Bilde links, noch 1576 das *neue Haus* genannt, also zuletzt erbaut, zu fürstlichen Wohnungen eingerichtet; unten war ein Gewölbe und die Hofstube. Hier hatte der Herzog Johann Albrecht I. öfter gewohnt: sein Wohnzimmer war bei seinem Tode umher "bebänket," sonst aber mit wenig Geräth versehen. Nach dem Bau des neuen Schlosses und dem Verfall und Abbruch der Nebengebäude vor der Burg (um 1725) ward im J. 1748 der zur fürstlichen Wohnung eingerichtet gewesene Flügel zum *Marstall* mit Heuböden umgeschaffen. Der andere *Flügel feldwärts*, rechts auf unserm Bilde zur Hälfte sichtbar, zwei Stock hoch, ist nur noch im untern Theile alt und hier wahrscheinlich Rest der Grafenwohnung.

Das neue Schloß zu Neustadt

Der einsichtsvolle Herzog Adolph Friederich I., welcher, wie sein Großvater Johann Albrecht I. und später sein Enkel Friederich Wilhelm I., Gewerbthätigkeit im Lande und die Jagd liebte, faßte den Plan, zu Neustadt hart an der Elde, wo diese mehrere Inseln bildet, ein neues Schloß zu bauen, wie er schon zu Kraak ein Jagdhaus eingerichtet hatte. Es wurden bereits im J. 1618 die Vorbereitungen zum Bau getroffen, der einen starken Rost für das ganze Gebäude nöthig machte. Im April 1619 arbeitete des Herzogs holländischer Baumeister Capitain Gerhard Evert Piloot aus Ostfriesland die Pläne aus; die obere Leitung erhielt der herzogliche Hofmeister Samuel von Behr, unter dessen Namen im Anfange der Bau betrieben ward. Im J. 1620 bis in den Sommer 1621 ward der Bau rüstig befördert. Während der Zeit faßte der Herzog den Plan, vor seiner Vermählung (1622) das schweriner Schloß durch Piloot großartig herzustellen, und überdies war Piloot mit den großen Bauten auf Pöl und dem Wallfisch so stark beschäftigt, daß er auf Pöl seine Wohnung hatte nehmen müssen. Der neustädter Bau ging daher langsam und ward nur bis zum Dache roh ausgeführt. Da brachen die traurigen Zeiten des dreißigjährigen Krieges herein und der Bau blieb unvollendet stehen. Im J. 1667 stand das Schloß dachlos und moderte; der Herzog Christian I. Louis suchte es durch einige Vorkehrungen vor dem gänzlichen Verfall zu retten. – Der Herzog Friederich Wilhem erkannte in Neustadt den rechten Ort für seine Lieblingsneigungen, Jagd und Gewerbethätigkeit. Er faßte daher im J. 1708, nach Vollendung des Jagdschlosses zu Kraak, den Plan und im J. 1710 den Beschluß, das neue Schloß auszubauen; noch in demselben Jahre vollendeten des Herzogs Baumeister, der Ingenieur Major von Hammerstein und der Capitain Reutz († 1711) Risse, Anschläge und Contracte, und im J. 1711 begann der Bau unter der besondern Leitung des Bauconducteurs von dem Knesebeck. Die obere Leitung und Verbesserung der Anschläge übernahm nach dem Tode des Capitains Reutz im J. 1711 der Ober=Bau=Director und Kammerrath Sturm (bis 1719 im Amte). Bei diesem Bau wurden auch die Säulen=Portale angebauet, deren Kapitäler, obgleich man den Nachtheil einsah, als rohe Steinblöcke aufgesetzt wurden, wie sie noch stehen. Bei den ungünstigen Zeitverhältnissen ward der Bau erst im J. 1717 vollendet. Der Herzog Carl Leopold gestattete seinem Bruder Christian Ludwig II. eine Residenz zu Grabow nur aus Güte, obgleich sie ihm nach den fürstbrüderlichen Vergleichen vom J. 1708 rechtlich zustand. Carl Leopold ging 1721 nach Danzig, wo er bis zum J. 1730 blieb und von wo er seinem Bruder seit dem J. 1724 die Errichtung eines Jagdschlosses zu Klenow (Ludwigslust) fortwährend bis zum J. 1732 vereitelte. Am 3. Junii 1725 traf den Prinzen Christian Ludwig das Unglück, daß die ganze Stadt Grabow mit Ausnahme der Mühle abbrannte; auch das Schloß ward ein Raub der Flammen und der kunstsinnige Fürst rettete nicht viel mehr, als ein Gemälde, welches er selbst aus dem Feuer trug. Da bezog er mit seiner Familie und seiner Schwester Sophie Louise, Königin von Preußen, das neue Schloß zu Neustadt und ließ es in einen *wohnlichen Stand* setzen, geschützt von dem Kaiser, trotz der Widersprüche seines Bruders. Hier wohnte denn Christian Ludwig, der nach der Entsetzung Carl Leopolds 1728 zum Administrator des Herzogthums ernannt war, bis zum J. 1735, wo er als kaiserlicher

DAS ALTE SCHLOSS
ZU NEUSTADT

Commissarius (seit 1733) seine Residenz nach Schwerin verlegte. Seit dieser Zeit, bis zum Tode des Großherzogs Friederich Franz, ist das neue Schloß zu Neustadt nur zuweilen auf kurze Zeit als Jagdschloß benutzt worden und steht noch in seiner alten Einrichtung, wie es Christian Ludwig verlassen hat.

Auf unserm *Bilde* sehen wir das neue Schloß von der vordern Seite, welche der Stadt gegenüber liegt; hinter dem Schlosse ist ein kleiner angenehmer Garten; rechts von dem Schlosse erblickt man einen Eldearm und eine Ecke von dem Kiez, ungefähr die Stelle, wo die Eisenwerke lagen.

DAS NEUE SCHLOSS
ZU NEUSTADT

Güstrow

Das Schloß zu Güstrow im J. 1842

In einem tiefen Wiesengrunde, unmittelbar an dem hohen, festen Boden der Stadt, steht auf einem gewaltigen Unterbau das schöne Schloß, eines der sehenswerthesten Gebäude in Meklenburg, zu dessen Innern von der Stadt her die links vor dem Eingange abgebildete, hohe, steinerne Brücke führt. Wahrscheinlich steht das Schloß auf der Stelle des alten wendischen Burgwalls, welcher zuerst wohl von Heinrich Borwin II. mit festen Gebäuden besetzt ward. Bis zum 16. Jahrhundert wissen wir von dem Schlosse nichts weiter, als daß es Haupt=Residenz der Fürsten von Werle und seit dem J. 1436 zu verschiedenen Zeiten Residenz der Herzoge von Meklenburg war. Im J. 1508 bauete der Herzog Heinrich der Friedfertige mehrere Gemächer und in der Zeit von 1516–1520 ward eine neue Capelle auf dem Schlosse aufgeführt. Jedoch wissen wir nichts weiter von der alten Gestalt des Schlosses, als daß es, wie alle mittelalterlichen Schlösser, aus vielen unregelmäßigen Gebäuden bestand. Im J. 1557, als der Herzog *Ulrich* nach Sachsen gereiset war, brannte das alte Schloß zum größern Theile ab. Der Fürst beschloß daher, eine würdige Residenz aufzuführen und übergab am 9. Febr. 1558 die Ausführung des Werkes dem *Baumeister Franz Parr*, welcher seine Aufgabe mit so ausgezeichneter Geschicklichkeit löste, daß das güstrowische Schloß noch immer zu den ausgezeichnetsten Kunstwerken des Vaterlandes gehört. Zum Bau wurden, wie oft in den damaligen Zeiten, viele Steine von abgebrochenen alten kirchlichen Gebäuden verwandt, z.B. im J. 1559 von dem abgebrochenen Kloster Marienehe (Marne) bei Rostock. Am 3. Dec. 1586 brannte, wiederum in Abwesenheit des Herzogs, der nördliche Flügel ab, welchen der Fürst wahrscheinlich durch seinen Bildhauer und Baumeister *Philipp Brandin*, der auch den Bau der prachtvollen Epitaphien im Dom theils leitete, theils selbst verfertigte, in den nächsten beiden Jahren wieder aufführen ließ. Nach des Herzogs Ulrich Tode (1603) standen die Hallen, welche so oft Zeugen reicher Begebenheiten gewesen waren, oft öde, bis seit dem J. 1611 der Herzog Johann Albrecht II. wieder seinen festen Sitz zu Güstrow nahm, welcher jedoch im Mai 1628 dem Sturme des dreißigjährigen Krieges weichen und sein Land verlassen mußte. Der Kriegesfürst *Wallenstein* ward mit Meklenburg belehnt; er wählte Güstrow zu seiner *Residenz*, welche er am 27. Julius 1628 bezog und mit geringen Unterbrechungen bis zum 20. Julius 1629 mit seiner Familie bewohnte, mit ernster, stiller Sorge für sein schönes Land eifrig beschäftigt. In dieser Zeit, selbst den ganzen Winter hindurch, machte er höchst bedeutende Anstrengungen, das Schloß nach seinem Sinne einzurichten und namentlich die Umgebungen durch ausgedehnte Garten=Anlagen zu verschönern. Er schloß auch das Viereck des Schlosses durch Ausfüllung einer Lücke an der SO.=Ecke des Schlosses; der Herzog Gustav Adolph ließ jedoch aus Haß gegen den "Tyrannen" diesen "wallensteinschen Flügel" abbrechen. Am 31. Julius 1631 zog Johann Albrecht II. wieder in die Burg seiner Väter ein, aus welcher er jedoch schon im J. 1636 hinausgetragen ward. Seit dem Tode seines Sohnes Gustav Adolph (1695) stand das Schloß leer und verfiel; der östliche Flügel ward 1795 wegen Baufälligkeit abgetragen. Zum ersten Male belebten im Frühling 1813 wieder die öden Hallen die *freiwilligen Jäger*, welche hier ihre ersten Uebungen anstellten. Am 15. April 1817 ward das schöne Schloß *Landarbeitshaus*.

DAS SCHLOSS ZU GÜSTROW IM J. 1842

Der Herzog Ulrich und dessen zweite Gemahlin Anna

Der wackerste aller Fürsten, die je in Güstrow regiert haben, eine der edelsten Naturen, welche je das Vaterland sah, war Herzog Ulrich (geb. 1527 † 1603), ein Mann, gleich verehrt in der Heimath, wie hoch gefeiert in den weitern Kreisen Deutschlands und des Nordens. Einsichtsvoll und gebildet, fest und ernst, und dabei milde und leutselig, würdevoll und freundlich, haushälterisch und doch edel, wo es die höchsten Güter des Lebens galt, fromm und häuslich glücklich, war er der wahre *Vater des Vaterlandes*, das er über alles liebte und pflegte und dessen Glück ihm weithin hohes Vertrauen erwarb, wie er sich durch äußerst würdigen Anstand überall Eingang und Ehrfurcht verschaffte. Alles war durch die Heftigkeit der Reformation und ihre Folgen umgewandelt, als er, ein junger Mann, den Thron bestieg; Alles hat er weise geordnet hinterlassen: keine Frage im Gebiete des Rechts, der Staatsverwaltung, des häuslichen Lebens, der Kunst und Wissenschaft, des Glaubens blieb ungelöset; zahlreiche Gesetze und Anordnungen zeugen glänzend für seine Regententugend, das Schloß und der Dom zu Güstrow für seine Bildung, sein lauter Nachruhm, wie ihn selten ein Fürst hinterlassen hat, für seine Güte; ja er war selbst Schriftsteller, indem er ein umfängliches und in sehr gebildeter Sprache geschriebenes Werk: "Kurtze wiederholung etlicher fürnemer Hauptstücke Christlicher Lehre durch eine Hochfürstliche Person zusammengetragen" in prächtiger Ausstattung in zwei Auflagen (1593 und 1600) ans Licht treten ließ. Leider trübte sein Leben fortdauernder Zwist mit seinem Bruder Johann Albrecht, zunächst über die Landestheilung, dann in Folge derselben über manche Zweige der Landesverwaltung. Johann Albrecht war ein hochherziger Geist, voll kühner, großartiger Entwürfe, oft mit glühender Begeisterung Höheres umfassend, als er mit seinen Mitteln durchführen konnte, keine Opfer dafür scheuend. Ulrich war besonnen und ruhig, mit mildem Ernste seine Kraft erwägend, seine Mittel als ein kluger Hausvater berechnend und seine Werke fest und ernst und sicher durchführend. Beide waren gleich edel und groß und doch so verschieden, daher der Zwiespalt zwischen ihnen, Johann Albrecht für die Regierung eines großen Reiches geschaffen, Ulrich ganz an seine Stelle, Güstrows Stolz und Freude auf Jahrhunderte. Ulrich starb in einem hohen Alter nach einer funfzigjährigen Regierung mit dem Beinamen des *Nestors deutscher Fürsten*; seine Beisetzung in dem von ihm so herrlich geschmückten Dome sah eine so glänzende Versammlung und eine so große Trauer eines liebenden Volkes, wie nie vor und nach.

Ist je ein Thron durch Frauenwürde geziert, so ist es der Thron Ulrichs. Am 26. Febr. 1556 mit *Elisabeth*, des Königs Friederich I. von Dänemark Tochter, der kinderlosen Wittwe seines früh entschlafenen Vetters Magnus, Bischofs von Schwerin, vermählt, fand Ulrich in der erhabenen Frau eine so würdige Helferin, daß sie in Wahrheit eine *Mutter des Landes* genannt werden kann. Gebildet, einsichtsvoll, klug, fromm und fein war sie die wahre Ergänzung ihres Gemahls, dessen Festigkeit, die sonst wohl Starrheit hätte werden können, mildernd und thätig in allen Verhältnissen mitwirkend, in welchen Frauen mitzuwirken rühmlich ist. Die Werke der Wohlthätigkeit im weitesten Sinne und der Ausbildung der Sitte, die Pflege der Kirchen und Schulen, die Verschönerung des Landes nah und fern waren ihre Werke. Wie manche Kirche und Schule, wie manches Armenhaus hat Elisabeth nicht gebessert und gebauet, wie manchen Wald nicht pflanzen lassen! Noch heute sieht man an nicht wenig Orten ihr und ihres Gemahls Wappen als Zeichen der Ausführung dauernder, segensreicher Stiftungen. Elisabeth starb plötzlich auf einer Reise in Dänemark am 15. Oct. 1586; ihre Leiche führte der schwer getroffene Gemahl nach Güstrow heim. Die Frucht dieser Ehe, das einzige Kind Ulrichs, Sophie, Königs Friederich II. von Dänemark Gemahlin, ist die treueste Zeugin für den edlen Geist ihrer Aeltern, sie, die Zierde Dänemarks, deren Andenken noch heute frisch und kräftig in der Sage der Dänen lebt.

ULRICH III.
Herzog von Meklenburg
† 14. März 1603

ANNA
dessen Gemahlin
† 10. Sept. 1626

Am 9. Dec. 1588 vermählte sich Herzog Ulrich wieder mit der Princessin *Anna*, des Herzogs Philipp von Pommern=Wolgast Tochter, welche wir auf unserm Bilde sehen. Mit Elisabeths Tugenden geschmückt, suchte sie dem alternden Gemahl die Last der Regierung auf jede Weise zu erleichtern und durch freundlichen Ernst und feine Sitte das Leben zu verschönern, ohne je sich in Regierungsangelegenheiten zu mischen. Sie starb mit dem Nachruhm einer verdienten Fürstin am 10. Sept. 1626 auf ihrem Wittwensitze Grabow.

Ulrich und seine beiden Gemahlinnen haben in den sehenswerthen Denkmälern im Dome zu Güstrow, für welche sie alle drei persönlich gewirkt haben, ein schönes Andenken und einen redenden Beweis von ihrer Bildung hinterlassen.

Dargun

Das Schloß zu Dargun

Das Schloß zu Dargun ist eine auffallende Erscheinung: es versetzt lebendig in das 17. Jahrhundert, eine Täuschung, die bei der Oede der Umgebung nicht oft gestört wird. Es bildet ein sehr großes Viereck, welches, wenn auch nicht in allen Theilen zu gleicher Zeit entstanden, doch ein gleichmäßiges Aeußere hat. Vor dem Schlosse ein weiter, leerer, regelmäßiger Platz, rechts der ehemalige, jetzt unter den Pflug gegebene Garten mit den beschnittenen Taxusbäumen, im innern Schloßhofe offene Säulenhallen, welche in bunter Verzierung rings umherlaufen: alles versetzt in die Zeit der alten französischen Baukunst, der auch noch das Innere entspricht.

Das Schloß besteht zum großen Theile aus dem alten Kloster oder Kreuzgange, welches sich im Viereck an die Nordseite der Kirche anlehnte. Nur die auf unserm Bilde dargestellte Vorderseite scheint bald nach der Aufhebung des Klosters von Grund neu aufgebauet zu sein.

So lange das Schloß von den Landesherren besucht ward, war es *Neben=Residenz* und *Jagdschloß*, das Sanssouci *der Herzoge von Meklenburg=Güstrow*. Nach der Aufhebung des Klosters fiel bei der Landestheilung im J. 1556 das Amt Dargun dem Herzoge *Ulrich* von Güstrow (1555 † 1603) zu. Der Herzog hielt sich, namentlich seit 1560, oft in Dargun auf, um sich hier in der Abgeschiedenheit an seinem Lieblingsvergnügen, der Jagd, zu erholen. Von ihm stammt ohne Zweifel die Vorderseite des Schlosses in den Mauern; es wurden unter seiner Regierung mehrere alte Klostergebäude abgebrochen und umgestaltet und schon vor 1590 war die Vorderseite unter dem Namen des "*Langen Hauses*" vollständig eingerichtet, und mehrere fürstliche Diener hatten ihren beständigen Wohnsitz zu Dargun. Auch bauete der Herzog Ulrich zu Wirthschaftsbedürfnissen, wahrscheinlich zu Kornböden, Brauerei und Brennerei ("Destillirhaus"), das links vor dem Schlosse stehende Gebäude, jetzt die "Brennerei" genannt, welches noch sein und seiner Gemahlin Wappen und die Jahreszahl 1585 trägt. Unter dem Herzoge *Johann Albrecht* II. (1608 † 1636) ward das lange Haus zu verschiedenen Zeiten erweitert und ausgebaut, der lange Saal im J. 1622 mit Gypsreliefs "ausstaffirt" und der hintere Theil erhöhet. Jedoch hemmten die Leiden des dreißigjährigen Krieges die Vollendung, und das Schloß mußte im J. 1640 ganz geräumt werden. Erst unter dem gebildeten Herzoge *Gustav Adolph* (1654 † 1695), welcher Dargun zu seiner Lieblingsnebenresidenz erkor und unter welchem Dargun sehr, namentlich von Handwerkern, bevölkert ward, ward das Schloß in seiner jetzigen Gestalt vollendet; die Gemächer und Bogengänge an der Südseite vor dem Schiffe der Kirche wurden seit dem J. 1668 aufgeführt, alle Theile in Gleichklang gesetzt und die innern Einrichtungen vollendet. Noch jetzt erblickt man im Innern überall die Gypsarbeiten, die Wolle= und Leder=Tapeten, die Malereien aus dieser Zeit. Mit dem Herzoge *Gustav Adolph* erlosch im J. 1695 die Linie Meklenburg-Güstrow. Er hinterließ nur Töchter, von denen die jüngste, die *Prinzessin Auguste*, geb. 1674, unter dem Namen *Prinzessin von Dargun* bekannt, ihn über ein halbes Jahrhundert überlebte; diese residirte seit dem Tode ihrer Mutter, 1719, beständig auf dem Schlosse zu Dargun, welches sie in einen wohnbaren Stand setzte, bis sie im J. 1756 die väterliche Gruft im Dome zu Güstrow aufnahm. Unter ihrer Regierung erhielt Dargun leider eine beklagenswerthe Berühmtheit, indem sie die unter dem Namen des "*Darguner Bußkampfes*" bekannte Frömmelei der Prediger ihres Amtes begünstigte. – Seit dem Tode der Prinzessin Auguste ist das Schloß allein Sitz des *Domanial=Amtes* und zum Theil Wohnung von fürstlichen Beamten gewesen, jedoch nach und nach immer mehr verfallen.

Die auf unserm *Bilde* dargestellte Hauptseite mit einem durch das Gebäude in den innern Schloßhof führenden Thor ist das seit dem 16. Jahrhundert entstandene Hauptgebäude. Der linke Flügel, ohne Zweifel auf alten Ringmauern aus Granit, enthält einen großen, jetzt wüsten "Redouten=Saal" mit vielen Gypsarbeiten. Der rechte Flügel enthält das Schiff der Kirche mit einer Reihe im Schloßhofe vorgebaueter Gemächer, welche die Amtsregistratur enthalten. Der hintere zu Wohnungen eingerichtete, bei der Kirche mitabgebildete Theil ist ohne Zweifel das alte Klostergebäude. Im Schloßhofe sind alle Theile durch bedeckte Säulenhallen ringsum zu einem ziemlich gleichmäßigen Ganzen verbunden.

DAS SCHLOSS ZU DARGUN

Burg Stargard

Die Burg Stargard

Die Burg Stargard hat für das Großherzogthum Meklenburg=Strelitz ungefähr dieselbe Bedeutung, welche die Burg Meklenburg für das Großherzogthum Meklenburg=Schwerin hat; beide waren die ältesten Fürstensitze und gaben ganzen Landestheilen den Namen.

Die wendische Burg Stargard ist ohne Zweifel ein uralter Fürstensitz, wie schon der wendische *Name Stargard*, d.h. *Oldenburg oder Alte Burg* andeutet, und der alte Name des *Flusses Stargard*, welcher von den Burghöhen fließt.

Nach den Verheerungskriegen Heinrichs des Löwen waren Burg und Land verödet. Bei der Stiftung des Klosters Broda im J. 1170 ward der Ort ohne weitere Hervorhebung dem Kloster geschenkt, obgleich andere Ortschaften nach ihren Eigenthümlichkeiten bezeichnet werden. Damals waren die Fürsten von Vorpommern oder Leutizien Herren des Landes, welches sie nach langen, blutigen Kämpfen und wiederholten Aufständen der Wenden an die Markgrafen von Brandenburg verloren. Durch den Vertrag von Kremmen 1236 ward "*das Land Stargard*", d.h. der größere mittlere Theil des jetzigen Großherzogthums Meklenburg=Strelitz, welches später ganz mit dem Namen des Landes Stargard belegt ward, den Markgrafen zugesichert; jedoch kamen diese erst 1244 zu dem wirklichen Besitze des Landes.

Seit dieser Zeit, namentlich seitdem bald eine Linie des markgräflichen Hauses in dem Lande zu residiren pflegte, tritt die Burg Stargard wieder hervor. Es geht die uralte Sage, daß von einem Jäger bei der Verfolgung eines Hirsches mit einem goldenen Halsbande die verfallene Burg wieder aufgefunden sei, indem der Hirsch in den verfallenen Höhlen seine Wohnung gehabt habe. Mag auch die Sage auf sich beruhen, so ist doch so viel gewiß, daß die Burg Stargard der älteste Ort im Lande Stargard ist; schon im J. 1248, also zur Zeit der Gründung der stargardischen Städte wird der Vogt Conrad von Stargard genannt. Im J. 1258 fiel bei der Landestheilung das Land Stargard auf den Markgrafen Otto III., auf die jüngere der markgräflichen Linien, und seit dieser Zeit wird die Burg Stargard landesherrliche Residenz und kommt als solche häufig in den Urkunden vor. Schon am 11. Jan. 1259 gründete der Markgraf Otto die *Stadt Stargard* neben der Burg; damals war der Ritter Heinrich von Gudensweg Vogt auf der Burg Stargard und ohne Zweifel geschah unter seiner Leitung die Gründung der neuen Stadt. Die Stadt wird häufig auch *Alt=Stargard* genannt, zum Unterschiede von Stargard in Pommern.

Die Stadt erhielt 50 Hufen gegen Zins und 16 Hufen zur Gemeindeweide und außerdem manche Zollvergünstigungen, nach den Privilegien der Städte Alt= und Neu=Brandenburg. Im J. 1290 hatte die Stadt schon Thore und 5 Mühlen, deren eine vor dem Rowaschen Thore lag. So rasch und bedeutend sich auch das eine Stunde von Stargard liegende Neu=Brandenburg hob, so blieb die Burg Stargard doch Haupt=Residenz der markgräflichen Landesherren und war ganz nach mittelalterlicher Weise eingerichtet und bewohnt. Im Anfange des 14. Jahrhunderts, als das Land Stargard an das fürstliche Haus Meklenburg überging, wohnten noch acht Ritter und Knappen auf der Burg; diese traten damals gemeinsam ein Feld an der Tollenze an die Johanniter=Comthurei Nemerow ab. So lange die Markgrafen im Besitze des Landes waren, wurden die wichtigsten Beschlüsse für das Land auf dieser Burg gefaßt.

Auch unter den meklenburgischen Fürsten blieb die Burg Stargard Residenz, wenn auch der Fürst Heinrich

DIE BURG STARGARD

der Löwe, der erste meklenburgische Herrscher über Stargard, und namentlich sein großer Sohn, der Fürst Albrecht, ihre Neigung viel der Stadt Neu=Brandenburg zuwandten. Durch Albrechts jüngeren Bruder Johann entstand eine eigene Linie Meklenburg=Stargard, welche über hundert Jahre vorherrschend auf der Burg Stargard residirt hat. Nach dem Erlöschen dieser Linie (1475) verlor Stargard die Residenz; jedoch blieb die Burg immer ein Mittelpunkt der fürstlichen Verwaltung und manche Herzoge sorgten eifrig für die Erhaltung der alten Veste, unter diesen vorzüglich der Herzog Ulrich von Meklenburg=Güstrow.

Die Gegend der Burg Stargard ist, wenn auch kahl und kalt, doch sehr malerisch und ausgezeichnet. Die ganze Gegend, eine der höchsten des Landes, besteht aus hohen, zusammengedrängten Bergen mit tiefen und steilen Schluchten und überrascht den Fremden nicht wenig; denn wenn irgend eine Gegend in Meklenburg Aehnlichkeit mit einem Berglande hat, so ist es die Gegend von Stargard. Auf der bedeutendsten dieser *steilen Anhöhen* steht nun, im Gegensatze anderer wendischer Burgen, welche in Morästen liegen, die *Burg*, die wir auf unserm Bilde sehen, eine Anhäufung alter unansehnlicher Gebäude, jedoch das älteste weltliche Gebäude im Großherzogthume Meklenburg=Strelitz, wie das ähnliche alte Schloß zu Neustadt im Großherzogthume Meklenburg=Schwerin. Von Bedeutung war jedoch der alte Wartthurm oder "Bergfrit". Baufällig, mußte schon im J. 1807 die Spitze des Thurmes abgenommen werden. Der regierende Großherzog Georg ließ diesen Thurm im J. 1823 wieder herstellen und mit Zinnen und einer kegelförmigen Spitze krönen. Bis zum obern Umgange, von welchem man eine großartige, herrliche Aussicht genießt, ist der Thurm 94 Fuß hoch; die Spitze hat außerdem eine Höhe von 46 Fuß.

Unten am Berge stehen mehrere Wohnungen, welche noch den Namen *Weinberge* führen, welche die Herzoge im 16. Jahrhundert hier anlegen ließen.

Am Fuße des Schloßberges zwischen Stadt und Burg liegt ein Brunnen, von Linden überschattet, der *Jungfernbrunnen*, an welchen sich noch Sagen aus dem grauen Alterthume knüpfen.

Herzog Adolph Friedrich II. v. Meckl.-Strelitz und dessen erste Gemahlin Maria

Der Herzog Adolph Friederich II., der *Stifter der Linie Meklenburg=Strelitz*, war der jüngste, nachgeborene Sohn des Herzogs Adolph Friederich I. v. Meklenb.=Schwerin. Nachdem der Herzog Christian Louis von Meklenburg=Schwerin im J. 1692 gestorben war, ergriff seines beerbten, nächsten Bruders Friederich Sohn, der Herzog Friederich Wilhelm, die Zügel der Regierung. Allein sein Oheim, der Herzog Adolph Friederich II., welcher zwar dem Grade, doch nicht der Linie nach näher stand, glaubte ein größeres Recht zu haben und erhob Ansprüche an das Land. Er hatte bisher von der Linie Schwerin das Amt Mirow besessen und von seinem Schwiegervater, dem Herzog Gustav Adolph von Meklenburg=Güstrow, die Aemter Strelitz und Feldberg in Genuß gehabt. Als nun auch dieser im J. 1695 ohne männliche Erben starb, erhob der Herzog Adolph Friederich II. seine Stimme lauter und es entstanden langwierige Streitigkeiten, welche um so heftiger wurden, als auch die Angelegenheiten der Ritterschaft dabei in Berührung gekommen waren. Endlich vereinbarten sich die beiden Fürsten durch den *hamburger Vergleich* vom 8. März 1701, daß der Herzog Adolph Friederich das ganze Land Stargard mit den beiden Johanniter=Comthureien Mirow und Nemerow und das Fürstenthum Ratzeburg erhielt; er nahm seine *Residenz* zu *Alt=Strelitz*.

Der Herzog Adolph Friederich II., geb. 19. Oct. 1658, war am 23. Sept. 1684 mit der Prinzessin *Maria* von Meklenb.=Güstrow vermählt; das älteste seiner Kinder dieser Ehe war der nachmalige Herzog Adolph Friede-

ADOLPH FRIEDERICH II.
erster Herzog von Meklenburg-Strelitz
† 12. Mai 1708

MARIE
dessen erste Gemahlin
† 16. Jan. 1701

rich III. (geb. 7. Junii 1786), das jüngste die Prinzessin Gustava Caroline, später die Gemahlin des Herzogs Christian Ludwig II. von Meklenburg=Schwerin. Die Herzogin Maria starb am 16. Jan. 1701.

Der Herzog *Adolph Friederich* II. welcher späterhin noch zweimal vermählt war, starb am 12. Mai 1708 im 50sten Jahre seines Alters, und hinterließ den Ruhm eines "leutseligen, sanftmüthigen und Gerechtigkeit liebenden Herrn", dessen kurze Wirksamkeit in der Begründung einer wohl geregelten Verwaltung bestand.

Neustrelitz

Strelitz, im Lande der Rhedarier, war nach dem wendischen Namen (= der Pfeilschütze) ohne Zweifel schon zur wendischen Zeit ein Ort und vielleicht eine Feste, da in der ältern Zeit des deutschen Mittelalters Strelitz eine Burg war. Schon im J. 1328 besaß der um die Fürsten vielfach verdiente Ritter *Otto von Dewitz* das "*Schloß Strelitz*"; die von Dewitz hatten, außer vielen, im Lande Stargard zerstreueten Gütern, auch in der Gegend von Strelitz mehrere Besitzungen, namentlich die Dörfer Quassow, Userin und Gor, bis an den Zierker See, welche sie im J. 1436 von dem Kloster Stolpe erwarben. Fürstenberg gehörte ursprünglich nicht zum Lande Stargard im engern Sinne; es gehörte bis zum J. 1325 den Markgrafen von Brandenburg, von denen es die meklenburgischen Fürsten erwarben, welche es bald wieder verloren und darauf wieder gewannen. Nachdem die meklenburgischen Fürsten im J. 1347 Herzoge und unmittelbare Reichsfürsten geworden waren, erwirkten sie zur Belohnung der treuen Dienste des Ritters *Otto von Dewitz* von dem ihnen gewogenen Kaiser Carl IV. am 25. Jan. 1349 die Erhebung desselben zum *Grafen von Fürstenberg*. Zu der *Grafschaft Fürstenberg*, welche dem Ritter Otto von Dewitz und seinem Vetter Ulrich zum erblichen Lehn gegeben war, gehörte die Stadt Fürstenberg, die Schlösser *Strelitz* und Arnsberg und viele im Lande Stargard zerstreuete Güter, welche schon vorher den von Dewitz ganz oder zum Theil gehört hatten. Schon am 4. Dec. 1349 gründeten die Grafen von Fürstenberg bei ihrer Hauptburg *Strelitz* eine Stadt, die jetzige Stadt *Alt=Strelitz*, nach brandenburgischem Rechte; daher führt die Stadt Alt=Strelitz im Siegel einen längs gespaltenen Schild, rechts mit dem halben Wappen der von Dewitz (Bechern), links mit dem halben Wappen der Grafschaft Fürstenberg (Rauten). Nach dem Tode des Grafen Otto entstanden seit dem J. 1363 zwischen seinen Söhnen und Schwiegersöhnen Verwickelungen über seinen Nachlaß; die von Dewitz ließen daher ihre Güter im Lande Stargard fahren und zogen sich auf ihre Güter in Pommern zurück; Fürstenberg und die landesherrlichen Gerechtsame fielen an die Fürsten, Strelitz mit den übrigen stargardischen Gütern ging im J. 1371 an einen Schwiegersohn des Grafen und dessen Erben als Lehn über. Seitdem kam das Schloß Strelitz wieder unter die Herrschaft der Landesherren.

Nach langen Streitigkeiten nach dem Tode des letzten Herzogs Gustav Adolph von Meklenburg=Güstrow über die Nachfolge in der Regierung zwischen dem Herzoge Friederich Wilhelm und seinem Oheim Adolph Friederich II. ward durch den *hamburger Vergleich* im J. 1701 die Linie *Meklenburg=Strelitz* gestiftet, und der Herzog Adolph Friederich II. nahm seine Residenz auf dem Schlosse zu *Alt=Strelitz*. Schon der Herzog Adolph Friederich II. († 1708) besuchte häufig das eine halbe Meile von Alt=Strelitz am Zierker See angenehm liegende Dorf *Glineke* wegen der guten Jagd und der Herzog *Adolph Friederich* III. († 1752) ließ ein dortiges Haus nothdürftig zu einem "*Jagdschlosse*" einrichten, bei welchem im J. 1721 der jetzige Thiergarten angelegt ward. Da nun am 25. Oct. 1712 das alte Residenzschloß zu Alt=Strelitz, (seit 1791 Straf=, Zucht= und Irren=Anstalt), abgebrannt war und sich mehrere Hindernisse zum Wiederaufbau nach Wunsch entgegenstellten, faßte der Herzog den Entschluß, seine Residenz von Alt=Strelitz zu verlegen, und machte im J. 1726 mit der Erbauung eines Schlosses zu Glineke durch den Ausbau des alten Jagdhauses und den Anbau neuer Gebäude den Anfang. Im J. 1731 bezog der Herzog seine neue Residenz und verlegte auch die höheren Landesbehörden von Alt=Strelitz dahin.

So entstand die Stadt Neu=Strelitz auf gleiche Weise und zu gleicher Zeit, wie *Ludwigslust*, wie auch beide Orte viel Aehnlichkeit mit einander haben. Bald brachte der Herzog Adolph Friederich III. auch seinen Plan zur Ausführung, bei dem Jagdschlosse eine *Stadt* anzulegen, welche sich dereinst mit Alt=Strelitz verbinden sollte. In den J. 1730 und 31 wurden die ersten Häuser gebauet und am 20. Mai 1733 gab der Herzog dem neuen Orte *Neu=Strelitz* das Stadtrecht, unter Bewilligung großer Begünstigungen für die Anbauenden und für die künftigen Bewohner und die Verwaltung der Stadt; beim Tode des Herzogs hatte die Stadt schon 148 Häuser. Die Stadt, jetzt mit ungefähr 6000 Einwohnern, ist in einer angenehmen Gegend in Gestalt eines achtstrahligen Sterns weitläufig, regelmäßig und sauber erbauet, vollständig eingerichtet, und gewährt, unter sorgsamer Pflege, für das Leben und die höhere Bildung alle Vortheile und Gelegenheiten, welche eine Residenzstadt von dieser Größe nur bieten kann. Namentlich hat sich Neu=Strelitz in den neueren Zeiten durch seine ausgezeichneten Schulanstalten aller Art und durch die Kunstbildung des Theaters begründete Anerkennung erworben. Seit der Erbauung von Chausseen, namentlich nach Berlin und Rostock, hebt sich der Verkehr sichtlich.

NEU-STRELITZ

Das Residenzschloß zu Neustrelitz

steht in der schönsten Gegend neben der Stadt an der Stelle des alten Jagdhauses und Residenzschlosses und ist in vieler Hinsicht sehr reizend und anziehend. Es ist im antiken Style unter dem Herzoge *Adolph Friedrich IV.* (1752–1794) schön und zweckmäßig erbauet und geschmackvoll eingerichtet und birgt durch die Kunstsinnigkeit seiner hohen Bewohner viele Sehenswürdigkeiten. Die Umgebungen des Schlosses, von welchem man sehr freundliche Aussichten genießt, sind sehr anziehend: an der einen Seite liegt der Thiergarten, auf dessen Thorpfeilern zwei treffliche, von Rauch gebildete Edelhirsche aus Bronze liegen, an der andern Seite der Schloßgarten mit seinem Blumenflor, an einer andern Seite die Promenade und der Paradeplatz, an welche Plätze sich zunächst ansehnliche herrschaftliche Gebäude und demächst die Häuser der Stadt schließen. Zwei hinter dem Schloße nach dem Thiergarten hin stehende Neben=Gebäude in schönem griechischen Styl für die Wirthschaftsbedürfnisse und Nebenzwecke sind erst in den neuesten Zeiten aufgeführt. – In der Schloßkirche ruhet der Herzog Adolph Friederich III., der Erbauer der Stadt, obgleich die fürstliche Familiengruft zu Mirow ist.

DAS RESIDENZSCHLOSS ZU NEU-STRELITZ

Großherzoglich-strelitzsche Lustschlösser

Die bekannten, in äußerst reizenden Gegenden gelegenen großherzoglichen=strelitzischen Lustschlösser Prillwitz und Hohenzieritz haben von den ältesten Zeiten her gleiche Geschichte gehabt und sich immer vor den übrigen Landgütern des jetzigen Großherzogthums Meklenburg=Strelitz ausgezeichnet.

Beide werden schon im Jahre 1170 genannt, als sie mit vielen andern Gütern in den verödeten Gegenden von dem Fürsten Casimir von Pommern, dem damals das Land Stargard gehörte, zur Stiftung des *Klosters Broda* hergegeben wurden. Damals lag Prillwitz in dem verwüsteten Lande der Redarier, Hohen=Zieritz im wendischen Lande Penzlin und die Grenze beider Länder lag zwischen beiden Gütern. Doch die unaufhörlichen Aufstände der Wenden und die erbitterten Kriege ließen das Kloster nicht aufkommen; vielmehr hatte es fast alle ihm ausgesetzten Güter verloren, als es wirklich aufgebauet ward. Auf dem Eigenthum des Klosters wurden Städte, Klöster und Ritterburgen gebauet, ohne daß das Kloster gefragt ward.

Zu den ältesten, reichsten und mächtigsten Geschlechtern in den Grenzen des heutigen Meklenburgs gehörte das Geschlecht *von Peccatel*, welches wohl von einem seiner Güter, Peccatel bei Penzlin, den Namen trug; die von Peccatel waren neben den Hahn und Maltzan im Lande sprichwörtlich, und die Peccatel waren die mächtigsten Vasallen im Lande Stargard. Die von Peccatel besaßen alle Landgüter in weitem Umkreise und engem Zusammenhange, 2 Stunden weit, zwischen Penzlin und Strelitz und waren rings von den Johanniter=Comthureien Nemerow und Mirow, dem Kloster Wanzka, und den Städten und Burgen Strelitz und Penzlin mit ihren Gebieten eingeschlossen. Die bedeutendsten *Burgen* der von Peccatel wurden *Prillwitz, Hohenzieritz* und *Weisdin*, deren mächtige Burgwälle noch stehen und zu den bedeutendsten im Lande gehören. Der große Besitz der Herren von Peccatel fing schon im 15. Jahrhundert an durch *Verpfändungen* sich zu verkleinern und schrumpfte immer mehr zusammen, bis das Geschlecht, zuletzt auf Weisdin gesessen, im Jahre 1773 ausstarb.

Die ehemaligen *peccatelschen Hauptgüter* bilden gegenwärtig das sogenannte großherzoglich strelitzische "*Cabinetsamt*", dessen *Hauptort Prillwitz* ist.

Prillwitz

Prillwitz muß in der heidnischen Zeit ein Ort von Bedeutung gewesen sein, da es das ganze Mittelalter hindurch eine ungewöhnliche Rolle spielt. Man vermuthet, und zwar mit Recht, daß hier der berühmte *wendische Tempelort Rethra* gestanden habe; die Beschreibungen und Entfernungen stimmen alle dafür, wenn auch die vor vielen Jahren hier angeblich gefundenen *Götzenbilder* die Annahme nicht zu bestärken im Stande sind, da ihre Aechtheit stark und gründlich angefochten ist; aber viele erhabene *Heidengräber* stehen um Prillwitz umher. Nachdem das Kloster *Broda* das Gut verloren hatte, ward es Lehn der Herren von *Peccatel*, welche schon in der Mitte des 13. Jahrhunderts im Besitze von Prillwitz erscheinen; es ward ihre Hauptburg und die Herren von Peccatel werden nicht allein "Ritter", sondern auch "*Burgmänner von Prillwitz*" genannt, woraus hervorzugehen scheint, daß die Burg eine wendische Fürstenburg und die von Peccatel nach pommerscher Weise "schloßgesessen" gewesen seien. Hieraus läßt es sich denn auch erklären, daß Prillwitz, wie Cummerow, in den Urkunden des Mittelalters bis in das 16. Jahrhundert oft eine "*Stadt*" oder ein "*Städtchen*" genannt wird. Nachdem das Land *Stargard an Meklenburg* gefallen war, wurden die von Peccatel wiederholt mit Burg und Stadt Prillwitz von den meklenburgischen Fürsten belehnt, mußten sich dabei aber gegen diese zur Oeffnung der Burg verpflichten. Zu dem Schlosse gehörten viele andere Güter umher, wie Weisdin, Blumenholz, Usadel, u.s.w. Schon im Jahre

PRILLWITZ

1408 verkauften die von Peccatel einen Viertheil des Schlosses mit vielen Gütern an den Ritter Joachim *von Heidebreke* auf Clempenow und im Jahre 1505 ging dieser Besitz an den Ritter Bernd *Maltzan* auf Penzlin über. Seit dem 15. Jahrhundert zertheilte sich der Besitz immer mehr, bis Prillwitz im 16. Jahrhundert in den Besitz der *von Blankenburg* kam. Im Jahre 1720 ging es durch Kauf an die *von Bredow* über. Im Jahre 1795 *kaufte der Herzog Carl das Gut* mit seinen Zubehörungen von dem Landrath von Bredow und es ward nun zum Sommerbesuche für die fürstliche Familie eingerichtet und in der reizenden Gegend mit schönen Gartenanlagen geschmückt, welche der Gegenstand großer Theilnahme in der Gegend sind. Auf unserem Bilde sehen wir im Garten eine Warte, von welcher man eine reizende Aussicht genießt, und links noch einige Trümmer der alten peccatelschen Burg.

Hohenzieritz

Hohenzieritz hat im allgemeinen dieselbe Geschichte mit Prillwitz. Schon im Jahre 1274 wurden die *von Peccatel* von dem Fürsten Nicolaus von Werle mit Hohenzieritz und den daneben liegenden Gütern, zwischen Penzlin und Prillwitz schriftlich belehnt, nachdem sie wohl schon längere Zeit im Besitze gewesen waren. Wenn auch diese Güter in eines andern Herrn Lande lagen, so wurden sie doch bald mit den prillwitzer Gütern zusammengeworfen, und hatten mit diesen ziemlich gleiche Schicksale. Zuletzt war Hohenzieritz im Besitze der den von Bredow verwandten Familie *von Fabian*. Als der Major von Fabian im Jahre 1768 ohne Lehnsnachfolger starb, zog der Herzog Adolph Friederich IV. das Gut als ein heimgefalles Lehn ein und übertrug es seinem Bruder, dem nachmaligen *Großherzoge Carl*, für sich und seine Erben. Der reizende Ort ward der ländliche Lieblingssitz dieses Fürsten, welcher denselben angemessen einrichtete und mit Geschmack verschönerte. Doch als der Ort am schönsten blühete, sah man ihn nur mit tiefer Wehmuth: Deutschlands Stolz und Freude, die unvergeßliche preußische Königin *Louise*, des edlen Herzogs Carl Tochter, *starb* während eines Besuches bei ihrem Vater zu Hohenzieritz am 19. Juli 1810, und der viel geprüfte, erschütterte Gemahl kam nur dahin, um ihr die Augen zu schließen. Seitdem steht das Schloß wie ein Trauerdenkmal so, wie es beim Tode der Königin stand, und im Garten in einem Tempel ihre gelungene Büste zur dauernden Erinnerung.

HOHENZIERITZ

Hansestädte

Rostock

Rostock hat sich seit der Einführung deutschen Wesens ohne Unterbrechung als größte und bedeutendste Stadt Meklenburgs behauptet und durch die Blüthe des Handels und der Wissenschaft in ihren Mauern sogar einen bedeutenden Ruf im nördlichen Europa erworben. Noch heute zeugt die Ausdehnung der Stadt mit ihren mächtigen Mauern und Wällen, die starke Bevölkerung, das rege Handelsgetümmel, die Gediegenheit der Häuser, die Wohlhäbigkeit der Einwohner von einer alten Bedeutsamkeit, die noch jetzt keinesweges aufgehört hat. Ihren Glanz verdankt die Stadt ohne Zweifel ihrer glücklichen Lage an der schiffbaren Warnow in der Nähe des Meeres, mitten in einer fruchtbaren Landschaft. Die Warnow wird bei Bützow, wo sie die Nebel von Güstrow her aufnimmt, für kleinere Fahrzeuge schiffbar und strömt als ein ziemlich bedeutender Fluß bei der Stadt Schwan vorüber; dort wo die Warnow die Stadt Rostock zuerst berührt, erweitert sich plötzlich das Flußbette sehr bedeutend, und der Fluß geht von hier als ein großer Strom an den Mauern der Stadt vorüber zwei Meilen weit durch eine sanfte Landschaft, bis er sich bei Warnemünde, dem eigentlichen Hafen von Rostock, in die Ostsee ergießt; kurz vor der Mündung erweitert sich das Flußbette zu einem großen Landsee, der Breitling genannt. Von Rostock an ist die Warnow für Seeschiffe, die bei der Einfahrt jedoch gewöhnlich vor Warnemünde erleichtert werden müssen, schiffbar. Von dieser Eigenthümlichkeit des Flusses leitet die auf dem hügeligen, festen, linken Ufer gelegene Stadt nicht allein ihre Blüthe, sondern auch ihren Namen her; denn *Rostock*, oder, wie es in den ältesten Zeiten heißt, *Rozstoc*, bedeutet in der wendischen Sprache: *Auseinanderströmung*, oder Ausbreitung des Flusses.

Rostock war schon zur wendischen Zeit ein Ort, wie es die örtlichen Verhältnisse nicht anders erwarten lassen; jedoch stand es damals sehr gegen das eine Viertelstunde weiter stromaufwärts an dem engen Flußbette gelegene *Kissin*, bei dem jetzigen Kirchdorfe *Kessin*, zurück, da die Wenden nicht eine offene, zugängliche Lage ihrer Ortschaften liebten, indem es ihnen an Material und Kunst zur Befestigung fehlte. Die nordöstliche wendische Völkerschaft in Meklenburg führte den Namen *Kissiner* und nicht nur der letzte Wendenfürst *Pribislav*, sondern auch sein Sohn, der erste ganz christliche Fürst *Borwin* I., nannte sich noch *Herr von Kissin* oder der *Kissiner*. Noch im 13ten Jahrhundert ward das *Land Rostock* mitunter *Land Kissin* genannt. Weiter stromabwärts gegen den Breitling hin lag am rechten Ufer der Warnow nicht weit von dem Dorfe *Goorsdorf* eine wendische Tempelstadt *Goderac*, wo ein wendischer Götze gleiches Namens verehrt ward; diesen Ort mit den angrenzenden Dorfschaften erhielt im J. 1171, nach Vertilgung des Götzendienstes, der Heidenbekehrer, Bischof Berno von Schwerin, als Tafelgut unter dem Namen *St. Gotthardsdorf*, woraus im Laufe der Zeiten *Goorsdorf* geworden ist. Auch der Fluß Warnow ward von den alten Dänen *Gudagersaa* oder *Gudacra* genannt. Von dem wendischen Tempel schreibt sich wahrscheinlich auch die *Freistätte* her, welche noch im vorigen Jahrhundert an einem Steine am rechten Ufer der Warnow in der Gegend von *Toitenwinkel* haftete.

Während der Kreuzzüge des Sachsenherzogs Heinrich litten beide Orte, jedoch fing Rostock an sich zu heben. In den Verheerungskriegen der Sachsen und Dänen *brannte* der König *Waldemar* I. von Dänemark in Begleitung seines Erzbischofs Absalon im J. 1161 die *Burg Rostock* nieder, welche von den Bewohnern feige verlassen war, und verbrannte auch das dort verehrte *Götzenbild*, und Rostock blieb einige Jahre in Trümmern liegen.

Nachdem der Friede gewonnen war, bauete der versöhnte Pribislav im J. 1170 außer den Burgen Meklenburg und Ilow auch die Burg *Rostock*, wahrscheinlich an der Stelle der Petrikirche, wieder auf und bevölkerte diese Orte mit *Wenden*. Seit dieser Zeit blieb Rostock Fürstenburg, *Kissin* aber ward verlassen und verschwindet nach und nach aus der Geschichte. Man darf sich bei den wendischen Ortschaften aber keine deutsche Städte vorstellen; die wendischen Burgen waren große, aufgeworfene Erdwälle von ungefähr 2000 Fuß im Umfange. Von dieser Beschaffenheit wird auch Kissin gewesen sein; wahrscheinlich ist das alte *Kissin* der Wall, welcher nicht weit vor dem Mühlenthore der Stadt Rostock zwischen dieser und dem Dorfe Kessin an der Landstraße liegt, und dieser Wall wiederum derselbe, den die Stadt mit dem Dorfe *Wendisch=Wiek* und den von diesem bis an den Mühlendamm reichenden Wiesen im J. 1286 von den Landesherren kaufte; denn merkwürdigerweise führt auch das Landgut neben dem Burgwalle Werle bei Schwan den Namen *Wiek*. So gerieth Kissin in Vergessenheit; im J. 1219 stand schon eine Kirche in dem neuen Bauerndorfe Kissin oder Kessin.

Rostock blieb nun Fürstenburg und ward im J. 1183 *Residenz*, als Borwin I. seinem Vetter Nicolaus in der Theilung Rostock abtreten mußte. Nicolaus, der sich noch Wendenfürst nennt, erscheint seit dieser Zeit zu Rostock wohnhaft, wo er schon im J. 1190 große Märkte hielt, auf denen das Kloster Doberan vom Ein= und Ausgangszoll befreiet war. In seinem Gefolge erscheint im J. 1190 schon ein Kapellan von Rostock und daneben noch ein Kapellan von Goderac, aber noch kein Pfarrer.

Die *deutsche Stadt Rostock* ward erst am 24. Junii 1218 von dem Fürsten Borwin I. und seinen Söhnen Heinrich Borwin II. und Nicolaus *gegründet* und mit dem lübischen Rechte bewidmet; sie ist also eine der ältesten Städte in Meklenburg. Wenn auch der alternde Borwin die Zügel der Regierung bis an sein Ende in Händen behielt, so gönnte er doch seinen Söhnen seit dem J. 1218 thätigen Antheil an der Verwaltung des Landes; seit dieser Zeit sehen wir denn auch den jüngern Heinrich Borwin II., der sich seitdem gewöhnlich *Herr von Rostock* nennt, im östlichen Theile Meklenburgs walten. Mit derselben Zeit tritt auch ein Pfarrer von Rostock auf. Diese Stadt Rostock ist ohne Zweifel die an der obern Warnow von den Mühlen bis an die Grube gelegene *Altstadt*. Die *neue* fürstliche *Burg* lag aber zuverlässig mehr stromabwärts dicht vor der Stadt, ungefähr in der Mitte der spätern *Neustadt*, nicht weit von der Marienkirche auf einer Erhöhung, wo noch heute die Straße der *Burgwall* heißt. Der alte Borwin starb am 28. Jan. 1227 und vor ihm schon sein älterer Sohn Heinrich Borwin II. am 5. Junii 1226; dieser hinterließ vier minderjährige Söhne, welche eine kurze Zeit unter Vormundschaft standen, sich darauf jedoch nach und nach mit dem Beginne ihrer Volljährigkeit in das *Land theilten*. Zuerst *theilen* sie um das J. 1229 *das Land* nach dem Maaßstabe der Theilung Borwins unter seine Söhne so, daß dem ältesten *Johannes* und dem jüngsten *Pribislav* zusammen der westliche Theil, Meklenburg genannt, den beiden mittlern *Nicolaus* und *Heinrich* aber der östliche Theil des Landes, *Rostock* genannt, zu Theil ward; diese nannten sich seitdem auch *Herren von Rostock*. Mit dem Anfange des J. 1236 theilten die beiden mittlern Brüder wieder und zwar so, daß Nicolaus die südöstliche Herrschaft Werle, Heinrich dagegen, der sich mit dem Antritte seiner Regierung *Borwin* nannte, den nordöstlichen Theil oder die *Herrschaft Rostock* erhielt. Mit der darauf folgenden Auseinanderscheidung der beiden ältern Brüder in die Häuser Meklenburg und Richenberg=Parchim war die erste *Hauptlandestheilung* vollendet und ein *fürstliches Haus Rostock* gegründet, welches jedoch schon im J. 1314 ausstarb, worauf die Herrschaft Rostock an das Haus Meklenburg kam. Seitdem Rostock die *Residenz* einer fürstlichen Linie geworden war, erfreute sich die Stadt eines schnellen Wachsthums. Die bedeutendere *Neustadt* vergrößerte sich unglaublich rasch; erfahrne Handels= und Gewerbeleute strömten von allen Seiten herzu; schon im J. 1232 stand die Marienkirche in der Neustadt; und lange vor dem

Ende des ersten Jahrhunderts ihres Daseins hatte die Stadt schon dieselbe Größe und dieselbe Eintheilung mit denselben Straßen, die sie noch jetzt hat, und dazu alle Kirchen und außerdem 3 Klöster. Im J. 1262 wurden die *Alt= und Neustadt* zu Einer Stadt unter Einem Rath und Einer Gerichtsbarkeit *vereinigt* und schon im J. 1265 die Verwaltung in das *Rathhaus auf dem Neuen Markte* der Neustadt verlegt. Im Laufe des 13ten Jahrhunderts gewann die Stadt sehr ansehnliche Güter, *Freiheiten* und Gerechtigkeiten und stärkte sich bedeutend durch weit verzweigte Verbindungen. So ward sie gegen das Ende desselben Jahrhunderts Mitglied des aus solchen Privilegien und Bündnissen sich entwickelnden mächtigen *Hansebundes*, obgleich Rostock, eben so wie Wismar und die pommerschen Hansestädte, nie reichsfrei ward, sondern in Abhängigkeit von den Landesfürsten blieb, so viele Vorrechte sie auch z.B. durch Gerichtsverwaltung, Münzgerechtigkeit, u. dergl. gewann. Rostock ward bald eine der mächtigsten und berühmtesten Hansestädte in den Wendenländern; viele ihrer reichern und angesehenern Bürger erwarben seit dem Ende des 13ten Jahrhunderts zahlreiche Landgüter und waren oft im Stande, des Landes und der Fürsten Noth zu kehren. Im J. 1283 schlossen die wendischen Hansestädte zu *Rostock* unter sich und mit den Fürsten ein großes Bündniß zur Erhaltung des *Landfriedens*, besonders gegen die Markgrafen von Brandenburg, ein Hauptbündniß der Hanse. Mit der Macht stieg aber auch der Uebermuth der Stadt. Wie Wismar, wollte es keine feste Burg der Landesherren in ihren Mauern dulden; der Fürst Waldemar von Rostock mußte schon im J. 1266 den Burgwall am Bramower Thor, den sein Vater Borwin zur Erbauung einer Burg angelegt hatte, und im J. 1278 die Hundsburg in der Nähe von Rostock abtragen und abtreten und sich auf alle Zeit verpflichten, weder in der Stadt, noch innerhalb einer Meile von Rostock und den Ufern der Warnow eine Burg anzulegen. Einen *Hof* oder ein Wohnhaus behielten jedoch die *Fürsten* immer in Rostock, wie in Wismar. Aus dieser Macht und dieser Liebe zur Freiheit, die fast Trotz und Uebermuth zu nennen ist, entsprang jedoch eine ununterbrochene Reihe von gewaltsamen Begebenheiten, in welchen die Stadt allerdings ruhmreich gegen Jedermann bestand und aus denen sie eher Vortheil als Nachtheil zog, welche jedoch die Bewohner in einer fast beständigen Aufregung und Unruhe erhielten. Die Geschichte der Stadt Rostock ist durch alle diese Bewegungen sicher so anziehend, wie die Geschichte irgend einer andern Stadt.

Das *Fürstenhaus Rostock* ging früh seinem Ende entgegen. Borwin erblindete in seinen besten Jahren, Waldemars Friedensliebe konnte nichts weiter ausrichten, als eben den Frieden erhalten, und sein Sohn *Nicolaus*, der letzte des Stammes, war so schwach, daß man ihn das Kind nannte. Sein unmännliches Betragen gegen mehrere Bräute, die er hinter einander verließ, zog ihm die Feindschaft der Markgrafen von Brandenburg und deren Verwandten zu und führte im J. 1298 einen Kriegssturm herbei, der nur durch große Opfer der Stadt abgewendet ward, den Fürsten aber in eine peinliche Lage versetzte. In seiner Hülflosigkeit ergriff Nicolaus das Kind zu dem unheilvollen Mittel, sich dem Könige von *Dänemark*, Erich, in die Arme zu werfen. Dänemark hatte seit Jahrhunderten nach dem Besitze der Wendenländer gestrebt und nahm daher den Fürsten mit offenen Armen auf. Im J. 1300 erschien der König zu Warnemünde, nahm von dem Fürsten den Vasalleneid und von dem Lande Besitz und ließ *Warnemünde* befestigen und daselbst ein festes Schloß aufführen. Die besorgte Stadt wollte sich jedoch nicht in das aufgelegte Joch fügen, und alle übrigen Fürsten, namentlich die brandenburgischen, welche nicht weniger als die Dänen nach dem Besitze der wendischen Ostseeländer strebten, sahen mit schelen Augen auf den glücklichen Erfolg der dänischen Bestrebungen; endlich mußte auch die Stadt Rostock im J. 1302 dem Könige huldigen. Es floß in den nächsten Jahren viel Blut um die eifersüchtigen Bestrebungen der Fürsten. Am 20. December 1308 wagten es schon die Städte Wismar, Rostock, Stralsund und Greifswald, sich zu Stralsund gegen

DIE ALTSTADT ROSTOCK
VOM STEINTHORE

alle feindlich gesinnten Fürsten zu verbünden. Die Loosung zum offenen Widerstande gegen die Landesherren gab Wismar, als es im J. 1310 dem Fürsten Heinrich von Meklenburg, der in der Stadt die Vermählung seiner Tochter Mechthild zu feiern gedachte, die Thore verschloß. In dem dadurch entstandenen Kriege eilten die Rostocker der Schwesterstadt zu Hülfe, verwiesen sie auf ihr eignes Beispiel und brachen die Fürstenburg in Wismar. Zwar ward die Ruhe bald hergestellt; aber die Fürsten machten gemeinschaftliche Sache, den Trotz der wendischen Städte zu brechen. Fast alle weltlichen und geistlichen Fürsten Norddeutschlands vereinigten sich mit nie gesehener Macht und Pracht mit dem Dänenkönige am 12. Juni 1311, um in Rostock ein Turnier zu feiern; aber die mit vollem Rechte argwöhnischen Bürger verschlossen ihre Thore den Fürsten, die auf dem Felde bei Geelsdorf oder nach andern Sagen auf dem Rosengarten im Turnierspiel ihre Kriegslust zu befriedigen suchten, aber auch ernsten Rath über ihr ferneres Verfahren gegen die Städte pflogen. Wismar ward von dem Löwen von Meklenburg bezwungen; Rostock aber bestand gegen die Fürstenmacht siegreich durch fast unglaubliche Anstrengungen, in denen die Bürger sorgar den Petrithurm zur Erbauung eines Befestigungswerkes abtrugen, und gewann einen wenn auch harten Frieden mit den Fürsten, leider aber nicht Frieden in ihren Mauern, die seitdem oft Zeugen blutiger Bürgergährungen wurden. Nicolaus das Kind starb im J. 1314. Sein Tod und die Erledigung der Herrschaft mochte in mancher Brust kühne Gedanken erwecken. Da gab die Stadt Stralsund, welche die Oberherrlichkeit ihrer rügischen Landesherren abschütteln wollte, wiederum die Losung zu einem furchtbaren Kriege, indem die Stralsunder nicht weniger Tapferkeit bewiesen, als die übrigen Hansestädte. Der Margraf Waldemar von Brandenburg nahm diese Gelegenheit wahr, das von *Heinrich von Meklenburg* erworbene Land Stargard wiederzugewinnen. In einem blutigen Kriege gewann Meklenburg nicht nur die Oberhand, sondern auch im J. 1317 das Land Stargard zum Besitze und das *Land Rostock* zum erblichen Lehn von dem Könige von Dänemark zur Belohnung seiner Anstrengungen. So kam die Stadt Rostock an die Linie Meklenburg, zugleich aber auch durch ihr heldenmüthiges Verfahren, das sie stets gezeigt hatte, zu der ehrenvollen Stellung, die sie fortan behauptete, die ihr immer Glanz und Ehre, aber auch nicht selten Streit mit den Fürsten und dadurch Unruhen im Innern brachte. Besonders hob sie sich in der Folge durch den Schutz, den ihr der große Fürst *Albrecht* seit dem Jahre 1336 angedeihen ließ, der sich von Wismar kehrend mehr Rostock zuwandte und seine einflußreiche Macht auf die Städte gründete.

Es ließe sich so viel von der Ehre und den Schicksalen der Stadt melden, daß die Rede kein Ende nehmen würde; *daher* mögen hier nur noch einige einflußreiche Begebenheiten angedeutet werden. Im J. 1419 ward hier eine *Universität* gestiftet, welche im folgenden Jahrhundert durch das große Ansehen ihrer Professoren einen fast europäischen Ruhm erlangte. Im J. 1462 gründeten die verdienstvollen *Brüder vom gemeinsamen Leben* hier ein Bruderhaus im grünen Hofe zum H. Michael, dem jetzigen Wollmagazin in der Alt-Büttelstraße, und wirkten von hier aus nicht allein durch Unterricht, Gelehrsamkeit und einen musterhaften Lebenswandel, sondern auch seit dem J. 1476 durch eine *Buchdruckerei*, welche berühmt geworden ist, indem sie zu den ältesten gehört. Im J. 1466 stifteten hier die *landfahrenden Kaufleute* aller Länder die Innung zur *Dreifaltigkeit* (*Trinitatis*), welche um Pfingsten in Rostock ihre Zusammenkunft hielten; hieraus entstand eine große Messe, der sogenannte *rostocker Pfingstmarkt*, der jetzt allerdings sehr an Bedeutung verloren hat, und der *Trinitatis=Termin* für Geldgeschäfte, der in Meklenburg seit einigen Jahren mit dem Johannis=Termine vertauscht ist. Im J. 1487 begann der Herzog Magnus die Gründung eines *Domstifts* des schweriner Bisthums an der Jacobi=Kirche, welche durch die Widersetzlichkeit der Stadt wiederum blutige Kriege im Gefolge hatte. Die *Reformation* ward in Rostock *zuerst* in Meklenburg im J. 1523 durch den Kapel-

DIE ALTSTADT ROSTOCK
VOM BEGINENBERGE

lan *Joachim Slüter* verkündigt. Seit dem J. 1622 ist Rostock der Sitz des *Engern Ausschusses* der Ritter= und Landschaft und seit 1840 des *Ober=Appellations=Gerichts* für beide Großherzogthümer.

Auf dem ersten unserer Bilder sehen wir die

Altstadt Rostock von außen

von dem, seit dem J. 1832 abgetragenen, dem *Rosengarten* gegenüberliegenden hohen Walle, der den Rostokkern unter dem Namen der *Himmelsleiter* noch in lebendigem Andenken ist; rechts über dem Stadtgraben, der von der Warnow hier zur *Grube* in die Stadt abfließt, liegt der Mühlendamm an der Oberwarnow, und im Hintergrunde das Dorf *Kassebohm* in der Nähe des Dorfes und Burgwalles *Kessin*, also der Schauplatz der ältesten Geschichte Rostocks. Links erblickt man die *Nicolaikirche*, deren hohe Thurmspitze ein Sturm am 8. December 1703 herunterwarf, und die Mauerthürme am Kuhthor an der Grube.

Auf dem zweiten Bilde erblicken wir einen Theil der

Altstadt Rostock von innen

vom Beguinenberge her, der seinen Namen von dem ehemaligen Armenhause der Beguinen trägt. Diese Ansicht giebt uns noch heute ein lebendiges Bild des alten Zustandes der Altstadt mit ihren engen und krummen Straßen, ihren festen und kunstreichen Giebelhäusern, ihren Kellerwohnungen, ihren Linden vor den Häusern, wobei man sich einen höchst lebendigen Menschenverkehr hinzudenken muß. Im Vordergrunde sehen wir die *Grube*, eine Ableitung der obern Warnow, welche die Altstadt von der Mittelstadt scheidet und welche in den ältesten Zeiten wohl den Stadtgraben der alten Stadt, bald darauf aber einen Leitungs=Canal bildete, wie viele größere Städte innerhalb ihrer Mauern einen solchen im Mittelalter hatten, um für den Fall einer Belagerung hinreichend Wasser zu haben. Rechts erblickt man den Durchfluß der Grube durch die Stadtmauer, daneben den im J. 1630 zu einer Wasserkunst gegründeten, seit dem Jahre 1662 zu einer *Sternwarte*, in neuern Zeiten zu einem Krankenhause für ansteckende Krankheiten benutzten viereckigen Thurm, der noch den Namen *Specula*, d. i. Sternwarte, führt; daneben steht ein spitzer Mauerthurm neben dem Kuhthor. Im Hintergrunde ragt die *Nicolaikirche* hervor.

Am Schilde zu Rostock (Titelblatt von 1843)

von welchem eine Ansicht auf dem Titelblatte des Jahrganges 1843 mitgetheilt ist, ist ein kleiner dreiseitiger Platz, der vielleicht seinen Namen von seiner Gestalt hat, ungefähr in der Mitte der Stadt, in der Nähe des großen Mittelmarktes, zwischen diesem und der Stadtwage, zwischen zweien der hauptsächlichsten Land= und Strandthore, in einer der lebhaftesten Gegend der Stadt. Wenn auch Rostock noch sehr viel alte und schöne Häuser aus dem Mittelalter besitzt, so scheinen doch die beiden Häuser am Schildeshaupte die ältsten und edelsten Häuser Rostocks aus dem Mittelalter zu sein.

Rostock

Stadt und Herrschaft Rostock waren bei der zunehmenden Schwäche des dänischen Reichs durch die Kraft und Tapferkeit des Fürsten Heinrich des Löwen im Jahre 1317 als erbliches Lehn wieder an Meklenburg gekommen, und zu gleicher Zeit waren Verhältnisse zur Reife

Am Schilde in Rostock

gediehen, welche für die Stadt Rostock, so wie für den ganzen Norden überhaupt, auf mehrere Jahrhunderte von wesentlichem Einflusse waren. Die aus einzelnen Bündnissen, Handels-Privilegien und Niederlagen im vorigen Jahrhundert allmählig erwachsene Vereinigung der niederdeutschen See= und Handelsstädte tritt um diese Zeit als Ein großer Bund und seit dem Jahre 1330 unter dem Namen *Hanse* (Verbrüderung) oder *deutschen Hanse* immer mehr als eine höchst bedeutende geschlossene Macht in allen nordischen Ländern auf. Die einzelnen Städtevereine gewannen ein immer mehr wachsendes politisches Ansehen, sie traten mit Fürsten jeden Ranges, wie mit Gleichen, in engere Verhältnisse und Verbindungen, ihre Kriegsflotten waren siegreich, ihre Handelsflotten Reichthum bringend und Leben fördernd, ihre Obrigkeiten und Wortführer zu Hause und in der Ferne einflußreich und gebietend. Das größte Ansehen genoß jedoch die engere Verbindung der sogenannten *wendischen Hanse oder der wendischen Städte*, welche ursprünglich aus den Städten Lübeck, Wismar, Rostock, Stralsund und Greifswald bestand, welche, in der Mitte und den nordischen Reichen zunächst liegend, mit dem lübischen Rechte bewidmet waren und in Lübeck den Obergerichtshof für streitige Rechtsgrundsätze ehrten; später wurden der wendischen Hanse noch Hamburg und Lüneburg und viele andere benachbarte, kleinere Städte zugezählt. Die wendischen Städte, unter denen *Lübeck* und *Rostock* bei weitem die mächtigsten waren, nahmen, unter dem Vorsitze Lübeck's, Jahrhunderte hindurch in der Leitung aller Handels=, Kriegs=

und Friedensangelegenheiten bei weitem die erste Stelle ein, und Lübeck kann durch diese Vermittelung als das Haupt der Hanse angesehen werden.

Um eben dieselbe Zeit wurden auch die sogenannten *Landfrieden* oder umfassende Bündnisse der Herrscher, zur Aufrechthaltung des Friedens und des Verkehrs, Grundlagen der politischen Verhältnisse. Schon im Jahre 1283 schlossen alle Fürsten und Grafen der Ostseeländer zwischen Elbe und Oder mit den Städten Lübeck, Wismar, Rostock, Stralsund, Greifswald, Stettin, Demmin und Anklam zu *Rostock* ein großes Landfriedensbündniß, welches nach und nach Erweiterung fand.

Den höchsten Glanz und Ruhm gewann die *wendische Hanse* aber erst unter dem Einflusse des Fürsten und nachmaligen Herzoges *Albrecht* II. *des Großen* von Meklenburg (1329–1379). Sein Vater, der Fürst Heinrich der Löwe, starb am 21. Januar 1329 und hinterließ zwei minderjährige Söhne, den genannten *Albrecht* und Johann, später zu Stargard. Die *Vormundschaft* über die minderjährigen Prinzen führte ein Vormundschaftsrath von 16 Rittern und den Rathmännern der Städte *Rostock* und Wismar. Die Ritter dieses Vormundschaftsrathes, der seinen Sitz in Wismar hatte, strebten jedoch darnach, übermäßige Gewalt und ausgedehnte Güter an sich zu bringen, so daß dem jungen Fürsten sogar "Verderben" drohete. Sobald nun der früh reifende, tief blickende Fürst mit dem vollendeten achtzehnten Jahre um Ostern 1336 Volljährigkeit erreicht hatte, ergriff er augenblicklich mit Kraft die Zügel der Regierung und warf sich, von dem zu hartnäckigen Wismar, das die ritterliche Gewaltherrschaft benutzt hatte, sich wendend, der *Stadt Rostock*, welche damals für *eine der mächtigsten Städte der Hanse galt*, und damit *der Hanse selbst in die Arme*. Zunächst feierte Albrecht um Johannis 1336 in Rostock seine Vermählung mit der schwedischen Königstochter Euphemia, mit welcher er schon seit den Kinderjahren verlobt war, und fuhr am Johannistage 1336 mit seiner jungen Gemahlin und einem großen Gefolge von Warnemünde ab in Begleitung einer lübeckischen Flotte nach Stockholm zur Krönung seines Schwagers, des jungen Königs Magnus, mit dem die Hanse in engen Verhältnissen stand. Nach vielen Seeleiden heimgekehrt, nahmen die Rostocker das junge Fürstenpaar wieder mit zarter Aufmerksamkeit auf und der Fürst blieb zum Danke der Stadt getreu. Albrecht suchte hierauf im Vereine mit den Fürsten der Nachbarländer den vielfach in den nordöstlichen Ländern Deutschlands gestörten Frieden herzustellen und durch Bündnisse mit denselben seine Macht zu stärken. Am 11. Januar 1338 vermittelte er *zu Lübeck* ein großes *Landfriedensbündniß* mit den meisten norddeutschen Fürsten und den Städten Lübeck, Hamburg, *Rostock* und Wismar, ein Bündniß, welches eine Hauptquelle der politischen Macht der Hanse geworden ist.

Die größte Rolle spielte die *Hanse* aber in den *nordischen Angelegenheiten* des 14. Jahrhunderts. In *Schweden* herrschte seit dem Jahre 1333 der junge und schwache König *Magnus* Smek (Liebkoser) († 1374), unverständig, wankelmüthig, ausschweifend und verschwenderisch, zum Ärgerniß des ganzen Volkes. Auf *Dänemarks* Thron saß der thätige und kriegerische *Waldemar* IV. (1340–1375) und lenkte die Zügel des Staates stark und fest und verschaffte dem Reiche Ansehen und Einfluß. Waldemar's Absicht ging von Anfang an dahin, das alte Reich Dänemark in seiner ganzen Ausdehnung wieder herzustellen. Vorzüglich wandte er seine Blicke auf Schonen. Die wendische Hanse, deren theuerster Besitz ihre Niederlassungen in Schonen waren, wollte sich ihm freundlich nähern, um ihre Freiheiten zu sichern. Er aber, eifersüchtig auf die große Städtemacht und ihr nicht geneigt, wies ihre Anerbietungen zurück und begann den Angriff auf den Zankapfel *Schonen*. Die wendischen Städte aber, im Vereine mit andern und dem Herzoge Albrecht, verbanden sich mit dem Könige Magnus. Es brach im Jahre 1360 ein heftiger *See= und Landkrieg* aus, in welcher die Flotte der wendischen Städte überall siegreich blieb und die dänischen Küsten in Noth und Schrecken setzte. Nach blutigen Kämpfen lenkte Waldemar, der seinen gefährlichsten Feind fürchten gelernt hatte, wieder ein und bestätigte nach einem ruhmvollen Frieden im Jahre 1365 die *Privilegien der Hanse*. Während der Zeit war die allgemeine Empörung in Schweden gegen des Königs Magnus schlaffe und thörichte Regierung zu hellen Flammen ausgebrochen; seine Absetzung ward beschlossen, und *unter dem Einflusse der wendischen Hanse bestieg des Herzogs Albrecht von Meklenburg Sohn, Albrecht*, am 30. Novbr. 1363 *den Thron von Schweden*. Als aber Waldemar noch nicht ruhte, sondern wiederholte Angriffe machte, schlossen sämmtliche Städte der Hanse in nie gesehener Ausdehnung mit dem Herzoge Albrecht im Jahre 1367 zu *Cöln ein Bündniß* und zwangen ihn nach langen erbitterten Kämpfen im Jahre 1370 zu einem schimpflichen *Frieden*, der wiederum den Städten bedeutenden Gewinn brachte. Jetzt stand die *Hanse auf dem Gipfel ihrer Macht*. – Aber auch König Albrecht war in Schweden nicht glücklich; die Edlen des Reichs waren unter dem schwachen Magnus zu mächtig geworden und Albrecht selbst war nicht stark. Sein kräftiger Vater war 1376 gestorben, und als nun im Jahre 1386 der allgewaltige Reichs=Drost *Bo Jonson*, der wahre, reiche Regent von Schweden, starb, brach der Unwille gegen den ausländischen König los. *Albrecht* ward abgesetzt; die kühne Tochter *Waldemar*'s, die Königin *Margarethe*, Beherrscherin von Dänemark und Norwegen, stieg im Jahre 1388 auf den schwedischen Thron und *Albrecht* nach der unglücklichen *Schlacht bei Axelwalde* am 24. Februar 1389 in den *Kerker*. So große Opfer nun auch die Herzöge von Meklenburg=Stargard und die Städte *Rostock* und *Wismar* brachten, den König *Albrecht* zu befreien, so scheiterten doch alle Unternehmungen, bis es endlich den Fürsten und Städten an Geld zu Heerfahrten mangelte. Aber das Seevolk in den Hansestädten entbrannte im Grimm darüber, daß ein Weib die Anstrengungen ruhmreicher Flotten vereitele und ihnen das gewinnbringende Meer beschränke. Stockholm war noch in den Händen der deutschen Parthei, die mit der größten Härte sich zu behaupten suchte. Unter dem Vorwande, diese Stadt mit "*Victualien*", Mannschaft und Zufuhr zu versorgen, schaarten sich die verwegensten Gesellen um muthige Hauptleute, die desto länger auf der See umherschwärmten, je verwickelter die Verhältnisse wurden; die Städte Rostock und Wismar, namentlich Rostock, gaben Kaperbriefe und rüsteten kleine Flotten aus, den Bedrängten zu Hülfe zu kommen, bis sich, eine Zeit lang unter dem Schutze und der Beförderung der Städte *Rostock* und Wismar, gewissermaßen ein eigner Seeräuber=Freistaat auf dem Meere unter dem Namen der "*Vitalienbrüder*" oder "*Likendeler*" ausbildete, mit dem Fürsten und Städte Verträge abzuschließen sich nicht scheueten. An der Spitze dieser Flottillen standen kühne Schiffscapitaine oder meklenburgische Ritter, welche in Schweden Verwandte in Bedrängniß haben mochten. Die Städte aber banden sich selbst durch den Vorschub, den sie dem wilden Volke leisteten, eine stark Ruthe. Zwar hatte es schon immer Seeräuber auf der Ostsee gegeben und unter den Anführern der Vitalienbrüder war mancher Mann, dem das Herz auf dem rechten Flecke saß, wie der verwegene rostocker Capitain Meister Hugo; jetzt aber nahm das wilde Leben überhand: schon im Jahre 1391 war die ganze Ostsee von solchen Raubschaaren durchschwärmt, deren Losung war: "Gottes Freund und aller Welt Feind"; wo Raub zu finden war, war die Heimath, und bald schwärmten die Schaaren in allen befahrenen Meeren. Erst mit dem Jahre 1435 hörte das Leben der Vitalienbrüder auf, so viele Anstalten die Hansestädte auch machten, dem Unwesen, das sie bald selbst gefährdete, zu steuern. – Endlich aber gab Margarethe mit Einsicht und Klugheit nach. Durch einen Vergleich ward im J. 1395 ein Waffenstillstand geschlossen und der König *Albrecht* für ein Lösegeld *freigegeben*, für dessen Zahlung sich die *Städte* verbürgten. Im Julius 1397 ward zu *Calmar* die bekannte *Union* geschlossen, durch welche die drei *nordischen Reiche* zu *Einem Königreiche* vereinigt wurden.

In den erfolgreichen Unternehmungen der Hanse im 14. Jahrhundert waren einzelne bedeutende Männer aus *alten Bürgerfamilien* zu überwiegendem Einflusse gelangt und es hatten sich *Patricier=Familien* gebildet, welche durch Handelsreichthum, Landgüterbesitz und Familienverbindungen einen unbeschränkten Einfluß ausübten. Aus ihrem Schooße ergänzte sich der Rath und verwaltete die Stadt ohne Aufsicht. Diese Weise, das Stadtregiment zu führen, wenn es auch nicht ungesetzlich war, erregte den *Haß* und das Mißtrauen der *Bürgerschaft*, welche durch die Folgen der letzten Kriegsereignisse von einer großen Abgabenlast gedrückt ward. Das Zeichen zur innern *Umwälzung* gab Lübeck, dem bald Wismar und darauf *Rostock* folgte. Die Bürgerschaft griff im Jahre 1409 zur harten Selbsthülfe, setzte den alten Rath ab und einen neuen ein und bestellte einen Ausschuß von *sechzig Männern*, der fortan an der Verwaltung des Gemeindewesens Theil nehmen sollte. Den Landesherren und den benachbarten Städten gelang es im Jahre 1417, mit Ruhe und Mäßigung, und da die neue Ordnung noch mehr Unheil zu stiften drohte, die alte Ordnung und den *Frieden* wieder herzustellen.

Doch das Uebel wurzelte zu tief und es fehlte überall an großen Männern, welche durch ihr Uebergewicht die Ordnung hätten aufrecht erhalten können. *Margarethe* hatte durch die *calmarsche Union* die nordischen Staaten grade nicht glücklich gemacht. Ihr Nachfolger und Schwestertochtersohn, *Erich* von Pommern, opferte die Kraft seiner langen Regierung schwächlicher Eifersucht. König *Erich* lebte fast dreißig Jahre in einem hartnäckigen Kriege, den er mit den Fürsten von *Holstein* führte, nach deren Lande er trachtete, da er ihnen die Erblichkeit des Besitzes verweigerte. Diesen Krieg sahen die Städte Rostock und Wismar ungerne, weil er bei der wieder erwachten Seeräuberei ihren Handel störte; dazu hatte Erich eine Festung und den Sundzoll zu Helsingör und dadurch dem Handel unerträgliche Fesseln angelegt. *Erich* zog in einem Seekriege mit der Hanse im Jahre 1421 den kürzern und mußte sich einstweilen zum Frieden bequemen. Als aber der holsteinische Krieg nicht aufhörte, vereinigten sich die Städte und schlossen 1426 gegen alle Erweiterungen des dänischen Reichs mit Holstein eine Verbindung. Es wurden von den Städten wieder Kaperbriefe gegeben; aber das Kriegsglück war wechselnd: die furchtbare Kriegsmacht der Hanse litt oft großen Schaden. Ein solches Kriegsunglück benutzte *Erich* zur Erweckung des furchtbarsten Feindes, indem er in den Städten die falsche Nachricht verbreiten ließ, die Obrigkeiten der Städte ständen mit ihm im geheimen Einverständnisse. Sogleich brach in den Städten im Jahre 1427 die *Empörung* der Bürgerschaft aus: in Hamburg ward der Rathsherr *Johann Kleetz*, in Wismar der Bürgermeister *Johann Bantschow* und der Rathsherr *Heinrich von Haren* hingerichtet. In Rostock floß zwar kein Blut; aber, wie in Wismar, ward hier wieder der Bürgerausschuß der Sechsziger eingesetzt und der alte Rath abgesetzt. Wismar verglich sich mit der Landesherrschaft in Grundlage der alten Ordnung im Jahre 1430 aus Furcht vor der Reichsacht. Rostock widerstand jedoch hartnäckiger und beugte sich weder vor den Kriegsrüstungen der Landesherrn, noch vor der kaiserlichen Acht; es schloß vielmehr, wie Stralsund, im Jahre 1430, abgesondert von den übrigen Hansestädten einseitig einen Frieden mit Dänemark und *sagte sich dadurch thatsächlich von dem Bunde der Hanse* los. Erst als Bann und Interdict schreckten, bot die Stadt die Hand zur Aussöhnung; jedoch erreichte bei dem Frieden im Jahre 1439 die Bürgerschaft ihren Zweck, indem der *Ausschuß der Sechsziger* und die Beschränkung des Rathes blieb. Nach solchen Vorgängen erstarb der Geist, und wenn auch der Handel fortblühete, so war es doch um die Macht geschehen.

Ansicht der Stadt Rostock von Carlshof

Wir sehen auf diesem Bilde die Stadt Rostock von der Warnow=Seite von einem neuern Gehöfte Carlshof, wie sie in ihrer längsten Ausdehnung von der Erweiterung des Flußbettes an sich längs des sanft ansteigenden Fluß-

DIE STADT ROSTOCK V. CARLSHOF

ufers, des "Strandes", von dem hohen Walle am Petri=Thore bis zum Cröpeliner=Thore erstreckt. Diese ganze Seite der Stadt mit den 7 "Strandthoren" in der Stadtmauer bildet mit ihren breiten Kais den Hafen, in welchem stets ein reges Schiffer= und Handelsgetümmel herrscht und auf dem auch der "Pfingstmarkt" gehalten wird. Diese Gegend ist auch immer der alte Schauplatz der Krieges= und Handelsunternehmungen der mächtigen Stadt gewesen. Wir blicken hier die Warnow hinab, rechts das rechte Flußufer mit der "Fähre", dem Landungsplatze für die an das jenseitige Ufer Übersetzenden; links sehen wir die Stadt mit ihren schönen Thürmen der vier Hauptkirchen.

Die Stadt Rostock vom Steintor

Auf diesem Bilde sehen wir die Stadt Rostock von der Mitte der Landseite, und zwar das Steinthor, welches in frühern Zeiten der besuchtesten Landstraße von Schwan her sich öffnete und auf dem nächsten Wege zum Markte führt; daher war die "Steinstraße" wohl in frühern Zeiten gepflastert und führt hievon den Namen. Das Steinthor war das Hauptthor; unmittelbar vor demselben liegt der Rosengarten mit den "sieben Linden", der Vergnügungsort der rostocker Bürger in alter Zeit, so wie die belebteste Vorstadt. Daher war aber auch die Stadt von dieser Seite der meisten Gefahr ausgesetzt und am stärksten befestigt. Das Thor hatte nach alter Weise, außer den Vorwerken, mehrere Thorgebäude hinter einander, welche die befestigte Bogenbrücke über den Stadtgraben schützten; zu beiden Seiten standen berghohe, ehrfurchtgebietende Wälle zwischen der Stadtmauer und dem tiefen Stadtgraben. Dies alles ist seit dem Jahre 1832–1836 abgetragen und geebnet und der Platz wird gegenwärtig bebaut. Die letzten Reste der alten starken Befestigung sind doch das *Steinthor* selbst und der *Zwinger* vor demselben. Der "*Zwinger*" ist ein sehr starker, trefflich gebaueter runder Befestigungsthurm, der früher den Eingang zum Steinthor beherrschte. Nach vielen heftigen Kämpfen mit den Landesherren benutzte die Stadt einige Jahre der Ruhe, für die Sicherheit derselben zu sorgen; im Jahre 1526 bauete sie das nicht mehr vorhandene äußere Thor und 1526–32 den Zwinger daneben. Während neuer Streitigkeiten ließen die Herzöge im Jahre 1566 eine bis an den Zwinger reichende Festung gegen die Stadt auf dem Rosengarten anlegen, welche nach Abschluß des Friedens im Jahre 1575 gänzlich abgetragen ward. Die Stadt aber suchte darauf diese Seite der Stadt möglichst stark zu machen; in demselben Jahre fing sie an, rechts vom Steinthore nach der Warnow hinab die Stadtmauer neu aufzuführen und den jetzt abgetragenen hohen Wall vor dieser Mauer, dem Rosengarten gegenüber, aufzuwerfen. In demselben Jahre 1575 ward auch das *Steinthor* mit der befestigten, gewölbten Brücke aufgeführt und im folgenden Jahre die Stadtmauer links vom Steinthore erbauet.

Der neue Markt in Rostock

Nachdem schon im Jahre 1262 die Alt= und Neustadt zu Einer Stadt vereinigt waren, ward im Jahre 1265 die Verwaltung derselben in das *Rathhaus auf dem Neuen Markt* verlegt, den wir im Bilde vor uns sehen. Das jetzige *Rathhaus* ist ein sehr altes Gebäude, welches im ursprünglichen Hauptbau aus mehrern neben einander stehenden Giebelhäusern besteht, welche ursprünglich durch einen großen gemeinschaftlichen Giebel im Spitzbogenstyl im Aeußern zu einem Ganzen verbunden sind. Wahrscheinlich ist es in der ersten Hälfte des 14. Jahrhunderts, der *Blüthenzeit der Hanse* erbaut, wie das ebenso gestaltete Rathhaus zu Stralsund, welches im Jahre 1316 von dem Lösegelde des von der Stadt in der Schlacht im Hainholze gefangenen Herzogs Erich v. Sachsen=Lauenburg erbauet ward. Jetzt ist von dieser

DIE STADT ROSTOCK V. STEINTHORE IM J. 1841

Fronte nur noch der Giebel mit den Spitzbogen und den zum Sprichworte gewordenen *sieben Thürmchen* sichtbar. Schon früh erhielt dieser alte Bau einen Vorbau, der im Jahre 1539, als sich die Landfahrer=Krämer=Compagnie in demselben versammelte, den Namen des *Neuen Hauses* führte, den er bis heute behalten hat. Nach einer Zeichnung aus dem 16. Jahrhundert war dieser Vorbau schon damals zwei Stockwerke hoch und im Styl der öffentlichen Bauten des 16. Jahrhunderts ausgeführt. Im Jahre 1728 erhielt dieser Vorbau die jetzige moderne Außenseite, welche allerdings dem Style des Ganzen nicht angemessen ist. Unten war schon in alten Zeiten eine offene Halle zu öffentlichen Gerichtssitzungen, die Laube (Löwing) genannt. Im Innern ist auch ein großer, zu Feierlichkeiten oft benutzter, bekannter Saal, welcher nach dem Abschlusse des vom Kaiser bestätigten Erbvertrages mit den Herzögen im Jahre 1575 den Namen *Kaisersaal* erhielt, weil der Rath hier das Bild des Kaisers Maximilian als Zeichen der kaiserlichen Huld aufhängte, in den neuesten Zeiten aber zum Andenken an den mit dem Großherzoge Friederich Franz I. am 14. März 1827 abgeschlossenen Erbvertrag den Namen *Fürstensaal* erhalten hat. Der gußeiserne *Springbrunnen* in der Mitte des geräumigen Marktplatzes ist im J. 1841 an die Stelle der ehemaligen Wasserkunst gesetzt.

Die Rostocker Stadtsoldaten

Wer kennt in Meklenburg nicht die rostocker Stadtsoldaten, charakteristische, kleinbürgerliche Erscheinungen, welche aber doch originell genug sind, um dem Witz und der Laune hinreichend Nahrung zu geben! – Seit den ältesten Zeiten besaß Rostock das Recht der eigenen Vertheidigung und Besatzung der Stadt, ein Recht, welches im Mittelalter zur Zeit der Hansemacht durch eigenes Ansehen sich von selbst gebildet hatte, aber die allgemeine Landesvertheidigung und die fürstliche Landeshoheit nicht ausschloß, da Rostock nie reichsfrei war. Die kriegerische Macht der Stadt war in alter Zeit bedeutend. Noch im J. 1573 verpflichtete sich die Stadt in dem Erbvertrage, den Fürsten in vorkommenden Feldzügen ein gerüstet Fähnlein Knechte von 400 Mann nebst 2 Kanonen zu stellen. Nach und nach, namentlich gegen das Ende des 17. Jahrhunderts seit der Errichtung stehender Truppen, deren Befehligung und Verwaltung in die alleinige Hand der Landesherren kam, hörte das eigene Militair der Städte fast ganz auf. Zur Aufrechthaltung der Ordnung hatte Rostock immer einige stehende Söldner gehalten. Zuletzt waren es 33 Mann Stadt=Milice, welche der Herzog Carl Leopold in den bekannten Zerwürfnissen mit der Stadt bald nach seinem Regierungsantritt am 6. März 1715 äuflöste.

Durch den zwischen dem Herzoge Christian Ludwig und der Stadt Rostock im J. 1748 endlich geschlossenen Vergleich verzichtete die Stadt auf das eigene Besatzungsrecht, behielt sich aber das Mitbesatzungsrecht dergestalt bevor, "*künftig funfzig Soldaten in der Stadt=Mondur zu halten.*" Dies sind die bis auf die neuesten Zeiten bekannten rostocker Stadtsoldaten, welche jedoch nur zur Ausübung der Polizei und nicht zur Vertheidigung der Stadt bestimmt waren, daher also des eigentlichen militairischen Geistes entbehrten. Sie gingen in die "Stadt=Mondur" gekleidet, nämlich in rothen Röcken mit hellblauem Futter und Aufschlag, hellblauen Unterkleidern und einem altmodischen dreieckigen Hut. Diese in der Mitte des vorigen Jahrhunderts zugelegte Uniform behielten sie in dem alten Schnitt bis auf die neuesten Zeiten. Durch die vielfachen polizeilichen Berührungen mit den streng städtisch gesinnten Einwohnern Rostocks wurden sie oft Gegenstand des Witzes; namentlich aber betrachteten die Studenten, welche nicht unter der Gerichtsbarkeit der Stadt stehen, die harmlosen Krieger als fortwährende Zielscheibe der Neckerei. Wahrscheinlich die Studenten hatten ihnen nach den Farben ihrer rothen und blauen Uniform den Beinamen "Krebse" beigelegt, mit welchem sie fast überall in Me-

DER NEUE MARKT ZU ROSTOCK

klenburg genannt wurden. Es werden viele lustige Schwänke erzählt, welche die Studenten an ihnen ausgeübt haben sollen, und jeder, der in Rostock studirt hat, wird den "Krebsen" die Rückerinnerung an manchen heitern Augenblick verdanken. Seit dem Jahre 1829 und fortschreitend mit der Ausbildung des Militairwesens hat man eine Verbesserung der Stadtsoldaten vorgenommen, ihnen auch eine ganz andere, moderne Uniform mit Tschackos gegeben und sie in *blaue* Röcke gekleidet; aber auch dies hat sie dem Witze nicht ganz entziehen können, indem derselbe sie mitunter "Hechte" nennt, wenn sich auch nicht leugnen läßt, daß der weniger heitere Ton der Studenten unserer Zeit und die ernstere Haltung der Stadtsoldaten selbst diesen mehr die ihnen gebührende Stellung angewiesen hat, welche jedoch dem fürstlichen Militair gegenüber grade nicht furchtgebietend genannt werden kann.

Rostock

Die glänzendste Zeit erlebte der Hansebund, der an 80 reiche Städte umschloß, seit dem berühmten Frieden mit dem Könige Waldemar von Dänemark vom J. 1370 das nächste Jahrhundert hindurch; wenn auch innere Unruhen und Wirren oft Gefahr brachten, so bildeten sich doch Handel und Verkehr auf eine Achtung gebietende Weise aus, obgleich auch nicht zu leugnen ist, daß durch die vielen Gewerbeordnungen und Innungen dem freien Geiste Fesseln angelegt wurden, welche in den folgenden Zeiten die Fortschritte hemmten und endlich, zumal bei dem Umschwunge der Weltverhältnisse, alle große Regung hemmten. In dieser Zeit entstanden in den Hansestädten auch alle die großen Bauten, welche noch heute unsere Bewunderung und Liebe erwecken, deren Anlage jedoch oft größer war, als die Kraft der Mittel zur Ausführung.

Rostock, die mächstigste Stadt der nordischen Hanse, mochte schon früh das Drückende der Bundesfesseln erkennen, als es sich im J. 1430 durch die That von der Hanse trennte. Dagegen pflegte die Stadt ungefähr seit dieser Zeit die *Wissenschaften* und Künste in ihren Mauern und erwarb sich dadurch neben der Macht Jahrhunderte hindurch begründeten Ruhm.

Der Hopfenmarkt zu Rostock im J. 1585

Zu den wichtigsten Erwerbs= und Handelsgegenständen der Städte des Mittelalters gehörte das *Bier*; namentlich trieb Rostock einen bedeutenden Handel mit diesem Getränke und das rostocker Bier war so berühmt und gesucht, daß zum Handel mit dem *Hopfen*, wie in manchen andern Städten, ein eigener Marktplatz, der *Hopfenmarkt*, eingerichtet werden mußte. Dieser, jetzt *Blüchersplatz* genannt, lag seit uralter Zeit in der Mitte der ruhigeren Neustadt, während der Mittelmarkt mehr der Mittelpunkt des Großhandels und des städtischen Verkehrs und die Altstadt mit dem Alten Markte mehr der Zusammenfluß der städtischen und ländlichen Gewerbe blieb.

Die Neustadt Rostock, mehr entfernt von dem lauten Treiben des Handels, regelmäßiger und weiter gebauet und weniger bevölkert, war schon seit alter Zeit zugleich mehr der Schauplatz des geistigen Lebens und zugleich der Mittelpunkt des wissenschaftlichen Wirkens in Meklenburg, welches sich mehr oder weniger oft an die Pfarrkirche dieses Stadttheils, die St. *Jacobi=Kirche*, lehnte, welche schon in der ersten Hälfte des 13. Jahrhunderts gegründet, späterhin freilich umgebauet ward. Im J. 1270 stiftete die Königin Margaretha von Dänemark auf ihrer Rückreise von Rom, wohin sie zur Lösung vom Banne gereiset gewesen war, zu Rostock, wohin sie vom Sturme wiederholt zurückgeworfen ward, das (einzige in Meklenburg in einer Stadt liegende) *Cistercienser=Nonnenkloster zum Heil. Kreuz*, da sie vom Papste ein Stück

Rostocker Stadtsoldaten
seit 1829 bis 1829

vom Kreuze Christi zur Aussöhnung geschenkt erhalten hatte; das Kloster ward nicht weit von der Jacobi=Kirche am Hopfenmarkte erbauet und ist bei der Reformation in seinem äußern Zustande geblieben und seitdem bis heute eine Versorgungsanstalt, wie die übrigen Landesklöster Meklenburgs. Auch das nahe gelegene Cistercienser=Kloster Doberan erbauete sich schon im 13. Jahrh. auf der Neustadt, an der Stelle der jetzigen Reitbahn hinter dem Logenhause in der Altbüttelstraße, einen eigenen Hof mit einer Kapelle, genannt der *Doberaner Hof*. Im J. 1367 verkaufte das Kloster zum Heil. Kreuz an den *schweriner Bischof Friederich von Bülow* eine Hausstätte, welche zwischen dem Kloster und dem Hofe des Bischofs lag; also schon damals hatte der Bischof von Schwerin am Hopfenmarkte neben dem Kreuz=Kloster einen *Hof*, welcher später an die Universität kam, den Namen des *Weißen Collegii* erhielt und noch im 16. Jahrh. die Wappen des Bischofs Friederich von *Bülow* trug, welcher also den Hof neu aufgebauet und vergrößert hatte.

Die Universitäten gehören zu den großartigen Stiftungen des Mittelalters, welche sich in vollem Glanze bis auf den heutigen Tag erhalten haben. Die *Universität* zu Rostock, die siebente in Deutschland, ward im J. 1419 durch die vereinten Bemühungen der Landesherren, des Bischofs und der Stadt *gestiftet* und sowohl gleich, als auch fortschreitend immer mehr mit Gütern reich ausgestattet. Sie erhielt schon bei der Stiftung zwei Gebäude: das Juristen=Collegium (die jetzige Anatomie) am Alten Markte und den Hof des Bischofs von Schwerin, später das *Weiße Collegium* genannt, am Hopfenmarkte neben dem Kloster zum Heil. Kreuz; das Weiße Collegium ist das Hauptgebäude und der Mittelpunkt der Universität von ihrer Stiftung an gewesen.

Nach dem Geiste des Mittelalters hatten auch die Universitäten damals eine mehr gildenmäßige Einrichtung, als in unsern Zeiten; es wohnten viele Studenten unter der Leitung eines Professors in eigenen Häusern zusammen, welche man *Bursen* (daher der Name *Bursche* für *Student*), *Regentien* oder *Collegien*, auch *Pädagogien* nannte. Solcher Bursen oder Regentien erwarb die Universität Rostock nach und nach mehrere, namentlich am *Hopfenmarkte*, so daß dieser am Ende des 15. Jahrh. zum großen Theile vorzüglich der Universität angehörte.

Das älteste und vorzüglichste Collegium war das *Weiße Collegium*, wohl von seinem Anstriche so genannt, neben dem Kloster zum Heil. Kreuz. Nachdem es im J. 1565 ausgebrannt und glänzender wieder hergestellt war, bewahrt es seit dem J. 1569 die damals gestiftete *Universitäts=Bibliothek*; trotz aller Beschränkungen, namentlich im vorigen Jahrhundert, hat sich die Bibliothek immer in diesem Gebäude gehalten und ist in den neuern Zeiten auf eine sehr achtungswerthe Höhe gebracht, wie die übrigen Sammlungen der Universität, so daß nach bedeutenden Erweiterungen das Gebäude neben der Bibliothek auch das *Universitäts=Museum* in sich schließt. An der andern Seite des Kreuz=Klosters, an der südlichen Seite des Hopfenmarktes, erwarb die Universität schon im 15. und 16. Jahrhundert 5 Bursen oder Collegien, welche nach alter Weise eigene Namen führten. Zunächst am Kreuz-Kloster, an der Stelle des jetzigen Ober=Appellations=Gerichts, stand die *Adlers=Burg* oder das Adler=Collegium, in welchem der berühmte Arnold Burenius wohnte; hierauf folgte ein Universitäts=Haus, genannt das *Neue Haus*. Neben diesem mitten zwischen je zwei Collegien stand ein kleineres Haus, ungefähr an der Stelle der jetzigen Hauptwache, das *Haus des ersten Theologen*, welches der Universität für den ersten Professor der Theologie im Anfange des 16. Jahrh. geschenkt war; in der zweiten Hälfte des 16. Jahrh. bewohnte es der hochgefeierte Professor *David Chyträus*, die Zierde der Universität Rostock für alle Zeiten. Auf dieses Haus folgten die Collegien: das *Einhorn* und der *Rothe Löwe*.

Mitten auf dem Hopfenmarkte hatte die Universität zum Hörsaale und zu Versammlungen ein eigenes, frei stehendes Gebäude, welches Lectorium oder Auditorium magnum genannt ward.

Durch unser Bild, welches nach einer alten, im rostokker Stadt=Archive aufbewahrten Zeichnung vom J. 1585

DER HOPFENMARKT ZU ROSTOCK IM J. 1585

entworfen ist, erhalten wir einen klaren Blick in die kräftige und schöne Bauweise des Mittelalters, von welcher Rostock noch so viele Muster aufzuweisen hat, mit denen sie früher aber ganz gefüllt war. Wir sehen vor uns den *Hopfenmarkt* oder vielmehr die *Universität* mit ihren besten Gebäuden. In der Mitte rechts steht frei das große Auditorium oder Lectorium, im Hintergrunde Kirche und Kloster zum Heil. Kreuz, rechts davon das Weiße Collegium mit einem kleinen Nebenhause, links vom Kloster anfangend die 5 Collegien: die Adlersburg, das Neue Haus, das Haus des ersten Theologen, das Einhorn und der Rothe Löwe, und darauf noch drei Privatgebäude nach der schwanschen Straße hin, wo jetzt das großherzogliche Palais steht.

Eine große Stütze erhielt die Universität im J. 1462 durch die *Brüder vom gemeinsamen Leben*, welche in der Nähe des Hopfenmarktes, in der Altbüttelstraße, welche sie fast ganz erwarb, dem Doberaner Hofe gegenüber, ein Bruderhaus im "grünen Hofe zu St. Michael" stifteten. Diese Brüderschaft, aus den Niederlanden stammend, wirkte durch eigener Hände Arbeit, vorzüglich durch Werke thätiger Christenliebe, Volksunterricht und *Buchdruckerei*; durch ihre Buchdruckerei, welche seit dem J. 1476 blühete und eine der ältesten in Deutschland war, beförderte die Brüderschaft nicht wenig den Flor und die Bedürfnisse der Universität. Nachdem die Brüderschaft durch die Reformation aufgehoben war, ward ihr Haus, genannt das "Fraterkloster", das spätere Stadtzeughaus, jetzige Wollmagazin, im J. 1560 ein Collegium oder eine Burse der Universität, wo zuletzt der ehrwürdige letzte Rector des Bruderhauses Magister *Heinrich Arsenius* lebte.

Gegen das Ende des 15. Jahrhunderts erlebte Rostock noch eine Begebenheit im Geiste des Mittelalters, welche die Stadt noch einmal in ihren Grundfesten erschütterte. Die Herzoge gedachten nämlich im J. 1483 an der *Jacobi=Kirche ein Domstift* zu gründen, um die Professoren der Universität mit Würden und Einkünften verbessern und sie dadurch im Lande erhalten zu können. Die Bürgerschaft aber, welche den zu großen Einfluß der Geistlichkeit und der Fürsten, so wie die Schwächung ihrer Privilegien durch jede ihrer Stadtverfassung fremde Einrichtung fürchtete, erhob sich gegen die Stiftung mit allem Nachdruck und gewaltsamer Empörung, in welcher viele verbrecherische Gewaltthätigkeiten vorkamen, selbst die fürstlichen Personen nicht unangetastet blieben, ja der Domprobst und fürstliche Canzler Thomas Rode beim Halben Mond, einem Universitäts=Collegium, (der jetzigen Justiz=Canzlei), im J. 1487 erschlagen ward. Zwar ward das *Domstift zu St. Jacobi* endlich im J. 1487 eingeweiht und blieb in der Folge bis zur Reformation von Bestand; aber die Empörung brach, durch andere Streitigkeiten und Umstände befördert, in offenbaren Krieg aus, welcher erst im J. 1492 beendigt ward.

Der Blücherplatz

Die alte, ehrwürdige Gestalt des Hopfenmarktes hat sich seit 100 Jahren, wenn auch grade nicht zu ihrem Nachtheile, so sehr verändert, daß außer dem Kloster zum Heil. Kreuz und dem Weißen Collegium keine Spur von der alten Einrichtung übrig geblieben ist. Dennoch ist der Platz immer der Mittelpunkt eines eigenthümlichen Lebens gewesen und bewahrt so verschiedenartige und vielfache geschichtliche Erinnerungen, wie selten ein anderer Platz in ähnlichen Verhältnissen. Im J. 1702 verlegte der Herzog Friederich Wilhelm auf Zurathen einiger Räthe die Residenz von Schwerin nach Rostock, jedoch nur auf kurze Zeit, indem der Herzog schon im J. 1705 zurückkehrte. Der Herzog kaufte zum *Palais* das Haus des Professors Schöpfer am Hopfenmarkt und es ward dazu das etwas davon entfernt liegende, ehemals zur Universität gehörige Haus mit dem damals dazu liegenden großen Garten (später Palais=Garten) und das alte Theologen=Haus erworben. Der Herzog Carl Leopold kaufte zu dem Schöpferschen Hause das benachbarte Haus des

DER BLÜCHERPLATZ ZU ROSTOCK IM J. 1844

Brauers Geismer, ließ es abbrechen und durch einen Neubau das Palais vergrößern. Unter dem Herzoge Christian Ludwig II., der das Palais ausbauete, wurden die letzten ehemaligen Universitätshäuser: Der Rothe Löwe, das Einhorn und die Adlers=Burg angekauft, um das Palais zu vergrößern, was jedoch nicht zur Ausführung kam. Der Rothe Löwe, neben dem Palais, war am Ende des vorigen Jahrhunderts "altes Prinzenhaus" und zum Abbruch baufällig. An der Stelle des Einhorns, welches 1820 abgebrochen ward, und des ehemaligen Theologen=Hauses, welches einst Chyträus bewohnte, ward 1822–1825 die *neue Hauptwache*, an der Stelle des Neuen Hauses und der Adlers=Burg in den letzten Jahren das Gebäude des im J. 1840 von Parchim nach Rostock verlegten *Ober=Appellations=Gerichtes* aufgeführt und während dieses Baues erst die Adlers=Burg abgebrochen.

Im Jahre 1819 ward dem Helden Blücher, dessen Geburtsort Rostock war, von den Landständen Meklenburgs eine von dem Bildhauer Schadow zu Berlin geformte, am 26. Aug. 1819 enthüllte eherne Bildsäule zu Rostock in der Mitte des Hopfenmarktes errichtet. Hiezu ward das alte Auditorium, welches schon längst keine Zierde der Stadt mehr war und während der französischen Kriege zum Gefangenenhause gedient hatte, im J. 1819 abgebrochen, der ganze *Hopfenmarkt* geebnet, mit Gebüsch bepflanzt, mit einem eisernen Gitter umgeben und mit dem Namen *Blüchersplatz* belegt.

In den letzten Jahren ward auch das *Weiße Collegium* oder die *Universitäts=Bibliothek*, nachdem das Gebäude schon einige Jahre zuvor vergrößert war, durch neue, zum *Museum* bestimmte Bauten noch mehr erweitert, nachdem sich die Sammlungen der Universität in den letzten Zeiten auf eine erfreuliche Weise vergrößert hatten.

Auf unserm Bilde sehen wir den jetzt so genannten *Blüchersplatz*, den ehemaligen *Hopfenmarkt*, der seit einem Jahrhundert völlig umgewandelt und erneuert, dadurch aber eine Hauptzierde der Stadt Rostock geworden ist. Im Mittelpunkte des Marktes, rechts auf dem Bilde, steht *Blüchers Bildsäule*; im Hintergrunde sehen wir links das neue *Museum* der Universität und darüber hervorragend die *Kirche zum Heil. Kreuz*, rechts davon das Weiße Collegium oder die Universitäts=Bibliothek. Links stehen zunächst im Vorgrunde die beiden Gebäude des fürstlichen Palais mit dem Palaisgarten; auf diesen folgt die neue *Hauptwache* und zunächst am Kreuzkloster das neue Gebäude des *Ober=Appellations=Gerichts*.

Die St. Marien-Kirche

Die St. Marien=Kirche zu Rostock gehört zu den sehenswerthesten, erhabensten Baudenkmälern des Vaterlandes. Schon in den ersten Zeiten der Stadt ward die Marien=Pfarre und Kirche gegründet. Von diesem Bau ist lange nichts mehr vorhanden; schon in den nächsten Zeiten nach dem J. 1309 soll der Bau bedeutend umgestaltet sein. Am Ende des 14. Jahrhunderts, zur Zeit der größten Blüthe der Hanse, in welcher die meisten großen Kirchenbauten der Seestädte entstanden, ward die Kirche neu gebauet. Schon im J. 1394 wird des neuen Baues gedacht, von welchem noch im J. 1404 die Rede ist; während dieses Zeitraums erhielt die Kirche mehrere Ablaßbriefe für die Beförderung des Baues; eine Glocke ist vom J. 1409. Während dieser Zeit muß also das Gebäude aufgeführt sein, wie es auch der Baustyl beweiset. Die völlige Vollendung soll erst im J. 1443 geschehen sein. Die Kirche ist ein würdiges, großes Denkmal einer großen Zeit, bewundernswerth in der mächtigen Höhe und Kühnheit ihrer Pfeiler und Gewölbe und in der vollendeten Tüchtigkeit des Materials und der Arbeit, aber auch zugleich, wie sehr viele Kirchen aus dieser Zeit, ein redender Beweis von dem baldigen Ermatten einer zu großen Anstrengung, indem auch diese Kirche nicht vollendet ist, da das Schiff offenbar viel zu kurz ist und in keinem Verhältnisse zu dem Chore steht. Daher befriedigt der

DIE MARIEN-KIRCHE IN ROSTOCK

ganze Bau nicht jeden, wenn auch der Chor jeden zum Staunen zwingt. Viel Merkwürdiges mag die Kirche besessen haben; eine im J. 1725 vollendete sogenannte Reparirung im allerschlechtesten Geschmack entstellte den herrlichen Bau nicht wenig. Eine im J. 1843 vollendete Restaurirung, bei welcher fast die ganze Kirche von allem Störenden geräumt ward, hat zwar die volle Reinheit des Baues wiederhergestellt, aber auch die letzten Spuren geschichtlicher Erinnerung verwischt.

Warnemünde

Am Ausflusse der Warnow in die Ostsee, am linken Ufer des Flusses, unmittelbar am Meere, liegt auf flachem, baumlosen Meeresstrande der von Lootsen, Matrosen und Fischern bewohnte Flecken Warnemünde, zwei Meilen unterhalb Rostock, der Hafen dieser ansehnlichen Handelsstadt, deren belastete Schiffe vor dem Eingange in den Fluß jedoch erleichtert werden müssen. In zwei langgestreckten Reihen folgen über 200 eigenthümlich und gleich gebauete Giebelhäuser der Windung des Flusses, an dessen Ufer die 1200 Einwohner ein höchst reges und bewegliches Leben entfalten.

Warnemünde ist ein sehr alter Ort. Wahrscheinlich ist er bei der Einführung des Christenthums von den Dänen auf ihren häufigen Eroberungszügen in die Wendenländer angelegt, da ihr nächstes Ziel immer die Warnow war. Daß Warnemünde eine *dänische Colonie* sei, scheint die *Mundart* der Bewohner zu beweisen, namentlich die Art, wie sie den Namen ihres Wohnortes aussprechen: eben so scharf und spitz, wie in ihrem Munde "Wern(e)minn(e)" klingt, lautet ihre ganze plattdeutsche Sprache, welche beständig ü in i, ö in e, z.B. kimmt statt kümmt (kommt), kepen statt köpen (kaufen), verwandelt, eine Eigenthümlichkeit, welche sonst nirgends in Meklenburg gehört wird. Gerade so, "Werneminne", nennen im 14. Jahrhundert den Ort öfter dänische und in Dänemark geschriebene Urkunden, namentlich solche, welche auch die Namen anderer Orte in dänischer Mundart schreiben, nie aber meklenburgische Urkunden. Diese Aussprache muß also in alten Zeiten eigenthümlich dänisch gewesen sein. Der Einfluß der Dänen war an der Ostseeküste im 12. Jahrhundert bedeutend; dänische Mönche hatten das Kloster Eldena bei Greifswald gestiftet und bedeutenden Antheil an der Stiftung des Klosters Dargun gehabt, wodurch es diesem gestattet ward, auch *dänische Colonisten* in das Land zu führen.

Warnemünde *gehört der Stadt Rostock*; die Stadt muß den Ort schon früh erworben haben, da er schon im Jahre 1252 im vollständigen Besitze derselben erscheint. Schon um das Jahr 1260 erbot sich ein gewisser Rotger Horn, das Fahrwasser im Hafen bis zum tiefen Meere bis zu 6 Ellen bei gewöhnlichem Wasserstande zu vertiefen und den nicht leicht zugänglichen Hafen sonst zu verbessern; der Rath der Stadt nahm das Anerbieten an und bot große Geldmittel.

Es liegt in der Lage des Ortes, daß Warnemünde im *Mittelalter*, zu der Zeit, als Rostock die bedeutendste Rolle in der wendischen Hanse spielte, Zeuge und Schauplatz vieler merkwürdiger Begebenheiten war; besonders aber ward es im Anfange des 14. Jahrhunderts von geschichtlicher Bedeutung. Als sich das Fürstenhaus von Rostock mit Nicolaus dem Kinde seinem Ende nahete, waren die Rathmänner der Stadt thöricht genug, sich im Jahr 1300 dem Könige von Dänemark in die Arme zu werfen. Der König Erich kam sogleich nach Rostock, um von dem Hoheitsrechte über Stadt und Land Besitz zu nehmen. Im Jahr 1301 bauete er an der Mündung der Warnow, am rechten Ufer des Flusses, ein festes Schloß *Daneborg* genannt, um durch die Beherrschung des Handels zugleich die mächtige Stadt zu beherrschen und überhaupt festen Fuß in Deutschland zu fassen. Die Rostocker bereueten bald, daß sie sich selbst in Fesseln geschlagen hatten, und die Hansestädte überhaupt äußerten in Trotz ihre Gesinnungen gegen die wachsende Macht der Fürsten. Diese aber beschlossen, die Verwe-

WARNEMÜNDE VOM BAUHOFE

genheit derselben zu züchtigen und fanden auch bald Gelegenheit, im Jahr 1311 ihren Muth an der übermüthigen Stadt Wismar zu kühlen. Zugleich ernannte der König Erich den Fürsten Heinrich den Löwen von Meklenburg zum Statthalter von Rostock und dieser nahm in Aussicht auf die Gewinnung des Landes die untergeordnete Würde gern an. Alsbald, noch im Jahr 1311, kehrte der Fürst Heinrich seine Macht gegen die Stadt Rostock, welche im Bunde mit Wismar seine Burg zu Wismar gebrochen hatte, und bauete zu Warnemünde zwei starke hölzerne Thürme zu beiden Seiten der Warnow und verband sie mit einer Brücke. Aber die Rostocker zogen mit einem schwimmenden Thurme "Ebenhoch" gegen Warnemünde, stürmten die fürstlichen Festungen und brannten sie in den Grund. Durch die eigene Kraft angespornt, brachen sie im Jahr 1312 in rascher, kühner Entschlossenheit den Petri=Thurm und die *Kirche zu Warnemünde* ab und baueten davon zu Warnemünde einen großen, starken, mit einem schiffbaren Graben und mit Wällen umgebenen Thurm zum Schutze der Warnow. Am St. Johannis=Tage 1312 zogen die nordischen Fürsten alle vor diese Burg; aber ihr ritterliches Stürmen scheiterte 11 Wochen lang an dem Heldenmuthe der bürgerlichen Besatzung, bis endlich Noth die Mannschaft zur Uebergabe zwang. Da baueten die Fürsten zu Warnemünde eine gemauerte *Feste* unter dem alten Namen *Daneborg*, mit 5 hohen Thürmen, so stark, daß in allen Landen keine ähnliche zu finden war, und die Herrscher von Dänemark, Brandenburg und Meklenburg setzten jeder einen Vogt darauf. Der gährende Zorn der Bürgerschaft hielt die Uebergabe für Verrath und es begannen in der Stadt Empörung und Bürgerkrieg zu wüthen, während die Fürsten belagernd vor den Mauern standen. Am 15. Dec. 1312 ward zwischen den Fürsten und der Stadt ein Friede geschlossen, in welchem diese auch versprach, in Warnemünde wieder eine gute *hölzerne Kirche* zu bauen. Doch es gährte im Innern und nach außen in der Stadt und erst nach manchen heftigen Stürmen und Kriegen ward am 19. Jan. 1314 mit Dänemark und Meklenburg Friede geschlossen. Da erlosch am 25. Nov. 1314 mit dem Leben Nicolaus des Kindes das Fürstenhaus Rostock und das Land fiel an den König von Dänemark. In demselben Jahre war auch des Fürsten Heinrich des Löwen Gemahlin Beatrix von Brandenburg gestorben und damit war das Band mit den scheel sehenden Markgrafen von Brandenburg gelöset, welche ebenfalls nach dem Besitze der Ostseeländer trachteten. Im Jahr 1315 kaufte der König von Dänemark die Hälfte des *Antheils an dem Schlosse zu Warnemünde* von dem Markgrafen von Brandenburg; die dänische Hälfte war an den mächtigen Marschall *Niels Olufson* verpfändet, der sie jedoch nach der Niederlegung seiner Würde eigenmächtig und gewaltsam behauptete. Im Jahr 1316 brachte Heinrich der Löwe den Brandenburgern bei Schulzendorf eine völlige Niederlage bei und erhielt durch den Frieden von Templin am 25. Nov. 1317 das Land Stargard versichert. Im Jahr 1317 erhielt Heinrich der Löwe von Meklenburg vom Könige Erich die Herrschaft *Rostock* zum erblichen Lehn, mit Ausnahme des verpfändeten Schlosses *Danskeborg* zu *Warnemünde.* Nach dem Tode Erichs am 9. Oct. 1319 und dem Sturze des Marschalls Niels Olufson nöthigte der Fürst Heinrich jedoch die dänische Besatzung zur Rückkehr nach Dänemark und kam also, wenn auch nicht unangefochten, in den alleinigen Besitz der Feste, welche er am 13. Nov. 1322 *an die Stadt Rostock verkaufte*. Im folgenden Jahre brachen die Rostokker die Burg ab, ließen jedoch einen Thurm zum Leuchtthurm stehen, der im Jahre 1347 in den Urkunden geannt wird. Am 11. März 1323 bestätigte der Fürst Heinrich der Stadt Rostock den Besitz ihrer Privilegien und namentlich aller Eigenthumsrechte über Warnemünde.

Diese Begebenheiten sind bis auf die neuern Zeiten ohne Zweifel die merkwürdigsten in der Geschichte von Warnemünde. Es fehlt jedoch der Folgezeit nicht an denkwürdigen Ereignissen, und Warnemünde nahm stets mehr oder weniger Theil an den Schicksalen Rostocks.

Die neuesten Zeiten haben aber mehr Einfluß auf den Zustand des Fleckens und seiner Bewohner gehabt, als je

Warnemünder und Warnemünderin

eine Begebenheit früherer Zeit: Warnemünde ist nämlich ein bedeutendes *Seebad* geworden. Das Seebad Doberan fand bald überall Nachahmung, und schon im Anfange dieses Jahrhunderts gingen Einzelne nach Warnemünde, um dort im Meere zu baden. Jedoch dauerte es lange, bis sich das Badeleben vollständig ausbildete. Die Zahl der Badegäste mehrte sich aber allmählig; und in den neuesten Zeiten ward der Besuch des Seebades Warnemünde so bedeutend, daß für den ganzen Sommer fast alle Häuser, gegen 250 an der Zahl, mit Gästen gefüllt sind: die Zahl der Badegäste betrug in den letzten Jahren im Durchschnitt 1400 und die Zahl der Besuchenden war so groß, daß täglich Dampfschifffahrten von Rostock eingerichtet werden konnten.

Auf unserem Bilde sehen wir den Mittelpunct des Ortes: die Vogtei, den Sitz des Gerichts und der Verwaltung, den Hauptsammelplatz der Badegäste, ein neueres Gasthaus, die Kirche und einige Privatwohnungen, vielleicht die Stelle, wo die alte Daneborg lag.

Warnemünder und Warnemünderin

Die sichere und nachhaltige Hauptquelle des Erwerbes für die Bewohner von Warnemünde ist das Meer. Die meisten Männer sind Seefahrer, viele sind Fischer; in gereiftern Jahren dienen sie im Hafen als Lootsen. Die Weiber sind äußerst betriebsame, rührige Gehülfinnen, ja Stellvertreterinnen der Männer auf dem Meere und dem Flusse, helfen fischen und Sand holen, besorgen den Verkauf des Gewinnes in Warnemünde und Rostock und den Verkehr des Fleckens mit der Stadt; beständig ist die Warnow mit leichten Böten bedeckt, welche die flinken Warnemünderinnen sicher und gewandt durch die Fluthen lenken. Die zahllosen Bedürfnisse der Badegäste haben ihre Thätigkeit noch erhöhet. Dies alles, neben dem Volkscharakter und der eigenen Sprache, giebt dem Völkchen, das auch bei dem gesteigerten Badeleben den alten Sitten treu geblieben ist, einen eigenthümlichen wohlthuenden Anstrich. Wir sehen auf unserem Bilde eine Warnemünderin, wie deren täglich viele in den Straßen Rostocks umhergehen, um Seefische zu verkaufen, und einen warnemünder Matrosen. Die Tracht der jüngern Männer hat sich bereits der allgemeinen Matrosentracht angeschlossen. Die Tracht der ältern Lootsen und Fischer hat jedoch noch den Charakter der Strandbewohner an den lebhaftern Küsten des nördlichen Europas.

Bauer und Bäuerin aus Biestow

So sehr auch in Meklenburg die von dem Landvolke sogenannte bunte Tracht, das heißt die nach der französischen Mode sich wandelnde, allgemeine neuere Kleidung, herrschend geworden ist und bei dem enger gewordenen Verkehr der Landbewohner mit den Städtern in neuern Zeiten immer mehr um sich greift, so giebt es doch mehrere Gegenden, in denen die Bewohner der Bauerdörfer noch strenge an der uralten Volkstracht halten. Dies ist besonders in der Nähe der alten Seestädte und der früheren Bisthümer und Klöster der Fall. Auch in der Gegend von Doberan und Rostock herrscht in den Dörfern eine Volkstracht, welche im Gegensatze der bunten die *schwarze Tracht* genannt wird; vorzüglich ist sie an dem linken Ufer der Warnow zwischen Schwaan, Rostock und Doberan, namentlich in den Kirchspielen Biestow und Buchholz und in den Dörfern Sievershagen, Bargeshagen, Wilsen, Stäbelow und Grenz gebräuchlich und theilt sich mit größern oder geringern Abweichungen den nahe liegenden Dorfschaften mit, von wo sie sich nach und nach in die bunte Tracht verliert. Der Menschenschlag, der diese Volkstracht trägt, ist von hohem, starkem Wuchs, kräftig, derbe und gesund, verständig und arbeitsam, der plattdeutschen Sprache und alten, auch abergläubischen Sitten ergeben, im Besitze eines reichen Schatzes von eigenthümlichen, treffenden Sprichwörtern und manchen Volksmährchen und Erzählungen; häufig sind Augen und Haar dunkel.

Die *Männer* tragen kurze, sehr weite Beinkleider, deren Gürtel mit zwei großen Knöpfen zugeknöpft ist; lederne Riemen schnüren sie unter dem Kniee zu. Stiefeln und weiße Strümpfe vollenden die Fußbekleidung. Die vollständige, schwarze Weste (krûpin: Kriechein) ist von einem atlasartig gewebten Zeuge mit leinenem Aufzuge und wollenem Einschlage (bômsid genannt); sie wird an der linken Seite zugeheftet, hat nur über der Brust eine Oeffnung, welche mit großen metallenen Knöpfen zugeknöpft wird, und gleicht in der untern Hälfte einem breiten Gürtel, welcher vorne mit schwarzen Knöpfen zum Schein besetzt ist. Ueber die Weste kommt eine schwarze Jacke (swubbjacke), sehr weit, mit langem, etwas faltigem Schooße, stets vorne geöffnet, an einigen Orten aber auch bei den jüngern Leuten schon eine kurze dunkelgrüne Jacke. Um den Hals wird ein dickes, buntes, baumwollenes Tuch geschürzt. Das Haar ist gescheitelt und rund abgeschnitten. Den Kopf bedeckt ein runder Hut, den bei Verheiratheten eine schwarze, bei Unverheiratheten eine kreideweiße Schnur umschlingt. Zum Putze wird statt der Weste eine halbwollene (bômsidene) schwarz=weiß=gestreifte, in den altsächsischen auf "Hagen" endigenden Dörfern an der untern Warnow eine rothgestreifte Jacke gewählt und statt der Jacke ein langer Rock von schwarzem Tuche, hinten vom Schooße an mit vielen Falten. Auf Reisen ward früher, jetzt selten, ein langer schwarzer Mantelkragen (wams, früher hoiken genannt) über der Jacke getragen.

Die *Weiber* tragen ein enges schwarzes Mieder oder Leibchen (bindleib), welches nur unten zugeschnürt werden kann. Auf einem dicken Wulste, um einen nicht beliebten schlanken Wuchs zu verbergen, hängt über den Hüften etwa ein halbes Dutzend kurzer Röcke. Alltäglich ist der oberste Rock ein rother und die Schürze weißleinen oder blaugefärbt, sonntäglich ist der oberste Rock ein schwarzer, dicht gefalteter, mit bunten Säumen besetzter und die Schürze klar weiß. Die Strümpfe sind stets roth. Die Schuhe mit hohen Absätzen haben gewöhnlich große Schnallen; an Feiertagen sind sie aber zugeschnürt und über der Oeffnung schwebt ein großes Stück bunt ausgeschlagenes Leder. Die schwarze Jacke (jôpe) mit breitem Schooße bis auf die Hüften steht immer offen. Das Mieder schließt vor der Brust oft ein sehr bunter und blanker Latz (böschen: Brüstchen) bis zum Kinne. Um den Hals werden mehrere bunte, seidene Tücher geschlagen, deren Enden unter die Jacke hinlaufen und zum Theil hinten zusammengeknöpft werden. Das aufgebundene Haar bedeckt eine kleine schwarze Mütze, welche hinten spitz und hoch ist, mit einem anliegenden, kleinen, weißen Striche; von der Spitze der Mütze hängt eine lange Schleife von breitem, schwarzem Bande (start: Schweif) über den Rücken hinab. Der von ihnen selbst verfertigte Strohhut ist platt und schmalrandig und wird mit einem breiten schwarzen Bande, mit einer Schleife unter dem Kinne, befestigt. Beim Abendmahl wird ein weißes Tuch umgebunden und die Mädchen tragen dann eine weiße, dichtanliegende Mütze. Bei Beerdigungen wird um den Hut ein hinten herabflatterndes weißes Tuch gebunden. Zum Putze tragen alle schwarze Handschuhe, gewöhnlich ohne Fingerlinge, mit bunt ausgenäheter Klappe, und einen kleinen, schwarzen Muff.

Die Bauerhäuser haben noch die altwendische Einrichtung: es sind Giebelhäuser, von Holz, Stroh und Lehm gebauet (geklêmt), mit Stroh gedeckt und ohne Schornsteine. In der Mitte des vordern Raumes ist eine große Hausdiele, auf welcher auch gedroschen wird, rechts und links sind Viehställe und Kammern. Im hintern Hausraume ist eine kleine Diele, die Wohnstube (dönsk) mit Kammern und die Küche mit Kammern. An den Giebeln sind zwei aus Holz geschnitzte Pferdeköpfe kreuzweise angenagelt. Vor dem Hause ist der von Scheure und Ställen begrenzte Dung= und Viehhof, hinter dem Hause der Garten. Das ganze Gehöft umschließt ein hoher, fester Zaun, der oft auf einer Feldsteinmauer steht.

Aus welcher Zeit dieser uralte Volksschlag mit seinen Eigenthümlichkeiten stammt, ist schwer zu entscheiden. Am wahrscheinlichsten ist es, daß er zum alten wendischen Volksstamme gehöre; die Cistercienserklöster schützten weise die ursprünglichen Bewohner in ihren Sitzen und und belehrten sie lieber, statt sie zu verdrängen; die vorherrschenden Farben, schwarz und roth, deuten auf einen wendischen Ursprung der Tracht; der Schnitt der männlichen Kleidung, denn die Weibertracht ist überall sehr verschieden, gleicht dem Schnitt der altenburger Bauertracht; und in den Gegenden Meklenburgs, in welchen ohne Zweifel früh sächsische Sitte herrschend ward, ist die Tracht mehr längern und engern Schnittes, und Farbenspiel und Lebensweise sind matter. Die Bevölkerung mit der schwarzen Tracht für noch älter zu halten, für den ursprünglichen Volksstamm, der schon von den Wenden geschont und geschützt sei, liegt außer aller Berechnung.

Auf dem vorliegenden Blatte sehen wir einen Bauer und eine Bäuerin aus Biestow in mittlerm Putze, in welchem sie gewöhnlich zur Stadt zu kommen pflegen.

Bauer und Bäuerin aus Biestow bei Rostock

Wismar

Da, wo die *Ostsee* in einem weiten, durch die Insel Pöl geschützten Busen am südlichsten ins Land hineindringt und den nördlichen Abfluß des schweriner Sees aufnimmt, liegt *Wismar*, von den die nördlichen Mauern bespülenden Wellen bis zum Markte zu einer Höhe von ungefähr 60 Fuß sich erhebend. Nicht viel höher als der Meeresspiegel liegen um seine Mauern die nächsten Umgebungen aus Wiesen= und Moorgrund; dann aber steigt die Gegend außer der Seebucht nach allen Seiten mit dem fruchtbarsten Boden an, so daß sie einen Hügelring mit reichen Kornfeldern bildet, den nur der aus dem schweriner See von Vicheln kommende Kanal unterbricht, welcher sich südöstlich dicht bei der Stadt zu einem kleinen See erweitert. Von jeder Seite dieser Höhen macht der Blick auf die Stadt mit ihrem *Hafen* und über die Stadt hinaus auf den Meeresbusen bis nach Pöl einen großartigen Eindruck und läßt nur bedauern, daß der Gegend fast aller Schmuck des Waldes und den hoch über die Häuser emporragenden, ehrwürdigen Kirchen die Spitzen der Thürme fehlen.

Die Bedeutung des uralten *Namens* der Stadt ist bis jetzt dunkel geblieben; bemerkenswerth jedoch ist dabei, daß die Stadt in allen älteren Schriften fast durchweg und von dem Landmann noch heute plattdeutsch "*de Wismar*" genannt wird.

In den *frühesten Zeiten*, schon am Ende des 12. Jahrhunderts und darauf in den Jahren 1209 und 1211, erscheint *Wismar nur als Hafen*. Eine Meile südlich von Wismar lag im tiefen Sumpfe die *Feste Meklenburg*, die uralte Residenz der Obotritenkönige; etwas weiter ins Land hinein lagen die Fürstenburgen Ilow und Dobin (bei Vicheln an der Döpe, am Nordende des schweriner Sees) und noch weiter südlich, aber durch den großen See vermittelt, Schwerin. Zu diesen Fürstenburgen, zunächst zu Meklenburg, bildete Wismar den Hafen, der bis heute den Ruhm eines der besten Häfen der Ostsee bewahrt. Es leidet keinen Zweifel, daß an diesem Hafen Wismar schon in den frühesten Zeiten ein Ort gleiches Namens, später *Alt- Wismar* genannt, östlich von der jetzigen Stadt, lag.

Der *Ursprung der Stadt* nach neuern Begriffen, wenigstens ihrem ungefähren jetzigen Umfange nach und in ihrer fast noch unverändert bestehenden Eintheilung in Straßen und Quartiere, muß man in den Anfang des 13. Jahrhunderts setzen. Seit der Einführung christlicher und deutscher Sitte in die Wendenländer ward das Streben vorherrschend, die Wohnörter aus den Sümpfen und Wäldern in freie Gegenden zu verlegen, da eine neue, feste Bauart den Schutz der Sümpfe zu ersetzen im Stande war; dieser Umstand, sowie die immer mehr sich entfaltende Blüthe Lübecks und seit dem Jahre 1218 die rasche Entwicklung Rostocks im Lande der Kissiner veranlaßten den Fürsten Johann von Meklenburg, in den ersten Jahren seiner Regierung, in der Nähe seiner alten Burgen auch eine Stadt unmittelbar an dem Meere anzubauen, um durch Beförderung und Belebung des Handels der nicht zu bezweifelnden Früchte desselben zu genießen, auch um seit der Vervollkommnung der Schifffahrt in den nöthigen, unmittelbaren Verkehr mit den nordischen Reichen zu treten. Hierdurch ward Wismar bald *Hauptort des Landes Meklenburg*, nachdem die vier Söhne des Fürsten Heinrich Borwin II. ungefähr um das Jahr 1230 das ganze Erbtheil ihrer Väter in vier Theile: Meklenburg, Werle, Rostock und Parchim (oder Richenberg), getheilt und dadurch auf längere Zeit das Fürstenhaus in vier Linien gesondert hatten. Des Fürsten Johann Schöpfung ist als eine ganz neue, nicht allmählig, sondern auf einmal aus einem großartigen Gedanken hervorgegangene zu betrachten, wie denn auch die Namen fast aller noch bestehenden Straßen und Thore, so wie der Kirchen, Klöster und anderer milden Stiftungen bereits in den Schriften des 13. Jahrhunderts vorkommen. Die älteste vorhandene Urkunde, in welcher Wismars als einer Stadt erwähnt wird, ist vom Jahre 1229. Vornehmlich aber scheint es um das Jahr 1238 gewesen zu sein, daß der Fürst, nach Befestigung deutscher Sitte, unterstützt durch seinen Schwager, den Grafen Gunzelin von Schwerin, den schon früher entworfenen Plan zu rascherer Ausführung brachte.

Die Landesfürsten mußten bald einsehen, wie sehr ihre Wohnungen auf den alten wendischen Burgwällen hinter den geräumigern, gesundern und freundlichern Städten zurückstanden. Daher verlegte der Fürst Johann I. im J. 1256 seinen Wohnsitz von Meklenburg nach Wismar, bauete sich hier ein festes Schloß und erhob dadurch die Stadt zur *Hauptresidenz* des Landes Meklenburg. Als solche war Wismar der Schauplatz der merkwürdigsten Begebenheiten der meklenburgischen Geschichte während des Mittelalters.

Im J. 1266 schenkte Heinrich I., der Pilger, des Fürsten Johann I. Sohn, der Stadt das *lübische Recht*; außerdem erhielt sie schon früh nach und nach manche werthvolle Freiheit von einheimischen und auswärtigen Fürsten. Durch alle diese Begünstigungen ward sie bald angesehen und kräftig genug, um sich gegen Ende des 13. Jahrhunderts dem sich thatkräftig entwickelnden Bunde der deutschen *Hanse* anschließen zu können. Durch ihre Freiheiten und Bündnisse und die daraus erfolgte Erweiterung des Handels gediehen die Stadt im vierzehnten Jahrhundert zu einer bedeutenden Höhe bürgerlicher Freiheit und Selbstständigkeit, Bevölkerung, Macht und Reichthum, von der sie jedoch durch innere Unruhen, Uebermuth und unzeitigen Widerstand gegen den Drang der Umstände etwa seit der Mitte des 15. Jahrhunderts allmählig wieder herabsank. Mit dem Erwerb der Grafschaft Schwerin im J. 1359 verlegten die meklenburgischen Fürsten, die schon früher auch Rostock und die stargardischen Städte lieb gewonnen hatten, ihre *Hauptresidenz nach Schwerin* und hielten nur *abwechselnd zu Wismar Hof*, da die stolzen Bürger die alte Gunst ihrer Herren immer mehr verscherzten. Doch erweiterte noch der Herzog Johann Albrecht I. im J. 1554 den Fürstenhof, um in der Stadt große Feste feiern zu können. Seit dem westphälischen Frieden, der im J. 1648 dem dreißigjährigen Kriege ein Ende machte und *Wismar an Schweden* gab, hörte Wismar auf, eine meklenburgische Stadt und mithin auch Residenz zu sein, war jedoch, bis zu seiner Wiedererwerbung durch Meklenburg im J. 1803, Sitz *des höchsten Gerichtshofes für sämmtliche schwedische Besitzungen* in Deutschland. Schon früher von den Bürgern mit Wällen und Gräben gegen feindliche Ueberfälle gesichert, ward die Stadt im 17. Jahrhundert von den Schweden zur regelmäßigen *Festung* erhoben; nach der Einnahme derselben im Jahre 1716 durch die gegen Schweden verbündeten nordischen Mächte wurden die Werke jedoch zerstört. Nur die alte Mauer steht noch; den meisten Grund der ehemaligen Festungswerke nehmen jetzt Gärten oder zu Spaziergängen eingerichtete Anlagen ein.

Unter der *schwedischen Regierung* sank Wismars bürgerlicher Wohlstand zur Unbedeutsamkeit hinab, und erst seitdem die Stadt dem Vaterlande wieder gewonnen ist, hat sie sich, zumal nach den letzten Kriegsjahren, eben so sehr innerlich wieder gehoben, als äußerlich verschönert. Ihre Bevölkerung, welche am Ende des vorigen Jahrhunderts kaum 6000 Seelen betrug, übersteigt jetzt, die eingepfarrten Vorwerke innerhalb des Weichbildes eingerechnet, die Zahl von 11000 Einwohnern.

Die Stadt Wismar

Auf unserm Bilde erblickt man die Stadt von einem südlich gelegenen Standpuncte, von dem auf dem ehemaligen Galgenberge mit freundlichen Anpflanzungen angelegten Gottesacker rechts an der von Schwerin kommenden Chaussee. In der Mitte ragt die Marienkirche mit ihrem auch nach dem Verlust der Spitze noch an 300 Fuß hohen Thurme empor. Links von dieser steht die Georgenkirche, rechts im Hintergrunde die Nicolaikirche und weiter rechts nach vorne an der Stadtmauer, nahe bei der Stelle, wo einst die älteste fürstliche Burg stand, die Kirche des ehemaligen Dominikaner-Mönchs= oder Schwarzen=Klosters, welche jetzt zum Waisenhause eingerichtet ist. Zwischen der Marien= und der Georgen=Kirche sehen wir den Fürstenhof, zwischen der Marienkirche und dem Schwarzen=Kloster neben diesem den Giebel des neuen Schauspielhauses vor der übrigen Häusermasse sich auszeichnen. Vor der Stadt liegt an der Chaussee das neue Schützenhaus. Links im Hintergrunde der Stadt breitet sich bis an den Horizont und die Insel Pöl der Meerbusen aus; die kleine Insel in diesem Wasserbecken ist der früher befestigt gewesene sogenannte Wallfisch.

Der Markt zu Wismar

So wie ehedem der Markt von Lübeck weit größer war, als jetzt, indem die Marienkirche laut alter Nachrichten noch mit in seinem Bereiche stand, durch spätere Umbauung er aber fast zu klein ward für die Größe der Stadt, so war auch der wismarsche Markt, wenn auch jetzt noch ein verhältnißmäßig *großer Platz*, früher doch noch größer, indem die Häuserreihe, welche ihn jetzt von der die *Hegde* genannten Straße trennt, noch nicht vorhanden war, auch wahrscheinlich die ganze Reihe Häuser nördlich hinter dem Rathhause erst späterer Anbau ist. So bildete der Markt ein großes Viereck von 170 Schritten an jeder Seite. Auf diesem Platze stand an der Stelle des jetzigen, in den Jahren 1819 und 1820 erbaueten, auf unserm Bilde rechts zu Hälfe sichtbaren, das frühere *Rathhaus*, welches nach dem Brande eines noch ältern im J. 1350 erbauet worden war. Nordwestlich davon stand die *Frohnveste oder Hegde*(*"Hechte"*), von welcher die oben genannte Straße, in deren Häuserreihe sie selbst oder ein Theil davon (das Kohlenmesserhaus) noch steht, den Namen erhielt. Vor der *Hegde*, nach dem Markte zu, stand der Kaak oder Pranger. Ziemlich früh ward wahrscheinlich auch die heutige Rathsapotheke auf dem Markte angelegt. Außer diesen Gebäuden und etwa den gleichfalls meist noch übrigen Fleischscharren, theils hinter der Hauptwache, theils östlich vom Rathhause, und einigen andern festen Krambuden war der Markt nicht weiter bebauet; jedoch trug man schon früh für das stattliche Ansehen des schönen Platzes Sorge, indem im J. 1513 der Rath der Stadt zu dem großen *Turnier* bei Gelegenheit der Vermählung des Herzogs Heinrich des Friedfertigen mit der Prinzessin Helena von der Pfalz ein Haus mit Fleisch= und Brotscharren, den Fürsten zu Ehren und dem Markte zur Zierde, abbrechen ließ und dabei versprach, den Markt nicht weiter zu bebauen, als er damals bebauet war, außer mit Stock und Kaak. Die Wasserkunst, auf unserm Bilde rechts, kam erst gegen Ende des sechszehnten Jahrhunderts hinzu und lag anfänglich weiter nach der Altwismarstraße hin. Von der ganzen Ansicht also, die man vor 4 bis 5 hundert Jahren auf dem wismarschen Markte hatte, dürfte nichts mehr übrig sein, als die über die Häuserreihe herüberragende Marienkirche und vielleicht ein auf der östlichen Seite gelegenes, auf unserm Bilde jedoch nicht sichtbares alterthümliches Haus. In diesem oder doch in dessen Nähe möchte man sich veranlaßt fühlen die Wohnung des *aufrührerischen Tuchmachers Claus Jesup* zu denken, auf dessen Anstiften im J. 1427 der Rathsherr *Heinrich von Haren* und der Burgermeister *Joh. Banzkow*, als des Einverständnisses mit den Feinden der Stadt, den Dänen, beschuldigt, auf dem Markte hingerichtet wurden. Als nämlich Banzkows Frau sich um des Mannes Befreiung an Jesup, ihren Gevatter, wandte, soll dieser zwar die ihm dafür gebotene Hand voll Goldgulden angenommen, beim Hinausgehen aus seiner Thür aber zu ihr gesagt

DIE STADT
WISMAR

haben: "Gevatterin, wenn eurem Manne der Hals so dick wäre, als der Thurm, so soll und muß er ihm doch auf dem Rumpf nicht bleiben!" Die Drohung ward wahr, und den Platz der Hinrichtung beurkundet noch eine runde, früher erhöhete, jetzt aber mit dem Steinpflaster gleich liegende steinerne Platte mitten auf dem Markte, auf unserer Ansicht rechts nicht weit von den beiden im Hintergrunde vor der jetzigen *Hauptwache* stehenden Linden. Nicht so traurig, wenn auch vielleicht nicht ganz unblutig, waren die von den Fürsten bei festlichen Gelegenheiten auf dem Markte veranstalteten *Turniere*, zu deren Ausführung das Pflaster aufgerissen und der Platz mit Sand bedeckt, auch mit Schaubühnen begrenzt war.

Der Fürstenhof zu Wismar

Die fürstliche Residenz zu Wismar hat wohl mehr merkwürdige Schicksale erlebt, als irgend ein anderer Wohnsitz in Meklenburg. Als der Fürst Johann I. Wismar zur Hauptstadt des Landes Meklenburg zu erheben die Absicht hatte, bauete er sich im J. 1256 eine feste Burg in der noch nicht ummauerten Stadt auf dem Weberkampe, in der Nähe des später erbaueten Schwarzen Klosters, rechts an dem Wege nach Rostock bei dem altwismarschen Mühlenwasser, auf unserer Stadtansicht rechts vor der Stadt. Während der Gefangenschaft Heinrichs des Pilgers in Aegypten, welche heftige Fehden um die Vormundschaft seiner Kinder veranlaßte, war die Bürgerschaft im J. 1276 schon so übermüthig, bei Aufführung der Stadtmauer, die fürstliche Burg von der Stadt auszuschließen. Der greise Pilger sah sich nach seiner Rückkehr aus der langen Gefangenschaft genöthigt, zur Herstellung des Friedens, mit der widerspenstigen Stadt im J. 1300 einen Vertrag einzugehen, nach welchem er die fürstliche Burg alsbald abbrechen und mit einem Hofe ohne Befestigung innerhalb der Stadt zufrieden sein wollte. Heinrich der Pilger († den 2. Januar 1302) vollendete noch die Erbauung dieses Hofes, zog sich jedoch in den letzten Jahren seines Lebens, sich nach Ruhe sehnend, von dem undankbaren Wismar auf seine Stammburg Meklenburg zurück, welche er wieder aufgebauet hatte. Sein Sohn, der heldenmüthige Heinrich der Löwe, vergaß jedoch die Härte nicht, mit welcher die Stadt seinen vielgeprüften Vater behandelt hatte; sein Unwille stieg zum Zorne, als die Wismaraner ihm im J. 1310 die Feier der Vermählung seiner Tochter Mathilde mit dem Herzoge Otto von Lüneburg in ihrer Stadt verweigerten. In dem in demselben Jahre darüber entstandenen Kriege brachen die Rostocker, als Bundesgenossen der Stadt Wismar, den fürstlichen Hof. Bald überwältigte der Löwe jedoch die Stadt und bauete schon im J. 1311 an der Stelle des zerstörten Hofes in der meklenburger Straße zwischen dem Kloster der Schwarzen Mönche und dem meklenburger Thore eine Feste mit starken, hohen Thürmen. Heinrich der Löwe starb in noch rüstigem Alter und hinterließ zwei unmündige Söhne, Albrecht und Johann, unter der Vormundschaft von 12 Rittern und der Rathmänner der Städte Wismar und Rostock, welche ihren Sitz zu Wismar hatte. Sogleich wußte der Rath der Stadt es dahin zu bringen, daß die Vormundschaft die fürstliche Burg im J. 1329 an die Stadt verkaufte, und den Fürsten fortan nur der Besitz eines Hofes bei der Georgenkirche auf der Stelle, wo noch jetzt der Fürstenhof steht, gestattet ward. Als Heinrichs Sohn, der große Albrecht, im J. 1336 nach erlangter Volljährigkeit die Regierung antrat, trut er bittern Unmuth im Herzen gegen die Stadt, welche seinen Vorfahren so übermüthig begegnet war; er ließ es sie jedoch nicht weiter entgelten, söhnte sich aber erst nach einigen Jahren mit ihr aus und hielt, seine Macht auf die Städte gründend, das Versprechen seiner Vorfahren und Vormünder, den fürstlichen Hof in der Stadt nicht befestigen, bis er der Stadt nach dem Erwerb der Grafschaft Schwerin im J. 1359 den Rücken wandte und die Residenz der Herzoge von Meklenburg nach der Stadt Schwerin verlegte. Seitdem blieb der Für-

DER MARKT ZU WISMAR

stenhof neben der Georgenkirche mehrere Jahrhunderte hindurch *Nebenresidenz* der Herzoge.

Zur Feier seiner Vermählung mit der Prinzessin Helena von der Pfalz (12 Junius 1513) ließ der Herzog *Heinrich der Friedfertige* an der Stelle des alten, mehrmals veränderten und erweiterten Hofes der Georgenkirche gegenüber, in gleicher Flucht mit der hohen Straße, im J. 1512 einen neuen Hof aufführen, der aber bald auch den Namen des alten erhielt, als im J. 1553–1554 der Herzog *Johann Albrecht* I., gleichfalls zu seiner Vermählung, nämlich mit der preußischen Prinzessin Anna Sophie (24. Februar 1555), da Schwerin für die große Zahl der Gäste zu klein war, im rechten Winkel mit dem Hofe Heinrichs in östlicher Flucht, mehr der Marienkirche zugewandt, den nun sogenannten *neuen Hof* oder das lange Haus aufführen ließ. Beide Gebäude stehen in ihren Ringmauern noch und werden noch heute zusammen der *Fürstenhof*, auch, nach ihrer spätern Bestimmung in der schwedischen Zeit, das *Tribunal*, genannt, da es seit dem Anfall Wismars an Schweden im J. 1648 der Sitz des höchsten Gerichts oder Tribunals für die schwedischen Besitzungen in Deutschland geworden war. Doch sind die oberen Stockwerke des ältern Theils an der Ecke im J. 1781 durch eine Feuersbrunst zerstört und durch einen neuen Bau ergänzt. Bis zum Herbste 1840 bildeten beide Gebäude mit einem dem neuen Hofe gegenüberliegenden Stallgebäude einen geräumigen Hof, dem sich östlich und südlich gegen die Bliden= und Pfaffenstraße ein Garten anschloß. Der Stall ist seitdem abgebrochen und die Stelle desselben und des Gartens zu einem beträchtlichen, zu Militairübungen bestimmten *Freiplatze* umgeschaffen.

Von diesem Platze aus ist die Ansicht des *Fürstenhofes* auf unserm Bilde genommen. Wir sehen den neuen Hof des Herzogs Johann Albrecht I. in seiner ganzen südlichen *Fronte* nach dem ehemaligen *Schloßhofe* hin vor uns, rechts das vorspringende Treppenhaus (und darüber hinaus die Marienkirche und die malerischen Kirchengebäude), links ein Stück von dem jetzt unansehnlichen, alten Hofe des Herzogs Heinrich. Der neue Hof des Herzogs Johann Albrecht I. ist es vorzüglich, der durch die Bauart die Aufmerksamkeit auf sich zieht. Er ist in sehr großartigen Verhältnissen erbaut und erinnert, wenn auch von niederdeutschen und niederländischen Künstlern angelegt und ausgeführt, lebhaft an den florentinischen Baustyl. Alle Gliederungen sind durch erhabene *Bildwerke aus gebranntem Thon* abgegrenzt, welche an künstlerischer Vollendung nichts zu wünschen übrig lassen und in großem Einklange zu dem Gebäude stehen, da sie von wackern Künstlern nur für dieses Gebäude berechnet sind. Der Fürstenhof gehört zu den *schönsten alten weltlichen Gebäuden in den Ostseeländern*. Aus den Fenstern des oberen Stockwerks genießt man eine herrliche Aussicht, gegen Norden hin über die See, gegen Süden hin über eine große Fläche der ländlichen Umgebungen.

Die Hauptkirchen

Bei der Gründung der Stadt Wismar im ersten Drittheil des 13ten Jahrhunderts ward auch der Grund zu den drei *Hauptkirchen* gelegt, deren Ansicht uns das gegenwärtige Heft vor Augen bringt, wenn sie auch allerdings ihre jetzige Gestalt erst im Laufe der folgenden Jahrhunderte erhalten haben, wie sich theils aus dem Style der verschiedenen Theile der Gebäude, theils aus urkundlichen Angaben nachweisen läßt. Wir machen mit der Betrachtung der

Marienkirche

als von jeher der ersten im Range, den Anfang. In welchem Jahre ihr Bau begonnen sei, ist freilich nicht mehr nachzuweisen. In einer Urkunde vom J. 1222, in welcher die zum Bisthume Ratzeburg gehörigen Kirchen genannt werden, wird ihrer, wie überhaupt der wismarschen Kir-

DER FÜRSTENHOF ZU
WISMAR

chen noch nicht erwähnt, obwohl diese bekanntermaßen später dazu gehörten. Allein in dem ältesten wismarschen Stadtbuche, das gegen die Mitte des 13. Jahrhunderts beginnt, namentlich in den eingehefteten Testamenten aus jener Zeit, ist von ihr, so wie von den übrigen Kirchen, häufig die Rede. Bei dieser Erwähnung ist aber freilich wohl nur an den Chor in seiner ersten Gestalt, an das Mittelschiff und die beiden Seitenschiffe als fertig zu denken. Die an letztere angebauten Capellen entstanden erst im 14. Jahrhundert, wie nicht nur eine Inschrift an einer derselben vom J. 1339, sondern auch ein Contract mit dem Maurermeister *Joh. Grote* ausdrücklich besagt. Laut dieses Contracts ward damals auch erst der Chor zu bauen angefangen, wahrscheinlich jedoch der ältere nur erneuert; denn der Chor war in der Regel das erste bei einer Kirche. Nicht weniger ist auch der Thurm, der gleichfalls im Contracte begriffen ist, damals in Angriff genommen und, wenn er auch gleich Anfangs mit in den Bauplan gezogen sein sollte, doch jetzt erst weiter gebaut und, wenn nicht erst im Anfange des 15. Jahrhunderts, doch gewiß erst am Ende des 14. vollendet, wie sich unter andern auch aus dem Charakter der an den höheren Theilen befindlichen Mauerverzierungen aus glasurten Steinen nachweisen läßt. Die Höhe desselben in seiner Vollendung gibt eine alte Nachricht auf 384 Fuß an, und da derselbe noch jetzt, nachdem er seine Spitze über den Schildgiebeln verloren hat, bis zu den Helmstangen noch 284 Fuß hoch, und nicht nur von der See in beträchtlicher Entfernung, sondern auch von manchen hoch gelegenen Landpunkten aus 3 bis 5 Meilen weit zu sehen ist, so muß er allerdings in früherer Zeit ein stattliches Ansehn gehabt haben, wie ihn ältere Abbildungen der Stadt noch zeigen. Berichtet wird, daß der Thurm bereits im J. 1493 und zum zweiten Male 1495 vom Blitz getroffen wurde, ohne daß jedoch der Schade bedeutend gewesen sei. Im J. 1539 dagegen brannte die Spitze ganz ab und ist wahrscheinlich seitdem nicht wieder erneuert, sondern dem Thurme der stumpfe Schluß, den er noch jetzt hat, schon damals gegeben worden. Einen andern Schaden hat der Thurm von seiner eigenen Schwere genommen, denn er ist gegen zwei Fuß in den Grund gesunken, wie sich an seiner jetzigen Verbindung mit dem Kirchenschiffe und den Abseiten nachweisen und aus der Last, welche die unten 17 Fuß dicken Mauern haben müssen, leicht erklären läßt.

Das Hauptschiff der Kirche war ursprünglich, wenn überhaupt gewölbt, doch wohl bedeutend niedriger als jetzt, wo das Gewölbe, in der Nähe der Orgel, 114 Fuß über dem Fußboden erhöht ist, und erhob sich, wie noch jetzt das Gewölbe der am Ende des 13ten Jahrhunderts erbauten Kirche des schwarzen Klosters, nur wenig über die Seitenschiffe. Das jetzige Oberschiff, gerade noch einmal so hoch als die Seitenschiffe, ward, wie aus manchen Spuren wahrscheinlich wird, auch erst im 14. Jahrhundert erbauet und zugewölbt. In dieselbe Zeit, ja wahrscheinlich noch etwas später fällt auch die Erbauung der beiden das Querschiff bildenden Erweiterungen, so wie der an den nördlichen Flügel desselben östlich sich anlehnenden Sacristei und der darüber sich erhebenden Kapelle mit ihrem durch künstliche Ziegelarbeit reich verzierten Giebel. Es lassen sich auch bei diesen Theilen die Spuren deutlich nachweisen, wo und wie sie mit den älteren verbunden sind. Der im J. 1339 angefangene Bau soll zwanzig Jahre gedauert haben, wiewohl bereits 1353 der damals schon fertige Chor geweihet ward. Der Zeitpunkt der Vollendung einer größeren Kirche ist überhaupt, eben wegen der öfter vorgenommenen Erweiterungen, schwierig zu bestimmen; die Einweihungen der Bischöfe fanden in Veranlassung solcher neu hinzu gebauten Theile wiederholt statt und die daher verschiedenen Nachrichten darüber führen leicht zu widersprechenden Angaben.

Demnach läßt sich denn so viel als gewiß annehmen, daß die Marienkirche, im 13. Jahrundert begonnen, im 14. die heutige Ausdehnung erhielt, in der Ausführung einzelner Theile aber, z.B. des Thurmes, erst im Anfange des 15. vollendet ward.

Was nun die Verhältnisse der einzelnen Räume der Kirche anlangt, so beträgt ihre Länge von der Thür im Thur-

DIE MARIEN KIRCHE ZU WISMAR

me an bis zur Nische hinter dem Altar gerade 300 Fuß hiesiges Maaß; die Höhe des Gewölbes, durch welches das Oberschiff über dem Mittelschiff geschlossen ist, ist bereits oben zu 114 Fuß angegeben; gerade die Hälfte derselben, 57 Fuß, ist die Höhe der Seitenschiffe, welche, in gleicher Höhe auch um den Chor fortlaufend, von dem Mittelschiff durch 18 Pfeiler von 7 Fuß Dicke gesondert sind. Diese, oben in Spitzbogen zusammenlaufend, tragen über ihrem Capital das Obeschiff. Die Länge des mit den Seitenschiffen gleichen Querschiffes beträgt 188 Fuß.

An Kunstwerken aus dem Mittelalter, und zwar anscheinend aus dem 15. Jahrhundert, sind zu beachten die Verzierungen aus Blättern, Früchten und Heiligenbildern, *geschnitzte Arbeit in Eichenholz*, welche als Rahmen um das eiserne Gitterwerk, durch welche der Chor gegen die Seitenhallen geschlossen ist, herumlaufen und welche nach einer Inschrift an den Chorthüren, ein gewisser *Nicolaus Hein* machen ließ, wenn er nicht vielleicht selbst der Künstler war. Auch Reste von *Glasmalerei* aus guter Zeit finden sich in der Kapelle über der Sacristei.

In neuester Zeit ist das Innere der Kirche übereinstimmend mit dem Charakter des Baustyls restaurirt worden und als schönste Zierde dieser Wiederherstellung das große, neue Orgelwerk zu nennen, das mit den ersten Orgeln Deutschlands wetteifert.

Unser Bild stellt die Marienkirche von einem südwestlichen Standpunkte vor der Georgenkirche neben dem fürstlichen Schlosse dar und zeigt uns zugleich rechts am Eingange zum Kirchhofe den hübschen westlichen Giebel des ehemaligen Marien=Schulgebäudes und links einen Theil der frei liegenden sogenannten Weiden=Kapelle: ersterer wahrscheinlich der späteren Zeit des 14. Jahrhunderts, letztere, so wie die in der nordöstlichen Ecke des Kirchhofes liegende, auf dem Bilde jedoch nicht sichtbare Pönitenz= oder Blut=Kapelle (zur Sühne der an dem Bürgermeister *Joh. Banzkow* und dem Rathsherren *Heinr. v. Haren* im Jahre 1427 von aufrührerischen Bürgern vollzogenen Hinrichtung erbaut) der ersten Hälfte des 15. Jahrhunderts angehörend.

Die Georgenkirche

Für das Bild der Georgenkirche haben wir den nordöstlichen Standpunkt gewählt, weil dieser, um uns die einzelnen Theile aus den verschiedenen Zeiten, in welchen auch sie erbaut ist, mit einem Male zur Ansicht zu bringen, der bequemste ist. Die Kirche kommt in den Urkunden des 13. Jahrhunderts bereits eben so oft vor, als irgend eine andere; von dem ursprünglichen Gebäude existirt jedoch nur noch der Chor. Das Hauptgebäude ward, am Ende des 14. Jahrhunderts abgebrochen, im Anfange des 15. gleichzeitig mit dem Thurme, dessen Gründung im J. 1401 eine Inschrift am Fuße desselben beurkundet, bedeutend breiter und höher als der Chor, neu aufgeführt. Daß es die Absicht gewesen, auch den letztern in gleicher Höhe und Breite zu erneuern, sehen wir an den stehen gebliebenen Verzahnungen der Mauern des Hauptgebäudes und aus den bloßen Fachwänden, mit denen man die offenen Räume des letzteren einstweilen schloß. Daß die Ausführung des großartigen Planes, auch den Chor umzubauen, verhindert ward, erklärt sich theils aus den bürgerlichen Unruhen in der ersten Hälfte des 15. Jahrhunderts, theils mag auch die im Anfange des 16. Jahrhunderts eingeführte Reformation dem Weiterbau Einhalt gethan haben. Im J. 1594 ist mit der Aufführung des das Hauptgebäude schließenden östlichen Giebels, welcher diese Jahrszahl in glasurten Mauersteinen enthält, der Bau als beendigt anzusehen und seitdem keine wesentliche Veränderung mit dem Gebäude vorgenommen; nur veranlaßte Baufälligkeit in neuerer Zeit die Herabnahme des Chorgiebels, der durch ein Walmdach ersetzt ward, und die Hinwegräumung einer südlichen an den Chor angrenzenden Kapelle. Der nördlich noch stehende Anbau am Chor, der etwas früher als der erwähnte

DIE GEORGEN-KIRCHE ZU WISMAR

Neubau des Hauptschiffes entstanden sein mag, bestätiget uns noch die Kunst des Mittelalters, aus Ziegeln zierliche Formen zu schaffen. Die an den Giebeln des Querschiffes angebrachten Verzierungen aus glasurten Mauersteinen sind gleichfalls Proben jener Kunst, so wie die über den Hauptthüren und sonst angebrachten Lindwürmer= und Löwenfiguren, die Sinnbilder des Heidenthums und Christenthums, bezeugen, daß man in jener Zeit, d.h. am Ende des 14. und Anfange des 15. Jahrhunderts, die Formschneidekunst, welche nachher bekanntlich zur Buchdruckerkunst führte, auszubilden sich besondere Mühe gab. Von der in jener Zeit gleichfalls sehr gepflegten, mit der Formschneidekunst so sehr verwandten Schnitzkunst geben mehrere Überreste derselben im Innern der Kirche ein Zeugniß: vorzüglich beachtenswerth sind zwei mit Schnitzwerk reich ausgestattete Altartafeln, die eine im Chor, die andere in einer Seitenkapelle, und die Chorstühle.

Die Längen=, Breiten= und Höhen=Verhältnisse der jetzt bestehenden einzelnen Theile der Kirche finden sich in folgenden Maaßen: Die Länge des ganzen Gebäudes: 265 1/2'; die Höhe des Hautpschiffes bis zum Gewölbe in der Nähe der Orgel: 119 1/2'; Höhe der Seitenschiffe: 65'; Länge des Querschiffes: 186'; Breite des Hauptschiffes: 35'; Breite des Chores: 28'; Breite der Seitenschiffe: 26 3/4': die angegebenen Räume sämmtlich im Lichten. So wie der Chor, blieb auch der Hauptthurm unvollendet und ward durch ein stumpfes Dach, das sich nicht über die Kirche erhebt, gegen das Wetter geschützt.

Durch ihre Verhältnisse, namentlich durch die Höhe der schlanken Giebel des Querschiffes, zieht die Kirche unwiderstehlich die Aufmerksamkeit auf sich, wie sie überhaupt durch die Mannigfaltigkeit ihrer Formen im Aeußern ein *reiches* Bild giebt.

Die Nicolaikirche

ist dasjenige der wismarschen kirchlichen Gebäude, von dem behauptet werden kann, daß dasselbe, wenn auch über seiner Erbauung gleichfalls viele Jahre verflossen sind, doch kein aus älteren und neueren Theilen zusammengesetztes Bauwerk, sondern ein nach einem Entwurfe hervorgegangenes Ganzes ist. Eine ältere Nicolaikirche gab es zwar, allein von ihr ist beim Aufbau der in Rede stehenden nichts oder doch nur weniges, was sich in den neuen Bauplan hineinziehen ließ, stehen geblieben. Diese Behauptung bestätigt theils der Augenschein, theils die Zusammenstellung der Nachrichten über den zweiten Bau. Der Contract, den die Provisoren der Kirche im J. 1381 mit dem Maurermeister Heinrich von Bremen für den Bau des neuen Chores abschlossen, findet sich in den aufbewahrten alten Urkunden, so wie die Nachricht, daß der Bau im J. 1386 zur Ausführung kam. Eine andere Nachricht läßt, nachdem der Bau während der Unruhen im Anfange des 15. Jahrhunderts eine Zeit lang geruht haben mochte, das nördliche Seitenschiff im J. 1434 beginnen; im J. 1437 ward laut einer Inschrift der Grund zum südlichen Seitenschiffe gelegt und am Thurme gearbeitet. Von der Fortsetzung des Baues im J. 1439 redet eine andere Nachricht. Im J. 1460 war die Kirche so weit fertig, daß sie, wie es in alten Nachrichten heißt, zu Ehren der Heiligen: Nikolaus, Blasius, Katharina und Michael von dem Bischofe Joh. von *Preen* nebst 5 Kapellen und den dazu gehörigen Altären eingeweihet werden konnte, nachdem der Bau im Ganzen, die während der Bürgerunruhen und aus andern Ursachen wahrscheinlich auch bei diesem Kirchenbau eingetretenen Unterbrechungen mitgerechnet, 74 Jahre gedauert hatte.

Der Plan der Kirche ist offenbar nach dem Muster der Marienkirche, wie sie im 14. Jahrhundert vollendet war, entworfen. Dieselben 18 Pfeiler laufen um Schiff und Chor; derselbe Schluß des letzteren im Winkel des Neunecks; die Pfeiler stehen jedoch etwas enger zusammen, daher auch die Kirche kürzer, nämlich nur 259 1/2'lang

DIE NICOLAI-KIRCHE ZU WISMAR

ist; sie sind dagegen, so wie auch das Oberschiff, höher und deshalb das Ganze schlanker und kühner. Die Höhe der jetzigen Decke über dem Fußboden in der Gegend der Orgel beträgt 129 1/2'. Das Querschiff, 189'lang, ist etwas weiter nach dem Thurme zu, gerade in der Mitte des eigentlichen Hauptschiffes. Die Giebel desselben sind auswendig in dem später ausgebildeten Style der Verzierungen aus gebranntem Thon mit Heiligenbildern und andern Figuren reicher geschmückt und gehören mit den Verzierungen des Marienthurmes und des östlichen Giebels der über der Sacristei der Marienkirche liegenden Kapelle, mit denen an den Giebeln der Georgenkirche und mehreren noch erhaltenen Privathäusern der Stadt, wenn nicht gerade in eine und dieselbe Zeit, doch in eine und dieselbe reicher Verzierung huldigende Geschmacksperiode der älteren Baukunst, deren Ausbildung in unsern Gegenden etwa von der letzten Hälfte des 14. bis zur Mitte des 15. Jahrhunderts zu setzen ist. Spätere Verzierungen erscheinen schon wieder nachlässiger, wie z.B. die an den beiden ehemaligen, noch zum Theil übrigen Schildgiebeln des Thurmes unserer Nikolaikirche, welche aber später gebaut sind. Denn wenn auch in dem angegebenen Jahre der Einweihung, im J. 1460, die Kirche selbst als fertig angenommen werden darf, so ward doch der Thurm erst nachher ausgebaut. Die Nachricht, welche im J. 1485 einen früheren Glockenthurm nebst Uhr und Sparrwerk bis auf die alten Mauern abnehmen und dann die Mauern höher machen läßt, scheint zu beweisen, daß derselbe, wenn im J. 1386 mit der Kirche gegründet und bis zu einer gewissen Höhe aufgeführt, 100 Jahre bis zu seinem Weiterbau hat warten müssen. Bei dem im J. 1485 wieder begonnenen Ausbau desselben war man 1487 noch begriffen und derselbe so weit vorgerückt, daß man die Glocken wieder in den neuen Glockenstuhl hängen konnte. Der Baumeister des Thurmes, so wie auch des kleinen Dachreiters mit der Uhrglocke auf dem Kirchendache über dem Chor war der Zimmermeister Heinr. *Never*, wahrscheinlich der Vater des bekannten wismarschen Reformators desselben Namens. Der Name des Maurermeisters war Hans *Martens*. Die Spitze, die der Thurm damals erhielt, ward jedoch im J. 1504 nochmals heruntergenommen und innerhalb 2 Jahren eine neue gebaut, laut alter Nachrichten von stattlicher, pyramidalischer Form, und mit Kupfer gedeckt, wie sie auch auf alten Abbildungen zu sehen ist. Hans *Kruse* wird als Baumeister genannt. Dies ist dieselbe Spitze, welche im J. 1703 vom Sturm heruntergeworfen ward und das Gewölbe des Mittelschiffs der Kirche zertrümmerte, in Folge welches Unfalles das letztere mit einer bretternen Decke versehen, dem Thurme aber mittels eines Satteldaches ein stumpfer Schluß gegeben ward.

Von innerm Schmuck der Kirche sind aus älterer Zeit nur das Schnitzwerk an den Chorschranken und mehrere Reste von Glasmalerei zu beachten, die jedoch theils beim Ausweißen der Kirche durch den Maurerpinsel sehr gelitten haben, theils, weil nicht durch Drathgitter geschützt, ihrem gänzlichen Ruine durch die Steinwürfe der Straßenbuben immer mehr entgegengehen.

Es ist der südöstliche Standpunkt, den wir zur Darstellung gewählt haben, um wenigstens von einer unserer Kirchen auch eine Choransicht vollendet im Bilde zu geben; ganz ähnlich derselben ist auch der Chorschluß der Marienkirche, so wie dagegen die Nikolaikirche in der Ansicht mit dem Thurme in der Fronte derselben Ansicht der Marienkirche, wie wir sie gegeben haben, in der Hauptsache nahe kommt.

Bauer und Bäuerin von Poel

Die Insel Pöl (wendisch Pole, d. i. Ebene), 1 Meile nördlich von Wismar, gerade vor dem wismarschen Meerbusen, ist das einzige Inselland Meklenburgs von Bedeutung, ungefähr 2/3 Quadrat-M. groß, und hat daher wegen ihrer Größe und Lage immer einige historische Bedeutsamkeit gehabt. Das Ländchen ist durchaus eben und waldleer, aber fruchtbar; namentlich ist es bekannt

Bauer und Bäuerin von der Insel Poel
im Anfange des 19. Jahrhunderts

durch den "Pöler Kohl", welcher in sehr großen Massen durch Meklenburg und Holstein verfahren wird, weshalb die Insel auch wohl "Kohlgarten" genannt ist. Akkerbau und Fischerei beschäftigen vorherrschend die wohlhabenden Einwohner, welche noch manche Eigenthümlichkeiten haben. Die Insel hat 12 Dörfer mit der Pfarre "*Kirchdorf*" in der Mitte und an einem, tief in das Land einschneidenden Meerbusen ("Kirchsee"). Schon der Herzog Heinrich der Löwe von Sachsen schenkte das Dorf *Fährdorf* dem Bisthume Lübeck, in dessen Sprengel die Insel lag. Bis gegen das J. 1210 war die Insel noch von Wenden bewohnt, jedoch so spärlich, daß das Land nicht bebauet werden konnte; der Fürst Borwin I. rief daher *deutsche Anbauer* auf die Insel und vereinigte sich im J. 1210 mit dem Bischofe Theodorich über die von den Bewohnern zu entrichtenden Zehnten. Vom Ende des 13. Jahrhunderts bis zum J. 1316 war Pöl Leibgedinge und Witthum der Fürstin Anastasia, Wittwe des Fürsten Heinrich des Pilgers, und darauf Witthum der Luitgard, einer Enkelin Heinrichs des Pilgers, deren Vater Johann kurz nach seiner Vermählung ertrank, als er nach Pöl auf die Jagd fahren wollte. Im Jahre 1318 verpfändete der Fürst Heinrich der Löwe die Insel an die v. Plessen, v. Preen und v. Stralendorf. Im Laufe des 14. Jahrhunderts erwarb das Hospital zum *Heiligen Geist zu Lübeck*, entweder unmittelbar von den Landesherren, oder mittelbar von den Pfandbesitzern die Dörfer Seedorf, Brandenhusen, Weitendorf, Wangern und Neuhof, welche im J. 1803 von Meklenburg wieder erworben wurden; diese Dörfer werden noch jetzt "*lübische Dörfer*" genannt und ihre Bewohner besitzen noch manche wichtige Vorrechte. In der Regel theilte die Insel mehr oder weniger die Schicksale der Stadt Wismar. Auf Pöl stand wohl zu verschiedenen Zeiten ein fürstliches Schloß am Meerbusen bei Kirchdorf; seit dem J. 1613 bauete es aber der Herzog Adolph Friederich I. großartig und mit starker Befestigung, so wie auch die Festung auf dem "Wallfisch" auf; noch jetzt zeugen Ruinen von den mächtigen Bauten. Wallenstein richtete ebenfalls ein scharfes Augenmerk auf die Insel. Nach seiner Verdrängung ward im J. 1632 vergleichsweise und im J. 1648 durch den westphälischen Frieden die Insel, mit Wismar und Neukloster, an die Krone *Schweden* abgetreten, von welcher sie im J. 1803 wieder an Meklenburg kam. Daher werden die übrigen Dörfer außer den lübischen Hospitaldörfern auch die "*schwedischen Dörfer*" genannt.

Aus dem Mitgetheilten ergiebt sich, daß die *Bewohner* der Insel wohl ohne Zweifel *deutscher Abkunft* sind; sie sind, wie es ihre vielgestaltete Lebensart mit sich bringt, kräftig, thätig und gleich gewandt zu Lande und zu Wasser. Von ihren Volksthümlichkeiten verliert sich jedoch von Jahr zu Jahr mehr; denn die Mode macht sich auch auf der fernen Insel geltend.

Auf unserm Bilde sehen wir die Pöler Volkstracht, wie sie nach den Ueberlieferungen der ältesten Leute und nach einigen Ueberresten im Anfange unsers Jahrhunderts war.

Vorderstädte

Güstrow

So lange Güstrow steht, ist es immer, selbst unter ungünstigen Zeitumständen, eine Stadt von einiger Bedeutung gewesen. Der Grund liegt in der zugänglichen Lage des Ortes, in der Mitte des östlichen Landestheiles, an dem Nebelflusse, der von Güstrow an für größere Fahrzeuge schiffbar wird und sich, nach einem Laufe von einigen Meilen, bei Bützow in die Warnow ergießt. Die Landschaft ist, wenn auch nicht reizend, doch fruchtbar und an Aeckern, Weiden, Wäldern und Seen gesegnet, und es hat den Bewohnern nie an einem gewissen Wohlstande gefehlt. Güstrow hat immer in vieler Hinsicht einen Mittelpunct gebildet und sich immer durch einen sehr regen Verkehr und bedeutenden Grundbesitz ausgezeichnet.

Mit Pribislav's Tode 1178 erhoben sich die Wenden zum letzten Male und dazu auf lange Zeit. Im westlichen Theile Meklenburg's wuchs zwar der junge Baum milderer Sitte unter dem Schirme der Grafen und Bischöfe von Ratzeburg und Schwerin; an ihn lehnte sich der Fürst Borwin I. auf der nahen Burg Meklenburg. Aber im östlichen Meklenburg wurden alle jungen Pflanzen des Glaubens wieder mit der Wurzel ausgerottet und das Land glich 40 Jahre hindurch einer Wüste, die von wilden Horden durchzogen ward. In dieser Zeit hatten auch die vorpommerschen Fürsten, welche auf der Burg Demmin saßen, das Land Circipanien an sich gerissen und durch den pommerschen Bischof von Camin, zu dessen Sprengel fortan dieser Landestheil gehörte, seit dem J. 1215 von den Dörfern am malchiner See und seit dem J. 1216 von dem wiederhergestellten Kloster Dargun aus wieder unter das Joch der Liebe gebracht. Mit dem J. 1218 trat der alternde Borwin I. die Regierung des östlichen Wendenlandes seinen Söhnen Heinrich (Borwin II.) und Nicolaus ab, welche denn bald auch die Herrschaft über Circipanien wieder gewannen und die Stiftungen der pommerschen Herzoge bestätigten. Diese gründeten nun alsbald die Städte des östlichen Meklenburg's, namentlich die Stadt Rostock, in welcher Heinrich seinen Sitz nahm, der sich daher auch Herr von Rostock, gewöhnlich aber Herr von Werle nannte, während Nicolaus hierauf nach Gadebusch zog. Die alte Burg Werle war zwar von Borwin I. wieder aufgebaut; da der Ort jedoch für eine deutsche Stadt nicht günstig gelegen war, so verließen die Söhne den alten Fürstensitz ganz und wählten angenehmere Gärten für die neuen Pflanzungen, und unter diesen auch *Güstrow*, welches *zuerst* in der Geschichte vorkommt, als die genannten beiden fürstlichen Brüder am 20. Junius 1219 zu Güstrow in Gegenwart dreier Priester und dreier Edlen des Landes einige im J. 1215 von den pommerschen Herzogen in dem Dorfe Wargentin am malchiner See auf der jetzigen Feldmark von *Basedow* gemachte Stiftungen bestätigten. Der Fürst Heinrich Borwin II. wohnte ohne Zweifel auf der alten Burg Güstrow am linken Nebelufer, an der Stelle des jetzigen Schlosses. Bald aber gründete er auch eine *deutsche Stadt*, welcher er am 25. October 1222 das *schwerinsche Recht* verlieh. Güstrow ward die Lieblingsstiftung des jungen Fürsten. Leider mußte er bald das Zeitliche segnen: er starb zu Güstrow am 4. Junius 1226 und hinterließ vier unmündige Söhne unter dem schwachen Schirme ihrer Mutter Christine und des greisen Großvaters Borwin I., welcher seinem Sohne ein halbes Jahr darauf folgte. Am Tage vor seinem Tode stiftete Heinrich Borwin II., in Gegenwart seines Vaters, seiner Söhne und des Grafen Heinrich von Schwerin, das *Dom=Collegiat=Stift* für 12 Domherren unter einem Propste, für welches alsbald die der heil. Cäcilie geweihete *Domkirche* erbauet ward, welche die bevorzugte Lieblingsstiftung der Fürsten von Werle blieb. Diese Stiftung mußte nothwendigerweise einen bedeutenden Einfluß auf die Entwickelung der Stadt ausüben und sie zunächst durch Ansiedler um die Burg und den Dom bedeutend vergrößern.

Die vier Söhne Heinrich's Borwin II. standen unter Vormundschaft der güstrowischen und anderer Prälaten und mehrerer Ritter. Diese, so wie die fürstlichen Jünglinge selbst, blieben dem Geiste ihres Vaters zugethan und bestätigten am 25. October 1228 die Privilegien der Stadt und schenkten ihr dazu die Benutzung der Wälder Primer und Kleest und der Weide und Holzungen auf den Feldern bis zu den Grenzen des Dorfes Rosin. In der *Landestheilung* erhielt der zweite der fürstlichen Brüder das südöstliche Gebiet und sicher seit dem J. 1240 nannte sich *Nicolaus* von seinem Landestheile *Herr von Werle* oder *Herr von Güstrow*, und Güstrow blieb ununterbrochen die *Hauptresidenz der Fürsten von Werle*.

In den ersten Zeiten brachten jedoch die Stiftungen Heinrich Borwin's II. Zwiespalt in die Entwickelung der Stadt. Burg und Dom lagen am linken Ufer der Nebel, und umher hatte sich schon früh eine *Neustadt Güstrow*, die jetzige Stadt, gebildet. Die eigentliche Stadt *Güstrow*, bald die *Altstadt* genannt, lag aber an dem rechten Ufer des Flusses an der Stelle der jetzigen *Vorstadt vor dem Mühlenthore* bis auf das Feld hinaus gegen das St. Georg=Hospital, welches unmittelbar vor der Altstadt stand. Die Bürger der Altstadt hatten allerdings wohl Ursache, auf die rasche und kräftige Entwickelung der Neustadt scheel zu sehen, und daher gestattete ihnen der Fürst Nicolaus im J. 1248 die zu ihrem Schaden liegende Neustadt wieder abzubrechen und die mit Mühe aufgeführte Altstadt wieder durch Erbauung anständiger Häuser zu heben und den Markt zu behalten, ohne jedoch, unter dem Beirath ihrer Rathsherren, der ferneren Entwickelung der Neustadt entgegenzuwirken. Und wirklich stand die *Altstadt Güstrow* noch lange. Noch bis zum J. 1485 kommen ein Pfarrer und noch bis zum J. 1550 Vorsteher der Kirche der Altstadt Güstrow, zu welcher die Kapelle zu Sukow gehörte, vor; seit der Reformation wird sie nach und nach verfallen sein. – Jedoch überwältigten der Fürstenhof und die Domherrenhöfe alle Hemmungen. Unter der funfzigjährigen, segensreichen Regierung des wackern Fürsten *Nicolaus* I. († 7. Mai 1277), des ersten Fürsten des Hauses Werle, bildete sich die jetzige Stadt Güstrow völlig aus, und sicher im Anfange des 14ten Jahrhunderts stand schon die Pfarrkirche oder "Marktkirche" und im J. 1308 das Heil. Geist=Hospital, an welchem im J. 1342 eine steinerne Capelle (die Heil. Geist=Kirche) gebauet ward. Fortan blieb *Güstrow die Hauptstadt des Landes Werle oder Wenden*, mochte sich das Fürstenhaus nach mittelalterlicher Weise mitunter auch in mehrere Linien theilen, von denen die Linien zu Güstrow und Goldberg im 14ten Jahrhundert am längsten geblühet haben. Aus dieser Stellung schreibt es sich ohne Zweifel her, daß Güstrow die repräsentirende "*Vorderstadt*" des wendischen Kreises in der Landesverfassung geblieben ist. Die Macht und Blüthe der Stadt war im 14ten Jahrhundert bedeutend und ein reger politischer und Handels= und Gewerbsverkehr belebte ihre Straßen. Schon im Jahre 1293 kaufte die Stadt das Dorf *Tobbezin* vor dem Hageböker Thore am Tobbeziner oder Sumpfsee, im J. 1307 das Eigenthum des *Gutower Sees*, im J. 1323 vom Kloster Michaelstein, welches seit der Stiftung des Domes für die Einführung deutscher Sitte in der Gegend gearbeitet hatte, das Dorf *Glevin* mit der dazu gehörenden Gleviner Mühle vor dem Gleviner Thore, im J. 1375 von dem alten, in Güstrow einflußreichen Geschlechte der Gamm das Dorf *Glin* mit den fetten Gliner Wiesen vor dem Schnoienthore, und rundete dadurch die Stadtfeldmark ab, welche sich früher allein nach dem Hageböker und Mühlen=Thore hinaus erstreckt hatte. Zahlreiche Brüderschaften und Zünfte entstanden im 14ten Jahrhundert und von dem regen Handelsverkehr zeugen schon im 15ten Jahrhundert drei Prahmstraßen an der Nebel.

Das Fürstenhaus Werle starb im J. 1436 aus, das Land fiel an die aus aus dem Borwinschen Geschlechte allein übrig gebliebene *Linie Meklenburg* zurück und Güstrow hörte für's erste auf, feste Fürstenresidenz zu sein. Dennoch sank die Stadt nicht, vielmehr fuhr sie fort, das Stadtgebiet zu vergrößern und von fremdartigen Einflüssen zu reinigen. Im J. 1442 kaufte sie die *Mühlen* am Mühlenthore, welche bis dahin das Kloster Doberan besessen hatte, und die Mühle zu Kl. Sprenz, im J. 1445 von dem Kloster Michaelstein die *Mühle zu Rosin* und im J. 1449 von den Nortmann auf Rossewitz das Dorf *Glasewitz*.

Die alte Gestalt der Stadt ward in den J. 1503, 1508 und 1512 durch große Feuersbrünste gänzlich vernichtet. Aber bald darauf erlebte sie im 16. Jahrhundert unter den Herzogen *Albrecht* und *Ulrich* und im 17. Jahrhundert unter *Wallenstein* wieder glänzende Zeiten, bis mit dem Tode des Herzogs *Gustav Adolph* im J. 1695 das güstro wische Fürstenhaus erlosch und Güstrow aufhörte Residenz zu sein.

Güstrow im J. 1632

In dieser Darstellung sehen wir die Stadt Güstrow, so wie sie sich kurz vor der wallensteinschen Zeit vom Gleviner Thor ausnahm und auf einem im Schlosse zu Neustadt befindlichen Bilde des Herzogs Johann Albrecht II. zu Pferde vom J. 1632 abgebildet ist. In der Mitte sehen wir das doppelte Gleviner Thor, dahinter die Pfarrkirche in ihrer alten Gestalt, rechts davon das alte Rathhaus; links steht das Schloß mit dem im J. 1795 wegen Baufälligkeit abgebrochenen östlichen, thorwärts gelegenen Flügel mit dem befestigten Aufgange, jedoch noch mit der Lükke an der südöstlichen Ecke, welche *Wallenstein* zubauen ließ; das Gebäude links vom Schlosse mag die vom Herzoge Johann Albrecht II. im J. 1623 erbauete reformirte Kirche sein.

Güstrow

Der Ort Güstrow bestand ohne Zweifel schon zur wendischen Zeit, wie der Name (Guzstrowe = Grünberg?) andeutet; jedoch spielte er vor der Durchdringung deutscher Sitte keine Rolle und wird vor dem J. 1219 gar nicht genannt. Die deutsche Stadt ward im J. 1222 an dem rechten Ufer der Nebel, an der Stelle der jetzigen Vorstadt vor dem Mühlenthore, gegründet. Es läßt sich aber aus dem Aufenthalt der Landesfürsten zu Güstrow vor der Gründung der Stadt schließen, daß Güstrow eine *wendische Fürstenburg* war, welche, nach wendischer Weise, ohne Zweifel *in den tiefen Wiesen* am linken Nebelufer an derselben Stelle lag, wo immer das fürstliche Schloß gestanden hat und noch steht.

Die Stadt Güstrow

Wirklich liegt auch die Stadt am linken Ufer des Flusses reizender und bequemer. Der Boden ist hier fruchtbarer, die Seen und anderen Gewässer, die fetten Weiden sind näher, die Gestaltung der Gegend ist mannigfaltiger, die Waldhöhen sind nicht ferne. Denkt man sich die nächsten Höhen von Laubwald beschattet, so mag in alten Zeiten das Bild der Landschaft viel reizender gewesen sein, als jetzt, wo die Gegend fast ganz kahl geworden ist. Daher gewährt Güstrow auch noch jetzt von der westlichen Seite her, von der sternberger Landstraße, schon aus weiter Ferne von den Höhen ein eigenthümliches, reiches Bild, welches in der weiten, grünen Senkung vor den sich dahinter erhebenden Waldhöhen ruhig und groß dasteht. Auf unserm Bilde sehen wir die Stadt von der südlichen Seite.

GÜSTROW

Der Dom zu Güstrow

Die Beibehaltung der Burg Güstrow als Residenz war ein glücklicher Gedanke der Landesherren und gab der jetzigen Stadt die Entstehung. *Heinrich Borwin II.* hatte Güstrow zu seiner Lieblingsresidenz erwählt und beschloß hier auch sein junges Leben am 4. Junii 1226. Einen Tag vor seinem Tode, am 3. Junii 1226, stiftete er, auf Rath des Bischofs Brunward von Schwerin, in Gegenwart seines greisen Vaters Borwin I., seiner minderjährigen Söhne, Johann, Nicolaus, Heinrich (später Borwin III.) und Pribislav, des Grafen Heinrich von Schwerin und vieler Geistlichen und Edlen des Landes in der Nähe der Burg ein *Collegiat=Dom=Stift* zu Ehren der Heil. Jungfrau Maria, des Evangelisten Johannes und er heil. *Cäcilie*; er richtete es zunächst für 10 Domherren ein, verschaffte diesen von dem Bischofe die freie Wahl der Würdenträger, eines Propstes, Dekans, Scholasticus, Cantors und Thesaurarius, und der übrigen Domherren und bewidmete das Stift mit den Dörfern Gutow, Bölkow, Gantschow, Dehmen, mit 4 Hufen in jedem der Dörfer Sukow, Camin und Carow und mit der Fischerei und der Insel im gutower See.

Wie das Kloster Doberan durch Mönche des Klosters Amelungsborn gestiftet war, so war die Landschaft von Güstrow ohne Zweifel durch Hülfe von Geistlichen aus den alten Bisthümern Hildesheim und Halberstadt zur christlichen und deutschen Bildung geführt. Daher ward das Domstift Güstrow bei der Stiftung nach dem Muster der bischöflichen Kirche zu *Hildesheim* eingerichtet, und am 1. Junii 1229 schenkten die beiden mittlern Söhne Borwins II. die Dörfer *Rosin* dem Kloster *Michaelstein* im Bisthume *Halberstadt*, wozu dasselbe im J. 1292 das Dorf *Glevin* mit der *Gleviner Mühle* erwarb und bald einen *Klosterhof* in der Stadt Güstrow erbauete.

Bald nach der Stiftung des Doms zu Güstrow brachen zwischen dem Bischofe von Schwerin und dem pommerschen Bischofe von Camin Streitigkeiten über die Ausdehnung ihrer Sprengel aus, welche über 25 Jahre dauerten, bis der Bischof von Camin seine Ansprüche siegreich behauptete. Jedoch lag die Grenze beider Bisthümer zwischen der Alt= und Neustadt Güstrow, und die Altstadt Güstrow und die S. Georgen=Kapelle am rechten Nebelufer gehörten noch zum Bisthume Schwerin; die neue Stadt Güstrow und also auch der Dom gehörten fortan aber zum Bisthume Camin. Am 15. Sept. 1235 bestätigte und erweiterte der Bischof Conrad von Camin das Stift, wofür die Domherren ihrem Decan nach der *Regel der caminer Kirche* zu folgen versprachen; dazu verlieh er dem Domstifte die Archidiaconats=Regierung der Kirchen jener Gegend, da das Collegiatstift Güstrow gleichsam ein Eckstein des Bisthum Camin war.

Seit dieser Zeit war das Domstift Güstrow die Lieblingsstiftung der Fürsten von Werle, wie es das bedeutendste Männerstift in diesem Lande war und der Propst zu den Prälaten des Gesammtlandes Meklenburg gehörte. Der Bischof von Schwerin aber stiftete im J. 1248 ein Dom=Collegiat=Stift in der nahen Stadt Bützow.

Das Domstift Güstrow war ursprünglich für 10 Domherren bestimmt, welche in Güstrow ihre Residenz haben mußten; die 6 ersten besser ausgestatteten Pfründen waren für die 4 höchsten Würdenträger des Stifts und 2 Domherren von hoher Herkunft bestimmt, wie denn auch einige Fürsten Domherren zu Güstrow waren. Bei dieser Bestimmung und dem Range, welchen das Dom=Capitel einnahm, gehörten die meisten Domherren gewöhnlich den ersten adelichen Familien des Landes an und das Stift ward von allen Seiten sehr reich bedacht. Der Reichthum des Stifts wuchs daher so sehr, daß nach und nach viele geistliche Pfründen errichtet werden konnten und das Stift in den letzten Zeiten 15 Domherren und sehr viele Vicarien, die Stadt aber im Ganzen an 50 Geistliche hatte.

Gegen die Mitte des 14. Jahrhunderts suchte das reiche Domstift, welches im J. 1318 dem Fürsten Johann von Werle 10,000 Mark Silbers zu seiner Lösung aus der Gefangenschaft vorschießen konnte, sein Ansehen durch Benutzung der damals herrschenden Judenverfolgungen

GÜSTROW IM J. 1632

zu vermehren. Im J. 1330 sollten die Juden in der Synagoge eine Hostie durchbohrt haben; schon im J. 1325 hatte sich ein ähnlicher Auftritt zu Crakow ereignet. Es ward ein peinlicher Proceß eingeleitet und in Folge dessen die ganze *Judenschaft von Güstrow verbrannt*. An der Stelle der Synagoge ward zur Verehrung der durchbohrten und wiedergefundenen Hostie die *Heil. Bluts=Capelle* erbauet, deren Verwaltung und Versorgung durch Priester die Domherren an sich nahmen. In dem ersten großen Brande im J. 1503 brannte auch die Capelle ab, die Hostie ward aber gerettet und in den Dom versetzt. Im J. 1509 stiftete der Herzog Heinrich ungefähr an derselben Stelle ein *Franziskaner=Kloster*, die letzte größere katholische Stiftung im Lande. Die Klosterfreude in Güstrow dauerte jedoch nicht lange; im Jahre 1520 ward das fertige Kloster eingeweihet und schon im Jahre 1524 begann die *Reformation*, und innerhalb zehn Jahren verloren sich die Mönche nach und nach. Die leer stehende Klosterkirche verfiel am Ende des 16. Jahrhunderts, so daß im J. 1592 die Gewölbe bloß standen, und ward im J. 1623 unter dem Herzoge Johann Albrecht II. abgebrochen, um aus den Steinen eine *reformirte Kirche* vor dem Schlosse zu bauen; das Klostergebäude aber, noch jetzt *Klosterhof* genannt, ward zum Sitze des *fürstlichen Domainen Amtes* bestimmt.

Die *Reformation* begann in Güstrow im J. 1524 durch die Predigt des *Joachim Krause* in der Kirche des Hospitals zum Heil. Geist. Lange sträubte sich das Dom=Capitel gegen die Anerkennung der lutherischen Lehre, zumal der Herzog Albrecht von Meklenburg=Güstrow dem katholischen Glauben anhing. Selbst noch im J. 1547, als der Herzog *Johann Albrecht* I., der bis zum J. 1552 zu Güstrow wohnte, den evangelischen Prediger *Gerhard Oemecke* zum *Dom=Propst* bestellte, wagten die Domherren, den Gottesdienst mit Gewalt zu stören, bis das Papstthum im Lande im J. 1550 aufgehoben ward. Die streng katholischen Domherren stellten jedoch erst auf einen besondern Aufhebungsbefehl des Herzogs vom 19. Julii 1551 die katholischen Andachtsübungen ein und verließen jetzt erst nach und nach ihre Pfründen, und im J. 1552 waren alle Spuren des Katholicismus verschwunden. Der Dom aber blieb, nachdem der Herzog im Mai 1552 ein Inventarium hatte aufnehmen und die werthvollern Gegenstände in Sicherheit bringen lassen, wüst stehen und ward zum Wagenschauer und Materialienhause benutzt, bis die treffliche Herzogin *Elisabeth* sich des Gebäudes annahm und mit ihrem Gemahle, dem würdigen Herzoge *Ulrich*, im J. 1565 die Wiederherstellung desselben begann. Die *Propstei* aber ward bei der Aufhebung des Katholicismus am Dom in eine *Superintendantur* verwandelt, deren Sitz bis heute Güstrow geblieben ist. Im J. 1560 hatte der Herzog auch die *Domschule*, welche schon im J. 1551 ein protestantisches Gymnasium geworden war, in das Gebäude, welches sie jetzt noch besitzt, verlegt und durch eine würdige Einrichtung zu der Höhe erhoben, auf welcher sie noch heute steht.

Die Kirche des Collegiat=Stifts oder der *Dom*, den wir auf unserm Bilde sehen, ist ein vielfach umgestaltetes Gebäude aus der Zeit des *Uebergangsstyls* vom Rundbogen= zum Spitzbogen=Styl, und daher von nicht bedeutender Höhe. Die Kirche ist in der Grundform eines Kreuzes erbauet, jedoch nach und nach viel erweitert und verändert. Der mittlere Theil stammt sowohl im Aeußern, als im Innern aus der Zeit der Gründung des Collegiat=Stifts (1226) und ist im *Uebergangsstyle* gebauet, namentlich das auf unserm Bilde sichtbare, der Stadt zugewandte nördliche Kreuzschiff, welches noch eine halbkreisförmige Pforte und Verzierung hat und eine Stellung von drei schmalen Fenstern aus der Uebergangszeit in jeder Wand, welche jedoch an mehreren Stellen durch die Einbrechung eines großen Spitzbogenfensters verwischt ist. Der jetzige hohe Chor ist, wahrscheinlich um das Ende des 14. Jahrhunderts, angebauet; eben so ist das Schiff im 14. Jahrhundert, in Folge des Anbaues einer Reihe von Kapellen an jeder Seite, ganz umgestaltet. Der Thurm ist ein trefflicher Bau aus der besten Zeit des Spitzbogenstyls und stammt wohl noch aus dem 13. Jahr-

DER DOM ZU GÜSTROW

hundert. Bei der in der Zeit von 1565–1568 beschafften *Wiederherstellung* des Doms durch die Herzogin Elisabeth, ward derselbe überaus prächtig mit Bildhauerarbeiten geziert, welche durch den Herzog Ulrich in der Folge noch vermehrt wurden, namentlich mit den Bildsäulen des Fürsten Heinrich Borwin II., der Herzogin Dorothea, ersten Gemahlin des Herzogs Christoph, und des Herzogs Ulrich und seiner beiden Gemahlinnen Elisabeth und Anna, mit deren äußerst zierlichen Reliefs und Stammbäumen, welche bis zu den Gewölben hinaufreichen, alles aus Marmor und Alabaster; auch wurden um diese Zeit Fürstenstuhl, Kanzel, Taufe und viele andere Zierden geschaffen, kurz es ward die Kirche so eingerichtet, wie sie im Wesentlichen noch jetzt besteht, welche neben der Doberaner Kirche die schmuckreichste Kirche des Landes ist. Ueber die Grabstätte Heinrich Borwins II., des Gründers des Doms und der Stadt, setzte der Herzog Ulrich ebenfalls ein Denkmal, welches vor dem ehemaligen Altare der Kirche steht, ehe der hohe Chor im Osten angebauet ward. Leider litt all dieser Schmuck nicht wenig, als die Kirche zur Zeit des Zuges der Franzosen nach Rußland zum Futter=Magazin dienen mußte.

Die Kirche besitzt die Begräbnißgrüfte vieler Fürsten. Die Grabstellen der werleschen Fürsten, von denen einige hier, die meisten aber in Doberan begraben sind, sind nicht mehr zu erkennen. Neben dem Grabe Borwins ist die Gruft für die Familie des Herzogs Ulrich, vor dem Altare die Gruft für die Familie des Herzogs Johann Albrecht II., in einer südlichen Seiten=Kapelle an der andern Seite neben dem Grabe Borwins die Gruft für die Familie des Herzogs Gustav Adolph, mit welcher die güstrowsche Residenz ausstarb.

Der Markt

Nach dem Aussterben des fürstlichen Hauses Werle nahmen die Herzoge von Meklenburg freilich regen Antheil an Güstrow und wohnten auch mitunter auf dem dortigen Schlosse; jedoch ward der Flor der Stadt nur eben erhalten. Im 16. Jahrhundert sah Güstrow aber noch eine glanzvolle Zeit. Schon der Herzog Albrecht VI. hatte einige Zeit zu Güstrow residirt und unter dem tüchtigen Herzoge Magnus II. († 1503) erfreuete sich die Stadt reger fürstlicher Theilnahme. Zwar hatte sie das Unglück, wiederholt von furchtbaren *Feuersbrünsten* heimgesucht zu werden: am 28. Junius 1503 brannte die ganze Stadt mit der *Pfarrkirche* und dem *Rathhause* ab, mit Ausnahme des Schlosses, des Domes und etwa 50 Wohnungen am Ziegenmarkte beim Mühlenthore; aber auch diese Wohnungen nebst 50 neu aufgeführten Häusern verzehrte das wüthende Element wiederum am 28. Jun. 1508, und am 8. Novbr. 1512 legte eine neue Feuersbrunst das ganze Schnoienviertel in Asche. Jedoch wurden die Spuren dieser Leiden durch die folgenden guten Zeiten bald verwischt und die Brände hatten eine festere Bauart veranlaßt, während bessere Polizei=Ordnungen überhaupt mehr für die Schönheit und Sicherheit der Stadt zu sorgen anfingen.

Nach vielen bedauerlichen Streitigkeiten zwischen den fürstlichen Brüdern, den Herzogen Heinrich dem Friedfertigen und *Albrecht* dem Schönen, kam endlich im J. 1534 ein Landestheilungsvertrag zu Stande, nach welcher Albrecht († 1547) wieder eine *herzogliche Linie zu Güstrow* stiftete. Freilich brachten dieses Fürsten überspannte Unternehmungen keinen Segen über das Land; aber dies konnte eben so wenig den Wohlstand der Stadt hemmen, als sein Eifer für den katholischen Glauben die Reformation zu unterdrücken vermochte. Von seinen Söhnen residirte der große Herzog *Johann Albrecht* I. bis zu seines Oheims Tode (1552) zu Güstrow. Auch zwischen ihm und seinem Bruder *Ulrich* († 14. März 1603) herrschten leider lange die bittersten Streitigkeiten über

DER MARKT ZU GÜSTROW

die Theilung des Landes, bis der letztere im J. 1555 das Herzogthum Güstrow erhielt und eine so *glanzvolle Zeit* über die Stadt herbeiführte, wie sie nie eine ähnliche gesehen hat. Das Schloß, das Innere des Domes und die Domschule sind noch glänzende Zeugnisse von der Wirksamkeit dieses wackern Fürsten und seiner edlen Gemahlinnen. Nach Ulrichs Tode brachen zuerst arme Zeiten, dann unter seines Bruders Enkeln, von denen der jüngere *Johann Albrecht* II. im J. 1611 Güstrow in der Landestheilung erhielt, der *dreißigjährige Krieg* herein, welcher Güstrow zwar zum *welthistorischen Namen* erhob, aber durch Kriegsdruck, Pesten und Ungemach aller Art viel Leid über die Stadt brachte. Der schwache Herzog *Johann Albrecht* II. († 1636), welcher den reformirten Glauben stark begünstigte, mußte im Mai 1628 vor dem gewaltigen Herzoge *Wallenstein* weichen, welchem seit dem 19. Jan. 1628 das Herzogthum Meklenburg angewiesen war. Güstrow ward nun Hauptsitz der wallensteinschen Verwaltung. Der große Kriegsheld und tüchtige Landesregent nahm selbst mit seiner Familie seine *Residenz zu Güstrow* und wohnte hier vom 27. Julii 1628 bis zum 19. Julii 1629, mit ernster Sorge für sein neues Land beschäftigt. Er ließ Tag und Nacht mit der größten Anstrengung an der Verschönerung des Schlosses und dessen Umgebungen arbeiten, zog alle hohen Landesbehörden in Güstrow zusammen und versammelte um sich einen glänzenden kriegerischen Hof. Doch dauerte sein Regiment nicht lange, nicht viel länger als des wiedereingesetzten Herzogs Johann Albrecht II. Noch einmal sah Güstrow unter der Regierung seines Sohnes, des tüchtigen Herzogs *Gustav Adolph*, einen lebenbringenden Fürstenhof, bis im J. 1695 mit ihm die güstrowische Linie erlosch und die Stadt dadurch die Residenz verlor. Zur Entschädigung ward die Verlegung des *Hof= und Land=Gerichts* nach Güstrow bestimmt, welches, nach Ueberwindung der Regierungszeit des Herzogs Carl Leopold, 1748–1818 seinen Sitz in Güstrow hatte und seitdem durch die Gründung einer *Justiz=Canzlei*, welche ein neues Gebäude erhielt, ersetzt ward. Durch diese hohen Gerichtshöfe ward Güstrow der Wohnort vieler Rechtsgelehrten und gewann dadurch bedeutenden Ruf und großen, Gewinn bringenden Geschäftsverkehr. Im J. 1763 war zu Güstrow eine unter dem Namen des *Steuer=Collegii* bekannte städtische *Steuer=, Polizei= und Kämmerei=Commission* niedergesetzt, welche im J. 1837 mit der Beschränkung als Steuer=Departement nach Schwerin versetzt ward.

Die Verluste, welche Güstrow im Laufe der Zeit erlitten hat, sind in neuern Zeiten zum Theil dadurch ersetzt, daß die Stadt der *Mittelpunkt des landwirthschaftlichen Verkehrs Meklenburgs* ward. Es erhielt jährliche *Pferderennen*, den *Haupt=Wollmarkt*, zu welchem ein Magazin erbauet ward, das auch zum *Schauspielhause* benutzt wird, die Hauptversammlungen des *patriotischen Vereins* u.s.w.; im J. 1817 ward das Schloß zum *Landarbeitshause* eingerichtet. Dies Alles hat noch immer einen sehr lebendigen Verkehr in Güstrow erhalten.

Auf unserm Bilde sehen wir den geräumigen Marktplatz mit dem *Rathhause* und der *Pfarrkirche*.

Die *Pfarrkirche* ist ein sehr breites, jedoch nicht schönes Gebäude. Sie besteht aus 4 neben einander liegenden Schiffen, ohne Chor und Kreuzschiffe, hat in Folge dessen vier Dächer neben einander, ist vielfach durchbrochen und erweitert, wahrscheinlich weil sie nach und nach durch Anbaue vergrößert ist; sie ist in dieser Eigenthümlichkeit weder im Bau, noch im Schmuck bemerkenswerth. Das Schönste an ihr ist die geschmackvolle Thurmspitze mit einer offenen Gallerie. Die Kirche stand zum Theil schon im 13. Jahrhundert, und war eine Tochterkirche des Doms. Schon im J. 1308 ward ihr die Kapelle zum *Heil. Geist* einverleibt. Bei dem großen Brande im J. 1503 brannte sie aus; sie ward aber im J. 1508 im Gemäuer wieder hergestellt und mit 18 Altären geweihet. Die jetzt noch stehende Kirche stammt in dem Gemäuer ohne Zweifel noch aus dem Mittelalter.

Das *Rathhaus* ist ebenfalls im Anfange des 16. Jahrh. erbaut, nachdem der Brand vom J. 1503 das alte verzehrt hatte, und besteht ebenfalls aus vier Längsgebäuden neben einander. Im Anfange unsers Jahrhunderts hat es eine neue Fronte erhalten.

Parchim

Das Schicksal und die Geschichte der Stadt Parchim sind im höchsten Grade geeignet, die Theilnahme des Gebildeten in Anspruch zu nehmen, da die Stadt fast zu allen Zeiten durch irgend eine Veranlassung die Aufmerksamkeit auf sich gezogen hat.

Parchim, an der schiffbaren Elde, in der Nähe der höchsten Waldhöhen Meklenburgs gelegen, war schon zur *heidnischen* Zeit eine *Hauptfeste* des wendischen *Landes Warnow* und wird als solche schon im J. 1170 in einer kaiserlichen Urkunde genannt. Diese Feste ist ohne Zweifel der neben der Stadt an einem weiten Wiesengrunde stehende *Burgwall*, jetzt *Bleicherberg* genannt, der im Mittelalter durch die Ziehung des Stadtgrabens zum Theile abgetragen ist. Auch wird Parchim ein Hauptsitz alten Götzendienstes gewesen sein, da sowohl der wendische *Name* der Stadt (von Park = Licht oder Sonne), als der alte Name der nahen Waldhöhe: *Sonnenberg*, auf den Dienst des wendischen Sonnengottes Parkun deutet, dessen Verehrung nach der Stiftungsurkunde der Stadt hier ziemlich lange gedauert haben muß.

Bald nach der Stiftung der Seestadt Rostock, wahrscheinlich bald nach dem J. 1218, sicher vor dem J. 1226, da die Urkunde nicht Jahr und Tag angiebt, gründete der Fürst *Heinrich Borwin* II. unter Zustimmung seines Vaters, in dem "verödeten, unwegsamen und dem Götzendienst ergebenen Lande" neben der wendischen Burg eine deutsche und christliche Stadt, indem er von nahe und ferne christliche Anbauer herbeirief, und bewidmete sie mit besonderen Rechten und Freiheiten, welche im Laufe der Zeiten noch vergrößert wurden. So ward *Parchim*, nächst den sächsischen Grafenstädten, die *älteste Landstadt* des Landes und bildete ein eigenes Recht, das *parchimsche Recht*, aus, welches den nahe gelegenen Städten bei ihrer Stiftung verliehen ward. Durch diese Bevorzugung bildete sich die junge Stadt schnell aus und ward durch ihre damals günstige Lage eine *Hauptstadt des Binnenhandels*, namentlich nach der Elbe und nach Perleberg hin; dadurch erreichte Parchim einen so hohen Grad der Blüthe, daß es das ganze Mittelalter hindurch die *volkreichste und begütertste Landstadt* des Landes nächst den beiden Seestädten Rostock und Wismar ward und immer einen diesem Reichthum entsprechenden politischen Rang einnahm.

In der ersten *Theilung der Länder* unter die vier minderjährigen Söhne des Fürsten Heinrich Borwin II. im J. 1229 fiel das Land *Warnow* oder *Parchim* dem jüngsten der Brüder *Pribislav* I. zu, welcher beim Beginn seiner Volljährigkeit im J. 1238 die Privilegien der Stadt bestätigte, seine Residenz auf der schon im J. 1229 mit einer christlichen Kapelle versehenen Burg zu Parchim nahm und die Stadt zur *Hauptstadt des neuen Fürstenthums Parchim* erhob, welches sich nördlich bis an die Warnow erstreckte und die Städte und Gebiete Parchim, Lübz, Plau, Goldberg und Sternberg umfaßte. *Pribislav* I. nannte sich zuerst Herr oder *Fürst von Parchim*; nachdem er sich aber an der Nordgrenze seiner Herrschaft, am Ufer der Warnow, bei Zittow, nicht weit vom schweriner See, das *Schloß Richenberg* (bei der zu Kleefeld gehörenden *richenberger Mühle*) eine Burg erbauet hatte, nannte er sich auch Herr oder *Fürst von Richenberg*. Die Stadt bestand im Anfange nur aus der jetzigen *Altstadt*; nachdem sie aber Residenz geworden war, entstand neben der fürstlichen Burg und bei der Burgmühle ein neuer Stadttheil, die *Neustadt*, in welcher sicher schon im Jahre 1249 eine Kirche, die Marienkirche, stand; dem Pfarrer derselben ward damals der Gottesdienst in der Burgkapelle gegen einen reichlichen Sold anvertraut.

Parchim erfreute sich jedoch nicht lange der Gunst,

Hauptstadt einer eigenen Herrschaft zu sein. *Pribislav* war mit dem *Bischofe Rudolf I. von Schwerin* wegen der Zehnten und wegen allerlei geistlicher Anmaßungen in einen Streit gerathen, welcher im J. 1256 zum offenen Kriege ausartete. Der Fürst führte den Bischof gefangen in seine Burg Richenberg und zerstörte das bischöfliche Schloß zu Bützow. Kaum hatte sich der Bischof befreiet, als dieser den Fürsten wiederum gefangen nahm, welcher nur unter schweren Bedingungen die Freiheit wieder gewann. Schwer gekränkt durch die Rache des Bischofs, bedrängt von Geldverlegenheit wegen seiner Auslösung, legte er im J. 1257 die Regierung nieder und *zog nach Pommern*, da sein *Sohn Pribislav* II. mit der Prinzessin Katharina, des Herzogs *Mestwin* II. von Hinterpommern Tochter, vermählt war. Pribislav I. nannte sich nun *Herr von Wollin* und starb nach dem J. 1270, nachdem er im J. 1261 seine Rechte an sein Land abgetreten hatte. Sein Sohn Pribislav II. blieb ebenfalls in Pommern; er nannte sich *Herr von Daber und Belgard*, welche Länder ihm sein Schwiegervater auf Lebenszeit abgetreten hatte: und mit seinem Tode *erlosch* im J. 1315 die *fürstliche Linie Parchim=Richenberg*.

Das Fürstenthum Parchim=Richenberg war nach Pribislav's I. Abdankung das Ziel der Lüsternheit aller nahestehenden Fürsten. Die Länder Plau und Goldberg waren an das werlesche, das Land Sternberg an das meklenburgische Fürstenhaus verpfändet worden und blieben bei diesen. *Land und Stadt Parchim* aber hatte Pribislav an den Grafen von Schwerin verpfändet. Im J. 1261 trat er das Eigenthum jedoch dem Markgrafen von Brandenburg ab: dafür sollte dieser ihm seine übrigen Besitzungen wieder gewinnen. Dagegen machten die Herzoge von Sachsen als Lehnsherren, wohl mit Recht, Ansprüche auf das Land; um die Sache auszugleichen, verlobte die Herzogin Helena von Sachsen ihre Tochter mit dem Grafen *Helmold von Schwerin* und ließ sich dagegen Parchim abtreten, welches ihre Söhne im J. 1265 förmlich kauften; die Neustadt Parchim blieb jedoch dem Grafen von Schwerin. Dem herzoglichen Hause Sachsen kauften aber bald darauf die Markgrafen von Brandenburg die Rechte ab. Diese hatten zugleich auch den dem Fürsten Pribislav und den seinem Sohne nahe verwandten Herzog Mestwin von Hinterpommern in Belehnung und in ihren "Schutz" genommen, dem sich auch bald Pribislavs Sohn ergab. Dagegen wollten aber die Grafen von Schwerin ihre Pfandansprüche nicht fahren lassen, und die Brüder Pribislavs, Johann von Meklenburg und Nicolaus von Werle, forderten ihr Erbrecht. Dazu entsagte Pribislav I. im J. 1270 zu Gunsten der Grafen von Schwerin seinen Rechten an Parchim und gab ihnen seine Tochter in's Haus.

Der Besitz des Landes Parchim kam jedoch endlich an das *Fürstenhaus Werle*, unter dessen Regierung es schon im J. 1273 erscheint. Für die Stadt hatte dieser vielfache Regentenwechsel den Vortheil, daß ihre Freiheiten und Vorrechte erweitert wurden und ihre nächste Zukunft sich sehr glänzend gestaltete. Durch die verschiedenen Landestheilungen verlor *Parchim die Residenz*, indem die ältere Linie, welcher Parchim im J. 1316 zugetheilt ward, bis zu ihrem Aussterben im J. 1375 zu *Goldberg*, einer Tochterstadt von Parchim, Residenz hielt; aber Parchim blieb immer die *Hauptstadt* dieses Landestheils und behauptete ihren Rang durch Macht und Reichthum. *Gewerbe und Handel* blüheten auf eine großartige Weise und keine Stadt erwarb so ausgedehnte *Landbesitzungen*, wie Parchim. Zeugen dieser entschwundenen Größe sind noch die ungewöhnlich, ja lästig *große Feldmark* der Stadt, welche nach und nach zehn untergegangene Dörfer in sich aufgenommen hat und den Besitz aller andern Landstädte Meklenburg's übersteigt, die weite Landwehr, welche dieselbe einschließt und in welcher noch einzelne Wartthürme aus dem Mittelalter stehen, die vielen (10) Landgüter, welche außerhalb der Landwehr die Stadt und außerdem die geistlichen Stiftungen besitzen, die weiten, mächtigen Wälle, welche die Stadt außerhalb der Mauern umgürten. Im Gefolge eines solchen Reichthums war denn auch ein hohes Ansehen, welches der Stimme der Stadt in allen politischen Verhandlungen des

PARCHIM

Landes ein bedeutendes Gewicht gab. Daher stand denn auch der Rath der Stadt Parchim den Räthen der Seestädte zunächst, und es entwickelte sich schon in dieser Zeit die Vertretung der übrigen Landstädte durch Parchim, durch welche diese Stadt bis auf heute die erste der vertretenden *Vorderstädte* Meklenburgs geworden und geblieben ist. Zu einer solchen Stellung gehörte denn auch das *Münzrecht*, welches die Stadt sicher in der zweiten Hälfte des 14. Jahrhunderts durch landesherrliche Verleihung besaß. Den sichersten Beweis von der Bedeutsamkeit der Stadt ist aber der Umstand, daß sie das ganze Mittelalter hindurch nächst Rostock die meisten Krieger zum Landesaufgebot, ja noch im 16. Jahrhundert 400 Mann zu stellen hatte. Daher scheinen denn auch schwere Prüfungen, wie der *schwarze Tod* im J. 1349, keine nachhaltigen, schlimmen Folgen für das Wohl der Stadt gehabt zu haben. Eine Frucht dieses verderblichen Ereignisses scheint die Stiftung einer frommen Brüderschaft, die seit dieser Zeit vorkommende und noch heute blühende, im Lande genug bekannte *Dreiunddreißigergilde* zu sein.

Zu einer solchen Bedeutsamkeit stimmten denn auch die geistlichen Verhältnisse. Zwar hat die Stadt, trotz ihrer großen Einwohnerzahl, jedoch bei einer unbedeutenden Landgemeinde, im Mittelalter immer nur zwei Pfarren mit nicht sehr großen Kirchen gehabt; aber sie hatte schon seit dem 13. Jahrhundert ein *Franziskanerkloster* nicht weit von der fürstlichen Burg, einen bischöflichen *Archidiakonus*, zahlreiche *milde Stiftungen* mit Hospitälern und Kirchen, und viele geistliche Brüderschaften.

Durch das Aussterben des Fürstenhauses Werle=Goldberg im J. 1375 ward das Ansehen Parchims nicht geschwächt, obgleich jetzt Güstrow alleinige Residenz des werleschen Fürstenhauses ward. Im J. 1377 verkaufte der Fürst Lorenz von Werle=Güstrow der Stadt den fürstlichen *Burgwall* (den jetzigen Bleicherberg) mit allen Gebäuden und der Burgmühle und bewahrte sich nur den Besitz des innerhalb der Neustadt liegenden fürstlichen "Langen Hofes", ohne Befestigung, zu parchimschen Stadtrechte.

Nach dem *Aussterben des ganzen werleschen Fürstenhauses* im J. 1436 fiel Parchim an *Meklenburg*. Zwar erhoben die Markgrafen von Brandenburg wieder ihre Ansprüche; aber die Stadt Parchim war die erste, welche zuerst den meklenburgischen Fürsten huldigte und den Widerstand gegen Brandenburg in sich vereinigte. Freilich gewann Parchim nie wieder eine Residenz; aber die Stadt hielt sich merkwürdiger Weise, trotz des in Folge anderer Weltverhältnisse in Norddeutschland allgemein abnehmenden Verkehrs, fortwährend in Blüthe.

Bei der *Reformation* war Parchim eine der *ersten* Städte Meklenburgs, welche der Lehre Luthers huldigten. Aus Achtung vor dem Ansehen der Stadt setzte der Herzog Heinrich der Friedfertige im J. 1537 den *ersten Superintendenten des Landes*, den M. *Johann Riebling*, von welchem vorzüglich die junge Kirche aufgebaut ward, nach Parchim; noch heute ist Parchim der Sitz einer Superintendentur.

Bis zum Ende des 16. Jahrhunderts bewahrte die Stadt ihre Blüthe. Aber das überall verderbliche 17. Jahrundert rüttelte auch mächtig an ihren Grundfesten und vernichtete fast ganz ihren Glanz. Zuerst brachen überall arme Zeiten herein. Darauf wirkten die Landestheilungen zwischen den Herzogen Adolph Friederich I. und Johann Albrecht II. störend ein; durch den Vertrag von Fahrenholz vom J. 1611 ward das *Domanial=Amt zu Parchim* aufgehoben und durch den güstrower Theilungsvertrag von 1621 ward Parchim von den ehemals werleschen Ländern getrennt und zum schwerinschen Antheile geschlagen. Dadurch ward, unter veränderten Verhältnissen, Parchim eine untergeordnete Stadt, während Güstrow stieg. Schon im J. 1586 hatte eine ungeheure *Feuersbrunst* 282 Häuser in Asche gelegt. Jetzt brach der vernichtende *dreißigjährige Krieg* herein; wohl keine Stadt Meklenburgs ward durch ihn so furchtbar gedrückt, als Parchim. Was der Krieg noch verschont hatte, verzehrte die *Pest*, welche wiederholt über die Stadt zog,

MÜHLE IN PARCHIM

und große Feuersbrünste raubten den verminderten Bewohnern wiederholt Obdach. So war das Ansehen Parchims am Ende des dreißigjährigen Krieges völlig vernichtet und es hat sich bis heute von so vielen Leiden nicht erholen können.

Zwar schien der Stadt noch einmal das Glück lächeln zu wollen. Nachdem Sternberg durch den dreißigjährigen Krieg und schreckliche Feuersbrünste fast ganz verheert war, ward im J. 1667 das *Hof= und Landgericht* nach Parchim verlegt. Leider dauerte aber die Freude nicht lange, indem der Herzog Friederich Wilhelm das höchste Gericht im J. 1708 nach Güstrow verlegte, um diese Stadt, welche schon oft Parchim vorgezogen war, für das Aussterben der güstrowschen Fürstenlinie zu entschädigen.

Der *siebenjährige Krieg* drückte die Stadt wiederum mehr, als irgend eine andere Stadt des Landes. Das in der Nähe erbauete Ludwigslust entzog ihr manchen Verkehr, ja auf einige Zeit den Superintendenten; die südlichen, märkischen Grenzen wurden immer mehr versperrt und der Verkehr suchte sich andere Bahnen. So war gegen das Ende des vorigen Jahrhunderts nicht einmal die Erinnerung von dem alten Glanze der Stadt übrig geblieben und der Geist ihrer Bewohner in Gleichgültigkeit versunken.

In den neuesten Zeiten hat jedoch die Stadt einen neuen Aufschwung genommen, welchen sie vorzüglich der Anregung und der Begünstigung des hochseligen Großherzogs *Friederich Franz* verdankt, welcher auch Patron der Dreiunddreißigergilde war. Die Gewerbe und der Verkehr haben sich bedeutend gehoben, die Verwaltung der städtischen Besitzungen ist mehr geregelt, der Geist der Bewohner lebendiger und strebsamer geworden, selbst das Aeußere der Stadt ist verschönert.

Den mächtigsten Anstoß zum erneuerten Aufblühen der Stadt gab die Errichtung des *Oberappellationsgerichts* im J. 1818, in Folge deren sehr viele hochgebildete Männer ihren Wohnsitz in Parchim nahmen. Diesem höchsten Gerichte folgten bald Buchdruckerei und Buchhandlung, sowie eine Freimaurerloge, welche hier im J. 1820 die erste *Sonntagsschule* für Handwerkslehrlinge stiftete, welche bald Nacheiferung fand und die städtischen Sonntagsgewerbeschulen hervorgerufen hat. Im J. 1823 ward an den Raseneisenlagern am Sonnenberge ein *Gesundbrunnen* entdeckt und eingerichtet, der zwar als solcher nicht viel Glück gemacht hat, aber, in reizender Gegend gelegen, sich als Vergnügungsort großer Theilnahme erfreut. Der mächtigste Hebel für die Blüthe der Stadt ist aber das *Friederichs=Franz=Gymnasium*, welches im J. 1827 aus der seit der Zeit der Reformation bestehenden lateinischen Schule zu einem großen Gymnasium erhoben und mit Mitteln reich bedacht ward. Im J. 1841 ward mit der gelehrten Schule eine *Realschule* verbunden. Beide erfreuen sich des größten Ansehens und des stärksten Besuches von allen Schulen Meklenburgs. Gegenwärtig wird zur Hebung des Volksschulwesens noch eine Elementarschule an das Gymnasium gelegt. Zwar erlebte die Stadt wieder den harten Schlag, daß im J. 1840 das *Oberappellationsgericht nach Rostock* verlegt ward, um dem höchsten Gerichte am Sitze der Universität reichere wissenschaftliche Mittel bieten zu können; aber die Bewohner sind im Fortschritte nicht ermüdet. Die Gewerbe heben sich sichtbar; die verbesserte *Eldenschiffahrt* hebt den Verkehr immer mehr und in Angriff genommene Chausseen, welche der Stadt bisher ganz fehlten, berechtigten die Einwohner zu der Hoffnung einer besseren Zukunft.

Auf unserm *ersten Bilde* sehen wir die *Stadt Parchim* von der Außenseite der Länge nach: links die Altstadt mit der Georgenkirche, rechts die Marienkirche mit der Neustadt, und vor derselben den alten fürstlichen Burgwall, jetzigen Bleicherberg, hinter der Stadt die Waldhöhen des Sonnenberges.

Auf dem *zweiten Bilde* erblicken wir im *Innern* der Stadt die große, neu erbauete *Mühle* an der Elde, zwischen der Alt= und Neustadt, welche letztere dem Beschauer rechts liegt, und durch die Oeffnung in der Stadtmauer im Hintergrunde den Brunnen am Sonnenberge.

Neu-Brandenburg

Das Land Stargard, der Hauptheil des jetzigen Großherzogthums Meklenburg=Strelitz, bildete in der Wendenzeit den größern Theil des Rhedarier=Landes, welches durch seine heidnischen Tempel so berühmt geworden ist und in der Tempelstadt Rhetra und der Burg Stargard (Alten=Burg, eine Meile südlich von Neu=Brandenburg) uralte Ortschaften besaß. Im Westen ward das Rhedarier=Land zum Theile durch den langgestreckten, lieblichen See Tollenze begrenzt. Dort wo in einem wiesenreichen Grunde zwischen weit reichenden Höhen der Tollenze=See in den Tollenze=Fluß abfließt und die Bildung des Bodens einen Querdurchgang von Osten nach Westen eröffnet, lag schon zur Zeit der Wenden an der großen Passage ein stadtähnlicher Ort *Broda* (auf deutsch: *Fähre*), und Märkte und Krüge bezeichneten die Stelle eines größeren Verkehrs. Zur Zeit der Unterjochung der Wenden gehörten diese Gegenden, wie überhaupt die östlichsten Gegenden Meklenburgs, den pommerschen oder lutizischen Fürsten. Mit dem J. 1169 hörten die verwüstenden Bekehrungskriege gegen die Wenden endlich auf und im Anfange des J. 1170 bestätigte der Kaiser Friederich I. den Frieden in ihren Ländern und nahm ihre Fürsten zu Fürsten des deutschen Reichs an. So schien die Ruhe befestigt zu sein. Schon im Anfange des J. 1170 war durch den Feuereifer des Bischofs Berno von Schwerin das Bisthum Schwerin wiederhergestellt und das Kloster Doberan gegründet; am 16.Aug. 1170 erneuerte in einer glänzenden Versammlung der Markgraf Albrecht der Bär von Brandenburg auch das Bisthum Havelberg, welches ebenfalls durch den hartnäckigen Widerstand der Wenden über zwei Jahrhunderte darnieder gelegten hatte. An demselben Tage schenkte der Fürst Kasimir I. von Pommern, unter Beistimmung seines Bruders Bugeslav I., welche beide bei der Feier der Domweihe zu Havelberg gegenwärtig waren, zur Verherrlichung derselben den Domherren von Havelberg fast alle Landgüter zu beiden Seiten der Tollenze von Prillwitz bis zur jetzigen Grenze von Pommern hinab und in der Mitte derselben den Ort *Broda*, um damit ein Stift ihres Ordens und ihrer Kirche zu gründen. Mit dieser Schenkung ward das *Prämonstratenser=Mönchs= Kloster Broda*, zum Bisthum Havelberg gehörig, gestiftet, welches eine Viertelstunde westlich von der jüngern Stadt Neu=Brandenburg am linken Ufer der Tollenze, am Ausflusse derselben aus dem See, an dem Fuße einer Anhöhe lag. Ehe aber noch die Gründung des Klosters in den zerrütteten Ländern zur Ausführung kommen konnte, machten innere Leiden die Entwickelung der neuen Stiftung unmöglich. Es waren nicht allein die wiederholten Aufstände der Wenden, namentlich nach dem Tode Pribislavs am 30.December 1178, welche die verödeten Länder von neuem mit Blut tränkten: in derselben Zeit begannen auch die hartnäckigen, verwüstenden Kriege, welche die brandenburgischen Markgrafen gegen die Herzoge von Pommern über die Oberherrlichkeit über dieses Land führten, Kriege, mit denen die Ausdehnung der brandenburgischen Macht beginnt. Im J. 1182 fiel auch der Pommernherzog Kasimir I. in einer Feldschlacht gegen die Brandenburger; vorzüglich aber wütheten die immer erneueten Kriege, welche jeden Keim der Bildung vernichteten, in den Jahren 1197 bis 1198 und 1214, bis endlich die Pommernfürsten unterlagen und durch den Vertrag von Kremmen am 20. Juni 1236 ihre ursprünglichen Besitzungen von den Markgrafen zu Lehn nehmen und diesen das Land Stargard, ungefähr das jetzige strelitzer Land, abtreten mußten. Jetzt erst kamen die Segnungen des Friedens über das unglückliche Land: unter den Brandenburgern, deren ehemalige Herrschaft noch in

Stadt=Wappen und Rechten zu erkennen ist, wurden die Städte und Klöster des Landes gegründet und alle Verhältnisse geregelt. Bis zum J. 1302 blieb das Land in brandenburgischem Besitze, bis zum Tode des letzten Fürsten der herrschenden brandenburgischen Linie, Albrechts III.; dieser ließ es seiner Tochter Beatrix, welche es als Heirathsgut ihrem Gemahle, dem Fürsten Heinrich dem Löwen von Meklenburg zubrachte, der es trotz wiederholter Anfechtungen durch seine ritterliche Tapferkeit siegreich für alle Zeiten dem Hause Meklenburg bewahrte.

In jenen Zeiten der blutigen Aufstände und Kriege verlor auch das Kloster *Broda*, welches sprichwörtlich wegen seines ursprünglichen Reichthums auch den deutschen Namen *Brot* erhalten hatte, beinahe alle seine Besitzungen, welche freilich fast übermäßig gewesen waren, und ward wiederholt zerstört; nicht nur die Markgrafen von Brandenburg eigneten sich das Gut, das ohne Verwalter war, zu, sondern auch die Fürsten von Werle bescheinen sich einen Theil desselben angemaßt zu haben. Das Kloster behielt nicht viel mehr, als die an Broda zunächst gelegenen Dörfer, welche jedoch zur Erhaltung ausreichten. Der Bau des dem Apostel Petrus besonders geweiheten Klosters wird erst nach dem J. 1216 begonnen sein; im J. 1244 stand es bereits.

Auf den nächsten Gütern des Klosters, welche die Landesherren an sich gerissen hatten, wahrscheinlich auf den Feldmarken Dober und Step, gründete der Markgraf Johann I. von Brandenburg, in richtiger Erkenntniß der günstigen Lage der Gegend des jetzt stille gewordenen Broda, am 4. Januar 1248 nach dem Muster seiner Stadt Alt=Brandenburg eine neue Stadt *Neu=Brandenburg* und übertrug die Einrichtung derselben dem *Herbord von Rowa*, der unter dem entstellten Namen Alborus von Raven als Gründer der Stadt bekannt ist; noch lange lebten Herbords Nachkommen als landbegüterte Vasallen und Bürger zu Neu=Brandenburg. Als die Stadt bald fröhlich aufblühte und die Mönche scheel auf die ihrem ehemaligen Boden entsprießenden Früchte sahen, entschädigten die Markgrafen Otto und Albert im J. 1271 das Kloster für den ihm für die Stadt genommenen Grund und Boden durch mehrere feste Hebungen und durch das Patronatrecht über die Kirchen der Stadt, so daß diese doch in einem Abhängigkeitsverhältnisse zu der ältern Stiftung blieb, deren Unglücke sie ihr Dasein verdankte.

Neu=Brandenburg ward bald die erste Stadt des Landes Stargard; noch jetzt ist sie es und *Vorderstadt* des stargardischen Kreises, d.h. Vertreterin der übrigen stargardischen Städte in landständischen Angelegenheiten. Schon in dem Jahrhundert ihrer Erbauung ward die prachtvolle Hauptkirche vollendet und manche andere geistliche Stiftung gegründet, von denen ebenfalls noch treffliche Bauwerke zeugen; ein Jahrhundert später (vor dem J. 1417) erhielt es ein Franziskaner=Mönchs=Kloster. Die *Thore* und Mauern der Stadt mit den alten mit Eichen bepflanzten Wällen zeugen davon, daß sie stets von Bedeutung gewesen sei. War die Stadt auch nie beständige Residenz der Fürsten, so hielten sie hier doch häufig Hof, namentlich immer dann, wenn Geschäfte oder Feste eine große Anzahl von Gästen herbeizogen, und die Stadt ward der Schauplatz mancher merkwürdigen Begebenheit. Daher hatten die *Landesherren* hier auch immer einen *Wohnhof*. Den ältesten Hof verschenkten sie im J. 1349 an die zu Grafen von Fürstenberg erhobenen Herren von Dewitz, zogen ihn jedoch nach kurzer Zeit, als die Grafschaft Fürstenberg aufhörte, wieder ein. Darauf schenkten die Fürsten das Haus den in der Nähe der Stadt wohnenden Rittern von Ihlenfeld: in einer blutigen Fehde der Ihlenfelde mit den Bürgern, welche über die an dem Hofe klebenden Freiheiten und den Uebermuth der Ritter ergrimmt waren, brachen die Bürger im J. 1480 den Hof ab. Darauf baueten sich die Fürsten einen geräumigen Hof am stargardischen Thore, den sie jedoch im J. 1564 ebenfalls verschenkten, nachdem die Linie Meklenburg=Stargard seit längerer Zeit ausgestorben war; noch heute führt ein an der Stelle des Hofes stehendes Gasthaus den Namen "zum Fürstenhofe." Erst seit dem J. 1775 entstand das jetzige Palais am Markte.

Der Wohlstand der Stadt ist geblieben; große Unglücksfälle haben aber bis auf die Kirchen, Mauern und Thore jede Spur von der alten Gestalt vertilgt, so daß Neu=Brandenburg als eine ganz neue Stadt erscheint, denn sie ist regelmäßig, weit und freundlich gebaut. Eine Feuersbrunst legte im J. 1614 die halbe Stadt in Asche. Nicht lange darauf ward sie von den Gräueln des dreißigjährigen Krieges so schrecklich heimgesucht, wie wenig andere Städte. Der heldenmüthige König *Gustav Adolph* von Schweden hatte Deutschland am 4. Julii 1630 betreten. Wallenstein wich auf einige Zeit vom Kriegsschauplatze und der blutbefleckte *Tilly* ward sein Nachfolger im Oberbefehle des katholischen Heeres. Gustav Adolph, in dem Vorsatze, Schritt für Schritt sicher zu gehen, suchte sich erst in Pommern festzusetzen und zu stärken und von hieraus weitere Verbindungen anzuknüpfen. Die Kaiserlichen waren in diesen Gegenden nicht stark und der Schwedenkönig gewann ohne große Opfer eine Stadt nach der andern. *Gustav Adolph* gewann Neu=Brandenburg mit leichter Mühe und hielt am 2. Februar 1631 seinen *Einzug*; weil er aber zur Belagerung von Demmin eilte, brach er mit seinem Heere am 7. Februar gegen diese Stadt auf und ließ in Neu=Brandenburg nur eine Besatzung von 2000 Mann unter dem General=Major von Kniephausen. Tilly, von den Fortschritten des Königs unterrichtet, rückte in Eilmärschen aus der Churmark von Ruppin her gegen die Stellung Gustav Adolphs. Voran schwärmten brennend und mordend die Kroaten, und die Kaiserlichen besetzten bald das nahe Stargard. Am 4. März erschien *Tilly selbst vor Neu=Brandenburg*; die schwedischen Truppen und die herzhaften Bürger rüsteten sich mit allen Kräften zur Gegenwehr. Nach einigen Verhandlungen und Vorbereitungen begann die eigentliche *Belagerung* der Stadt am 6. März. Alles, was in der Stadt war, behauptete sich heldenmüthig. Die Beschießung der Stadt dauerte drei Tage; was während des Tages eingeschossen war, füllten die Bewohner des Nachts wieder aus und stärkten sich am folgenden Tage wieder durch Gebet, Predigt und Abendmahl. Eine Capitulation konnte Tilly nicht gewinnen; Kniephausen rief vielmehr: "Wachet nun auf und haltet euch wohl, ihr ehrlichen Soldaten; jetzt wirds zum Ernste gehen." Da eröffnete Tilly am 9. März früh Morgens ein furchtbares Bombardement und der Sturm begann bald; um Mittag drangen, nach heldenmüthiger Gegenwehr der Belagerten, die Kaiserlichen über den Wall beim friedländichen Thore und von hier durch eine Bresche in der Mauer neben dem neuen Thore, wo noch jetzt zur Bezeichnung der Stelle drei Kanonenkugeln nach der Stadtseite eingemauert sind. Die Zügellosigkeit der wilden Horden kannte keine Grenzen; es begann ein allgemeines Rauben und Morden unter den empörendsten Grausamkeiten. Selbst die Altäre waren den Feinden nicht heilig. In der schrecklichsten Verwirrung stürzte alles in die Marienkirche, wo fortwährend Gottesdienst gehalten ward; die Feinde stürmten nach und schonten mit blutbefleckten Händen im Heiligthume weder Prediger, noch Frauen und Jungfrauen. Die rohesten Ausschweifungen begleiteten das Blutbad und die allgemeine Plünderung währte drei Stunden. Unterdessen kam *Tilly selbst in die Stadt*; sein Pferd ward über Bretter durch die Bresche hineingeleitet. Glücklicherweise brach Feuer aus, wodurch die zügellosen Schaaren etwas von fernern Unmenschlichkeiten abgehalten wurden, obgleich die Martern noch längere Zeit fortgesetzt wurden. Tilly ging nach Stargard zurück; was er aber am 9. März in Neu=Brandenburg gethan hatte, war nur ein Vorspiel von dem, was er am 20.Mai in Magdeburg that. Gustav Adolph stand vor Frankfurt a.O., als er das unwürdige Benehmen Tilly's gegen die tapfere Schaar in Neu=Brandenburg vernahm. Auch er befahl, den Kaiserlichen keinen Pardon zu geben, und bei der Erstürmung Frankfurts am 13. April riefen die wüthenden Schweden denen, welche um Quartier oder Pardon baten, die Antwort entgegen: "*Neubrandenburgisch Quartier*" und hieben sie in Stücke. Bis auf die neuern Zeiten ward in Neu=Brandenburg zum Gedächtnisse am Mittwoch nach dem Sonntage Reminiscere ein Bußtag unter dem Namen des *Tilly=Tages* begangen. Was der Sturm noch geschont hatte, verwüsteten die namenlosen Leiden der Jahre 1637 und 38, welche durch ihre lange Dauer folgenreicher wirkten, als kaum ein anderes Unglück. Kaum hatte sich die Stadt ein wenig erholt, als am 20. Mai 1676 ein furchtbarer Brand die ganze Stadt verzehrte; nur die Kirchen und etwa 30 Wohngebäude blieben übrig, und die Einwohner retteten fast nichts als das nackte Leben. Erst seit dem Entstehen des Hauses Meklenburg=Strelitz (1701) erholte sich die Stadt durch mancherlei Begünstigungen etwas; doch gingen am 24. April 1737 wieder 222 Häuser mit dem Rathhause und dem Archive in Rauch auf. Dennoch hat Neu=Brandenburg bis heute immer die erste Stelle unter den Städten des strelitzer Landes behauptet; regelmäßige Bauart, breite, reinliche Straßen freundliche Häuser, eine schöne Kirche, eine große Schule, ein Schauspielhaus, ein fürstliches Palais, lebhafter Verkehr mit alten Wollwebereien, mit Wollmarkt und Pferderennen neuerer Zeiten und mit Versicherungsanstalten, mehrere Chausseen mit Schnellposten zeugen von der Bedeutsamkeit des Ortes, der in 28 regelmäßigen, rechtwinkligen Vierecken 650 Häuser mit mehr als 6000 Einwohnern zählt.

Die Stadt Neu-Brandenburg

Auf unserm *Bilde* sehen wir die Stadt von Belvedere aus; links erblickt man die Häuser des Pachthofes Broda. Im Vorgrunde liegt die nördlichste Bucht des Tollenze=Sees, dahinter die Stadt, in der Mitte mit der schönen Marienkirche und am linke Ende mit der kleinen, aber trefflich gebaueten St. Georgen=Hospital=Kirche. Im Hintergrunde erheben sich die Höhen der unter dem Namen des “friedländer Werders” von Friedland bis an die Ufer der Tollenze reichenden Hochebene.

STADT NEUBRANDENBURG

Die Thore von Neu-Brandenburg

Von der alten Stadt Neu=Brandenburg sind nur noch die Kirchen, Mauern und Thore vorhanden. Diese Bauwerke geben den besten Beweis von der Bedeutsamkeit der Stadt während des Mittelalters. Die kirchlichen Gebäude gehören zu den schönsten in den meklenburgischen Landen; die Mauern mit ihren vielen Warten oder "Wiekhäusern" zeugen noch, wie selten an einem andern Orte, von der Wehrhaftigkeit der Einwohner; und die Thore gehören zu den sehenswerthesten in den Ostseeländern sowohl wegen ihrer Festigkeit, als wegen ihres Schmuckes. Wir sehen auf unserm Bilde, die beiden schönsten Thore der Stadt, das *friedländer* und das *stargarder Thor*. Beide stammen ohne Zweifel aus der besten Zeit des 15. Jahrhunderts, der blühenden Periode der Thorbauten, in welcher manches ähnliche Bauwerk in Norddeutschland entstand. Als im J. 1558 die Kircheneinkünfte visitirt wurden, nahm der Rath den dritten Theil derselben in Anspruch, sich auf altes Herkommen stützend und berichtend, von diesem Drittheil hätten ihre Vorfahren und sie bisher Mauern, Thürme und anderes erbaut. – Vieles von dem eigenthümlichen Schmucke dieser Thore hat der Zahn der Zeit schon zernagt; manches an denselben aber, wenn auch jetzt dunkel in der Bedeutung, wie verstümmelte Steinbilder an dem stargarder Thore, erwekken das Nachdenken des sinnigen Beschauers. Mögen sie als feste, ehrwürdige Zeugen reicher Begebenheiten lange vor Vernichtung verschont bleiben!

Belvedere bei Neu-Brandenburg

Von dem Kloster *Broda* ist keine Spur mehr vorhanden; an der Stelle des Klosters steht ein *Pachthof*. Nur hin und wieder zeugt die Auffindung eines uralten Ziegels von ehemaligen großen Bauten, welche an dieser Stelle gestanden haben.

Nach Ueberwindung so vieler Leiden blühete endlich gegen die Mitte des 13. Jahrhunderts das Prämonstratenser= oder Augustiner=Kloster mit 12 Capitelherren unter einem Propste glücklich auf und erfreuete sich eines ruhigen, wenn auch geräuschlosen Daseins, bis es seit dem J. 1551 nach und nach aufgehoben ward. Darauf ward es Sitz eines fürstlichen Domainen=*Amtes*, welches die den Landesherren zugefallenen Güter des ehemaligen Klosters verwaltete, bis auch dieses verlegt ward und der Ort jegliche Bedeutsamkeit verlor. Der menschenfreundliche Herzog Adolph Friederich IV. von Meklenburg=Strelitz († 1794), der sich viel in Neu=Brandenburg und auf seinem nahen Gute Sponholz aufhielt, erkannte, in seiner Liebe zur Natur, bald die reizende Lage von Broda. Er erbaute sich daher auf den Uferhöhen über Broda ein einfaches, ziemlich bedeutendes, hölzernes Sommerhaus und umgab es mit einigen Anlagen; allein mit der Zeit verfielen diese und jenes ward auf Abbruch (zum jetzigen Ressource=Hause in Neu=Brandenburg) verkauft.

Die jetzige, kunstsinnige Großherzogin Marie suchte diese Stelle wieder auf, welche zu der schönsten in den Ostseeländern gehört, und gab ihr seit dem J. 1823 die jetzige würdevolle, wenn auch einfache Einrichtung. Auf einem hohen Vorsprunge der nordwestlichsten Ufer des Tollenze=Sees, eines der reizendsten Seebecken Norddeutschlands, in einer bewaldeten Gegend, erhebt sich nämlich ein kleiner griechischer Tempel in einfachem Styl als fürstliches Sommerlusthaus. Lebhaft erinnern beim Anblick Lage und Bau an die sinnreichen Tempel auf den Vorgebirgen des schönen Griechenlandes; nicht minder werden Auge und Herz durch das reiche und

FRIEDLÄNDER THOR

STARGARDER THOR

IN NEUBRANDENBURG

doch klare Bild erfreut, das sich mit seltener Fülle vor den Augen entfaltet. Unter der hohen Terrasse breitet sich das große, nicht zu weit ausgedehnte, zwei Meilen lange Seebecken der Tollenze bis zu den Höhen von Prillwitz und Hohen=Zieritz aus; gegenüber erheben sich die reizenden, hohen Waldufer der ehemaligen Johanniter=Comthurei Nemerow; links prangt im üppigen Wiesengrunde die schmucke Stadt Neu=Brandenburg mit ihrem prachtvollen gothischen Thurme, und weithin über die Hütten des einst hoch gefeierten Broda's dehnt sich neben den Fluren des Friedländer Werders das Thal des Tollenze=Flusses nach Pommern hinein: ein Anblick, eben so reich an geschichtlichen Erinnerungen, als an stärkender Augenweide.

Die St. Marien-Kirche zu Neu-Brandenburg

Besitzen die deutschen Ostseeländer auch manche großartige und sehenswerthe Kirche, wie die Kirchen zu Lübeck, Schwerin, Doberan, Bützow, u.a.m., so steht doch die S. Marien= oder Pfarr=*Kirche* zu *Neu=Brandenburg* als einziges Beispiel eines auch im Aeußern vollständig durchgeführten Baues in gothischen oder Spitzbogenstyl da. Wenn auch die Kirchen der norddeutschen Tiefländer nicht mit den Kirchen der Gebirgsländer verglichen werden dürfen, so sind sie doch nicht weniger bewundernswerth, indem in ihnen im *Ziegelbau* das Mögliche und Aeußerste geleistet ist, ja sie sind oft noch bewundernswerther, als jene, da der Ziegelbau wohl mehr Schwierigkeiten hat und mehr Geschicklichkeit voraussetzt, als der Bau aus gehauenen Werkstücken. Diesen Maaßstab muß man an unsere Kirchen legen, wenn man sie richtig würdigen und beurtheilen will. Fast ohne Ausnahme beschränkte man sich beim Bau der Ziegelsteinkirchen auf die Herstellung richtiger und schöner Verhältnisse in einfachen und schlichten Mauern und Gewölben; man brachte Verzierungen hin und wieder und selten nur an einzelnen Theilen an, etwa an Pforten, Kapitälern, Gesimsen, Giebelfeldern, auch wohl mitunter an Fensterpfeilern; aber an eine durchgehends durchbrochene Arbeit in der Verzierung des Aeußern, wie wir sie an den Domen der Gebirgsländer anstaunen, wagte man sich nicht, vielleicht weil man, mit Unrecht, die Ziegel für nicht stark genug und zu wandelbar hielt. Nur die Kirche zu Neu=Brandenburg liefert das einzige Beispiel in den Ostseeländern, daß sowohl in alter, als in neuer Zeit der äußere Schmuck des Spitzbogenstyls durch Ziegelbau, wenn auch nicht in derselben Ausdehnung, doch in demselben Geiste und in derselben Schönheit, wie an den Felsenkirchen, freilich aber auch mit größern Schwierigkeiten, ausführbar und wenigstens eben so dauerhaft und ansprechend sei; eine Kirche zu Prenzlau soll ein zweites Beispiel liefern. Die Kirche zu Neu=Brandenburg zeigt dasselbe kühne, begeisterte und klare Emporstreben in der durchbrochenen und geschmückten Arbeit an Fenstern, Giebel und Thurm, dieselbe Erhabenheit des Glaubenstriumphes, welche auch im Aeußern den innern Geist der christlichen Kirche beurkundet, wie man dieses alles sonst wohl an den Spitzbogenkirchen sich zu denken gewohnt ist. Und in allen diesen Rücksichten wird die neubrandenburger Kirche stets ein erhabenes Beispiel eines seltenen Unternehmens bleiben.

Obgleich es an ausdrücklichen Angaben über die Erbauung der Kirche fehlt, so läßt sich die Zeit derselben doch ziemlich genau bestimmen. Die Stadt Neu=Brandenburg war am 4. Jan. 1248 von den Markgrafen von Brandenburg, denen das Land Stargard durch den Vertrag von Kremmen im J. 1236 von Pommern zugefallen war, auf dem Grund und Boden des nahen bischöflich=havelbergischen Prämonstratenser=Mönchskloster Broda gegründet. Durch die Landestheilung vom J. 1258 erhielt der Markgraf Otto III., der Fromme, das Land, für welches er eifrig wirkte; er starb auch in Neu=Brandenburg im J. 1267. Schon am 9. Juli 1271 erhielt das Kloster Broda zur Entschädigung für den Grund und Boden der Stadt unter andern Gerechtigkeiten von Otto's III. Söhnen, Otto IV.

BELVEDERE
BEY NEUBRANDENBURG

dem Langen und Albert III., das Patronatrecht über die Pfarrkirche der Stadt und über die Pfarrkirchen, welche im Laufe der Zeit in der Stadt vielleicht noch erbaut werden würden. Damals muß die Kirche also schon vollendet gewesen sein. Im J. 1287 waren schon zwei Nebenaltäre in der Kirche erbauet und bewidmet: der eine zu Ehren des H. Nicolaus von den Söhnen Herbords von Rowa, des Erbauers der Stadt, der andere zu Ehren der H. Katharine; und im J. 1298 weihete der Bischof Johannes von Havelberg den Altar zur Ehre der H. *Maria*.

Die Kirche ist also ohne Zweifel in der Zeit von 1248 bis 1271, der schönsten Zeit des Spitzbogenstyls, unter dem Markgrafen Otto III. von Brandenburg und unter dem Einflusse des Klosters Broda erbauet. Diese Umstände machen es auch wahrscheinlich, daß man von den in hiesigen Landen herkömmlichen, schlichten Formen bei dem Bau abwich und mehr auswärtigen, kunstreichern Mustern folgte.

Ueber die Schicksale des Gebäudes während der katholischen Zeit ist fast gar nichts bekannt. Nur so viel bezeugen alte Urkunden, daß sie durch die Fürsten des Landes, den Adel der Umgegend und die Bürger der Stadt reichlich bedacht ward, was nicht zu verwundern ist, da in Neu=Brandenburg die Fürsten sehr häufig Hof hielten und auch die Diöcesan=Bischöfe von Havelberg nicht selten dort verweilten, wenn Geschäfte sie in das Land Stargard riefen. Schon im J. 1353 hatte die Kirche wenigstens 16 Nebenaltäre, deren Zahl bis zur Reformation auf 39 wuchs.

Beim Hereinbrechen der Reformation, welche zu Neubrandenburg im J. 1525 begann und im J. 1535 "gewaltig" gepredigt ward, war die Kirche, wie die meisten Kirchen, nach der inneren Ermattung des katholischen Kirchenwesens, nicht in der besten Verfassung. Der Thurm war gänzlich im Verfall; vom J. 1553 an ward er neu gebauet und mit Kupfer gedeckt. Seit der Zeit dieser ersten Restauration stand an der Kirche auch der Superintendent des Landes Stargard als Prediger. Im Laufe des folgenden Jahrhunderts ward das Gebäude von schweren Unglücksfällen heimgesucht. Am 28. Juli 1655, Abends 11 Uhr, traf ein Blitz den Thurm, welcher bis auf das Gemäuer niederbrannte; die fünf Glocken schmolzen und die Uhr ward zerstört, doch blieb das Kirchengebäude unversehrt.

Schon im folgenden Jahre ward der Thurm, wenn auch nicht in der früheren Höhe, wieder aufgeführt. Bis dahin hatte die Kirche manchem Sturme fest widerstanden und war Zeugin mancher traurigen Begebenheit gewesen. Allein dem unglücklichen Brande vom 20. Mai 1676, der die ganze Stadt mit Ausnahme der Klosterkirche und ihrer nächsten Umgebungen verzehrte, konnte sie nicht trotzen. Der Feuer ergriff auch die Thurmspitze; diese stürzte auf die Kirche hinab, zerschlug das Gewölbe des Mittelschiffes und das große Orgelwerk von 37 Registern: das ganze Innere der Kirche brannte aus und alle alten Denkmäler der Kirche und die nicht unbedeutende alte Kirchenbibliothek wurden ein Raub der Flammen. Die beschränkten Mittel der Kirche und der allgemeine Nothstand der Stadt erlaubten nur eine allmählige und nothdürftige Wiedereinrichtung. Das Gewölbe ward gar nicht wiederhergestellt, sondern das Mittelschiff nur mit einem Bretterboden bedeckt; der Thurm blieb unter seiner früheren Höhe zurück, die Hauptglocke ward erst im J. 1694 gegossen und eine Orgel erhielt die Kirche erst im J. 1754 wieder. In neuern Zeiten war nur ein Mal eine bedeutendere Reparatur vorgenommen, indem im J. 1802 der Thurm neu mit Schindeln gedeckt ward.

Das Gemäuer an Kirche und Thurm ward von Jahr zu Jahr schadhafter, zumal da man kleine Reparaturen vernachlässigte und für große Bauten die Kirche zu arm war, und wahrscheinlich wäre der gänzliche Verfall des herrlichen Baues zu erwarten gewesen, wenn nicht des regierenden *Großherzogs Georg* Königl. Hoheit den hohen Werth desselben erkannt hätte und fürstlich ins Mittel getreten wäre. Allerhöchstderselbe beschloß, unter lebhafter Theilnahme Seines Bruders, des hochseligen Herzogs *Carl*, die vollständige Wiederherstellung des ehrwürdigen Denkmals alter Kunst und beauftragte den

DIE St. MARIEN KIRCHE IN NEUBRANDENBURG

Baurath *Buttel* zu Neu=Strelitz mit der Ausführung des Baues, welcher viele und wohl überlegte Vorbereitungen zur Ausführung forderte. Nachdem im J. 1832 die jüngern Anbaue, wie Sakristei und Leichenhaus, abgebrochen waren, wurden im J. 1833 das äußere Kirchengemäuer, die Pfeiler und das Gesimse, im J. 1834 der besonders kunstreiche östliche Giebel wiederhergestellt und dieser mit vier kleinen Thürmchen, außer dem kleinen Glockenthurme auf der Spitze desselben, verziert. Im J. 1835 ward der Hauptthurm bis unter dem Umgange abgebrochen und das Grundgemäuer verdickt; im J. 1836 ward der obere, kunstreiche, durchbrochene Stock des Thurmgebäudes ganz von gebrannten Ziegeln an 70 Fuß aufgeführt und im J. 1837 die Thurmspitze vollendet und mit Zink bedeckt. Die ganze Höhe des Thurmes beträgt jetzt 296 Fuß. Darauf ward das Innere der Kirche, deren Länge 190 Fuß beträgt, in Angriff genommen. In den Jahren 1838 und 1839 wurden die Gewölbe der beiden Seitenschiffe reparirt und das Mittelschiff neu gewölbt. Endlich ward in den J. 1840 und 1841 das Innere der Kirche eben so schön und geschmackvoll, als würdig und tüchtig ausgestattet. Zu einer besondern Zierde gereichen der Kirche mehrere ausgezeichnete Kunstwerke: das Fenster hinter dem Altare aus buntem Glase mit den lebensgroßen Figuren der vier Evangelisten, ein Geschenk der Bürgerschaft; das Altarblatt, die Verkündigung der Auferstehung des Herrn darstellend, ein Werk und Geschenk des Hofmalers *Eggers* zu Neu=Strelitz; das Bild bei dem Taufsteine, das Vorbild der Taufe darstellend, wie das Kind Johannes das Jesuskind tauft, ein eigenhändiges Werk der Frau *Großherzogin*, und, wie der Taufstein selbst, ein Geschenk Derselben. Die feierliche *Einweihung* der Kirche ward von dem allerdurchlauchtigsten Großherzoge auf den 12. Aug. 1841, Seinen Geburtstag im 25. Jahre Seiner Regierung, angesetzt, auf den Tag, an welchem er als ein zwölfjähriger Knabe mit Seinem hochverehrten Vater zum Besuche bei Seinem Oheim, dem Herzoge Adolph Friederich IV., zum ersten Male in Neu=Brandenburg anwesend gewesen war: an eine solche schöne Jugenderinnerung wollte Se. Königliche Hoheit die erhebende Feier der Einweihung der von Ihm wieder hergestellten Kirche geknüpft wissen. Die Feier ging mit einfacher, erhebender Würde in Gegenwart der großherzoglichen Familie vor sich und erfreute sich einer so großen Theilnahme von nah und fern, daß die weiten Räume des Gebäudes die Menge der feierlich Versammelten kaum zu fassen vermochten. Und das Werk verdiente, abgesehen von seiner innern Bedeutung, eine würdige Feier; denn es ist in hohem Grade gelungen zu nennen, eine Zierde des Vaterlandes und als Ziegelbau neuer Zeit gewiß das einzige Kunstwerk seiner Art, das auch überall und weithin unbedingte Anerkennung gefunden hat, wie sie z.B. Se. Majestät der König Friederich Wilhelm IV. von Preußen, Alexander von Humboldt und Thorwaldsen rühmend ausgesprochen haben.

Die St. Georgen-Kapelle vor Neu-Brandenburg

Die meisten Städte von einiger Bedeutung erhielten schon früh, gewöhnlich bald nach Vollendung der Hauptkirche und noch im 13. Jahrhundert, *Armenhäuser* mit Kapellen, welche dem H. *Georg* geweiht waren. Auch Neu=Brandenburg erhielt schon früh ein Armenhaus zu S. Georg vor dem treptower Thore in der Nähe des *Klosters Broda*. Diesem Kloster war denn auch ein vollständiger Gottesdienst und die Seelsorge in der Kapelle und dem Armenhause übertragen, wie es beides noch einige Zeit nach der Reformation von demselben ausgeübt ward. Das Kloster besaß dafür den Aalfang am Ausflusse des Tollenze=Sees. Da es diesen im J. 1271 von den Markgrafen von Brandenburg verliehen erhalten hatte, so läßt sich auch annehmen, daß die Kapelle zu jener Zeit ebenfalls unter dem Einflusse des Klosters und des Baues der Marien=Kirche aufgeführt worden sei, wofür denn auch die ganze Tüchtigkeit und Ausstattung

DIE ST. GEORGEN-KAPELLE VOR NEU-BRANDENBURG

des Bauwerkes spricht, welches, so klein es auch sein mag, doch immer von baulicher Bedeutung ist. Weiter ist von der Geschichte der Kapelle bis auf die neuesten Zeiten nichts bekannt. Als sie im Jahre 1828 so baufällig geworden war, daß kein Gottesdienst in derselben mehr gehalten werden konnte, ließ sie der Bruder des regierenden Großherzogs, der hochselige Herzog *Carl*, welcher den regsten wissenschaftlichen Antheil an der Wiederherstellung der Kunstwerke Neu=Brandenburgs nahm, auf seine Kosten wieder herstellen. Am 18. Sonntage nach Trinitatis 1826 ward zum ersten Male wieder Gottesdienst in der Kapelle gehalten. Uebrigens sind jetzt die Bewohner des nahen Ortes Broda mit den um die Kapelle liegenden Häusern zu derselben eingepfarrt, und S. Georg bildet gewissermaßen eine Vorstadt von Neu=Brandenburg, wie überhaupt die S. Georgen=Kapellen öfter Veranlassung zur Entstehung von Vorstädten gegeben haben.

Landtagsstädte

Die Landtagsstädte

Die landständische Verfassung Meklenburgs hat sich allmählig mit der Landesgeschichte entwickelt und ausgebildet und ist so alt, wie diese. Die Landesherren bedurften zur Ausführung wichtiger Landesangelegenheiten des Rathes und der Zustimmung der Einsichtsvollern und Begüterten von der Geistlichkeit, den Lehnträgern und den Städten (oder: der Prälaten, der Ritterschaft und der Städte). Die Landesherrschaft hatte immer das Recht, diese "Stände" des Landes oder die Landstände nach Erforderniß überall an ihr Hoflager zusammen zu berufen. Jedoch mochten die Landstände im Mittelalter Einfluß und Zwang der Fürsten in den befestigten Städten derselben fürchten, und so kam es, daß sie zu ihren Versammlungsorten Stellen wählten, an welchen die Berathungen und Beschlüsse unter freiem Himmel an Einem Tage abgemacht wurden; die Stände des Landes Meklenburg pflegten sich zu Beidendorf oder Zurow in der Nähe der alten Residenzen Meklenburg und Wismar, die Stände des Landes Wenden oder Werle bei Crakow, die Stände des Landes Stargard zu Cölpin bei Stargard zu versammeln: an diesen Orten wurden auch die Musterungstage der aufgebotenen Ritterschaft gehalten und eben dahin gewöhnlich die Landtage für die genannten einzelnen Landestheile ausgeschrieben. Oft aber beriefen die Landesherren ihre Stände auch in oder vor ihre Residenzen oder an andere gelegene Punkte, namentlich wenn die Stände aller Landestheile zusammentreten sollten. So wurden oft landständische Versammlungen zu Wismar, Güstrow und Neu=Brandenburg gehalten; seitdem im Anfange des 14. Jahrhunderts Sternberg fürstliche Residenz geworden war, fanden öfter auch in oder vor Sternberg Fürsten= und Landesversammlungen statt, namentlich in der Nähe von Sternberg an der *Brükke bei dem Dorfe Sagsdorf*, einem Punkte, an welchem oder in dessen Nähe zu verschiedenen Zeiten die Grenzen verschiedener Landestheile zusammenstießen. Daher geschah es, daß am Ende des Mittelalters die Berufung der Landstände in die Nähe der Stadt Sternberg herkömmlich geworden war; an der Sagsdorfer Brücke wurden die Landtage noch von 1521 bis 1549 zwölf Male, zuletzt im Jahre 1549, gehalten. Zu derselben Zeit wurden während der Ausbildung der herzoglichen Linien Meklenburg=Schwerin und Güstrow jedoch auch Landtage nach Wismar oder Sternberg für jene, oder nach Güstrow für diese Linie, oder für beide Landestheile umschichtig nach diesen Städten, oder auch nach Sternberg, als einem bequem gelegenen Orte, ausgeschrieben. In die Stadt Sternberg wurden die Landstände zuerst im J. 1542, auf den *Judenberg vor Sternberg* zuerst im J. 1556 entboten. Zwischen diesen beiden Stellen und der Stadt Güstrow ward gewechselt, bis die Landesherren in den nach Beilegung der Streitigkeiten mit den Landständen gegebenen Reversalen vom 2. Juli 1572 versicherten, fortan die Land= und Musterungstage auf dem *Judenberge vor der Stadt Sternberg* zu halten. Nach der letzten Landestheilung zwischen den fürstlichen Linien Meklenburg=Schwerin und Güstrow ward jedoch in den landesherrlichen Reversalen vom 23. Februar 1621 festgesetzt, daß fernerhin die *Landtage zu Sternberg und Malchin umschichtig* gehalten werden sollten. Dabei ist es denn auch bis auf unsere Tage geblieben und diese beiden Landstädte haben einen großen Theil ihres Wachsthums in neueren Zeiten den in ihnen gehaltenen Landtagen zu verdanken.

Sternberg

Das Jahr der Stiftung der Stadt Sternberg im Lande Warnow ist nicht bekannt, da in einem Brande der Stadt kurz vor dem 24. Februar 1309 sämmtliche alte Urkunden untergegangen sind; wahrscheinlich ist sie nach d. J. 1222 gegründet. Sicher stand sie Joh. 1234, da sie an diesem Tage von dem Fürsten *Pribislav von Parchim* und Richenberg zuerst genannt wird. Wahrscheinlich ist sie in diesem Jahre oder kurz vorher von diesem Fürsten gestiftet, da die Stadt nach der Privilegienbestätigung vom 24. Febr. 1309 *parchimsches Recht* hatte, dieselbe noch in der Herrschaft dieses Fürsten lag und dieser im J. 1234 kaum mündig und Stifter des Fürstenhauses Parchim geworden war. Um d. J. 1256 kam Sternberg an die Fürsten von Meklenburg. Diese hatte ihre Residenz zu Wismar. Die aufblühende Hansestadt ward aber übermüthig und legte den Fürsten manche Hindernisse in den Weg. Deshalb und weil Sternberg in der Mitte aller Landestheile lag, erwählte der große Fürst *Heinrich der Löwe* (1301 † 1329) die Stadt *Sternberg*, in und bei welcher schon im vorigen Jahrhundert öfter Fürsten= und Landesversammlungen gehalten waren, zu seiner *Residenz*. Die Regierungszeit dieses Fürsten ist die glänzendste in der Geschichte des Landes und der Stadt Sternberg. Als im J. 1310 das trotzige Wismar dem Fürsten sogar die Thore verschloß, feierte dieser glänzend die Vermählung seiner Tochter Mechthild mit dem Herzoge Otto von Lüneburg in der kaum aus der Asche erstandenen Stadt Sternberg. Der Fürst ließ sich nun in Sternberg ein Schloß bauen; viele Ritter zogen in die Stadt und gaben einer Straße bei dem fürstlichen Hofe den Namen Ritterstraße und gründeten eine geistliche Gesellschaft, den Ritterkaland; die Geistlichkeit war zahlreich; die Bürgerschaft kam zur Blüthe, viele geistliche Stiftungen, Armenhäuser, Brüderschaften und Gilden entstanden; der Kirchenthurm konnte (1322) stark und schön gebauet werden. Die Stadt war im 14. Jahrhundert nach den Seestädten und den Vorderstädten und nächst Malchin die bedeutendste Landstadt in Meklenburg, da sie in dieser Zeit zum Kriege 20, ja im J. 1506 noch 40 Gerüstete zu stellen hatte, mehr als alle anderen Landstädte; daher entstanden die "Burgen" an den Stadtgrenzen und ein "Thiergarten", dessen Stelle man noch im 16. Jahrhundert kannte. Heinrich der Löwe starb am 21. Jan. 1329 zu Sternberg und ward in der fürstlichen Familiengruft zu Doberan begraben. Seine Wittwe Agnes hatte noch lange ihren Wittwensitz zu Sternberg und nannte sich Herrin des Landes Sternberg. Nach ihrem Tode theilten ihre Stiefsöhne Albrecht und Johann im Jahre 1352 das Land und der Jüngere erhielt außer dem Lande Stargard auch das Land Sternberg, welches nun bis zum Erlöschen seines Stammes (1471) bei der Linie Meklenburg=Stargard blieb; Johann nannte sich zuweilen selbst *Herr von Stargard und Sternberg*. Sein Enkel Johann III. von Stargard wohnte zu Sternberg und ward hier 1439 begraben.

Was die Stadt Sternberg durch das Aussterben des ihr geneigt gewesenen Fürstenhauses verlor, erhielt sie durch eine viel besprochene Begebenheit wieder ersetzt. Im J. 1492 hatten mehrere Juden sich von einem Priester, Peter Däne, zwei Hostien zu verschaffen gewußt, welche sie auf einer Hochzeit mit Messern durchbohrten, worauf Blut aus den Wunden rann; die bestürzten Juden gaben die Hostien dem Priester zurück, welcher sie auf dem verfallenen Fürstenhofe eingrub, aber von Gewissensangst gefoltert die Sache selbst anzeigte. Die Juden, 25 Männer und 2 Weiber, wurden auf dem später hievon sogenannten *Judenberge*, der Priester vor Rostock verbrannt. Der Herzog Magnus aber ließ nicht allein an der Stelle, wo die Hostien vergraben gewesen waren, eine kleine Kapelle, sondern auch an dem südwestlichen Ende der Kirche eine Kapelle zur Verehrung der Hostien oder des *Heiligen Blutes, die Heilige Bluts=Kapelle*, erbauen. Die Hostien erzeigten sich bald wunderthätig und Sternberg ward ein so sehr besuchter und berühmter *Wallfahrtsort*, wie es kaum ein anderer zu der Zeit war. Als nun Reichthum und Glanz sich mehrten, stiftete der Herzog auf dem *Fürstenhofe* (zwischen der Ritter= und der Mühlenstraße und der Stadtmauer, der Kirche gegenüber) im J. 1500 ein *Augustiner=Mönchs=Kloster*, von welchem längst jede Spur verschwunden ist. Aus allen diesen Gründen besaß Sternberg eine zahlreiche, vornehme und reiche Geistlichkeit, als im J. 1533 der Prister *Faustinus Labes* zuerst das Evangelium predigte und harte, jedoch siegreiche Kämpfe mit den papistischen Geistlichen zu bestehen hatte.

Durch den Untergang des Katholicismus verlor die Stadt allerdings viel. Jedoch ward im J. 1572 bestimmt, daß fortan die *Landtage* auf dem Judenberge bei Sternberg und im Jahre 1621, daß sie umschichtig zu Sternberg und Malchin gehalten werden sollten, und im J. 1622 ward das *Hof= und Landgericht* zu Sternberg als ein beständiger, höchster Gerichtshof angeordnet. Aber grade von jetzt an sank die Stadt immer mehr. Mit dem Hof= und Landgerichte ging es zuerst nicht ganz nach Wunsch; Wallenstein nahm es auf einige Zeit nach Güstrow. In den folgenden Jahren litt die Stadt durch unerhörte Kriegsdrangsale und die Pest so sehr, daß sie im J. 1638 fast ganz verödet war. Um das Unglück voll zu machen, verzehrte am 23. April 1659 ein Brand, der auch die Kirche ergriff, die ganze Stadt. Da für die Wieder=Errichtung des Hof= und Land=Gerichts jetzt die nöthigen Mittel und Gelegenheiten fehlten, so ward dasselbe im J. 1667 von Sternberg nach Parchim verlegt. Eine neue Feuersbrunst richtete im J. 1678 wieder großen Schaden an. An demselben 23. April des J. 1741 brannte die Stadt noch einmal völlig ab; auch die Kirche brannte dies Mal aus und Thurmspitze und Gewölbe stürzten ein. Seit 1774 ist Sternberg der Sitz einer Superintendentur.

Auf unserem Bilde sehen wir den Marktplatz der Stadt Sternberg und die Mühlenstraße hinab: in der Mitte die im 13. Jahrhundert erbauete, schöne Kirche mit dem 1322 aufgeführten Thurme und dem Dache der Heil. Bluts=Kapelle rechts an der Kirche, links von der Kirche das frei am Markte stehende Rathhaus, in welchem die Landtagsversammlungen gehalten werden und früher das Hof= und Landgericht bestand, im Hintergrunde rechts, an der Mühlenstraße, die Stelle des ehemaligen fürstlichen Schlosses und später des Klosters, hinter der jetzigen Superintendentur.

DER MARKTPLATZ IN STERNBERG

Malchin

Malchin, in der reichsten und schönsten Gegend des Landes an der Pene gelegen, ist durch den Verkehr einer zahlreichen und begüterten Ritterschaft im Lande Wenden oder Werle immer eine blühende, lebhafte Stadt gewesen und hat immer zu den reichsten im Lande gehört.

Als im Jahre 1215 durch Verleihung des in der angrenzenden Feldmark Basedow untergegangenen Pfarrdorfes Wargentin an das altmärkische Cistercienser=Nonnen=Kloster Arendsee in dieser Gegend zuerst das Christenthum eingeführt ward, war Malchin noch ein Dorf. Die Stadt ward im J. 1236 von dem Fürsten Nicolaus von Werle gestiftet. Das Dorf *Wargentin* aber stand in so großem Ansehen, daß ein Thor und eine Straße der neuen Stadt von demselben den Namen erhielten, wie auch der nahe, große, jetzt sogenannte malchiner See bis auf die neueren Zeiten *wargentiner See* hieß. Im Januar 1247 weihete der Bischof von Camin die reich ausgesteuerte, noch jetzt sehr reiche, der Jungfrau Maria und dem Evangelisten Johannes geweihete Kirche.

Die Stadt besitzt seit uralter Zeit eine mit weiten Wiesenflächen geschmückte, sehr ausgedehnte Feldmark, welche noch heute mit einer hohen Landwehr umgeben ist. Schon früh ward durch diesen Besitz die Stadt wohlhabend. Im J. 1294 erwarb sie von dem Fürsten Nicolaus II. von Werle dazu Gerechtigkeiten an dem großen und reizenden *wargentiner See*, welcher daher in spätern Zeiten *malchiner See* genannt ward; in den neuesten Zeiten sind diese an den Maltzan auf Rothenmoor zu ihren anderen Gerechtigkeiten abgetreten.

Im 14. Jahrhundert war Malchin nächst Parchim die bedeutendste Landstadt, so daß sie es wagen konnte, die übermüthigen Bewegungen der Seestädte nachzuahmen und während der Minderjährigkeit des Fürsten Johann IV. von Werle das in der Stadt gelegene fürstliche Schloß zu brechen; der Fürst verkaufte am 11. Juni 1372 die Schloßstelle und den Burgwall an die Stadt zu Stadtrecht, unter dem Versprechen, fernerhin kein Schloß in der Stadt zu haben. Auch gegen mehrere Ritter in der Gegend führte die Stadt in einer Fehde einen förmlichen Krieg, in welchem die Bürger im Jahre 1385 zu Faulenrost den Knappen Maltzan auf Schorssow erschlugen, bis der Fürst den Streit in Güte beilegte. Durch solche Vorgänge erwarb sich die Stadt, wenn auch nicht Billigung und Gunst, doch Kraft, welche durch fürstlichen Einfluß in der Folge geregelt zu sein scheint; noch heute zeugen die starken Mauern und Thore von mittelalterlicher Kraft.

Im J. 1397 brannte in einer Feuersbrunst auch die *Kirche* aus, welche nun in einem andern Style wieder hergestellt, erweitert und vergrößert ward.

Im Allgemeinen ist in den neuern Zeiten die Geschichte der Stadt mehr eine friedliche und nicht einflußreiche: im J. 1621 erhielt sie die Zusicherung der Haltung des *Landtages* in jedem zweiten Jahre in ihren Mauern; im dreißigjährigen Kriege litt auch sie bedeutend, am Mittwoch vor Pfingsten, am 3. Juni 1663, legte eine Feuersbrunst fast die ganze Stadt in Asche. In den neuesten Zeiten hat die Stadt durch Chausseen und vermehrten Verkehr nicht wenig gewonnen, so daß sie zu den freundlichsten Städten des Landes gehört.

Auf unserem Bilde erblicken wir den Marktplatz: links an demselben das in den letzten Jahren neu erbauete Rathhaus, in welchem die Landtagsversammlungen gehalten werden; in der Mitte die reiche und gut gebauete Kirche, welche in den letzten Jahren restaurirt und geschmückt ist, namentlich durch ein Altargemälde und *gemalte Fenster*, deren erstes im Jahre 1844 eingesetzt ist; im Hintergrunde die wargentiner Straße und das wargentiner Thor.

DER MARKTPLATZ IN MALCHIN

Bischofssitze

Ratzeburg

In einem See, der von hohen, mit Wald und Kornfeldern geschmückten Ufern umkränzt ist, liegt eine Insel, und auf ihr eine freundliche Stadt und ein mächtiges Kirchengebäude. Ratzeburg ist die Stadt, welche zu Lauenburg gehört, die Kirche aber ist der *Dom des Bisthums Ratzeburg*, welches der westphälische Friede 1648 an Meklenburg gab und welches durch den hamburger Vertrag von 1701 an die Linie, welche zu *Strelitz* ihren Sitz nahm, überging.

Hier war in frühern Zeiten der Sitz der Polaben, eines slavischen Volksstammes, dessen Göttin Siwa, wie eine alte Sage meldet, auf dieser Insel verehrt ward; von hier aus verbreitete sich das Licht des Christenthums zuerst über das westliche Meklenburg, und in dieser Beziehung wird Ratzeburg zuerst genannt. Der König der Obotriten, Wagrier und Polaben, Gottschalk, stiftete hier um 1042 ein Kloster; hier wollte der Erzbischof Adalbert von Hamburg einen Bischofssitz gründen, welchen er dem Aristo anwies, und ließ, um diese Stiftung zu befestigen, 1062 vom Kaiser Heinrich IV. das Schloß Racisburg dem Herzoge Otto von Sachsen zum Eigenthum geben. Aber nur kurze Zeit dauerten Bisthum und Kloster; letzteres ward in dem Aufstande der heidnischen Slaven unter Plusso, wo Gottschalk 1066 sein Leben verlor, zerstört, und der fromme, jugendliche Abt desselben, *Ans verus*, errang die Märtyrer=Krone und ward der erste, viel verehrte Heilige des Landes.

Wüste lag nun der Bischofssitz lange Zeit und keine Predigt des Evangeliums ward im Polabengau gehört; Erzbischof Hartwich von Hamburg wollte ihn um 1150 wieder aufrichten, vermochte aber nicht seine Absicht auszuführen. Heinrich der Löwe, der gewaltige Herzog von Baiern und Sachsen, der sich das Wendenland unterworfen, gründete 1154, mit Vollmacht des Kaisers Friedrich I., das Bisthum Ratzeburg, dessen Sprengel sich über das westliche Meklenburg von Wismar bis Dömitz hinunter, dann über das Herzogthum Lauenburg und über den größten Theil der Vierlande erstreckte. Zur Erhaltung des Bischofs und des Capitels, das unter einem Probst aus 12 Domherren bestand, welche der Regel des h. Augustinus folgten und die weiße Tracht der Prämonstratenser trugen, wurden 300 Hufen vom Stifter gegeben, von denen 250 im Lande Boitin (dem Theile des Fürstenthums Ratzeburg, der um Schönberg herum liegt) lagen, 50 aber im Lande der Grafen Heinrich und Bernhard von Ratzeburg. *Evermodus* war der erste Bischof. Er hatte anfänglich seinen Sitz auf dem St. Georgsberge bei Ratzeburg, zog aber bald auf die Insel hinab, wo seine Domkirche erbauet ward und wo die Geistlichen ihren Sitz hatten. Sie erhielten von den Bewohnern des Sprengels den Zehnten, den sie aber bald ganz oder zum Theil den benachbarten Landesherrn zu überlassen sich veranlaßt sahen, und vom Reichthum des Stifts ist in der ganzen Geschichte desselben nicht die Rede. Jedoch strebten Bischof und Capitel, welche schon früh (1194) ihre Besitzungen gesondert hatten, fortwährend den Landbesitz, welcher ihnen zum Unterhalt angewiesen war, zu vergrößern. Vom B. Hermann von Blücher († 1309) und seinen nächsten Nachfolgern im 14. Jahrhundert wurden die meisten Ortschaften erworben, welche die jetzigen Vogteien Stove und Schlagsdorf ausmachen, und das Land erhielt schon damals die Ausdehnung, welche das Fürstenthum noch jetzt hat. Wenn auch durch diese Ankäufe oftmals die Schuldenlast drückend genug ward, so stellte doch bald eine verständige Sparsamkeit ein günstigeres Verhältniß wieder her.

Mit dem regsten Eifer ließen sich die ersten Bischöfe die Ausbreitung des Christenthums angelegen sein; die

Kirchen mehrten sich so schnell, daß schon um 1230 fast alle noch jetzt bestehenden Gemeinden im Sprengel vorhanden waren und nur wenige Dörfer als slavisch bezeichnet werden. Von B. Gottschalk († 1235) ward das Kloster Eldena, unter B. Ludolf 1236 das Kloster Rehna gestiftet, Zarrentin ward 1243 von den Grafen von Schwerin unter seiner Regierung gegründet; alle drei waren Nonnenklöster. Deutsche Anbauer waren schon früh ins Land gezogen und bereits im ersten Jahrhundert des Bisthums hatte sich die slavische Bevölkerung in eine deutsche mit deutscher Sprache und deutscher Einrichtung umgewandelt und nirgends und zu keiner Zeit wird auch nur eine leise Andeutung gefunden, daß die Bewohner der bischöflichen oder Capitelgüter wären leibeigen gewesen.

Unter den Bischöfen werden viele genannt, welche sich durch hohe Frömmigkeit oder sorgsame Verwaltung des Stiftes ausgezeichnet haben; mehrere von ihnen hat die katholische Kirche unter die Zahl ihrer Heiligen versetzt: so die beiden ersten: Evermodus († 1178) und Isfridus († 1204), und dann den achten Bischof Ludolphus († 1250), welche alle als Wunderthäter gefeiert werden. Ulrich von Blücher († 1284) ist wegen seiner Milde gegen die Armen berühmt. Wipertus v. Blücher († 1364) ward grau und alt in einer Nacht, als der Papst Innocenz IV. Anstand nahm, ihm wegen seiner Jugend das Bisthum zu bestätigen, dem er nachher sehr löblich vorstand.

Viele Streitigkeiten hatte das Bisthum mit den sächsischen Herzogen, welche die Landeshoheit über die Güter desselben in Anspruch nahmen. B. Ulrich befreiete 1261 und 1271 durch Zahlung bedeutender Summen das Land von ihnen. Jedoch nach 2 Jahrhunderten nahm um 1470 Herzog Johann von Sachsen diese Ansprüche wieder auf, und noch eifriger suchte sein Sohn Magnus sie geltend zu machen, der durch Beden und Ablager, nachdem er B. Heinrich Bergmeier 1517 vertrieben hatte, das Land schrecklich drückte, freilich in dem darüber viele Jahre beim Reichskammergericht geführten Prozeß 1536 unterlag, aber doch eben so wenig, wie sein Sohn Franz, sich der Belästigungen enthielt. Und doch war schon längst das Bisthum von Kaiser Friedrich II. 1236 in Schutz genommen, und Kaiser Carl IV., als er sich 1375 mehrere Tage bei B. Heinrich von Wittorp in Schönberg aufhielt, hatte dies aufs Neue gethan, und die übrigen Bischöfe waren von den Kaisern belehnt worden. Die Herzoge von Meklenburg, denen Schutz= und Schirmgeld bezahlt ward, waren bei vielem guten Willen, den sie bewiesen, nicht immer im Stande, das schwache Bisthum gegen den gewaltthätigen Nachbar zu schützen.

Das 16. Jahrhundert änderte den Zustand des Bisthums; weil das Mönchsleben die Glieder der mächtigen adeligen Familien abhielt, Domherrenstellen anzunehmen, so bewirkte B. Johann von Parkentin 1504, daß Papst Julius II. ihnen gestattete, weltliche Chorherren zu werden. Jedoch die Macht der Bisthümer war im Norden Deutschlands dahin. Vergebens bemühete sich B. Georg von Blumenthal († 1550), die Reformation von seinem Sprengel fern zu halten: die Wahrheit drang siegend durch, sein Nachfolger Christoph v. d. Schulenburg resignirte und verheirathete sich, Christoph († 1592) und Carl († 1610), Prinzen aus dem Hause Meklenburg, das schon längst protestantisch war, wurden Administratoren des Stifts, in dem 1566 die Kirchenverbesserung durch Capitelsschluß eingeführt ward.

Nachdem unter B. Augustus, Herzog v. Braunschweig und Lüneburg († 1636), das Land alle Schrecken und Drangsale, welche der dreißigjährige Krieg mit sich brachte, erduldet hatte, ward das Bisthum unter dem minderjährigen Bischofe Gustav Adolph H. zu Meklenburg=Güstrow durch den westphälischen Frieden säcularisirt und 1652 waren alle Verhältnisse, die dabei zur Sprache kamen, geordnet. Der letzte Domherr starb 1683. Das *Fürstenthum* Ratzeburg gehörte nun Adolph Friedrich I., der eben so wie seine Nachfolger Christian Louis und Friedrich Wilhelm die Rechte der Landeseinwohner ehrte, welche nachher unter der milden Regierung der Herzoge aus dem strelitzischen Hause noch immer größer und fester begründet worden sind.

Die Stadt Ratzeburg

Das sind die Erinnerungen, welche der Anblick von Ratzeburg unwiderstehlich hervorruft, wenn man es von der Bäk aus betrachtet, wo man nichts weiter, wie auf unserm Bilde, vor Augen hat, als rechts den St. Georgsberg auf der Waldhöhe und denjenigen Theil der Stadt, welcher der Sitz des Bisthums war. Da sieht man im Vordergrunde die Pfaffenmühle, weiter hin an der Domkirche die Kreuzgänge, wo die Zellen der Domherren waren, als sie noch bei einander wohnten, und ihr Refectorium, 1261 von B. Ulrich begonnen, jetzt die Wohnungen der Lehrer an der Domschule, einer Stiftung aus des Bisthums Zeit; da sieht man einzelne Häuser, früher Curien der Domherren, und links vom Palmberge herüber, der 1439 von B. Pardamus v. d. Knesebeck erkauft ward, blickt das herrschaftliche Haus her, und führt es zu Gemüthe, daß es sich unter dem Zepter noch besser wohnt, als unter dem Krummstabe.

DIE STADT RATZEBURG

Der Dom zu Ratzeburg

Es war schon bei der Stiftung des Bisthums beschlossen, auf der Insel das Münster desselben zu erbauen, welches der Jungfrau Maria und dem Apostel Johannes geweiht ward, und wirklich ist auch bereits unter Evermodus der Bau begonnen, vielleicht auch vollendet. Das Jahr des Anfanges ist unbekannt; eine Steintafel aus dem 14. Jahrhundert neben der Kirchthür giebt freilich den 11. August 1144 als Einweihungstag der Domkirche an, jedoch ist diese Nachricht entschieden unrichtig, da sie mit allen andern urkundlichen Nachrichten in Widerspruch steht. Daß der Bau vor 1172 begonnen und in diesem Jahre noch nicht vollendet war, ist die einzige begründete Angabe über die Zeit der Entstehung.

Der Dom gehört zu den ältesten und schönsten Bauwerken vaterländischer Kunst in Norddeutschland. Er ist im Rundbogenstyl gebauet, der so recht eigentlich die Ruhe und Festigkeit, die eine Kirche haben soll, ausspricht. An den schönsten Ziegeln von hellgelber Farbe, aus denen der ratzeburger Dom aufgeführt ward, hat der Zahn der Zeit keine Gewalt gehabt. Der Grundriß der Kirche besteht aus einem (60'hohen) Hauptschiffe und zwei niedern (29'hohen) Seitenschiffen; die Form des lateinischen Kreuzes ist sowohl im Grunde, als im Aufriß stark angedeutet; das Hauptschiff endet im Osten in einer halbrunden Altartribune, die Seitenschiffe in vierseitige Capellen. Die ganze Länge der Kirche ist 225 1/2', die Breite derselben im ursprünglichen Plane 79' und die des Querschiffes, in dem der erhöhete Chor liegt, 111 Fuß.

Als aber zu Anfange des 15. Jahrhunderts das Bedürfniß des Gottesdienstes die Anlage von Capellen erforderte, die der alte Baustyl nicht geduldet, wurden die Seitenwände durchbrochen und an diese Oeffnungen Capellen angebracht, welche für die Ansicht des Gebäudes nicht günstig gewirkt haben. Die hiesigen sind in einem ganz andern Styl und von weniger gutem Material aufgeführt und mit ihnen ist die Kirche jetzt 103 Fuß breit. Daß die große, angeblich von Evermodus, vor der Hauptthür der Südseite angebauete Vorhalle nicht zum ursprünglichen Bauplan gehörte, ergiebt sich bei genauerer Ansicht der ursprünglichen Architectur.

Es wird erzählt, daß B. Johann von Parkentin (1479-1511) den mittlern Gang der Kirche, der früher mit den Nebengängen gleiche Höhe gehabt, so hoch hinausgebauet habe, wie er jetzt ist, und die nach dem Spitzbogen geformten Gurtbogen der Gewölbe scheinen die Sage zu bestätigen; jedoch haben neuere Untersuchungen wahrscheinlich gemacht, daß die Gewölbe gleichzeitig mit der Kirche aufgeführt sind.

Die Kirche besitzt keine Kostbarkeiten mehr, die ihren frühern Glanz beurkunden könnten; die meisten wurden 1530, als man den erwähnten Rechtsstreit mit H. Magnus führte, zur Deckung der Prozeßkosten verkauft; was übrig geblieben, raubte am 23. Mai 1552 Graf Volrad v. Mansfeld, welcher auch die Fenster einschlug und die Kirche dergestalt verwüstete, daß nur die Mauern stehen blieben. Die Denkmäler, welche die Kirchenwände jetzt bedecken, sind alle jünger als diese Schreckenszeit; die Gräber der Bischöfe haben ihre Leichensteine behalten, aber auch die Metallplatten, mit denen viele ausgelegt waren, sind geraubt. – Zwölf silberne Apostel, welche der Domdechant Hartwig v. Bülow 1634 geschenkt hatte, wurden 1830 gestohlen.

Links neben der Kirche steht das Bischofshaus. Es ward von B. Volrad v. Dorne (1335–1355) aus den Steinen des abgebrochenen Schlosses in Verchow erbauet, ist nur klein und diente auch nicht zur eigentlichen Residenz der Bischöfe, die sich gewöhnlich in Schönberg aufhielten, das zuerst 1219 in Urkunden erscheint und wo schon B. Marquard v. Jesow (1309–1335) den Bau des Schlosses begann, an dem seine Nachfolger fortbaueten und das erst in diesem Jahrhundert abgetragen ward, so daß auch keine Spur mehr davon gefunden wird.

DER DOM ZU RATZEBURG

Bauer und Bäuerin aus Demern

Die Bewohner des Fürstenthums unterscheiden sich seit lange schon in *Braune* und *Bunte*, Namen, die von der Kleidung hergenommen sind; die letztern richten sich im Allgemeinen nach der Tracht der niedern Stände in den benachbarten Städten und sind, mit Ausnahme einiger Dörfer, Eingewanderte; die eingebornen Bauern sind ein kräftiger Menschenschlag von mittler Größe, breitschulterig, fast nie bauchig, von wohlgebildeten Gliedern und ansprechender Gesichtsbildung, mit dunkelblondem oder lichtbraunem Haar, blauen Augen und frischer Gesichtsfarbe.

Ihre Verhältnisse waren immer günstig, nie ward irgend eine Spur der Leibeigenschaft gefunden, der freie Mann trug und trägt bei seiner Hochzeit einen Degen zum Zeichen der Freiheit; die Dienste welche sie früher zu leisten hatten, waren durch Herkommen und Gesetze geregelt. Jedoch lag dennoch in diesen Diensten ein großes Hinderniß für das Gedeihen eines wohlhabenden Bauernstandes; es mußte ihretwegen eine größere Anspannung und eine stärkere Anzahl von Gesinde gehalten werden, als die Bebauung der Ländereien erforderte, und diese lagen überdies in Communion, so daß es nicht möglich war, den vollen Ertrag ihnen abzugewinnen. Um diesen Uebelständen abzuhelfen, machte man etwa vor 60 Jahren den Versuch, einige Dörfer zu *verkoppeln*, wobei die Communion aufgehoben und Contracte mit den Bauern auf gewisse Jahre abgeschlossen wurden, während welcher der Naturaldienst und Zehnte durch Geld vergütet ward. Hieraus ging die *Regulirung* hervor, bei welcher die Dienste gänzlich aufgehoben, die Abgaben nach dem Roggenpreis bestimmt, die Besitzungen separirt und das, was jedem zufiel, so gelegt ward, daß es eine zusammenhangende Fläche bildet. Die Stellen wurden nun freies, unwiderrufliches Eigenthum der Bauern; sie können gültig verhypothecirt werden, das Heimfallsrecht hört auf, nur Verkauf und Näherrecht bleibt der Landesherrschaft vorbehalten; die Stelle kann nur an einen vererbt werden, welchen der Besitzer frei unter seinen Kindern wählen kann; ist dies aber nicht geschehen, so bleibt es bei den frühern Bestimmungen hinsichtlich des Vorzugs der Söhne vor den Töchtern und dem Erstgeburtsrechte; erledigte Bauerstellen, über welche nicht letztwillig und rechtsgültig verfügt ist, vererben nach den Bestimmungen der römischen Erbfolgeordnung.

Durch diese von der milden landesväterlichen Regierung oft sogar mit Aufopferung des eigenen Vortheils getroffene Einrichtung hat sich ein recht wohlhabender, tüchtiger Bauernstand hier entwickelt, in dem alle Grundzüge eines ehrenhaften Charakters sich ausbilden konnten: Festigkeit, Entschiedenheit und Ausdauer, dabei Treue, Rechtlichkeit und Wohlthätigkeit. An ihrem wahren oder vermeinten Rechte halten sie strenge, zum Aneignen fremder Ansichten entschließen sie sich ungern, das Bestehende haben sie lieb, sie fürchten Gott und ehren den Fürsten.

So ist denn auch mit wenigen Aenderungen im Schnitte die Nationaltracht dieselbe geblieben, von der das beiliegende Bild eine treue Darstellung giebt. Beide, Bauer und Bäuerin (eine unverheirathete), sind hier in gewöhnlicher Kleidung dargestellt und es ist ersichtlich genug, wie kleidsam und anständig diese Tracht ist, welche, in ihren Hauptstücken überall dieselbe, jedoch in einzelnen Kirchspielen von einander abweicht. In den nächsten Dörfern des Klosters Rehna z.B. gehört der Hut recht eigentlich mit zur Volkstracht der Frauen, in dem benachbarten Demern nicht, obgleich sie ihn auch gebrauchen. In Demern hat sich die Volkstracht im Ganzen noch recht rein erhalten. Die Frauen hangen, wie gewöhnlich, so lange noch eine Volkstracht herrscht, strenge an der alten, hergebrachten Form; unter den Männern findet sich die Volkstracht nicht mehr häufig.

(Masch)

Bauer und Bäuerin aus Demern
im Fürstenthume Ratzeburg

Bützow

Die Stadt Bützow, in einer wald= und wiesenreichen Ebene mitten in einer fruchtbaren, reichen Landschaft, in der Mitte des Landes, nahe und zwischen den Städten Güstrow, Sternberg, Brüel, Warin und Schwaan, an lebhaften Landstraßen und an der Vereinigung der Nebel mit der Warnow, welche von hier für größere Fahrzeuge schiffbar wird, gelegen, ist die schönste und eine der volkreichsten und gewerbthätigsten unter den Landstädten Meklenburgs, mit nahe an 4000 Einwohnern. Bützow ist seit den ältesten Zeiten immer der Wohnsitz vieler angesehener Familien gewesen; der Grund liegt in der geschichtlichen Entwickelung des Ortes.

Bützow, nach alter Schreibart Butissowe oder Butzhiowe, war schon eine *Burg der wendischen Fürsten*, welche wahrscheinlich auf dem "*Hopfenwalle*", einem vor der Stadt gelegenen Burgwalle, stand, und neben welcher auf der angrenzenden Feldmark Parkow wahrscheinlich ein heidnisches Heiligthum war. Als am 9. Sept. 1171 der Herzog Heinrich der Löwe von Braunschweig mit den Fürsten des Landes das *Bisthum Schwerin* bewidmete und demselben die ausgesetzten 300 Hufen Landes anwies, schenkte hiezu der obotritische Fürst *Pribislav* dem Bisthum auch das *Land Bützow* und die Landschaft Warin. Der erste Bischof *Berno* hatte das Land Bützow unter der Bedingung erhalten, daß er ein Kloster in demselben gründe. Zunächst war er jedoch reichlich mit der Verbreitung und Befestigung des Glaubens und mit der Ordnung seines Bisthums und der Stiftung der großen Mönchsklöster Doberan und Dargun beschäftigt. Bald aber stiftete er ein *Nonnenkloster zu Bützow*. Als jedoch nach dem plötzlichen Tode Pribislavs das Volk der Wenden verwüstend wieder aufstand und alle christlichen Stiftungen in dem östlichen Landestheile wieder vernichtete, ward auch das Kloster zu Bützow wieder zerstört. Berno starb im J. 1191 und sein Nachfolger *Brunward* konnte noch lange nicht den Segen des Christenthums wieder über das ganze Land verbreiten; erst in der Zeit von 1216 bis 1218 beginnt allmählig die Morgenröthe der neuern Zeit heraufzuziehen. Um diese Zeit, sicher vor dem J. 1229, gründete Bischof Brundward auch eine *Kirche zu Bützow*, deren Pfarrer im J. 1229 Petrus hieß. In dieser Zeit ungefähr wird auch die *Stadt Bützow* gegründet sein, da schon im J. 1229 neben der Pfarre eine Vikarei an der Kirche gestiftet ward und die Stadt sicher schon im J. 1248 stand. Die völlige Ordnung der Dinge begann jedoch erst nach dem Tode der beiden Borwine, Vater und Sohn, 1227 und 1226, und zwar mit der Theilung des Landes unter die 4 Söhne Borwins II. Am 27. März 1232 traten die beiden mittlern Söhne, Nicolaus und Heinrich oder Borwin III., damals Fürsten von Rostock, dem Bischofe von *Schwerin alle Rechte an dem Lande Bützow* ab, welche ihr Urgroßvater Pribislav theils behalten, theils, da Bützow ein wichtiger Ort war, von dem Bischofe Berno erworben hatte, forderten jedoch jetzt die versprochene Gründung eines Klosters. Sogleich stiftete der Bischof Brunward im J. 1233 nahe bei Bützow das Cistercienser=*Nonnenkloster Rühn*. Bischof Brunward starb im J. 1237; sein Nachfolger Friederich, Graf von Schwerin, folgte ihm schon im J. 1239 in die Ewigkeit.

Die drei ersten Bischöfe hatten vorherrschend in Schwerin gewohnt; die Ausbildung des gräflichen Hofes, das Wachsthum der Bürgerschaft, die Anmaßung des Dom=Capitels mochten aber, nach Herstellung der Ordnung und Ruhe, den Kirchenfürsten das Wohnen in der Stadt Schwerin unangenehm machen. Sie zogen sich daher in ihr eigenes, fettes Land zurück und baueten sich zu Bützow und Warin, namentlich zu *Bützow bischöfliche Schlösser*, auf welchen sie ferne von dem Dom=Capitel fortan zu *residiren* pflegten. Da sie im J. 1232 an dem Lande Bützow alle landesherrlichen Rechte erworben hatten, so übten sie dieselben auch wie Landesherren aus; einen großen Theil der Güter des Landes Bützow gaben sie zu Lehn und bildeten sich dadurch eine *Stiftsritterschaft*, aus welcher viele adeliche Familien, wie die von Zarnin, von Trechow, Maltzan, Hasenkop, Jork, Babbe, von Bülow, bekannt sind und mehrere einzelne Glieder *bischöfliche Burgmänner* waren und auf den *Burglehen zu Bützow* wohnten. Hiedurch bildete sich ein förmliches *Hofleben* in der Residenz zu Bützow und die Bischöfe hielten sich hier Marschälle, Kämmerer, Vögte und andere Würdenträger, wie die Fürsten.

Die wichtigste Begebenheit im Laufe der Zeit war jedoch die Gründung eines *Collegiat=Stiftes* zu Bützow. Der Sprengel des Bisthums Schwerin erstreckte sich ursprünglich auch über Vorpommern, das Land Circipene, bis an die Pene, und schon der Bischof Brunward hatte im J. 1226 ein *Collegiat=Stift* in der nahen Stadt Güstrow eingerichtet. Bald aber machte der pommersche Bischof von Camin Ansprüche an die geistliche Oberherrschaft dieses Landes, über Güstrow hinaus bis an die Grenzen des Stiftslandes Bützow; der Streit darüber war heftig und endete erst im J. 1263 zum Nachtheile des schweriner Bischofs: Das Collegiat=Stift Güstrow fiel damit an den Bischof von Camin. Theils zum Ersatze für das Dom=Stift Güstrow, das sich der caminer Bischof schon bald nach der Stiftung desselben angemaßt hatte, theils um sich in der eigenen Residenz auch mit einem *geistlichen Hofstaate* zu umgeben, in einem abhängigen Dom=Capitel die bischöfliche Würde mit Pomp darstellen und für das Beste des Bisthums nach eigenem Willen sorgen zu können, faßte schon der vierte schweriner Bischof, *Dietrich*, den Plan, in der Stadt Bützow ein Collegiat=Stift zu gründen. Die Dom=Collegiat=Stifter waren nämlich nach Art der großen Dom=Capitel eingerichtete Pflanzschulen für jüngere Geistliche, welche durch Studien und Kirchendienst zu höhern Kirchenwürden herangezogen wurden, also eine Art geistlicher Akademien. Der Bischof *Dietrich* hatte deshalb *die schöne Kirche zu Bützow zu Ehren der H. Elisabeth* gegründet und alles zur Eröffnung des Stifts vorbereitet, als ihn im J. 1247 der Tod übereilte. Sein Nachfolger, der Bischof *Wilhelm* (1247–1249), führte den Plan seines Vorgängers aus und gründete an der neuen Kirche am 16. Sept. 1248 das *Dom=Collegiat=Stift* nach dem Muster des Dom= Capitels zu Schwerin. Das Stift stand unter einem Propste, welchen das Dom=Capitel zu Schwerin bestellte, und hatte außerdem 11 Domherren, welche in der Regel vom eingebornen *Adel* waren.

So waren alle Fundamente zu der eigenthümlichen Gestaltung der Stadt, als Eigenthum und Residenz eines kirchlichen Oberhauptes, schon früh gelegt, und das Leben blieb sich Jahrhunderte im Allgemeinen ziemlich gleich. Daher führte die Stadt stets im *Wappen* zwei gekreuzte Krummstäbe unter einer Bischofsmütze.

Der siebente Bischof *Rudolf* I. war mit dem Fürsten Pribislav von Parchim oder Richenberg wegen der Zehnten in Streit gerathen. Pribislav zerstörte im J. 1256 die im J. 1252 erbauete Burg zu Bützow und führte den Bischof gefangen in seine Feste Richenberg an der Warnow. Kaum aber hatte sich Rudolf wieder befreiet, als er sich der Person seines Gegners zu bemächtigen wußte, welcher nur unter schweren Bedingungen frei kam, worüber dieser so erbittert ward, daß er seine Regierung ganz niederlegte. Rudolfs Nachfolger, Bischof *Hermann* I. (1262–1292), Graf von Schladen, brachte unbeschränkte Hoheitsgedanken mit auf den Bischofsstuhl, machte Anstalten zur Erbauung einer großen Feste und wagte es, sich über die Landesherren zu erheben, welche alle im J. 1263 seine Stadt Bützow erorberten und den ihm verbündeten Grafen Gunzelin von Schwerin nebst dessen Sohn gefangen nahmen. In dem Vergleiche vom 6. Dec. 1263 ward unter andern auch festgesetzt, daß der Bischof binnen zwei Jahren den Bau des *neuen Schlosses* beginnen und nach dessen Vollendung die Umplankung der Stadt abbrechen, sonst aber die alte Burg und die Stadt in der frühern Verfassung bleiben und der zum Schlosse aufgetragene Burgwall wieder geebnet werden solle. In dieser Zeit wird also das *bischöfliche* Schloß unmittelbar neben der Stadt (das Criminal=Collegium der neuern Zeit) gegründet und der alte Burgwall (der spätere Hopfenwall) verlassen sein; während der Abwesenheit Heinrichs des Pilgers ließ der Bischof seine Schlösser mit Mauern, Gräben und Wällen stark befestigen. Derselbe Bischof bauete im J. 1284 auch die bischöfliche Burg zu Warin, welche im J. 1839 abgebrochen ist. Der Bischof *Gottfried v. Bülow* (1292–1314) *verpfändete das Schloß Bützow* mit den dazu gehörenden Gütern an seine Verwandten und legte dadurch den Grund zu der großen Noth des Bisthums, von welcher es über ein halbes Jahrhundert schwer gedrückt ward. Nach vielen und verdrießlichen Streitigkeiten gewann das Bisthum sein Kleinod und die übrigen, später verpfändeten Güter im J. 1362 wieder und hob sich unter dem Bischofe *Friederich II. von Bülow* (1365-1375), welcher die wiedergewonnenen Schlösser und *Kirchen zu Bützow* und Warin *wiederherstellte* und erweiterte, und seinen Nachfolgern merklich. Der Bischof *Rudolf* II., Herzog von Meklenburg, sah sich veranlaßt, das *Schloß zu Bützow neu zu erbauen.*

Mit dem Flor des Bisthums hob sich auch die *Stadt*, welche schon im J. 1302 das angrenzende, bald aufgehobene *Dorf Zarnin* von dem Ritter Johann von Zarnin zur Stadtfeldmark erworben und sonst ihren Besitz vielfach vergrößert hatte.

Der Bischof *Nicolaus* I. *Böddeker* (1444–1457) bauete die bischöflichen Schlösser Bützow und Warin aus und führte neue Gebäude auf denselben auf und der verdienstvolle Bischof *Conrad Loste* (1482-1503) that sehr viel und mancherlei für die Ordnung und Schmückung der bischöflichen Besitzungen.

Der *Katholicismus* hielt sich in Bützow ungewöhnlich lange. Noch im J. 1529 ward ein Fest der Dornenkrone Christi, von welcher ein Stück in der Kirche aufbewahrt ward, mit öffentlichen Processionen gestiftet. Der letzte Bischof Magnus (1516–1550), Herzog von Meklenburg, ein Mann von Klarheit und Gelehrsamkeit, konnte nach dem selbstständigen Antritte seiner Stiftsregierung im J. 1532 den Aberglauben nicht ausrotten, obgleich er mit dem besten Beispiele voranging, mit dem alten Glauben die geistliche Kleidung ablegte und sich im J. 1543 vermählte. Im J. 1535 hatten die Bürger zwar schon einen *evangelischen Prädicanten* Namens Christian (oder "Kersten"), welcher aber nur außerhalb der Stadt im Freien predigen durfte. Das Capitel bestand mit allen Formen und Gebräuchen noch im J. 1542, und trotz der ernstesten Ermahnungen an die Domherren war noch im J. 1544 keine Aenderung erfolgt. Erst nach und nach legten die Domherren die katholischen Formen ab, bis der Herzog Ulrich im J. 1550 das Stift erhielt und dem Unwesen ein Ende machte. Der wackere Herzog *Ulrich* und seine edle Gemahlin Elisabeth, Prinzessin von Dänemark, des bischöflichen Herzogs Magnus Wittwe, thaten sehr viel für die Kirchen, Schulen und milden Anstalten ihrer Herrschaft; der Herzog hatte auch die *bischöfliche Residenz* ausgebauet, welche er in den ersten Jahren, bis zu seiner Vermählung, bewohnt hatte. Der vorletzte Bisthumsverwalter, der Prinz Ulrich von Dänemark († 1624), des Herzogs Ulrich Enkel, war um die Hebung des Stiftes Bützow sehr bemüht; nachdem aber sein Nachfolger Ulrich III., Prinz von Dänemark, vor Wallensteins Gewalt hatte weichen müssen, erlosch in den Drangsalen des dreißigjährigen Krieges der letzte Schimmer des alten Glanzes, bis im J. 1648 das Bisthum Schwerin zum Herzogthume Meklenburg kam.

Alles höheren Verkehrs beraubt und seit dem dreißigjährigen Kriege hart mitgenommen, war Bützow am Ende des 17ten Jahrhunderts verarmt, so daß viele Hausstätten wüst lagen. Da bot sich ein Mittel, der Stadt aufzuhelfen. Tausende von *Reformirten* flohen vor den unmenschlichen Bedrückungen des Königs Ludwig XIV. von Frankreich und seiner Räthe und Günstlinge. Der Kurfüst von Brandenburg hatte freudig Tausende dieser fleißigen und geschickten Leute aufgenommen; auch nach Meklenburg waren Einzelne gekommen. Die Stadt Bützow bat 1683, den reformirten Flüchtlingen *(refu-*

giés) Bützow zum Wohnorte anzuweisen; bald darauf erbot sich auch Rostock zur Aufnahme. Jedoch stockte die Regelung der Aufnahme, so lange der katholische Herzog Christian Louis († 1692) lebte. Der Leben schaffende Herzog *Friederich Wilhelm* gründete aber am 1sten August 1699 zu Bützow eine *reformirte "Colonie"* durch ein Edict, in welchem er den Flüchtlingen alle mögliche Unterstützung, freie Religionsausübung, Prediger und Schulen verhieß. Sogleich kamen die betriebsamen Leute herbei und es wurden ihnen Häuser angewiesen oder gebauet; im Jahre 1701 betrug ihre Zahl 82 Personen. Es waren meistentheils Wollarbeiter und Tabackspflanzer; die letztern brachten die *Tabackspflanzung* in Meklenburg sehr bald zu einer ziemlichen Bedeutsamkeit. Sie hatten einen französischen Prediger mitgebracht; nicht lange darauf hatte die Gemeinde eine Zeit lang auch einen deutschen Prediger daneben. Hiedurch ward in Bützow die *reformirte Gemeinde*, die einzige in Meklenburg, gegründet. Die Colonie aber gab den Anstoß zum *fabrikmäßigen Betrieb der Gewerbe*, welche sich noch bis heute in Bützow erhalten hat. Der Flor der Stadt wuchs schnell und ward bedeutend dadurch gehoben, daß die Wittwe des Herzogs Friederich Wilhelm, *Sophie Charlotte*, geborne Prinzessin von Hessen=Cassel (1713–1749), ihren Wohnsitz zu Bützow nahm, da sie zur reformirten Kirche gehörte. Nach den trüben, durch den Herzog Carl Leopold herbeigeführten Zeiten begünstigte der *Herzog Friederich* die Stadt Bützow bedeutend. Veranlaßt durch die fortdauernden Wirren mit der Stadt Rostock, mißvergnügt über viele Reibungen in der Universität und das damalige rohe Leben der Studenten, beschloß er, die fürstlichen Professoren von der Universität Rostock zu nehmen und in Bützow eine eigene *Universität* zu gründen. Im J. 1760 ward die neue Universität eröffnet und mit besonderer Liebe gepflegt, während die Stadt Rostock die alte Universität beibehielt; jedoch erfreueten sich beide nicht eines starken Besuches. In demselben Jahre stiftete der Herzog zu Bützow in dem bischöflichen Schlosse auch ein *Pädagogium* nach dem Muster des hallischen und verband damit ein *Real=Gymnasium*; Erschlaffung und Mißbräuche, wie sie Pensions=Anstalten mit der Zeit häufig herbeiführen, waren die Ursache, daß diese Anstalt im J. 1780 einging. Die Universität ward im Jahre 1789 nach dem Vergleiche mit Rostock wieder nach dieser Stadt verlegt. Alles dies hatte jedoch viele vornehmere Familien nach Bützow gezogen und so viel Bildung und Thätigkeit angeregt, daß Bützow, in sich erstarkt, ein blühender Ort geworden war und blieb.

Seit dem J. 1812 besitzt Bützow das *Criminal=Collegium*, zu welchem das alte bischöfliche Schloß eingeräumt ward, nachdem die alten Thürme der Burg abgetragen waren; in den letzten Jahren ist bei Bützow die große *Strafanstalt Dreibergen* zu dem Criminial=Collegium erbauet.

Auf unserem Bilde sehen wir die

Stadt Bützow

von der westlichen Seite, im Vordergrunde den Burgsee, dahinter in der Mitte der Stadt die Dom=Collegiat=Kirche, rechts das bischöfliche Schloß oder das neuere Criminal=Collegium, rechts am Rande das rühner Thor, hinter der Stadt die Waldhöhen der "Darnow" am andern Ufer der Warnow.

BÜTZOW

Die Kirche zu Bützow

Wir erblicken hier die Kirche zu Bützow im Innern. Die Kirche ist eines der schönsten Bauwerke Meklenburgs. Sie ist in der Zeit von 1239–1248 *erbauet* und eines der ältesten und schönsten Bauwerke des Spitzbogenstyls im Lande, ausgezeichnet durch Einklang, Vollkommenheit und Würde des Ganzen und aller einzelnen Theile. Die Kirche ist keine Kreuzkirche, sondern besteht nur aus einem Langschiffe mit zwei Seitenschiffe, deren Gewölbe auf schönen *Säulenbündeln* ruhen, und einem hohen im 14ten Jahrhundert erweiterten Chore, mit einem weiten Umgange hinter demselben, getragen von hohen, ernsten Pfeilern. Ausgezeichnet ist die alte, noch aus der katholischen Zeit, wahrscheinlich aus dem Anfange des 16ten Jahrhunderts stammende *Orgel*, im sogenannten gothischen Style, und die *Kanzel* vom J. 1617.

DIE KIRCHE ZU BÜTZOW

Bauer und Bäuerin aus Zeppelin

Die der Stadt Bützow zunächst liegenden Dörfer des ehemaligen *Domstiftes* zeichnen sich durch eine eigenthümliche Volkstracht aus, welche besonders bei den Bewohnern des mehr abgelegenen Dorfes *Zepelin* hervortritt und der Tracht der Mönchguter auf Rügen ähnlich ist; deshalb ist die Tracht der "*Zepeliner Bauermädchen*" sprichwörtlich im Lande geworden, wie die der Bisto wer. Die Mädchen tragen an Sonntagen kurze, faltige Röcke von schwarzem Tuche, am Saume mit breitem, grünem Bande besetzt, weiße oder blaue Schürzen, schwarze Strümpfe, Schuhe mit hohen Absätzen und großen metallenen Spangen, kurze, dunkelgrüne oder schwarze Jacken, so wie Bindleiber, mit langen, engen Aermeln, zum Zuhaken, vorne mit herabhangenden Schleifchen von rothem und grünem seidenen Bande geziert, schwarze seidene Tücher mit farbigen Blumen gestickt, rothe Damastmützen, um welche "11 Ellen" grünes Band gebunden sind; die Mützen bedecken alles Haar, gehen über die Ohren tief an den Backen herab und haben im Nacken eine fußlange Schleife. An den Werktagen tragen sie grüne Mützen mit rothem Bande, bunte, eigengemachte Röcke und gewöhnliche Kattuntücher; bei Trauer ist die Kleidung ganz schwarz, nur die Schürzen sind klar weiß.

Die verheiratheten Frauen unterscheiden sich von den Mädchen durch schwarze Mützen und durch schwarze Bänder an denselben und durch die sogenannten Hauben, kleine, mit Spitzen besetzte Battiststücke, welche an den Schläfen unter den Mützen hervorragen. Sonst sind die Mützen ohne "Striche".

Die Männer tragen ziemlich weite, kurze Beinkleider, dunkelblaue oder bunte eigengemachte Jacken, schwarze Röcke, runde Hüte, alltäglich ein grünes Futterhemd (Boje) über der Jacke, vielleicht weil die Zepeliner seit Menschengedenken viel Fracht fahren, wahrscheinlich seit Gründung der französischen Colonie in Bützow.

Bauer und Bauermädchen aus Zepelin

Schloß und Pädagogium zu Bützow (Titelblatt von 1844)

Auf der Titel-Vignette ist das im 15. Jahrh. erbauete bischöfliche Schloß zu Bützow abgebildet, wie es im J. 1775 bestand, als das Pädagogium in demselben war. Die Hauptgebäude stehen noch, der Thurm in der Mitte und das Gebäude links sind in neuern Zeiten abgebrochen. Das Gebäude links, welches zugleich äußeres Thorhaus war, hieß, wie in Warin ein ähnliches Gebäude der bischöflichen Burg, der Bischofssaal und enthielt oben die Bibliothek des Pädagogiums; das rechts daneben stehende, hier nur im Giebel sichtbare, noch als Criminal=Collegium stehende Hauptgebäude enthielt Wohnungen, Lehrzimmer, Kirche u.s.w.; in dem noch stehenden halbrunden Gebäude rechts waren die Speiseanstalten des Pädagogiums; an dasselbe schloß sich rechts die Wohnung des bekannten Universitäts=Bibliothekars, Professor Tychsen und an diese die Universitäts=Bibliothek links am Eingange von der Stadt, an welchem rechts noch ein hoher, viereckiger Thurm stand.

Warin

Schloß zu Warin (Titelblatt von 1845)

Auf der Titelvignette ist eine Ansicht des Schlosses der Bischöfe von Schwerin zu Warin mitgetheilt, wie es noch im J. 1838 stand, mit Ausnahme des viereckigen Thurmes, welcher schon früher in diesem Jahrhundert abgebrochen ward. Die Lieblingsresidenz der Bischöfe war Bützow, Warin ihre Nebenresidenz. Das Schloß zu Warin ward im J. 1284 von dem Bischofe Hermann gegründet. Das Schloß jedoch, wie es hier abgebildet ist, ward von dem Bischofe Friederich II. v. Bülow 1365–1375 erbauet und von dem Bischofe Nicolaus I. Böddeker im J. 1447 restaurirt. Das links in der Ansicht sichtbare, große viereckige Gebäude, welches alte Säle enthielt, hieß der "Bischof". Nach dem Untergange des Bisthums war das Schloß Sitz des herzoglichen Domainenamtes. Im J. 1839 ward es zur Aufführung eines neuen Amtsgebäudes abgebrochen.

Landschlösser

Mecklenburgische Landschlösser

Seit uralter Zeit sind die meklenburgischen Landgüter der Kern und die Hauptstütze der Macht des Landes gewesen, um so mehr, da in dem Landbau die Hauptquelle des Reichthums des fruchtbaren Meklenburgs liegt. Daher haben auch die alten adelichen Familien des Landes, welche seit mehr als sechshundert Jahren im Besitze bedeutender Güter sind, stets eines vorzüglichen Ansehens und Einflusses genossen, und die meklenburgischen Landgüter sind durch Umfang und Schönheit eben so berühmt, als die Erzeugnisse des Ackerbaues und der Viehzucht sich eines besondern Rufes erfreuen. Vor allen aber sind die reichen Fluren in dem großen ritterschaftlichen Amte Stavenhagen des ehemaligen Landes Werle oder Wenden blühend und die Ritterschaft dieses Amtes ist vor allen übrigen im Besitze großer und beneidenswerther Schätze. Vorzüglich entzücken hier wieder die reizenden Ufer des malchiner Sees, welche zu den prachtvollsten Gegenden Norddeutschlands gehören und vielleicht noch die großartigen Umgebungen von Schwerin und Ratzeburg überstrahlen. Daher hat man dieses Seebecken mit seinen Umkränzungen, und wohl nicht mit Unrecht, die meklenburgische Schweiz genannt. Kommt man von Westen her über die Höhen von Grubenhagen, Vollrathsruhe oder Moltzow, so erblickt man ein Panorama, das in Meklenburg seines gleichen nicht findet und vor allen andern zum Genusse einladet: vor dem Beschauer ein weiter, sanft absteigender, blühender Vorgrund, dahinter der große klare Seespiegel in seiner ganzen Ausdehnung, umkränzt von terrassenförmigen, bergähnlichen Höhen, welche allmählig und hinter einander sanft und großartig aufsteigen und tief in das Land hinein reizende Aussichten eröffnen, welche mit Wäldern und Weizenfluren bedeckt und mit Dörfern, Kirchen, Schlössern und Ruinen geziert sind. Begünstigt den Anblick ein schön beleuchteter Himmel, so giebt es nichts Reizenderes, als diese Landschaft, welche sich einige Meilen weit dem Blicke eröffnet, namentlich von Grubenhagen, Vollrathsruhe, Moltzow, Burg=Schlitz und Basedow aus. Hier stehen nahe und entfernter am See die Kirchen zu Dahmen, Bülow, Bristow, Panstorf, Rambow und Basedow, und die Kirchenruinen von Schorssow und Rambow, der Burgwall von Bülow, welcher in den See hineinragt, und die weithin sichtbaren Burgwälle von Kl. Luckow links und Sagel rechts; hier stehen am Ufer die reizenden Schlösser und die blühenden Besitzungen Vollrathsruhe, Glocksin, Gr. Luckow, Schorssow, Burg=Schlitz, Rothenmoor, Basedow und im Hintergrunde Remplin: vor allen aber sind es *Basedow* und *Burg=Schlitz*, über welche die Reize der Natur und Kunst verschwenderisch ausgegossen und welche vor allen Landschlössern Meklenburgs am meisten sehenswerth sind. Diese Gegend ist die uralte Heimath der *Maltzan* und *Hahn*; in alter Zeit besaßen sie, mit Ausnahme der Dörfer Bülow und Karstorf, das ganze Seethal, und erst in neueren Zeiten sind einige Güter von diesen Familien gekommen; jedoch liegen hier noch heute ihre alten Besitzungen, sich weit nach Osten hin erstreckend.

Ulrichshusen

Meklenburg ist arm an Schlössern aus alter Zeit; aus dem Mittelalter stehen, außer einigen Ruinen, wohl nur noch die fürstlichen Schlösser zu Neustadt und Stargard. Selbst aus dem Jahrhundert der Reformation gehören Schlösser zu den Seltenheiten, und Ulrichshusen mag

DIE BURG ULRICHSHUSEN

vielleicht das einzige Landschloß aus dem 16. Jahrhundert sein, welches noch in seiner ursprünglichen Gestalt ganz und frei dasteht. Der Grund des Verschwindens der alten Privatgebäude in Norddeutschland liegt wahrscheinlich in der den Nachkommen nicht bequemen Einrichtung der alten Häuser und der Leichtigkeit des Abbruchs derselben, weniger in dem Ziegelbau, welcher äußerst dauerhaft ist.

Seit der Mitte des 14. Jahrhunderts hatten mehrere Linien der uralten und angesehenen Familie *Maltzan* ihre Stammsitze an den südlichen und östlichen Ufern des malchiner Sees zu Grubenhagen, Schorssow und Rothenmoor. Die alte rothenmoorsche Linie war in der Mitte des 15. Jahrhunderts ausgestorben und die grubenhagensche Linie hatte die Güter derselben an sich gebracht. Zu diesen gehörte seit dem Jahre 1458 die Feldmark des wüsten Dorfes Papenhagen bei Rambow, welche der Erblandmarschall Ulrich Maltzan († 1459) von dem Dom=Capitel zu Güstrow erwarb, in dessen Besitz das Dorf unter dem Namen Domherrenhagen und später Papenhagen seit dem Jahre 1240 gewesen war. Domherrenhagen oder Papenhagen war in alten Zeiten ein nicht unbedeutendes Dorf und dessen Kirche war Mutterkirche und Sitz eines Pfarrers gewesen; noch jetzt stehen die malerischen, dachlosen Ruinen der uralten Kirche, von Gebüsch durchwachsen, auf dem Pfarracker von Rambow. Einer von Ulrich's Nachkommen, Ulrich von Grubenhagen († um 1578), bauete, wahrscheinlich auf einem Theile der Feldmark Papenhagen, mit seiner Gemahlin Margarethe von Kardorff, im Jahr 1562 das hier abgebildete Schloß, und nannte es Ulrichshusen.

Das Schloß zu Ulrichshusen ist in dem alten, guten Style aus der Mitte des 16.Jahrhunderts gebauet; die Verhältnisse des drei Stock hohen Gebäudes, von denen das Erdgeschoß aus behauenen Granitquadern besteht, sind groß und edel und zur Verzierung sind erhabene Bildwerke aus gebranntem Thon angebracht. Der Bau gleicht daher den fürstlichen Schlössern zu Wismar, Schwerin und Gadebusch, welche aus derselben Zeit stammen. Die äußere Einrichtung hat noch etwas von der Gestalt der Burgen des Mittelalters. Der ganze Burgraum ist etwas erhöhet, umher läuft ein jetzt etwas verfallener Schloßgraben, über welchen einst wohl eine Zugbrücke führte. Der ganze Hofraum war mit einer Mauer wohl befestigt. Der Zugang hat noch ganz die Einrichtung eines sogenannten Zingels, wie ihn die alten Städte haben: zuerst die sogenannte Vorburg, welche jetzt fehlt, an der Zugbrücke, dann ein an beiden Seiten durch gezinnte Mauern geschützter, schmaler, gemauerter Weg, dann das gewöhnlich am meisten geschmückte, höhere Binnenthor oder das sogenannte Thorhaus mit einer gewölbten, durch starke Thorflügel befestigten Auffahrt. In der Mitte des Burgraums stand im Mittelalter ein Alles überragender Wart= und Gefängnißthurm, der sogenannte Bergfrit; dieser ward hier, wie überhaupt an den Schlössern aus der zweiten Hälfte des 16. Jahrhunderts an das Schloß angelehnt und zum Treppenhause oder Windelstein, von der Wendeltreppe also benannt, benutzt; jedoch stand zu Ulrichshusen im 17. Jahrhundert noch ein viereckiger Thurm in der Mitte. Der Thurm ist in jedem der drei Stockwerke mit Wappen und mit Inschriften auf Sandsteinplatten, das Thorhaus ist an der Außenseite mit mehrern hübschen Köpfen, Leisten, Wappen und Inschriften aus gebranntem Thon geschmückt. Unter einem Brustbilde des Erbauers Ulrich und dem maltzanschen Wappen steht hier folgende Inschrift:

Ulrichshausen ist mein Nahm.
Wer Herberg in mir will han,
Der nem vor gut Stube und Gemack
Und was Küch und Keller vermag,
Und nem den Willen vor die That,
So wird dem Gaste guten Rat.

Ulrich Maltzan von Ulrichshusen war der Stifter einer eigenen maltzanschen Linie, welche jedoch nach fünf Geschlechtern im Jahre 1722 ausstarb. Seit dem J. 1649 war Ulrichshusen im unterpfändlichen Besitze mehrerer Familien, zuletzt seit 1687 der von Erlenkamp, von welcher es die Maltzan auf Grubenhagen im Jahre 1742 wieder einlösten. Nach dem Aussterben der grubenhagenschen Linie am 1. Dec. 1815 fiel bei der Erbtheilung Ulrichshusen an den Grafen Maltzan auf Militsch; gegenwärtig ist es im Besitze des Grafen *Hahn* auf Basedow.

Basedow

Basedow, das uralte Hauptstammschloß der Familie *Hahn*, ist mit den vielen, dem Grafen Hahn auf Basedow gehörenden Gütern die schönste und reichste Privatbesitzung im Lande, ausgezeichnet durch entzückende Naturschönheiten, großartige Bauten und Anlagen, berühmte Pferdezucht, üppige Fruchtbarkeit und alle Reize, welche ein schöner Landsitz nur bieten kann.

Die aus uraltem, einheimischen Adel stammende Familie *Hahn* gehört zu den ältesten Familien Meklenburgs und wird seit mehr als sechshundert Jahren ununterbrochen in den Urkunden genannt. Der Stammvater Eckhard (1230–1245) war noch in der Gegend der alten Bischofs= und Fürsten=Sitze Ratzeburg und Gadebusch ansässig. Sein Sohn Nicolaus (1266–1299), der hochverdiente erste Rath der Fürsten von Werle, wandte sich in das Land Werle oder Wenden, wo er die Güter Lupendorf und Schlakendorf besaß. Seit dieser Zeit ist die im Jahre 1802 in den *Grafenstand* erhobene Familie Hahn ununterbrochen im Besitze großer Güter im Lande Werle gewesen, zu denen sie im Jahre 1469 das Erbmarschallamt des Landes Stargard mit den dazu gehörenden Besitzungen erwarb. Schon früh zweigten sich mehrere Linien ab, namentlich die Linien Solzow und Damerow und etwas später die Linie Kuchelmiß, welche jedoch alle ausgestorben und auf die Eine Linie Basedow zurückgeführt sind.

Die Feldmark Basedow hat als Quelle der Cultur große Bedeutung in der Geschichte des Landes. Zwischen dem Schlosse Basedow und dem malchiner See lag einst das seit dem siebenjährigen Kriege nach und nach verfallene Pfarrdorf *Wargentin* mit einer Mutterkirche; von demselben trug bis auf die neueren Zeiten der See den Namen "wargentiner See". Kaum war der letzte Aufstand der Wenden unterdrückt, als im Jahr 1215 der Herzog Kasimir von Pommern, der in der Verwirrung die Herrschaft des Landes Circipanien an sich gerissen hatte, das Dorf Wargentin dem Nonnenkloster Arendsee in der Altmark schenkte, von welchem die übrigen Cistercienser Nonnenklöster im Lande gestiftet wurden. Das Kloster verkaufte Wargentin wegen zu großer Entfernung im Jahre 1532 an die Hahn.

Bald darauf tritt auch *Basedow* in die Geschichte: am 14. Jan. 1247 weihete der Bischof von Camin die Kirche zu Malchin und ordnete zugleich die Verhältnisse der Kirche und Pfarre zu Basedow, welche damals einen größeren Sprengel hatte. Zu der Zeit war die Familie Luch im Besitze von Basedow.

Am 3. Mai 1337 wurden die 4 Brüder Hahn, Nicolaus d. A., Eckhard, Mathias und Nicolaus d. J., mit Basedow und den dazu gehörenden Dörfern belehnt und am 11. Nov. 1349 erhielt Nicolaus Hahn d. A. die völlige Befreiung der basedowschen Güter von allen Lasten; seit dieser Zeit ist die basedowsche Linie, welche zu eben der Zeit Jahmen bei Lage und die daran stoßenden Güter und im 15. Jahrhundert die Diekhöfer Güter an sich brachte, im steten Wachsthum gewesen und hat nach und nach große Güter erworben.

Im 15. Jahrhundert, unter dem Ritter Ludolf Hahn (1436–1481), welcher viele Güter, z.B. Holz=Liepen, Schwinkendorf, Deven, Kötel, Diekhof, an das Haus Basedow brachte, war Basedow schon im großen Maaßstabe ausgebildet. Im Jahre 1467 war die kurz vorher neu aufgebauete Burg, von welcher noch Ruinen bei dem Schlosse stehen und deren auf Pfählen ruhende Fundamente noch weit reichen, vollendet worden. Der Bauhof lag allein. Vor der Burg lag eine Vorburg, zu welcher zwei neue Thürme gebauet waren. Die Burg selbst war mit Mauern und Gräben umgeben, mit Thürmen befestigt, hatte einen Zingel mit mehrern Thoren, und feste Gewölbe für Armbrüste, Pfeile, Büchsen, Pulver und Urkunden. Im Jahr 1474 wird Basedow das *Schloß* Basedow genannt. Unter dem genannten Ritter Lüdeke Hahn lebten mehrere Knappen aus alten Geschlechtern und mehrere Priester als Schreiber und Beichtväter auf der Burg; schon im Jahr 1479 war zu Basedow ein *Gestüt* und im Jahr 1539 lagen Weinberge vor dem Schlosse.

Der ältere Theil des jetzigen Schlosses ist in der Mitte des 16. Jahrhunderts gebauet, nach einer Inschrift an dem Thurme vom Jahre 1554. Der neue, jetzt von der gräflichen Familie bewohnte Flügel ist im Jahre 1802 fertig geworden, von dem königlich preußischen Baurath Stüler zu Berlin im Jahr 1837 mit den Terrassen geschmückt und im Jahre 1839 erhöhet und neu verziert. In den neuesten Zeiten sind auch die andern schönen Gebäude aufgeführt, wie der große, prachtvolle Marstall und 1840 die Oberförsterei und 1842 das Secretariat, ebenfalls von Stüler.

Wir sehen auf unserm Bilde Basedow von der Höhe, auf welcher das Secretariat liegt: rechts den neuen Flügel mit den Terrassen, links das Thorhaus, zwischen beiden durch die Lücke in den Schloßhof auf den Thurm von 1554, und über das Schloß hinaus auf die schönen, bewaldeten rempliner Berge am Ende des malchiner Sees.

SCHLOSS - BASEDOW

Burg-Schlitz

Mag es auch Schlösser geben, welche durch Glanz und prachtvolle Anlagen mehr blenden, an Großartigkeit und Erhabenheit der Natur und der Kunst in den Gartenanlagen kommt keines in Meklenburg der *Burg=Schlitz* gleich. Am nordwestlichen Ende des malchiner Sees auf einer hohen, gebirgsähnlichen, meilenweiten natürlichen Terrasse gelegen, von den prachtvollsten Parkwaldungen umgeben, ragt das Schloß, meilenweit sichtbar, hoch über das ganze malchiner Seebecken und eine weite, unbegrenzte Landschaft empor und bietet dem Auge einen entzückenden Anblick sowohl über die sinnreichsten Naturanlagen, als über eine paradiesische Gegend. Burg=Schlitz ist ganz eine Schöpfung unsers Jahrhunderts. Der Schöpfer war der Baron Hans v. *Labes*, Dom=Dechant v. Colberg, königl. preußischer Legations=Rath auf Gesandtschaften zu Wien und Regensburg und bei der Kaiserkrönung zu Frankfurt, Sohn des Geheimen=Raths Baron von Labes zu Regensburg, im Jahr 1792 von dem königl. preußischen Etatsminister *Grafen von Schlitz*, genannt Görtz, an Sohnes statt angenommen, dessen Geschlechtsnamen auch er annahm.

Burg=Schlitz ist auf der Feldmark des Gutes *Karstorf* erbauet. Karstorf war das uralte Lehn der Familie von der Osten gewesen. Der Baron Labes, Graf Schlitz, kaufte die herrlichen Güter Karstorf, Hohen=Dempzin und Kötel im Jahre 1791 von v. Müller auf Detershagen. Lassen wir über die Erbauung von Burg=Schlitz im Allgemeinen den Erbauer und den jetzigen Besitzer, den Fortführer des Werkes, selbst reden, dessen eigene Ansichten mitzutheilen vergönnt ist. “Auf der Stelle, wo jetzt die Burg=Schlitz erbaut ist”, sagt der Erbauer, “stand früher einsam eine hohe Eiche, in der Gegend als das Wahrzeichen von Karstorf, welches versteckt im Thale liegt, bekannt und benannt. Nach dieser Eiche strebte ich hin, als ich, um die karstorfer Güter zu besichtigen und zu kaufen, einen Fußsteig eingeschlagen hatte, der von dem Dempziner Wege ab nach dem jetzigen Schloßberge führte. Als ich die Höhe erstiegen hatte und unerwartet der weite Horizont sich vor mir ausbreitete und die reiche, anmuthige Gegend mit dem schönen malchiner See in seiner ganzen Ausdehnung sich mir zeigte, da stand mein Entschluß fest, auf dieser Höhe meinen künftigen Wohnsitz zu erbauen; um so mehr ward ich in demselben bestärkt, als dieser Punkt, obgleich er die Gegend meilenweit beherrscht, dennoch gegen Nord, Nordost und Nordwest durch einen auf der Höhe des Berges sich hinziehenden Buchenwald geschützt ist.” Das Wohnhaus in Karstorf, auf den Fundamenten der alten ostenschen Burg erbauet, mit einem tiefen Wallgraben umgeben, über den eine Zugbrücke führte, war nicht mehr brauchbar und das Dorf Dempzin lag ganz darnieder. Zunächst mußte 15 Jahre für die Verbesserung der Güter gewirkt werden. Im Jahr 1806 ward der erste Grundstein zu dem Schlosse gelegt, welches im gothischen Style erbauet werden sollte; doch die kriegerischen Zeiten hemmten die Ausführung. Im Jahr 1811 ward der Eckstein zu dem westlichen Flügel des Schlosses, zu welchem ein anderer Plan entworfen war, in Gegenwart des jetzt regierenden Großherzogs Georg von Meklenburg=Strelitz gelegt. Die aufs neue hereinbrechenden Kriegsjahre verzögerten wiederum die schnelle Vollendung des Gebäudes, welches im westlichen Flügel seit dem 16. Juni 1816 bewohnt, im Ganzen aber erst im Jahre 1823 vollendet ward. “Von dem Balkon und noch besser von dem auf dem Schlosse stehenden, 101 Fuß über die Bergebene emporragenden Obelisken sieht man mehr als 80 Ortschaften, den malchiner und den cummerower See, und über diese hinaus nach Pommern hinein, und die Stadt Malchow, bis sich der Blick in ferne Wälder und Berghöhen verliert”. Reizend und im höchsten Grade künstlerisch und geschmackvoll sind die großartigen Anpflanzungen, der edle Laubwechsel, die klaren Wasserspiegel, die köstlichen Blüthen. Dazwischen zahlreiche mächtige Denkmäler aus Granit an schönen Punkten und treffliche Bauten. Der Erbauer hat ohne Zweifel das Verdienst, “in der Gegend den ersten Antrieb zur Ver-

BURG - SCHLITZ

edelung und Verschönerung der Landsitze und der sie umgebenden Landschaft gegeben zu haben. Begünstigt durch die warme Lage und richtige Behandlung werden hier am Abhange des Berges Gewächse durchwintert, welche sonst nur unter einem wärmern Himmel gedeihen, wie Cedern, Cypressen, Rhododendron, und Wochen früher, als in der Umgegend, blühen die Obstbäume und grünen die Eichen und Buchen."

Im Jahre 1817 ward Burg=Schlitz unter diesem Namen zum Hauptgute der karstorfer Besitzungen anerkannt.

Der Graf von Schlitz starb im Jahre 1831 im 69 Jahre seines thätigen Lebens. Verhängnißvolle Zeiten führten den Verkauf und die Zersplitterung seiner Güter herbei. Burg=Schlitz mit Karstorf und dem neuangelegten Görzhausen gingen auf seinen Schwiegersohn, den Grafen *von Bassewitz=Schlitz* auf Wardow, den gegenwärtigen Besitzer, über. "Dieser ist seitdem für die Erhaltung und Verschönerung der Schöpfung in demselben Geiste bemühet. Es wird der Reisende, der diese freundliche Gegend betritt, nicht verkennen können, daß hier, wo die Natur so reich gespendet hat, auch der Sinn, dieselbe zu würdigen, zu finden ist. Und wer Burg=Schlitz in der Frühlingspracht gesehen hat: das weiße Schloß auf dem Berge im grünen Walde, mit den blühenden Gärten am Abhange, den schönen Eichen im Thale, mit all den klaren Wasserspiegeln, den freundlichen, grün umrankten Wohnungen: dem bleibt es wohl ein schönes Bild in der Errinnerung, wie es dem Meklenburger eine Zierde seines Vaterlandes ist."

Klöster

Doberan

Die Cistercienser=Mönchs=Abtei Doberan ist das edelste Kleinod in dem geschichtlichen Schatze Meklenburgs; innig verkettet ist ihre Geschichte mit den Schicksalen des Landes, so lange in diesem der christliche Glaube gewaltet hat. Aus den heiligen Mauern Doberans vorzüglich verbreitete sich im Wendenlande das Licht des Glaubens und die Wärme einer mildern Sitte und reinern Bildung. Daher schenkten auch früher die Fürsten und die Edlen des Landes dem reichen Kloster ihr besonderes Vertrauen, und bis auf die neuesten Zeiten ist die Kirche zu Doberan die Haupttodtengruft für das Fürstenhaus gewesen. Wie gewöhnlich die glückliche Lage eines Ortes eine nachhaltige Quelle des Glanzes und Reichthums ist, so gewann auch Doberan lange nach dem Untergange der geistlichen Stiftung in neuern Zeiten wieder einen bedeutenden Ruf, als der Herzog Friederich Franz im J. 1793 hier das erste Seebad in Deutschland gründete.

Die Kapelle zu Althof und Die Kirche zu Doberan

Diese Gebäude sind von der alten, gefeierten Abtei fast die einzigen Ueberreste.

a. Die Kapelle zu Althof

Seit dem Jahre 1148 rang das Volk der Wenden gegen das Kreuzheer des Sachsenherzogs Heinrich des Löwen und das Christenthum. Der starke Niklot war im J. 1161 den Heldentod gestorben und mit ihm die Stütze des Heidenthums gefallen; sein älterer Sohn Pribislav, Fürst der Kissiner im nordöstlichen Meklenburg, war dazu bestimmt, den sichern Grundstein zur bessern Gestaltung der Dinge zu legen. In den letzten Kämpfen gönnte der Anfang des Jahrs 1164 einige Ruhe, und die Erholung gab Entschluß zur Heilung tief geschlagener Wunden. Pribislav, der letzte Wendenkönig, vermählte sich mit Woizlava, einer nordischen Königstochter, welche seine Liebe und ihn selbst durch Liebe für den Christenglauben gewann. Am 29. April 1164 machte er mit seinem Bruder Niklot dem Götzendienste auf dem Fürstenhofe Doberan, späterhin Alt=Doberan oder Althof genannt, ein Ende; er stürzte den Götzen Doberan (den Gütigen), empfing die Taufe und gründete sogleich an der Stelle des heidnischen Tempels das erste christliche Gotteshaus im östlichen Meklenburg, die noch stehende Kapelle zu Althof.

Zwar bestand schon das Bisthum Meklenburg oder Schwerin, aber es war noch nicht fest gegründet. Der Apostel der meklenburgischen und vorpommerschen Wenden, der Bischof Berno von Schwerin, ein Mönch des Cistercienser=Klosters Amelungsborn unfern der Weser im Braunschweigischen, lehnte daher seine Wirksamkeit nicht allein an die ritterliche Strenge und ernste Klugheit des Grafen von Schwerin, sondern auch an die einflußreiche Kraft der heimischen Fürsten und stiftete noch vor der Befestigung und Bewidmung des Bisthums Schwerin, im J. 1170 neben der Kapelle zu Alt=Doberan oder Althof das erste Kloster in Meklenburg, das Cistercienser=Mönchs-Kloster Doberan, welches für die meisten meklenburgischen Klöster Mutterkloster geworden ist. Durch diese Stiftung ward ein reicher Segen über Meklenburg verbreitet, indem die Cistercienser=Mönche

DIE KIRCHE ZU DOBERAN

DIE CAPELLE ZU ALTHOFF

nicht sowohl die Bestimmung hatten, ihren eignen Geist zu bilden und Andachtsübungen zum eigenen Seelenheile zu leben, als vielmehr als Seelsorger und Verbreiter der Künste des Friedens, als Volksfreunde mitten unter dem Volke zu stehen und es durch Lehre und Beispiel zum Bessern zu führen. Daher bewirthschafteten sie ihre Ländereien selbst und jeder Hof, dem ein Mönch als Hofmeister vorstand, war gewissermaßen zugleich eine Wirthschaftsschule.

Nach der Bewidmung des Bisthums Schwerin am 9. Sept. 1171 zog der Herzog Heinrich der Löwe und mit ihm Pribislav 1172 zum heiligen Grabe. Noch in demselben Jahre starb Woizlava, welche seit der Geburt ihres Sohnes Heinrich Borwin kränkelte, und ward in der Kapelle zu Althof begraben. Ihr Gemahl Pribislav fand am 30. Decbr. 1178 seinen Tod auf einem Turnier zu Lüneburg. Da erhoben sich die Wenden wieder mit Grimm gegen das Christenthum und verwüsteten am 10. November 1179 das Gotteshaus zu Alt=Doberan; 78 Bekenner des Christenthums wurden hier Märtyrer ihres Glaubens. Fast an 40 Jahre dauerte es, bis das Wendenvolk wieder und auf immer zur Ruhe kam. Andere zerstörte Stiftungen, wie das Mönchskloster zu Dargun und die Nonnenklöster zu Parkow und Bützow wurden erst später, nach 1218, und zwar die Nonnenklöster mit Verlegung nach Neukloster (1218) und Rühn (1232) wieder hergestellt. Das Kloster Doberan stellte jedoch schon im J. 1186 der Fürst Heinrich Borwin I. wieder her, verlegte es jedoch von dem Hofe Alt=Doberan nach dem nahen wendischen Dorfe Doberan. In der Folge wurden auch die Gebäude zu Alt=Doberan wieder hergestellt und der Ort unter dem Namen Althof Sitz eines Hofmeisters des Klosters. Seit dem 14ten Jahrhundert verfiel jedoch die Kapelle, so daß schon im J. 1522 der Herzog Heinrich der Friedfertige die Ruhestätte seiner Ahnmutter an einem "wilden Orte" wieder entdeckte. Nachdem das Kloster Doberan am 7ten März 1552 aufgehoben war, ward, schon vor 1610, ein Backhaus in die Kapelle hineingebaut und die ursprüngliche Bestimmung derselben verlor sich aus dem Gedächtnisse. Am 9. Aug. 1822 traf ein Blitzstrahl das Gebäude, dessen Bedeutung der Großherzog Friederich Franz wieder entdeckte; noch an demselben Tage befahl er die Wiederherstellung der alten, ehrwürdigen Kapelle. In einer romantischen, bergigen Gegend, eine halbe Stunde von Doberan, steht jetzt zum dauernden Andenken das kleine, saubere Gebäude, welches zwar viel gelitten hat, aber doch noch unverkennbar seinen Ursprung aus dem 12ten Jahrhundert, dem noch der Rundbogenstyl eigenthümlich ist, zeigt. Eine daneben stehende Scheure ist ebenfalls noch ein altes Klostergebäude.

b. Die Kirche zu Doberan

Heinrich Borwin I., Pribislav's Sohn, stellte das Kloster Doberan im J. 1186 wieder her, verlegte es jedoch von Althof nach dem nahen Dorfe Doberan, welches fortan allein diesen Namen trug. Noch lange dauerte es, bis sich die halsstarrigen Wenden unter das sanfte Joch beugten; nur in Doberan blieb die Pflege des Christenthums im östlichen Meklenburg unangefochten, daher es auch den ehrenden Ruf einer "Veste des Glaubens" erhielt. Schon in den Jahren 1190, 1192 und 1193 erfreuete es sich mehrerer Schenkungen und Privilegien. Aber die Zeit war noch zu roh und zu unruhig, als daß an dauernde Unternehmungen gedacht werden konnte. Erst am 5. October 1232 ward die noch stehende Kirche in einer glänzenden Versammlung von Fürsten und Prälaten gegründet; der Bau und die Ausstattung wurden nur allmählich ausgeführt, so daß erst am Trinitatisfeste, 4. Junii, 1368 der Bischof von Schwerin Kirche und Kloster als gänzlich vollendet einweihen konnte. Die Kirche ist wohl unstreitig die schönste und merkwürdigste im Lande Meklenburg. Mögen andere Kirchen in den Ostseeländern auch ernster oder größer oder schmuckreicher im Aeußern sein: die Doberaner Kirche, im reinsten Spitzbogenstyl, übertrifft alle andern an Schönheit der Formen und an

DOBERAN VON ALTHOFF

fast unbegreiflicher Schlankheit und Kühnheit der Glieder, bei aller Harmonie und Würde des Ganzen. Staunend und bewundernd blickt das Auge nach allen Richtungen und die Seele fühlt sich begeistert und befriedigt durch das Werk, welches ein Meisterwerk im Ziegelbau ist. Aber es ist nicht allein der Bau selbst, der entzückt, sondern auch die Einrichtung der Kirche ist so ausgezeichnet, daß es wohl wenig Kirchen giebt, welche ihr in dieser Hinsicht gleichzustellen wären. Die Kirche bewahrt nämlich noch ihre ganze ursprüngliche Einrichtung aus dem Mittelalter und in ihr eine seltene Fülle des schönsten Schnitzwerks aus der Zeit der höchsten Blüthe alter deutscher Kunst. Hier stehen noch Altar, Sacramenthaus, Kelchschrein, Beichtstuhl, Mönchsstühle, Reliquienschrank, Crucifix, Nebenaltäre und viele andere Gegenstände aus alter Zeit, zum Theil wohl erhalten, im Einklange zum Ganzen. Eben so reich ist die Kirche an bedeutungsvollen Denkmälern aller Art und aller Zeiten, indem sie von jeher die Hauptbegräbnißstätte der Fürsten von Meklenburg und Werle war; die ganze Zeit von Pribislav bis auf Friederich Franz hinab ruhen hier sehr viele und ausgezeichnete Fürsten und daher birgt die Kirche eine große Fülle geschichtlicher Erinnerungen, ohne daß der Bau durch die Anbringung dieser Denkmäler gelitten hätte. Mehr noch hat sie gelitten durch moderne Einrichtungen seit der Reformation und der Aufhebung des Kloster am 7. März 1552, durch die Verwüstungen des dreißigjährigen Krieges, welche vorzüglich Doberan zu verschiedenen Malen heimsuchten und durch welche namentlich die prachtvollen gemalten Fenster bis auf die wenigen, jetzt im Chor zusammengebrachten Reste, zertrümmert wurden, endlich durch die geschmacklosen "Restaurationen" und Verbauungen des vorigen Jahrhunderts. Die im J. 1841 von dem regierenden Großherzoge Paul Friederich beschlossene Wiederherstellung der Kirche in ihrem ursprünglichen Geiste wird nach Entfernung alles Ungehörigen alle Vorzüge der Kirche und ihre Meisterwerke wieder zur klaren Anschauung bringen und den Beschauer wieder mit ungetrübter Freude erfüllen.

Die Geschichte des Klosters Doberan fällt in den Hauptbegebenheiten meistens mit der Landesgeschichte zusammen; die häufigen Besuche hoher weltlicher und geistlicher Personen, verbunden mit den Jagdablagern der Landesherren, so wie die nicht seltenen Begräbnisse vieler Glieder der verschiedenen Fürstenhäuser Meklenburgs verschafften dem Kloster genug merkwürdige Denktage; der reiche Güterbesitz und dessen Verwaltung zog eine große Bevölkerung von Mönchen herbei und machte eine bedeutende Anzahl von Beamten nothwendig. Im 14ten Jahrhundert erschütterten jedoch innere Streitigkeiten zwischen den Mönchen aus den sächsischen Ländern, welche ein Vorrecht auf die Beamtenstellen behaupteten, und den Mönchen aus den ehemaligen wendischen Ländern den Frieden und den Ruf des Klosters heftig. – Die massiven Klostergebäude, welche in Einem Zusammenhange von der Kirche bis zu der von dem Kloster allein noch stehenden Mühle reichten, wurden nach einem Brande im J. 1291 aufgeführt; von dem alten Kreuzgange stehen noch Ruinen an der Kirche. Im J. 1403 erhielt der Abt von Doberan vom Papste das Vorrecht, mit den Zeichen der bischöflichen Würde angethan den Segen zu sprechen.

Doberan von Althof

Die Ansicht von Doberan von Althof aus, welche uns den Schauplatz vieler bedeutungsreicher Begebenheiten eröffnet, ist wahrhaft entzückend, wie die Gegend von Doberan überhaupt eine eigenthümliche, im nördlichen Tieflande seltene, weite Thalbildung hat. Auf einer hohen, gebirgsähnlichen, waldgeschmückten Terrasse steht die alte Kapelle über einem weiten Thale, welches in den ältesten Zeiten ein Flußbette gewesen sein mag. Gegen Osten dehnt sich die Landschaft der Stadt Rostock mit ihren stolzen Thürmen aus; gegen Nordwest verweilt der Blick auf dem schöne Thale Doberans und schweift über Feld und Wald hinaus auf das blaue Meer.

Dargun

In einem östlichen Vorsprunge des jetzigen Großherzogthums Meklenburg=Schwerin gegen Pommern, der wichtigen Stadt *Demmin* gegenüber, liegt der Flecken *Dargun*, wenn auch wenig bekannt, dennoch seit uralter Zeit gleich merkwürdig durch seine Lage und seine innere Bedeutung, da es theils das Thor zu der über Demmin gegen Osten hin durch die Pene= und Trebel=Gewässer und Moore führenden Straße bildet, theils in einer angenehmen, mannigfaltigen, in sich abgeschlossenen Landschaft liegt, in deren Nähe sich seit alter Zeit angesehene werlesche und pommersche Rittergeschlechter ansässig machten; mehr als einmal ist es daher in alter Zeit in diesen Gegenden zu blutiger Entscheidung gekommen. In Demmin stießen die alten wendischen Länder Tolenze, Circipanien und Festland Rügen zusammen, und zu den Zeiten der Wendenbekehrung hatten die vorpommerschen Fürsten auf der alten Burg Demmin im Lande Tolenze ihre Residenz, von welcher noch die Ruinen vor der Stadt stehen; außerdem war das Land dahinter reich an Festen, wie z.B. Cummerow, Osten, Wolde u.a. Das nahe Dargun lag schon in dem berühmten wendischen Lande *Circipanien (Land über der Pene*, wendischen Ursprunges: Szyrszopania). Diese Landschaft Circipanien ward von einer der vier Völkerschaften der wilden, halsstarrigen und tapfern *Wilzen*, auch *Leutizen* oder *Veletaben* genannt, bewohnt. *Circipanien* lag zwischen der obern Recknitz bis Tribsees, der untern Trebel bis Demmin, der obern Pene und den Pene=Quellen, der obern Nebel bis über den gutowschen See bei Güstrow. Die Herrschaft über dieses Land hatten sich die zu Demmin residirenden vorpommerschen Herzoge, welche sich noch spät Herren der Leutizen nennen, in der allgemeinen Verwirrung während der Bekehrungskriege angemaßt, wenigstens herrschten sie, so lange die Verwirrung dauerte, über Dargun und Malchin hinaus, und der pommersche Bischof von Camin behielt, trotz aller Gegenkämpfe des Bischofs von Schwerin, das Land, als ursprünglich zu Pommern gehörend, zu seinem Sprengel.

Der jetzige Ort *Dargun* besteht aus dem *Schlosse* mit der alten *Klosterkirche* oder dem Amte Dargun, dem eigentlichen jetzigen *Flecken* oder der Neubaute und dem Dorfe *Röcknitz* mit der Pfarrkirche, welches sich unmittelbar an den Flecken Dargun anschließt. Dies alles bildet eine einzige Straße, welche sich von Kirche zu Kirche in bedeutender Ausdehnung an dem schmalen, von schönen Waldufern (dem "Thiergarten") begrenzten Klostersee hinzieht und in der mit vorzüglichen Forsten geschmückten, angenehmen Gegend einen malerischen Anblick gewährt und einen eigenthümlichen Eindruck macht, um so mehr, wenn die *Geschichte* des Ortes den Geist belebt.

Schon in den *wendischen Zeiten* war *Dargun* oder *Dargon* eine *alte Burg*, welcher die meisten Ortschaften unterworfen waren, welche jetzt das Domanial=Amt Dargun bilden. Es herrschte auf derselben zuletzt eine edle Wendenfamilie, deren Haupt der Edle *Miregrav* oder Mirognew (Sanftgroll) war. Noch jetzt steht der *Burgplatz* am Ende des "Thiergartens", eines waldigen Bergrückens jenseits des Sees, dort wo derselbe dem Dorfe Röcknitz gegenüber an drei Seiten schroff in sumpfige Wiesen und Brüche abfällt. Hier ist die äußerste Spitze am Viereck umwallt und an der Landseite nach dem Thiergarten hin von drei bis vier Wällen geschützt. Zahlreiche Scherben aus der Wendenzeit zeugen außerdem für die Volkssage, daß dieser Ort die "*alte Burg*" Dargun sei. Unter prächtigen Buchen ist jetzt im innern Burgplatze der *Judenkirchhof*.

Durch den letzten Kreuzzug gegen die Wenden im J. 1164 war der Zweck der gewaltigen Feldherren erreicht: das Volk war gebeugt, wenn auch das Land verheert war. Heinrich der Löwe stand auf dem Gipfel seiner Macht. Die Leutizierfürsten Casimir und Bugislav zu Demmin waren schon für die Sache des Christenthums gewonnen und auch der Obotritenfürst *Pribislav*, der bei jenen Zuflucht gefunden hatte, wandte sich der deutschen Sache zu, wodurch er im J. 1166 das Erbe seiner Väter zum größern Theile wiedererhielt. So war die Ruhe einstweilen hergestellt und unter solchen Umständen ward im J. 1167 von der öden und bluttriefenden Burg Meklenburg das obotritische *Bisthum* nach *Schwerin* verlegt, wo, in der neugegründeten sächsischen Stadt, es unter dem Schirm des tapfern Grafen Guncelin besser zu gedeihen in Aussicht stand. Die hartnäckigsten der Wenden waren die Rügier. Kaum hatten sie erfahren, daß Heinrich der Löwe im eigenen Lande beschäftigt sei, als sie in Masse aufstanden, um das verhaßte Joch des Dänenkönigs abzuschütteln. Der König Waldemar zog also, in Begleitung seines kriegerischen Bischofs Absalon von Roschild, des muthigen Streiters für die Kirche, im J. 1168 gegen Rügen und belagerte die Tempelfeste Arkona. Zu diesem Kriegszuge halfen von der Landseite die leutizischen und obotritischen Fürsten. Auch der *Bischof Berno von Schwerin*, der Apostel der Westwenden, erkannte die günstige Gelegenheit; von Schwerin aus zog er unter Schmach und Noth gen Osten bis Demmin, predigte unter dem wilden Volke die Lehre des Heils, stürzte die Götzen und taufte die Heiden. Die leutizischen Fürsten Kasimir und Bugislav nahmen ihn wohlwollend auf und erkannten ihn als Bischof ihres Reiches, Vorpommern oder Leutizien und Circipanien. So ward in diesen Gegenden das Christenthum befestigt, wenn es auch später wieder auf kurze Zeit zurückgedrängt ward. Auf diesem Kreuzzuge eilte auch Berno, voll heiligen Eifers für den Glauben und mehr mit den Eigenthümlichkeiten der Wenden vertraut, den Dänen gegen die Rügier zu Hülfe, stürzte mit Hülfe der neubekehrten Wenden, denen er das Panier des Glaubens vortrug, am *Tage des Sanctus Vitus*, 15. Junii 1168, den Götzen *Swantevit* auf der Feste Arkona, welche gänzlich zerstört ward, und zwang das Volk zur Taufe.

In diesen Tagen des J. 1168 legte Berno auch den Grundstein zu dem *ersten Gotteshause im Lande Circipene*, indem er eine *Kapelle zu Dargun* gründete, rasch aufführte und zu Ehren der Heil. Jungfrau Maria in Gegenwart des Fürsten Kasimir weihte, der mit seinen Edlen der Kapelle die nöthigen Einkünfte verlieh, wie Berno ihr Zehnten abtrat. Nachdem Berno zunächst die Gegend um Schwerin geordnet hatte, führte er seinen Lieblingswunsch aus, indem er im J. 1170 bei der ersten, im J. 1164 im Lande der Kissiner zu Alt=Doberan (Althof) gegründeten Kapelle ein Cistercienser=Mönchskloster stiftete. Am 9. Sept. 1171 erreichte er die vollständige Bewidmung und Ordnung seines Bisthums, dem auch der Fürst Kasimir voll Dankbarkeit das Dorf Wotenick bei Demmin und andere Güter schenkte.

Unter so günstigen Verhältnissen gründete Berno im J. 1172 das *zweite Cistercienser=Mönchskloster bei der Kapelle zu Dargun*. Nach dänischen Nachrichten kamen die Mönche aus dem dänischen Kloster Esrom auf Seeland. Berno aber verpflanzte ohne Zweifel auch aus seiner Lieblingsstiftung Doberan Mönche. Diese beiden Klöster Doberan und Dargun sind die einzigen Cistercienser=Mönchsklöster im Lande gewesen, und haben theils durch Reichthum und Ansehen, theils durch die segensreiche Wirksamkeit des Cistercienser=Ordens, der nach seiner Regel in allen Dingen, in Lehre, Beispiel und Arbeit, dem Volke tätig voranzugehen berufen war, unendlich viel Gutes geschaffen. Die Stiftung des Klosters geschah mündlich unter dem Schutze des Fürsten Kasimir. Der edle Miregrav mit seinen Brüdern Monich und Cotimar trat zur Gründung die Burg und das Gebiet weit umher, so weit die Feldmark des Ortes reicht, dem Kloster ab und die Fürsten und Edlen des Landes beschenkten es reich mit Dörfern umher. Am 30. Nov. 1173 bestätigte Berno, im J. 1174 der Fürst Kasimir durch schriftliche Urkunden das Kloster und verliehen demselben noch große Güter und Freiheiten; die Seelsorge des Ortes ward

DARGUN

an die damals schon bestehende Pfarrkirche des Dorfes Röcknitz geknüpft. Gegenwärtig war bei diesen Verleihungen unter vielen Edlen des Landes und geistlichen Würdenträgern auch der Abt Walbert des dänischen Klosters Esrom. Der dänische Einfluß war damals in den östlichen Gegenden bedeutend, wie auch das Kloster Dargun von den Fürsten die Freiheit erhielt, den Ort mit Deutschen, Dänen und Wenden zur Ausübung der Künste und Handwerke zu bevölkern und diese beliebig nach ihren volksthümlichen Sitten und Rechten zu behandeln; daher machte das Kloster Esrom auch Ansprüche auf die Vaterschaft des Klosters, welche jedoch von dem General=Capitel des Ordens im J. 1258 dem Kloster Doberan zugesprochen ward.

Einige Jahre verflossen in Ruhe zum Segen des Landes. Da starb am 30. Dec. 1178 unerwartet Pribislav auf einem Turnier zu Lüneburg und der Sturz Heinrichs des Löwen war nahe: die Wenden erhoben sich wieder mit Ingrimm. Im Osten zertraten die unaufhörlichen Einfälle der Dänen und die kriegerischen Bestrebungen der brandenburgischen Fürsten alle Keime der jungen Saat. Im J. 1182 fiel auch Kasimir in einer Schlacht; sein Tod schreckte auch die östlichen Wenden auf. Und als bald darauf der Graf Guncelin von Schwerin und am 14. Jan. 1191 Bischof Berno starben, waren Empörung und Verwirrung allgemein. Es floß viel Blut und besonders litt die Gegend um Demmin fortdauernd bedeutend. Das Kloster Dargun ward zerstört und der wüste Ort gehörte in den Jahren 1185 und 1189 dem Bisthume Schwerin. Zwar machte das früher wiederhergestellte Kloster Doberan im J. 1209 den Versuch, eine Ansiedelung von Mönchen durchzusetzen, aber ohne Erfolg. Das Kloster blieb eine "Räuber= und Wildhöhle", und erst im J. 1216 gelang es dem Bischofe Sigwin von Camin nach vieler Noth und Angst das Kloster wieder herzustellen und durch Mönche von Doberan wieder zu bevölkern. Bald blühte aber die Stiftung fröhlich und stark empor, reich mit Gütern und Freiheiten durch die Fürsten und Edlen des Landes beschenkt. Um diese Zeit kam das Land Circipene auch wieder an das obotritische Fürstenhaus.

So stand das *Kloster*, bis es nach der siegreichen Einführung der *Reformation* am 6. März 1552 von dem Herzoge Johann Albrecht I. *aufgehoben* ward. Die Güter desselben wurden fürstliches Eigenthum und bis heute von einem fürstlichen *Amte* zu Dargun verwaltet. Die Landesherren behielten aber den Ort lieb, hielten sich häufig daselbst auf und so entstand nach und nach aus dem Kloster ein großes herzogliches *Schloß*, welches sich unmittelbar an die Kirche anlehnt.

Dargun

Auf unserm Bilde sehen wir, von der rostocker Seite her, das eine Ende des langgestreckten Ortes und zwar denjenigen Theil, den das Kloster einnahm: rechts die Klosterkirche, daneben das unmittelbar daran hangende Schloß, wie es im 17. Jahrhunderte entstanden ist, links daneben das im J. 1585 von dem Herzoge Ulrich erbauete Wirthschaftshaus, jetzt Brennerei, daneben eine Beamtenwohnung und umher Wirthschaftsgebäude, von denen einige noch aus der Klosterzeit stammen. Links führt eine herrliche Kastanien=Allee am See entlang vom Amte zum Flecken Dargun oder der Neubaute.

Die Kirche zu Dargun

Nachdem der Herzog Kasimir von Pommern im J. 1219 alle Besitzungen und Gerechtigkeiten des Klosters bestätigt und denselben neue Schenkungen hinzugefügt hatte, gingen die Mönche, im Besitze eines gesicherten Eigenthums, sogleich an den "*Steinbau*" der Kirche und des Klosters; um das J. 1224 schenkte der Herzog Wartislav III. ihnen schon zum zweiten Male Holz aus dem Walde von Verchen und im J. 1225 das Dorf Küsserow zum Steinbau. Es kann hierunter wohl nur der Bau der *Kirche*

DIE KIRCHE ZU DARGUN

verstanden sein, da der Fürst Borwin von Rostock, der spätere Landesherr des Klosters, um das J. 1237, sicher vor dem J. 1241 die Grundsteinlegung zum *Kloster* durch seine Gegenwart verherrlichte.

Die *Kirche*, deren Chorseite wir hier erblicken, ist ein erhabener, schlanker Bau im Spitzbogenstyl, in der Grundform des Kreuzes, im Geiste der musterhaften doberaner Kirche ausgeführt, eines großen, reichen Klosters würdig. Die 80 Fuß hohen Gewölbe ruhen auf achtseitigen mit Laubwerk geschmückten Pfeilern mit hohen Sockeln. Der Chor mit seinen hohen, schlanken Pfeilern und das Kreuzschiff ist ohne Zweifel in der ersten Hälfte des 13. Jahrhunderts erbauet. Schöne, schwarz glasurte gothische Verzierungen schmücken die Außenseite des Chors. Dieser Theil der Kirche, zugleich derjenige, den wir auf dem Bilde erblicken, steht allein ganz frei und dient gegenwärtig allein zur Kirche. Das ganze Schiff ist in neuern Zeiten durch eine Mauer von dem Chore getrennt und ganz in den südlichen Flügel des viereckigen Schlosses aufgenommen; es liegt unter dem Namen der "katholischen Kirche" wüst und wird zur Aufbewahrung von Baumaterialien benutzt. Hiedurch hat die Kirche, welche dazu einen engen, niedrigen Eingang in einer Schloßecke hat, etwas Beengendes, Fremdes erhalten, da durch die Theilung das ganze Verhältniß zerstört ist. In der Zeit von 1464–1479 ward die Kirche, unter der Leitung von Lüdeke Hahn auf Basedow, ausgebauet und gebessert, namentlich ward sie mit gemalten Fenstern verziert, von denen noch manche Ueberreste, namentlich an Wappen, vorhanden sind. Zu dieser Zeit ward auch die *Wölbung* vollendet; diese Nachricht ist auf das jetzt wüst stehende Schiff zu beziehen, welches in Gewölbe und Pfeilern das Gepräge einer jüngern Zeit trägt: ein Gewölbe ist eingestürzt.

An die Nordseite der Kirche lehnte sich im Viereck das *Kloster*, in alter Zeit Reventer, auch Kreuzgang genannt. Ist von diesem auch vieles in den neuern Schloßbau übergegangen, so stammt doch manches noch aus der Klosterzeit und einiges wohl noch aus der Zeit der ersten Erbauung im 13. Jahrhundert. Namentlich ist ohne Zweifel die auf unserm Bilde sichtbare Seite mit ihren 3 Thürmen gewiß der Haupttheil des alten Klosters.

Neukloster

Bald nach der Beruhigung und Bekehrung des Obotritenlandes waren in demselben zwei Klöster Cistercienser=Ordens gestiftet: das Mönchskloster Doberan zu Althof (1170) von dem Fürsten Pribislav durch die Bemühung des Bischofs Berno von Schwerin und ein Nonnenkloster bei Bützow, (vor 1178) von dem Bischofe Berno. Beide wurden von den Wenden in dem Aufstande nach dem Tode Pribislavs (30. Dec. 1178) wieder zerstört. Das Mönchskloster Doberan ward im J. 1186 von Pribislavs Sohne Borwin zu Doberan wieder hergestellt, das vom Bischofe Berno in dessen Lande gestiftete Nonnenkloster im J. 1233 von dem Bischofe Brunward zu Rühn in der Nähe von Bützow wieder aufgerichtet. Nicht lange nach der ersten Stiftung dieser beiden Klöster war auch von den Landesherren, entweder noch von Pribislav, oder was glaublicher ist, von Borwin I., ein Nonnenkloster Cistercienser=Ordens gestiftet; denn Ueberlieferungen setzen die Zeit der Stiftung in das J. 1211. So viel ist aber gewiß, daß mehrere Jahre vor 1219 dieses Kloster zuerst zu *Parkow* bei Westenbrügge, in der Nähe von Bukow, gegründet ward. Noch jetzt heißt seit alter Zeit eine von Moor rings umgebene Erhöhung in einer Thalsenkung auf dem Felde von *Parkow*, ganz nahe bei Westenbrügge: "*auf dem Kloster*", und ein Bach, der dieselbe bespült "*der Klosterbach*". Ohne Zweifel ist diese Erhöhung, wenigstens zum Theil, ein künstlicher Wall und höchst wahrscheinlich eine Burg oder ein Tempelheiligthum der Wenden, da die ältesten Klöster in den Wendenländern gewöhnlich auf heidnischen Tempelstätten oder Burgen errichtet wurden; denn das wendische Wort *Parkow* bedeutet: Lichtfeld oder *Sonnenfeld*. Auch neben dem alten Kloster zu Bützow liegt ein Ort Parkow.

Sei es nun, daß auch das Kloster zu Parkow von den Wenden zerstört worden, sei es, daß die Lage des Klosters zu Parkow, wie gewöhnlich der wendischen Burgen, zu beschränkt und ungünstig war, namentlich, da es hier an Gewässern fehlt, sei es, daß für den Flor des Klosters in der Nähe nicht Grundbesitz genug zur Verfügung stand: der Fürst Borwin I. verpflanzte das Kloster an einen anderen Ort. Im J. 1219 nämlich verlegte der Fürst Borwin I., unter Zustimmung seiner Gemahlin Adelheid und seiner Söhne Heinrich und Nicolaus, dasselbe nach seinem Erbgute Kussin und gab dem Kloster und dem Orte den alten Namen des Klosters: *Sonnenkamp* oder *Sonnenfeld*, als deutsche Uebersetzung des wendischen Namens *Parkow*; gewöhnlich aber ward es das *Neue Kloster Parkow* (oder *Sonnenkamp*) geheißen, woher denn das Kloster schon bald nach der Stiftung und hundert Jahre später allein *das Neue Kloster* oder *Neukloster* genannt ward. Wahrscheinlich wurden alle Ueberlieferungen von dem alten Kloster auf das neue übertragen; denn seit uralter Zeit liegt neben dem Kloster Neukloster der *Sonnenberg* und ihm gegenüber ein Düsterberg. Der Fürst schenkte zur Klosterstätte die Domaine Kussin mit den dazu gehörenden Dörfern, welche auch mit Wasser, Wiesen und Wäldern gesegnet war, und legte dazu nicht allein die Güter des alten Klosters Park ow, sondern auch mehrere Dörfer in entfernteren Gegenden, namentlich Brunshaupten mit Fischerei auf der Ostsee, und bewidmete das Kloster mit denselben Rechten, welche das Kloster Doberan besaß. Die ersten Nonnen kamen wahrscheinlich aus dem Kloster Arendsee in der Altmark, welches schon im J. 1215 das Dorf Warkentin (bei Basedow) und den halben warkentiner (malchiner) See geschenkt erhalten hatte; eines der ältesten Dörfer des Klosters Neukloster erhielt wohl daher schon im 13. Jahrh. auch den Namen Arendsee (bei Brunshaupten). Die Stiftung ward vollzogen in Gegenwart der fürstlichen Familie, vieler Geistlichen und vieler Edlen aus wendischen Geschlechtern; es waren also alle Elemente zusammen, welche im Obotritenlande einen neuen Zustand gründen und bilden helfen sollten, und die Stiftung von Neukloster war ohne Zweifel eine wichtige, aussöhnende Handlung beim Anbruch der Morgenröthe einer neuen Zeit. Der Bischof Brunward, als Nachfolger Berno's, des ersten, der die "Götzen vernichtet", schenkte bei der Bestätigung dem Kloster von dessen Gütern alle bischöflichen Zehnten, damit das "Land des Grauens und der Wüste bebauet und dem wilden Volke durch den Eintritt der Gläubigen der Glaube zu Gemüthe gebracht werde."

So ward das erste Nonnenkloster im Obotritenlande unter besonders günstigen Vorbedeutungen gestiftet und behielt als das älteste und vornehmste im meklenburgischen Wendenlande immer den ersten Rang unter den Nonnenklöstern. Daher mehrte sich durch eigene, kluge Wirthschaft und durch von allen Seiten zuströmende Stiftungen sein Reichthum schnell und bedeutend, so daß es zur Zeit seiner Blüthe nicht allein das neuere Amt Neukloster, sondern auch große Gruppen von Gütern bei Grevismühlen, Goldberg und Bukow, und Brunshaupten und Arendsee besaß.

Wahrscheinlich im Anfange des Monats August 1236 wurden durch den Erzbischof Gerhard II. von Bremen, dem Oberhirten des Landes, in Gegenwart der Bischöfe von Schwerin, Ratzeburg und Lübeck, des Abtes von Doberan und des Landesherrn Johann von Meklenburg mit seinen Rittern, Kirche und Kloster geweihet, da alle diese Personen zu derselben Zeit zu Neukloster versammelt waren.

Die fernere Geschichte des Klosters ist ein beständiger Wachsthum an Gütern, Ansehen, milden Stiftungen und tüchtigen Einrichtungen; das Personal war bedeutend, alle Gebäude und Anstalten Achtung gebietend. Im J. 1516 lebten 54 Nonnen im Kloster.

Die Reformation ging ohne besondere Unruhe an dem Kloster vorüber. Zwar erfuhr es einzelne Einwirkungen derselben, hielt sich aber ohne besondere Aufregung, bis es im J. 1555 aufgehoben ward und die Güter zu den fürstlichen Domainen geschlagen wurden, die in der Nähe des Klosters liegenden Güter als ein eigenes fürstliches *Amt Neukloster*. Dieses ward mit Wismar durch den westphälischen Frieden im J. 1648 an die Krone *Schweden* abgetreten, die es so lange besaß, bis es der Herzog Friederich Franz im J. 1803 wieder mit Meklenburg vereinigte.

Der Ort *Neukloster*, nicht weit von der Stadt Warin, hat immer einige Bedeutung behalten und liegt in langer Ausdehnung neben dem ehemaligen Kloster, auf welchem jetzt ein Pachthof steht. Obgleich nur ein Dorf, hat er über 700 Einwohner, unter denen viele Handwerker, 2 Jahrmärkte und viele gut gebauete Häuser, so daß der Ort viel Verkehr hat, dem Flecken Dargun ähnlich.

Auf unserm *Bilde* sehen wir den Theil, der das ehemalige *Kloster* enthält. Die *Kirche* ist eine freundliche Kreuzkirche, jedoch ohne Seitenschiffe, also auch ohne Pfeilerstellungen. Das Aeußere ist jedoch in hohem Grade schön und tüchtig und die Kirche gehört zu den *ausgezeichnetsten Bauwerken* des Vaterlandes; sie ist im Ue bergangsstyle vom Rundbogen zum Spitzbogen gebauet und hat noch viele Reste des Rundbogenstyls, namentlich ist der Hauptgiebel des südlichen Kreuzschiffes mit seiner Rundbogenpforte und seinen Verzierungen äußerst würdig. Der aus dem Mittelalter stammende *Altar* ist ein Meisterwerk der Schnitzkunst. Der *Glockenthurm*, in der Form eines niedrigen Zwingers, steht in der Kirchhofsmauer zwischen der Kirche und dem Wirthschaftshofe. Rechts von der Kirche, in gleicher Richtung mit dieser, steht das eigentliche *Klostergebäude* mit einem schön verzierten Giebel; wahrscheinlich ist es im Anfange des 15. Jahrh. erbauet. Nach der Reformation diente es öfter als fürstliche Residenz, zur schwedischen Zeit war es "Amtshaus", jetzt Pächterwohnung; im westlichen Theile des Erdgeschosses liegen die großartigen, gewölbten Räume für Küche, Keller, Brau= und Backhaus des Klosters, wohin das Wasser vom Sonnenberge

NEUKLOSTER

her durch eine Wasserkunst geleitet ward. Von dem im rechten Winkel daran stoßenden großen, massiven Gebäude, der "*Brunshaupt*" genannt, steht nur noch der untere Stock. Von den zahlreichen andern Klostergebäuden aus alter Zeit steht wenig mehr, als etwa noch der "kleine Marstall" mit spitzbogigen Giebeln.

Rehna

Durch die Stiftung des Cistercienser=Nonnenklosters Eldena (zwischen 1230–1234) war von dem Bisthume Ratzeburg die "Schande der Unfruchtbarkeit" genommen; bald darauf, im J. 1236, ward in dem Bisthume das Nonnenkloster zu Rehna im Lande Gadebusch gestiftet, welchem nach 10 Jahren das Nonnenkloster zu Zarrentin folgte. Die Stiftung des Klosters geschah durch Betriebsamkeit des Bischofs Petrus von Ratzeburg († 29. Aug. 1236) und des Fürsten Johann v. Meklenburg; es ward vorzüglich durch den in der Nähe wohnenden Adel ausgesteuert, während die übrigen Klöster ihren ersten und hauptsächlichsten Grundbesitz vorzüglich durch die Landesherren empfangen hatten. Als besonderer Gründer des neuen Klosters wird in der ersten Urkunde vom 16. Mai 1236 ein "*Bruder Ernst*" genannt, und die erste, die Stiftung wahrscheinlich veranlassende Besitzung war das Dorf Roxin, welches der Ritter Heinrich von Roxin schenkte. Wahrscheinlich im Anfange des Monats August 1236 ward von dem Erzbischofe Gerhard II. von Bremen, welcher mit den Bischöfen von Lübeck, Ratzeburg und Schwerin im Lande thätig war und das Kloster Sonnenkamp einweihete, der Grundstein zu dem Kloster gelegt. Der Bischof Ludolf v. Ratzeburg schenkte zur Errichtung des Klosters das ihm gehörende Pfarrdorf *Rehna*, zwei Hufen in Bentzin, mehrere Zehnten, die Patronate der Kirchen zu Rehna und Wedendorf und das geistliche Aufsichtsrecht über die Kirchen in der Stadt Wismar und im Lande Bresen (Grevismühlen). Von dem Adel schenkten die Ritter Johann von Bülow 25 Hufen in Lübsee, Tankenhagen und Falkenhagen, Heinrich von Artlenburg 2 Hufen in Weitendorf, Thetlef von Gadebusch 2 Hufen in Vitense, Otto von Kowal 6 1/2 Hufen in Frauenmark, Gottfried von Brützkow 3 Hufen in Lusitz und Heinrich v. Schwerin den vierten Theil des Dorfes Verbeck. Am 6. September 1237 bestätigte der Fürst Johann v. Meklenburg das Kloster und bewidmete es mit allen Rechten, welche die übrigen Klöster in seiner Herrschaft besaßen. Am 26. December 1237 bestätigte der Bischof Ludolf von Ratzeburg feierlich das Kloster in einer ansehnlichen Versammlung zu Ratzeburg und gab demselben die Regel des Benedictiner= oder Cistercienser=Ordens; dennoch bekannte sich das Kloster, es ist unbekannt, aus welchen Gründen, in der Folge zum Prämonstratenser=Orden, aus welchem das Bisthum Ratzeburg gestiftet war.

Das Kloster erwarb im Laufe der Zeit nicht unbedeutenden Grundbesitz und die Gunst der Fürsten, namentlich seitdem der Fürst Heinrich der Pilger ein in Liefland gefangenes heidnisches Mädchen, welches er an Kindes statt angenommen hatte, im J. 1270 in das Kloster Rehna gegeben hatte. Besonders aber erfreuete sich die Stiftung der Gunst des Adels der westlichen Gegenden des Landes, der schon zur Stiftung viel beigetragen hatte.

Merkwürdige Begebenheiten sind von dem Kloster nicht bekannt geworden. Die Reformation ging ruhig vorüber, bis im J. 1553 die Nonnen abgefunden wurden und damit das Kloster aufgehoben ward. Die Güter desselben bildeten ein fürstliches Domainen=Amt, welches in den Klostergebäuden seinen Sitz hatte, wo auch mitunter fürstliche Wittwen ihre Leibgedingsresidenz hielten, bis das Amt in der neuesten Zeit nach Gadebusch verlegt und mit dem dortigen Amte vereinigt ward.

Neben der *Kirche*, welche zugleich Kloster= und Stadtkirche war, deren rundbogige Thurmpforte noch aus der Zeit der Gründung stammt, die aber zur Blüthenzeit des Klosters im Spitzbogenstyl ausgebauet ward, jedoch keine besondere Merkwürdigkeiten besitzt, da sie ein einfaches Rechteck ohne Kreuz= und Nebenschiffe bildet, liegt das um das Jahr 1254 erbauete Kloster, dessen jetzt sehr versteckte und verfallene *Kreuzgänge* jedoch noch manche Schönheit bergen.

Neben dem Kloster verwandelte sich nach und nach, wie bei den Klöstern Doberan, Dargun, Neukloster u.s.w., das *Dorf Rehna* in einen stadtähnlichen Ort. Dieser bestand schon im Mittelalter als eine "*Stadt*", welche schon im J. 1423 "Stadt" genannt ward, einen "Rath" hatte und "Orbör" oder Schoß gab und später viele "Bürger" besaß, wenn auch neben diesen auch von "Bauern" und "Einwohnern" der Stadt die Rede ist. Aber diese, übrigens sehr kleine Stadt erwarb, wie ausdrücklich gesagt wird, "*keine Privilegien*" von den Landesherren und keine eigentliche oder doch nicht große Stadtfeldmark, sondern blieb als Eigenthum des Klosters von diesem und nach der Säcularisirung von den Landesherren, welche die Stadt durch einen Stadtvogt beaufsichtigen ließen, abhängig oder "*amtssässig*", bis am 30. Mai 1791 die "Amtssässigkeit" aufhörte und die Stadt eine landesherrliche Stadtordnung erhielt, welche ihr erstes Privilegium ward. Daher hat Rehna auch die kleinste, jedoch sehr fruchtbare Feldmark von allen Städten im Lande. In neuern Zeiten hat sich die Stadt, welche in einer sehr fruchtbaren, wohlhabenden Landschaft in der Nähe des Bisthums Ratzeburg, zwischen Lübeck und Schwerin liegt, sehr gehoben und durch eine bekannte, rührige Gewerbthätigkeit den Mangel einer großen Feldmark zu ersetzen gesucht, und sich daher auch im Aeußern bedeutend verschönert, so daß der Ort eine freundliche Stadt geworden ist.

Auf unserem Bilde ist die Stadt von der westlichen Seite dargestellt.

REHNA

Die Jungfrauenklöster

Zu den großartigsten Anstalten des Mittelalters gehören ohne Zweifel die Klöster, die Hauptträger der Bildung und der Begebenheiten des häuslichen und des öffentlichen Lebens. In Meklenburg sind jedoch nur die sogenannten *Feldklöster* von Bedeutung gewesen; die städtischen Bettelmönchsklöster der Dominikaner zu Rostock, Wismar und Röbel und der Franziskaner zu Rostock, Wismar, Schwerin, Parchim, Neubrandenburg und Güstrow haben nie einen nennenswerthen, geschichtlichen Einfluß ausgeübt, nie einen hohen Standpunkt eingenommen. Unter den Feldklöstern nahmen in Meklenburg aber die reichen und unabhängigen *Cistercienser=Klöster* bei weitem den ersten Rang ein; dieser ward hier theils dadurch begründet, daß der Apostel der Wenden, der Bischof *Berno* von Meklenburg und Schwerin, selbst aus dem Cistercienser=Mönchskloster Amelungsborn an der Weser kam und zuerst Klöster seines Ordens in Meklenburg stiftete, theils dadurch, daß es eine Eigenthümlichkeit des Cistercienser=Ordens war, daß seine Mitglieder nicht allein die gottesdienstlichen Pflichten mit Strenge übten, sondern auch mit allen Künsten des Friedens in das bürgerliche und gewerbliche Leben traten. Dadurch hat der Cistercienser=Orden viel Segen über das Land gebracht und einen so hohen Rang eingenommen, daß die Landesherren und die Edlen des Landes ihre Geschichte, ihre Freuden und Leiden an seine Klöster lehnten. Das älteste und ehrwürdigste Cistercienserkloster war das von Amelungsborn gestiftete Mönchsfeldkloster *Doberan* (1170), von welchem wieder *Dargun* (1182) gegründet ward. Das älteste Nonnenfeldkloster war *Sonnenkamp* oder *Neukloster* (1219), welches wahrscheinlich von Arendsee in der Altmark gestiftet ward; diesem folgte die Stiftung von *Rühn* (1233), *Eldena* (1235), *Dobbertin* (1238), *Zarrentin* (1246), *Ivenack* (1252), zum Heil. Kreuz in *Rostock* (1270) und *Wanzka* (1290); *Rehna* (1236) war für Cistercienser=Nonnen gestiftet, gehörte in den folgenden Zeiten aber dem Prämonstratenser=Orden an, scheint jedoch später die Regel des Cistercienser=Ordens wieder angenommen zu haben. Das Prämonstratenser=Mönchskloster *Broda* (1170), das Antonius=Mönchskloster *Tempzin* (1220), das Augustiner=Nonnenkloster *Malchow* (1298), das Clarissen=Nonnenkloster *Ribnitz* (1324), und das Karthäuser=Mönchskloster *Marienehe* bei Rostock (1396) waren zwar ganz angesehene, bedeutende und eben so reiche Stiftungen, erreichten jedoch nicht den Glanz und den Einfluß der Cistercienser=Klöster.

Eine der bedeutendsten Wirkungen der *Reformation* war die Aufhebung oder *Säcularisirung* der Klöster. Die Stadtklöster, in denen das verwerfliche Leben ihrer Bewohner am grellsten in die Augen fiel, kamen zuerst an die Reihe; schon vor dem J. 1535 waren sie sämmtlich aufgehoben oder in ihrer Wirksamkeit gelähmt. Die Feldklöster fristeten noch einige Zeit ein beengtes Dasein; aber seit dem Regierungsantritt des erleuchteten Herzogs Johann Albrecht I. konnten auch sie dem Drange der Aufklärung nicht widerstehen. Sie zerfielen in sich und im J. 1552 hob der Herzog zuerst die beiden bedeutendsten Klöster, die Mönchsklöster Doberan und Dargun, und in den nächstfolgenden Zeiten die meisten der übrigen auf, und zog ihre Güter ein. Zwar sträubten sich die Bewohnerinnen einiger Nonnenklöster, namentlich Dobbertin und Ribnitz, noch einige Zeit gegen die Einführung der Reformation und erreichten dadurch wenigsten ihre Erhaltung; aber den persönlichen Bemühungen des Herzogs gelang doch endlich die völlige Ausrottung des päpstlichen Aberglaubens.

Die Landstände hatten die Einziehung der Klostergüter durch die Landesherren mit Ungunst betrachtet, obgleich auch sie in den Städten und auf dem Lande geistliche Güter eingezogen hatten. In den vieljährigen Streitigkeiten, welche die Landesherren mit den Landständen wegen Bezahlung der großen Landesschulden führten, ward auch die Klosterangelegenheit oft berührt, bis im J. 1572 ein Vergleich die Streitigkeiten schlichtete. Die *Ritter= und Landschaft* übernahm die Bezahlung der Landesschulden und erhielt dagegen mehrere Privilegien bestätigt und die drei unter dem Namen der *Landesklöster* bekannten drei Jungfrauenklöster *Dobbertin, Malchow* und *Ribnitz* mit einem reichen Besitze von Landgütern, welche einen Flächeninhalt von ungefähr 7 Quadrat=Meilen haben, überwiesen. Das *Kloster zum Heil. Kreuz in Rostock* ward bald darauf durch den Erbvertrag der Landesherren mit der Stadt Rostock vom J. 1584 zur christlichen Auferziehung und Unterhaltung inländischer Jungfrauen "vom Adel und Bürgerkinder" bestimmt. Diese Klöster haben denn auch bis auf den heutigen Tag als Anstalten zur Unterhaltung "inländischer Jungfrauen der Ritter= und Landschaft" bestanden; alle übrigen Klöster blieben aufgehoben und ihre Besitzungen wurden zu den landesherrlichen Gütern oder Domainen gelegt, deren bedeutendsten Bestandtheil sie bilden.

Dobbertin

Das Kloster Dobbertin liegt in einer angenehmen Gegend an einem See (Jawir oder Jauer, jetzt noch Jager, gewöhnlich Dobbertiner See genannt) in der Nähe der Stadt Goldberg. Schon der Fürst Borwin I. stiftete hier, unbestimmt um welche Zeit, der Sage nach im Jahre 1222, ein *Mönchskloster* Benedictiner=Ordens. Im Vereine mit seinen beiden Söhnen verwandelte derselbe Fürst (vor 1225) das Mönchskloster in ein *Nonnenkloster*. Am 28. August 1227 bestätigten die beiden ältesten Enkel Borwins I., Johann und Nicolaus, das Nonnenkloster, am 27. Oct. 1238 bestätigte es der Bischof Brunward von Schwerin und erst im J. 1243 verzichtete das Mutterkloster zu Stade, welche die lange widerstrebenden Mönche wieder aufgenommen hatte, auf alle Ansprüche. Wahrscheinlich begann erst im J. 1238 mit der bischöflichen Bestätigung die Festigkeit und Blüthe des Nonnenklosters.

Das Kloster Dobbertin wuchs bald an Ansehen und Reichthum und erfreuete sich der besondern Gunst des werleschen Fürstenhauses, um so mehr, da es das älteste Feldkloster im Lande Werle war. Daher ward auch dem Propste ein Archidiakonat oder die geistliche Aufsicht im Namen des Bischofs über mehrere Kirchen in der Nähe übertragen. Durch die Gunst der Verhältnisse erwarb es eine große Menge von Landgütern (an 4 Quadratmeilen), von denen eine Hauptgruppe in der Nähe des Klosters, eine andere mit mehr *sandigem* Boden in der Nähe der Müritz liegt. Für die letztere hatte das Kloster einen Hof mit Magazinen zu Röbel und auf demselben einen Verwalter, welcher, da das Kloster unter dem Regiment eines Propstes stand und auch zu Röbel mehrere Pröpste wohnten, scherzhafter Weise "Sandpropst" genannt ward, wovon denn die ganze Gütergruppe den Namen *Sandpropstei* erhielt.

Der mit Laubgängen und Anlagen geschmückte, angenehme, sehr weitläufig gebauete Ort, der wie Ein großer Garten erscheint, besteht aus zwei Theilen: dem Kloster unmittelbar am See und dem etwas davon entfernt liegenden Flecken. Das *Kloster* besteht aus der Kirche, an welche sich der Kreuzgang lehnt, um den wieder die Wohnungen der 32 Conventualinnen und demnächst des Klosterhauptmanns und der übrigen Klosterbeamten liegen. Die *Kirche* ist ein einfaches, hohes Gebäude, ohne Kreuz= und Seitenschiffe. Der hohe Chor der Conventualinnen im westlichen Theile der Kirche wird von einem niedrigen Gewölbe getragen, welches ausgezeichnet schön gebauet ist und ohne Zweifel noch der ersten Kirche und der ältesten Zeit des Klosters angehört. Der östliche Theil ist in jüngern Zeiten, etwa im 14. Jahrhundert, angesetzt und zu gleicher Zeit ist der westliche Theil über der alten Wölbung so hoch wie der östliche Theil erhöhet. Gegenwärtig erhält die ganze, bisher sehr schmucklose Kirche unter der Leitung des Hofbauraths *Demmler* zu Schwerin einen Mantel mit reicher Architectur aus Ziegeln im Spitzbogenstyl; derselbe Baumeister hat vor einigen Jahren den sehenswerthen Thurm, bis vor kurzem das einzige neuere Gebäude dieser Art in Meklenburg=Schwerin, nach einem Entwurfe des Bauraths *Schinkel* zu Berlin mit reicher und tüchtiger Verzierung aus gebrannten Ziegeln neu aufgeführt. Der Kreuzgang lehnt sich seltener Weise mit einer Ecke an das Westende der Kirche; die beiden dem Westende der Kirche zunächst stehenden Seiten stammen ebenfalls aus der ältesten Zeit des Klosters und sind in einem würdigen Style, welcher noch Reste des uralten Rundbogenbaues trägt, ausgeführt; die beiden andern Seiten, namentlich die prächtige südliche, stammen aus der besten Zeit des Spitzbogenstyls.

Auf unserm Bilde haben wir einen Blick in das Kloster vom Klosterhofe: im Hintergrunde die Kirche mit dem Kreuzgange, rechts davon die ersten Conventualinnen=Wohnungen, links Beamtenwohnungen.

KLOSTER DOBBERTIN

Malchow

Das Kloster Malchow oder Alt=Malchow liegt an der Wasserverbindung zwischen dem Flesen= und dem Plauer=See, auf hohem Ufer, der Stadt Malchow gegenüber, mit welcher es gegenwärtig durch eine Fähre verbunden ist, in einer reizenden, belebten Gegend.

Das Kloster für Augustinerinnen bestand in frühern Zeiten, unbestimmt seit wann, sicher vor dem J. 1273, in der im J. 1227 gegründeten Neustadt Röbel. Das Kloster war aber arm und konnte um so weniger in der kleinen Stadt in Aufnahme kommen, als daselbst im J. 1285 noch ein Dominikaner=Mönchskloster gestiftet ward und zwei Archidiakone, oder Pröpste des Bischofs von Schwerin und des Bischofs von Havelberg, in der Stadt ihren Sitz hatten. Daher verlegte der Fürst Nicolaus von Werle, um beiden Klöstern zur Hülfe zu kommen, um Pfingsten des J. 1298 das Kloster nach dem Orte Alt=Malchow und gab den Dominikanern den Nonnenhof in Röbel. Der Fürst machte dadurch das Nonnenkloster zu einem Feldkloster, indem er demselben den nicht mehr von den Fürsten bewohnten Ort Alt=Malchow mit dem Burgwalle schenkte, nachdem im J. 1235 die neue Stadt am andern Ufer gegründet war, und den Nonnen erlaubte, neben der schon stehenden Kirche zu Alt=Malchow ein Kloster zu erbauen. Seit dieser Zeit blühte das Kloster kräftiger empor und erwarb durch fremde Mildthätigkeit und eigene Wirthschaft bald einen Grundbesitz von mehr als 2 Quadratmeilen Oberfläche. Wahrscheinlich liegt das Kloster und der Ort Alt=Malchow an der Stelle der in dem letzten sächsischen Kreuzzuge berühmt gewordenen wendischen Feste Malchow, bei welcher Heinrich der Löwe im J. 1164 mit einem großen Heere lagerte und sich in seiner Rache so sehr vergaß, daß er hier den Fürsten Wartislav, Pribislavs Bruder, henken ließ; doch liegt eine Viertelstunde weiter aufwärts auf dem Felde des Klosterdorfes Laschendorf am Wasser noch ein mächtiger Burgwall (Weiberberg, Pritzburg oder Werleburg genannt), welcher mehr das Ansehen einer alten Feste hat, als Alt=Malchow.

Die *Kirche* ist ein Rechteck ohne Kreuz= und Seitenschiffe, ohne Wölbung und Pfeiler, ohne allen architectonischen Schmuck, in der bekannten Bauweise des Uebergangsstyls, hat nur geringe Ausdehnung und ist den Dorfkirchen aus dem Anfange des 13. Jahrhunderts ähnlich. Ohne Zweifel ist diese Kirche, wenigstens im Chor, noch die den Nonnen im J. 1298 übergebene alte Kirche von Alt=Malchow; denn nach dem J. 1298 würde man ein ganz anderes Gebäude aufgeführt haben, als diese schlichte Kirche, mit einem viereckigen Chor aus Feldsteinen; möglich ist es jedoch, daß das Schiff ein jüngerer Bau ist. Gegenwärtig wird von dem Baurath *Buttel* zu Neu=Strelitz, dem Erbauer des neubrandenburger Thurms, ein neuer Thurm aus reicher Ziegel=Architectur an der Kirche aufgeführt. Neben der Kirche liegt der Kreuzgang, in und an welchem sich die Wohnungen für die 15 Conventualinnen befinden; die Hälfte des Kreuzganges ist im Erdgeschosse noch alter Bau, alles andere ist neu. Neben dem Kloster liegen die Beamtenwohnungen und Wirthschaftsgebäude.

Wir sehen auf unserem Bilde das Kloster mit dem neuen Thurme von der durch Tuchweberei, Fischerei und Kahnschifffahrt sehr belebten kleinen Stadt Malchow.

KLOSTER MALCHOW

Ribnitz

Die Stadt Ribnitz, an einem "Binnensee" der Ostsee an der pommerschen Grenze gelegen, gehörte zu dem Fürstenthume Rostock. Schon im J. 1192 schenkte der Fürst Borwin den Ort dem Kloster Doberan, aus dessen Besitze es aber bald verschwindet. Wahrscheinlich ward hier schon in den ersten Zeiten der rostockischen Fürsten neben der fürstlichen Burg eine deutsche Stadt angelegt, da schon im J. 1257 der Rath von Rostock an den Rath von Lübeck berichtet, daß in der Stadt Ribnitz das lübische Recht gültig sei.

Nach dem Aussterben des Fürstenhauses Rostock ging das Land vermittelst erblicher Belehnung Dänemarks, dem es aufgetragen war, im J. 1317 an die Linie Meklenburg über. In den vielfachen Kriegen, welche der ruhmreiche Fürst Heinrich der Löwe von Meklenburg, der Held des Nordens, um die Sicherung und Erweiterung der meklenburgischen Herrschaft lange Zeit hindurch mit dem glänzendsten Erfolge führte, war nicht allein der Wohlstand der geistlichen Besitzungen vielfach gestört, sondern es hatte auch der Fürst in seiner durch die Kriege herbeigeführten Geldverlegenheit zu dem verzweifelten Mittel gegriffen, zur Abwehr der Noth die Einkünfte der Geistlichkeit auf ein Jahr als eine Beisteuer an sich zu nehmen. Die Geistlichkeit schleuderte Bann und Interdict; der Bischof Hermann Maltzan von Schwerin begnügte sich aber nicht mit diesen, gegen den wirklichen Verlust ohnmächtigen Waffen, sondern bot seine Ritterschaft zur Vertheidigung der Kirchenrechte mit dem Schwerte auf (1321).

Nach Beendigung der Kämpfe sehnte sich der Fürst Heinrich nach Ruhe und Frieden im Lande. Der Bischof Hermann war im Julii 1322 gestorben und die übrigen Prälaten ließen sich zur Aussöhnung bereit finden. Zum Beweise vollständiger Reue und zur genügenden Befriedigung der Geistlichkeit beschloß der Fürst, auf Bitten und besondere Beförderung seiner Gemahlin *Anna* und seines Beichtvaters, die Stiftung eines Klosters zu Ribnitz, welche seine letzten Lebensjahre viel beschäftigte. Durch den Einfluß des fürstlichen Beichtvaters, des Franziscaner=Mönchs Dietrich von Studitz, welcher Vorsteher eines Sprengels des Franziscaner=Ordens zu Lübeck war, ward für das neue Kloster der Orden der heiligen Clara von der Regel des Franziscaner=Ordens gewählt; auch stand der heilige Franziscus seit der Pilgerfahrt des Fürsten Heinrich des Pilgers bei dem Fürstenhause in großem Ansehen. Das Kloster ward im J. 1324 gestiftet und die Stiftung in den nächsten Jahren unter der Leitung des Provisors Dietrich von Studitz ausgeführt. Der Fürst schenkte 1324 zur Erbauung des Klosters den fürstlichen Hof innerhalb der Ringmauern der Stadt, welcher bei den erweiterten Grenzen des Landes zu ferne vom Mittelpuncte lag, legte zum Kloster das Patronat der Stadtkirche und bestimte seine neu geborne Tochter Beatrix, welche zum Wunder drei Male hinter einander in der Tracht der Clarissinnen in der Wiege lag, für den Orden. Im J. 1325 ward der Bau des Klosters und der Kirche begonnen und rasch gefördert. Auf ihrem Sterbelager schenkte die Fürstin Anna im Jahre 1327 dem Kloster das Dorf Dierhagen. Auch die Kraft des Löwen ging zu Ende; vielleicht die Nähe seines Todes fühlend, beschenkte er noch im J. 1328 das Kloster stattlich mit Gütern: mit dem Fischlande, welches er für das Kloster gekauft hatte, mit dem Walde Müritz und den beiden bei der Stadt gelegenen Wassermühlen, bestätigte alle frühern Erwerbungen und Bestimmungen und verlieh neue Privilegien. Am Tage vor seinem Tode versicherte er dem Kloster noch einmal alle Gerechtigkeiten und übergab ihm feierlich, als Ausdruck seines letzten, theuersten Willens, seine Tochter Beatrix zur Einkleidung, indem er sie für das Klosterleben angemessen aussteuerte. Damit war das Kloster gesichert; am 21. Jan. 1329 entschlief der Held in seiner Residenz Sternberg. Die Vollendung des Klosters hatte jedoch manche Widerwärtigkeiten zu erleiden; die Stadt und die Stadtgeistlichkeit widerstrebte sowohl manchen Baueinrichtungen, die Beschränkung der Stadtgerechtsame fürchtend, und der Vereinigung der

KLOSTER RIBNITZ

Stadtpfarre mit dem Kloster, so daß es sogar zu Thätlichkeiten kam. Selbst der feierlichen Einführung der ersten Nonnen widersetzte sich der Rath und ließ sie nicht eher in die Stadt, als bis er schriftlich vor aller möglichen Beeinträchtigung seiner Rechte gesichert war. Am Palmsonntage 1329 geschah die Einführung der vier ersten Nonnen, die Wahl der Aebtissin und die Einkleidung der Prinzessin Beatrix, welche später Aebtissin ward und es bis gegen das Ende des 14. Jahrhunderts blieb, am 4. Februar 1330 die Einweihung der Kirche, am 29. Junii 1330 die Einweihung des Klosters und am 1. Jan. 1331 die bischöfliche Bestätigung. So blühete, wenn auch nicht ohne Kämpfe, das Kloster fort, bis der Sturm der Reformation hereinbrach, der namentlich zu Ribnitz von der einen Seite zu wilden Ausschweifungen, von der andern Seite zu dem hartnäckigsten Widerstande führte, bis es erst spät dem Herzoge Johann Albrecht I. persönlich gelang, die Bildung des 16. Jahrhunderts durchzusetzen.

Auf unserm Bilde sehen wir das Kloster, im Vordergrunde die Wohnungen der 12 Conventualinnen, im Hintergrunde die im zierlichen Spitzbogenstyl erbauete Kirche.

Landstädte

Gadebusch

Gadebusch ist eine der ältesten, wenn nicht die älteste Stadt des Landes und in vieler Hinsicht sehr merkwürdig. Das Städtchen liegt ungefähr 2 Stunden nordwestlich von Schwerin an der Straße nach Lübeck in einer heitern, lieblichen Gegend, welche von fruchtbaren Feldern, Wäldern, Wiesen und Wassern belebt ist, an dem *Flüßchen Radegast*, welches oberhalb der Stadt in der Nähe des nahen *Dorfes Radegast* entspringt, und an einem reizenden Walde auf einer Höhe, welche dicht an die Stadt und die Radegast rückt. Die Stadt steht in dem allgemeinen Rufe, daß sie in der wendischen Zeit ein Hauptsitz der Verehrung des großen Götzen Radegast gewesen sei und man giebt sogar ein großes Rosenfenster aus Bronze in dem Thurmgiebel der Kirche für die Krone des Gottes aus. Daher hat man auch den Namen der Stadt: *Gadebusch*, durch Gades=busch oder Godes=busch, d.h. Gotteshain, erklären zu müssen geglaubt und die Stadt führt daher den meklenburgischen Stierkopf und eine Linde im Siegel. Aber der Name der Stadt ist ohne Zweifel wendisch und lautet in der ältern Zeit und das ganze Mittelalter hindurch nur *Godebuz*, welches ungefähr: (Ort) *des guten Wesens* bedeuten würde. Dieser Name der Stadt und der Name des Flüßchens Radegast, zumal dessen Quellen in der Gegend der Stadt liegen, reden allerdings stark dafür, daß der Ort ein Sitz der Verehrung des großen Gottes *Radegast*, eines guten Gottes der Wenden, gewesen sei.

Gadebusch gehörte, nach dem Umfange des Bisthums Ratzeburg, in welchem es späterhin lag, zu schließen, zum Lande der Polaben, welches im Jahre 1142 von Heinrich dem Löwen an Heinrich von Badewide als eine sächsische Grafschaft gegeben war. Seitdem blieb Gadebusch bei der *Grafschaft Ratzeburg*, so lange diese bestand, und war wohl nächst Ratzeburg der wichtigste Ort der Grafschaft, in welcher im J. 1154 auch ein Bisthum zu Ratzeburg gestiftet ward. Die Grafen von Ratzeburg hatten zu Gadebusch auch ein festes *Schloß*, welches ohne Zweifel auf dem großen Burgwall, in einer wasserreichen Niederung, am Ende der Stadt, stand, auf welchem alle Zeiten hindurch ein Schloß, jetzt Amtshaus, gestanden hat. In dieser Zeit, als der Graf von Ratzeburg sich zuverlässig ein Schloß nach deutscher Weise auf dem wendischen Burgwalle von Gadebusch erbauete, wird auch der ältere Theil der *Kirche* erbauet sein, welche durch ihre Entfernung vom Schlosse den Beweis liefert, daß hier schon im 12. Jahrhundert ein stadtähnlicher Ort neben der Burg bestand. So ward diese Gegend Meklenburgs am frühesten zum Christenthume und zu deutscher Sitte gebracht.

Der Graf Heinrich von Ratzeburg starb im J. 1164. Ihm folgte in der Grafschaft sein einziger Sohn *Bernhard* I. Die Glückssonne Heinrichs des Löwen neigte sich ihrem Untergange und es erging die Reichsacht über ihn; nur wenig Freunde, unter diesen auch Graf Bernhard, blieben ihm treu. Aber auch mit diesem entzweiete sich der Löwe aus Verdacht der Untreue Weihnacht 1180 zu Lüneburg. Der Herzog zog vor Ratzeburg; nach der Einnahme der Stadt erhielt der Graf zwar die Freiheit, ward aber von Ratzeburg vertrieben: er zog mit seiner Familie und seiner Habe im J. 1181 nach *Gadebusch*. Aber auch dorthin verfolgte ihn der Zorn des sinkenden Löwen: er konnte den Verdacht der Untreue nicht aus den Falten seines Herzens verdrängen, sondern griff noch in d. J. Gadebusch an, *zerstörte die Burg* und nahm viele Beute. Der Graf Bernhard floh zu dem neuen Herzoge Bernhard von Sachsen. Heinrich der Löwe ging 1182 in die Verbannung nach England und der Graf von Ratzeburg erhielt sein Land wieder. Nach vielen Wechselfällen des

Krieges seit der Rückkehr des Löwen und bei dem verwirrten Zustande der Dinge im Norden Deutschlands, auch durch den in Feindseligkeiten ausgearteten Meinungszwist mit seinem Sohne gebeugt, zog sich der Graf Bernhard I. in das Domherrenkloster zu Ratzeburg zurück, wo er im J. 1194 kurz vor dem Tode Heinrichs des Löwen (6. Aug. 1195), versöhnt mit seinem Sohne Bernhard II., starb. In den Kriegszügen nach dem Sturze des Löwen war (1187) Bernhards I. ältester Sohn gefallen; bald darauf war auch sein zweiter Sohn Volrad gestorben; sein dritter Sohn, *Bernhard* II., geistlichen Standes, ward vom Papste seiner Gelübde entbunden, vermählte sich mit der Gräfin Adelheid von Hallermund und folgte seinem Vater in der Regierung der Grafschaft, aber auch bald, im J. 1198, ins Grab. Er hinterließ einen minderjährigen Sohn, Bernhard III., für welchen seine Mutter Adelheid, später an den Grafen Adolf von Dassel vermählt, die Vormundschaft führte; der junge Bernhard III. starb jedoch schon im J. 1200 und mit ihm erlosch das Geschlecht der Grafen von Ratzeburg.

Graf Adolph von Dassel erhielt auf kurze Zeit die erledigte Grafschaft Ratzeburg. Während der Zeit hatten die Könige von Dänemark in unablässigem Bestreben ihren gebietenden Einfluß über die Wendenländer geltend gemacht und der König Knut vermochte jetzt die Obotritenfürsten Borwin und Niclot, den Grafen Adolph von Ratzeburg mit Krieg zu überziehen. Es kam am 25. Mai 1201 bei Waschow zu einer blutigen Schlacht, in welcher zwar der edle Niclot, Borwins Vetter, fiel, die obotritischen Christen aber einen so glänzenden Sieg über die Gräflichen davon trugen, daß endlich Graf Adolph vor dem Hasse seiner schwer gedrückten Unterthanen fliehen und die Grafschaft verlassen mußte; er verschwindet seitdem aus der Geschichte. Die Ratzeburger warfen sich aber, um der Kriegsnoth vorzubeugen, den Dänen in die Arme und die Burgen *Gadebusch* und Wittenburg öffneten des Königs Bruder Waldemar bald darauf die Thore. So war Waldemar II., nach dem Tode seines Bruders Knut, im J. 1203 zum König der Dänen und Wenden ausgerufen, im Besitze der Oberherrschaft aller Länder zwischen den Oder= und Elbemündungen, bis der kühne Graf Heinrich I. von Schwerin durch die Gefangennehmung des Königs in seinem eigenen Lande (am 6. Mai 1223) und die Schlacht bei Bornhövd (am 22. Juli 1227) der dänischen Herrschaft in Deutschland auf immer ein Ende machte.

Das ratzeburger Land war seit der Dänenherrschaft eine von Dänemark abhängige Grafschaft geworden. Nach der Schlacht von Bornhövd kam das Land Ratzeburg an die Herzoge von Sachsen und das Land Wittenburg wieder an die Grafen von Schwerin. Das Land *Gadebusch* aber war schon während der Dänenherrschaft, wahrscheinlich in Folge der Schlacht bei Waschow, an das Fürstenhaus Meklenburg gekommen, bei welchem es auch seitdem gelieben ist.

Der Fürst *Borwin* I. von Meklenburg theilte, von dem herannahenden Alter und vielen Mühen gebeugt, im J. 1218 die Herrschaft mit seinen Söhnen, indem er dem ältern Heinrich Borwin II. die östliche, dem jüngern Nicolaus die westliche Herrschaft übergab. *Nicolaus* nahm seine Residenz auf der Burg *Gadebusch*, welche mehrere Jahrhunderte hindurch mit Unterbrechung fürstliche Residenz blieb. Der Fürst Nicolaus von Gadebusch starb vor seinem Vater, etwa um das J. 1225, indem er beim Einbruche eines Söllers der Burg Gadebusch den Hals brach. Im J. (1225) bewidmete der alte Borwin mit seinen beiden Söhnen Gadebusch mit der *Stadtgerechtigkeit* und dem lübischen Rechte und machte den Ort dadurch zu einer deutschen Stadt. Der nordwestliche Landestheil, das eigentliche Land Meklenburg, ging im J. 1227 auf Heinrich Borwins ältesten Sohn *Johann* den Theologen über, welcher seine Residenz vorzüglich zu Gadebusch hatte, bis er im J. 1256 Wismar zur Residenz der Herren von Meklenburg erhob.

Unter den Fürsten Nicolaus und Johann war Gadebusch der wichtigste Ort im Lande: in der Nähe des schon früh zum Christenthume bekehrten Ratzeburg war es diejenige Residenz der einheimischen Fürsten, in welcher deutsche Sitte sich vorzüglich ausbildete. Hier, auf einem alten Burgwalle und doch gesund und freundlich gelegen, hielten die Fürsten, die andern alten Wälle in den tiefen Sümpfen meidend, am liebsten Hof, und an ihm fügten sich die meisten der einheimischen adeligen Geschlechter in die deutsche Sitte, indem sie nach und nach Lehen in den Dörfern im Lande Gadebusch, und davon Namen und Burgdienste auf der Burg Gadebusch nahmen; vorzüglich war es *Dethlof von Gadebusch*, aus einem alten wendischen Geschlechte, Verwandter des Bischofs Brunward von Schwerin, später Herr von Loiz, welcher lange Zeit hindurch die Entwickelung des neuen Zustandes am Hofe zu Gadebusch regierte. Auch Heinrich der Pilger war öfter in Gadebusch. Dadurch ward Gadebusch sehr wohlhabend, so daß es am 12. Mai 1309 die Feldmark des Dorfes *Schwemmin* zur Stadtfeldmark kaufen konnte. Während der Pilgerfahrt (1272) und Gefangenschaft des Fürsten Heinrich I. suchte sein dritter Bruder Johann, Domherr zu Lübeck, Antheil an der Landesregierung und Vormundschaft seiner Bruderkinder zu gewinnen und nahm in dieser Absicht im J. 1273 Gadebusch in Besitz, von wo aus er die in Wismar residirende Vormundschaft der Fürstin Anastasia und ihrer Räthe vielfach beunruhigte und befehdete, wodurch bis zum J. 1278 häufige Kriege entstanden, in denen Gadebusch nicht wenig litt. Darnach lebte der Fürst "*Johann von Gadebusch*" mit seinem Ländchen zufrieden, vermählte sich, nachdem er im J. 1283 den geistlichen Stand verlassen hatte, und starb im J. 1299. Durch die dauernde Gunst der Fürsten weilten auch Glieder der alten adeligen Familien gerne in Gadebusch, theils als Burgmänner, theils als Geistliche, namentlich die von Bülow, welche schon 1309 und 1381 in der Kirche zu Gadebusch zwei Vikareien stifteten, an welchen sehr häufig Mitglieder der Familie als Priester standen; daher waren auch die Pfarrer von Gadebusch oft Männer von Bedeutung, wie der nachmalige Bischof Gottfried v. Bülow (1292–1314), des Herzogs Albrecht Canzler Johann Schwalenberg, u.A.

Im 14. Jahrhundert war Gadebusch nur Nebenresidenz, jedoch blieb die Burg immer zum fürstlichen Hoflager eingerichtet. Die Zahl der Einwohner und deren Wohlstand mehrte sich, so daß die Kirche am Ende des 14. Jahrhunderts um den hohen Chor erweitert werden mußte und die Stadt im Mittelalter 4 Hospitäler, zu H. Geist, H. Kreuz, S. Georg und S. Gertrud, besaß.

Im 15. Jahrhundert war Gadebusch Leibgedinge und Residenz fürstlicher Wittwen. Der Herzog *Albrecht*, welcher 1363–1389 *König von Schweden* war, vermählte sich nach dem Verluste seines Reiches, von welchem er jedoch fortan den Königstitel führte, und nach Beendigung seiner Gefangenschaft (bis 1395) im J. 1396 mit der Prinzessin *Agnes* von Braunschweig, welcher er das Land Gadebusch zum Leibgedinge verschrieb; er selbst war gerne in Gadebusch, seitdem er von Schwerin aus ruhig seine Erblande regierte. Als er sein Ende herannahen fühlte, übergab er dem Vogte Hinrich v. Drautem zu Schwerin das Land Gadebusch zur treuen Bewachung, um es nach seinem Tode seiner Gemahlin frei zu überliefern. Nach ihres Gemahls Tode im J. 1412 bezog die Königin sogleich Gadebusch, wo sie schon im J. 1400 das Gertruden=Hospital von Jarmstorf gestiftet hatte. Sie ließ hier eine (am 11. Mai 1423 eingeweihete) Kapelle (Marien=Kapelle) an die Nordseite der Kirche anbauen, an deren zwei Altären drei Geistliche täglich das Andenken an ihren Gemahl und an die verstorbenen Fürsten Meklenburgs feiern sollten. Sie ließ auch ihren Gemahl in dieser Kapelle beisetzen, in welcher sie im J. 1434 selbst ihre Ruhe fand. Noch jetzt steht die Kapelle mit ihrer alten Einrichtung unter dem Namen der *Königs=Kapelle*. Darauf war Gadebusch Leibgedinge der Herzogin Catharine († 1448), welche sich jedoch wenig auf ihrem Leibgedinge aufhielt. Des Herzogs Heinrich III. Gemahlin *Dorothea* von Brandenburg, welche ebenfalls Gadebusch zu Leibgedinge hatte, jedoch in den letzten Zeiten ihres Lebens im Kloster Rehna lebte, ward im J. 1491 in der Königs=Kapelle begraben. Auch in den spätern Zeiten waren die Herzoge der Stadt geneigt, und hielten hier im 16. Jahrh. lange Zeit hindurch eine *Münze*. Im J. 1491

GADEBUSCH

war noch ein *Thiergarten* bei Gadebusch. Nachdem der Herzog *Christoph* im J. 1569 aus Liefland, nach vielen, leidensreichen und vergeblichen Bemühungen um das Bisthum dieses Landes heimgekehrt war, nahm er von seinem Bisthum Ratzeburg Besitz und erhielt dazu die Aemter *Gadebusch* und Tempzin. Mit ruhigerm Sinne wandte er sich ganz der Regierung und künstlerischen und wissenschaftlichen Beschäftigungen zu und ließ sich 1570–1571 durch den Baumeister Christoph Haubitz das *Schloß* im Styl der Schlösser zu Wismar und Gadebusch erbauen, welches von allen Gebäuden der Burg allein noch auf dem uralten Burgwalle steht und als *Amtsgebäude* benutzt wird. In dem *nordischen* Kriege (1700–1720) gelangte Gadebusch zu einer Berühmtheit, die jedoch viele Leiden über die Stadt brachte. Nachdem der kühne König Carl XII. von Schweden in Rußland unterlegen war, faßten seine Feinde die schwedischen Besitzungen in Deutschland in's Auge. Der König Friederich IV. von Dänemark rückte selbst mit 24000 Mann gegen Wismar, ihm folgten die Sachsen und die Russen unter der persönlichen Anführung des Czars Peter d. G. Bald landete der schwedische General Steinbock bei Stralsund mit 16000 Mann, besetzte Rostock, entsetzte Wismar und schlug die Dänen am 20. Dec. 1712 bei *Gadebusch* (und Wakenstädt) mit einem Verluste von 8000 Todten und über 3000 Gefangenen nach Holstein zurück; der König wohnte auf dem Schlosse zu Gadebusch. Daher hört man noch heute den plattdeutschen Sang: "Pip, Dän', Pip, din Schonen büst du quit, vör Wismar hest du lange legen, bi Gadebusch hest du Schläge kregen, Pip, Dän, Pip."

Auf unserm Bilde sehen wir die Stadt von der schweriner Seite, rechts vor der Stadt auf dem Burgwalle das Schloß und rechts davon die Waldhöhen, in welchen die Bewohner der Stadt jetzt sehr angenehme, viel besuchte Vergnügungsörter haben.

Die Kirche zu Gadebusch

Die Kirche zu Gadebusch ist eines der *merkwürdigsten* Gebäude in Meklenburg und in Norddeutschland überhaupt. Die Kirche besteht aus Chor (im Osten) und Schiff (im Westen), beide durchaus ganz verschieden. Der älteste Theil der Kirche ist das Schiff, welches in den ältesten Zeiten allein die Kirche der Stadt bildete; ungefähr am Ende des 14. Jahrhunderts ward die Altarnische der alten Kirche abgebrochen und durch einen neuen Chor ungefähr von der Größe des Schiffes erweitert.

Das jetzige *Schiff* oder die alte Kirche ist ein Gebäude im reinen *Rundbogenstyl*, deren 12 Gewölbe, von 6 zierlichen Säulenbündeln getragen, und Oeffnungen im Rundbogen gewölbt sind, mit einer Pforte, einzig in ihrer Art in Meklenburg. Dieser Bau beweiset unwiderleglich, daß diese Kirche in der *Zeit der Einführung des Christenthums*, also von den Grafen von Ratzeburg, im 12. Jahrhundert erbauet ist. Daher haben auch die Pfarrer von Gadebusch und Vietlübbe, wo ebenfalls eine Rundbogenkirche steht, immer den ersten Rang unter den Pfarrern der Gegend. Die Giebelwand des Thurmes hat ein großes, rundes Fenster, in Form einer Rosette, aus Bronze, das einzige seiner Art in Meklenburg. Der Pforte gegenüber ist die *Königs=Kapelle* angebauet.

Der Chor der Kirche, am Ende des 14. Jahrhunderts erbauet, ist ein gewöhnliches, hohes Gebäude im *Spitzbogenstyl*, welches von dem Schiffe auf eine auffallende Weise unterschieden ist.

DIE KIRCHE ZU GADEBUSCH

Der Herzog Christoph und dessen zweite Gemahlin Elisabeth

Der Herzog Christoph ist der dritte der denkwürdigen Fürsten Meklenburgs aus der zweiten Hälfte des 16. Jahrhunderts, ein Sohn Albrecht's des Schönen und ein Bruder der ausgezeichneten Herzoge Johann Albrecht I. und Ulrich. H. Christoph ward am 30. Jan. 1537 zu Augsburg geboren und erhielt zuerst an dem Hofe seiner Aeltern, darauf an dem Hofe seines Bruders Johann Albrecht zu Güstrow eine sorgfältige Erziehung und Bildung. In Folge des von mehrern protestantischen Fürsten mit dem Könige von Frankreich gegen den Kaiser Carl V. abgeschlossenen lochauer Bündnisses ward er, im 15. Jahre seines Alters, mit dem Prinzen Philipp von Hessen im Anfange des J. 1552 als Geißel nach Paris gesandt. Sein Lehrer Wolfgang Leupold, später Rector zu Güstrow, begleitete ihn zwar, jedoch wurden seine Studien mehr oder weniger durch diese Reise unterbrochen, welche jedoch auf andere Weise seinem Geiste Nahrung gab. Nach dem Vertrage von Passau kehrte er im J. 1553 in's Vaterland zurück. Da in der Landestheilung von 1554 festgesetzt war, daß jeder der beiden ältern Brüder einen der jüngern zu sich nehmen sollte, so nahm H. Johann Albrecht I. seinen Bruder Christoph zurück. Er verschaffte ihm im J. 1554 die Versicherung auf das *Bisthum Ratzeburg*. Um seinem Bruder ein anständigeres Einkommen zu sichern und sich die Last der Versorgung zu erleichtern, bewirkte Johann Albrecht weiter, daß der *Erzbischof von Riga* ihn 1555 zum Nachfolger (Coadjutor) annahm. Damit waren aber die Landstände Liefland, weil er ein fremder Prinz war, nicht zufrieden; es kam zu heftigen Streitigkeiten und der Prinz Christoph ward am 1. Juli 1556 gefangen genommen, bis er endlich im J. 1569 nach vielen Leiden seinen Ansprüchen entsagte und nach Meklenburg heimkehrte. Da das Bisthum Ratzeburg aber kein hinlängliches Auskommen gewährte, so trat ihm sein Bruder Johann Albrecht die Aemter *Gadebusch* und Tempzin ab. Seidem lebte er mit mildem, gebildeten Sinne und vielseitiger Bildung in stiller, glücklicher Muße den Wissenschaften und Künsten. Bald nach Vollendung des *Schlosses zu Gadebusch* vermählte er sich (27. Oct. 1573) mit der dänischen Prinzessin *Dorothea*, welche er jedoch schon am 11. Nov. 1575 durch den Tod wieder verlor. Am 14. Mai 1581 vermählte er sich zum zweiten Male mit *Elisabeth*, des Königs Gustav Wasa von Schweden Tochter († 1597 in Schweden). Der Herzog Christoph endete sein viel bewegtes Leben am 3. März 1592 plötzlich zu Tempzin und ward im Dome zu Schwerin beigesetzt; seine nachgelassene Gemahlin setzte ihm 1596 auf seinem Grabe ein schönes Monument aus Marmor mit seiner und ihrer eigenen Bildsäule, nach welchen unser Bild entworfen ist.

CHRISTOPH
Herzog von Meklenburg
† 3. März 1592

ELISABETH
dessen Gemahlin
† 20. Nov. 1597

Goldberg

Die Stadt Goldberg, an der Mildenitz und in der Nähe eines großen Sees gelegen, ist ein alter Ort und bestand schon früh als Dorf unter dem Namen *Goltz*. Nach der Befestigung und neuen Einrichtung des nahen Nonnenklosters Dobbertin erhielt dieses auch das Patronatrecht über die Kirche zu Goltz am 9. Juli 1231 geschenkt. Bei der großen Landestheilung 1229 ward auch diese Gegend dem Fürsten *Pribislav* von Parchim=Richenberg nach dessen Volljährigkeit zur eigenen Herrschaft zugetheilt. Dieser stiftete denn auch im J. 1248 an der Stelle des Dorfes Goltz die *Stadt Goldberg* und schenkte ihr ein dem parchimschen Rechte ähnliches Stadtrecht, wodurch nach und nach das parchimsche Recht in Goldberg herrschend war. Zwar mag es mit dem Aufbau und der Bevölkerung der Stadt nur langsam gegangen sein, da noch im J. 1261 der Bischof von Schwerin dem Kloster Dobbertin die Zehnten aus dem "Dorfe" Goldberg schenkte; nachdem aber im J. 1257 der Fürst Pribislav seine Regierung niedergelegt hatte und die Länder Plau und Goldberg an das Fürstenhaus Werle übergegangen waren, hatte sich Goldberg lange Zeit der Gunst der werleschen Fürsten zu erfreuen.

Im J. 1316 wurden die werleschen Länder in zwei Haupttheile getheilt. Der *Fürst Johann* III. erhielt außer den Ländern Malchow, Stavenhagen, Teterow, Laage und Malchin auch die Länder *Parchim* und *Goldberg*. Da die Stadt Parchim aber schnell an Macht und Reichthum wuchs und, wie alle größeren Städte Meklenburgs, den unmittelbaren Einfluß der Fürsten abzuwehren suchte, so erbauete der Fürst, vielleicht des nahen Klosters Dobbertin wegen und um nicht zu ferne von seiner Hauptstadt Parchim zu sein, zu Goldberg ein *Schloß* und verlegte seine *Residenz* in dasselbe. Seitdem tritt in die Geschichte eine fürstliche Linie *Werle=Goldberg*, welche fast das ganze 14. Jahrhundert hindurch zu Goldberg residirte. Mit dem Aussterben der Linie im J. 1375 verlor Goldberg die Residenz und damit einen großen Theil ihres Ansehens. Von dem alten Schlosse steht auf dem großherzoglichen Domanial=Amte noch eine Seite; der größere und älteste Theil ist vor einigen Jahren abgebrochen.

Außer den Fürsten hatte auch das Cistercienser=*Mönchskloster Neuenkamp* (jetzt Franzburg in Schwedisch=Pommern) einen *Hof* (oder *Mönchhof*) zu Goldberg. Seit alter Zeit besaß nämlich dieses Kloster die bei Goldberg gelegenen Güter Zidderich und Below und mehrere andere Güter in der Gegend von Plau; daher erstrebte es schon im J. 1295 eine Hofstelle zu Goldberg und gewann im J. 1311 einen größern Hof und damit und nach und nach sehr viele Ackerstücke, Wiesen u.s.w. auf der fruchtbaren Stadtfeldmark.

Seit dem 15. Jahrh., namentlich seit dem Aussterben des Fürstenhauses Werle 1436, hat die Stadt bis auf die neuesten Zeiten keine merkwürdigen Schicksale erlebt. Auf dem alten Schlosse hatte seit alter Zeit ein fürstlicher Vogt, in neueren Zeiten ein *Domainen=Amt* seinen Sitz; die *Amtssäßigkeit*, in welcher sich früher die Stadt befand, ist jedoch im Jahre 1769 aufgehoben. Ebenso ward im J. 1571 bei der Bestätigung der Privilegien der Gebrauch des parchimschen Rechts abgeschafft.

In den neueren Zeiten hat Goldberg durch eine wichtige Entdeckung Ruf und Lebhaftigkeit gewonnen. Der Boden der Gegend von Goldberg ist sehr reichhaltig an mineralischen Erzeugnissen. Am nahen goldberger See liegt z.B. viel Sand, der so sehr eisenhaltig ist, wie an wenig anderen Orten; auch finden sich Kalkadern und Mineralquellen an verschiedenen Stellen. Im J. 1816 entdeckt aber der Apotheker und Senator *Kychenthal* un-

GOLDBERG

mittelbar neben der Stadt eine sehr reichhaltige und wirksame *Stahlquelle*, welche der Besitzer unter Beförderung des Großherzogs Friederich Franz zu einer Brunnen= und Badeanstalt benutzte, welche schon am 1. Julius 1817 mit allen nöthigen und zweckmäßigen Einrichtungen eröffnet ward. Der Gebrauch des Wassers bewirkte sehr bald mehrere auffallende Heilungen und der Besuch des "*Brunnens*", sowohl der Heilung, als des Vergnügens wegen war in den ersten Jahren außerordentlich groß. Theils mochte aber diese Ueberfüllung, theils die Errichtung eines Stahlbades in Doberan Leidende von Goldberg zurückhalten, und die Anstalt ward bald fast gar nicht mehr besucht. Da sich aber die Wirksamkeit des Heilwassers fortdauernd bewährte, so hat sich in den neuesten Zeiten die Zahl der Brunnengäste wieder vermehrt und es steht zu erwarten, daß die Quelle mit der Zeit ein fest begründetes Dasein erhalten werde; gegenwärtig wird der Brunnen von Kranken wieder schon so stark benutzt, wie je zuvor.

Die Stadt Goldberg ist zwar nur klein, ist jedoch freundlich gebauet. Die Feldmark ist fruchtbar und in einigen Gegenden ungewöhnlich üppig. Sind auch die allernächsten Umgebungen der Stadt nicht schön, so bietet doch der nicht ferne, große goldberger See hübsche Aussichten und das nahe, reizende Kloster Dobbertin mit seinen schönen Seeufern Gelegenheit zu angenehmen Ausflüchten. Auf unserem Bilde sehen wir rechts am Ende das großherzogliche Amt, links vom Amte den "Brunnen".

Lübz

Die Stadt Lübz gehört zu den kleinern und unansehnlicheren Städten des Landes, hat sich jedoch durch einige Begebenheiten Anspruch auf geschichtliche Berücksichtigung erworben.

Lübz ist eine der jüngern Städte des Landes. Zuerst kommt der Ort im Jahre 1274 als *Dorf* vor und wird noch tief in das 14. Jahrhundert hinein ein Dorf genannt. Es lag im *Lande Ture*, dem Landstriche zwischen den Ländern Plau und Parchim, ungefähr das jetzige *Domanialamt Lübz* umfassend, und wird öfter in Verbindung mit diesem genannt. Durch die erste Landestheilung vom Jahre 1229 fiel das Land Ture an die fürstliche Linie *Parchim=Richenberg* und ging von dieser ungefähr im Jahre 1270 an die Linie *Werle* über. Dieses Fürstenhaus hatte von jeher von der Eroberungslust der *Markgrafen von Brandenburg* viel zu leiden. In einem Kriege zwischen beiden Theilen fielen die Markgrafen in das werlesche Land durch die Ture und erbaueten hier im Jahre 1307 bei dem Dorfe Lübz die Feste *Eldenburg*, welche sie auch nach dem Abschlusse des Friedens behielten. Da die märkischen Anfeindungen kein Ende nahmen, so sahen sich die werleschen Fürsten genöthigt, mit andern Fürsten ein Bündniß einzugehen, in welchem auch unter anderm Eldenburg mit Lübz dem heldenmüthigen Fürsten *Heinrich dem Löwen von Meklenburg* im voraus für den Fall zugesichert ward, daß man die Burg von den Markgrafen wieder gewinnen könne. Dieser ritterliche Held gewann denn auch während seiner Siegeszüge gegen die Märker in demselben Jahre 1316 die Eldenburg. Durch den darauf im Jahre 1317 geschlossenen Frieden von Templin trat zwar der Fürst Heinrich den Markgrafen die Burg wieder ab, erhielt sie jedoch zur Bürgschaft des Friedens als Pfand wieder. Seitdem blieb die Eldenburg mit der Ture im Besitze der Fürsten von Meklenburg, wenn auch die Markgrafen die Lehnsoberherrlichkeit behaupteten und in Folge dieser Ansprüche im Jahre 1329 die Söhne Heinrichs des Löwen mit der Eldenburg und der Ture belehnten.

In allen diesen Verhandlungen wird immer das "*Haus (Schloß) zu der Eldenburg mit dem Dorfe Lübz und der Ture*" genannt; auch wird schon die Pfarre zu Lübz erwähnt. In dem Dorfe Lübz hatten damals die adeligen Familien von Mallin und von Plessen einige Besitzungen.

Im Jahre 1328 *verpfändete* der Fürst Heinrich der Löwe dem Ritter Johann *von Plessen* und seinem Bruder Helmold das *Haus (Schloß) Eldenburg* mit dem *Dorfe* und dem Vorwerke (Amtsbauhof?) *Lübz* und der *Ture*. Fast das ganze Mittelalter hindurch, selbst als Lübz schon zu einer Stadt erhoben war, blieben die von Plessen im Pfandbesitze dieser Güter und die *von Plessen auf der Eldenburg* werden in den Urkunden häufig genannt. Erst der Herzog Heinrich lösete Lübz um das Jahre 1456 von den von Plessen ein. Die Stadt Lübz aber ward noch im 15. Jahrh. als Stadt häufig mit dem Namen "*Eldenburg, anders Lübz genannt*," bezeichnet.

Bei der Theilung der Länder zwischen den Söhnen des Fürsten Heinrich des Löwen, den Herzogen Albrecht und Johann, im Jahre 1352, fiel Eldenburg mit Lübz und der Ture, zugleich mit dem Lande Sternberg, an die Linie Meklenburg=Stargard, bei welcher es auch bis zum Erlöschen derselben im Jahre 1471 blieb.

Ueber den Ursprung der *Stadt* ist nichts genauer bekannt. Sie wird um das Jahr 1370 gegründet sein. Im Jahre 1367 wird in einer "auf der Eldenburg" ausgestellten Urkunde der "Pfarrer Gerwin Teterow zu Lübz" genannt, jedoch ist es unbestimmt, ob der Ort noch Dorf oder schon Stadt war.

Außer der *Kirche* und dem *Amtshause* hat die Stadt nichts von Bedeutung; vielmehr ist sie unansehnlich und kleinlich gebaut.

Die *Kirche* zeigt ihren unzweifelhaften Ursprung aus dem Ende des 14. Jahrhunderts und ist ein einfaches, schlichtes, längliches Viereck, ohne Pfeiler, Säulenstellung, Gewölbe und andere bauliche Merkwürdigkeit.

Das *Amtshaus*, wie wir es auf unserm *Bilde* sehen, ist mit seiner Geschichte das Merkwürdigste in Lübz. Nach der Einlösung von den von Plessen thaten die Herzoge, wohl in Erinnerung an die frühere Wichtigkeit des Ortes, manches für die Erhaltung der Burg. Von der alten Eldenburg steht längst nichts mehr; jedoch steht das jetzige *Amtshaus* ohne Zweifel an der Stelle und auf dem Burgwalle der alten *Eldenburg* an der Elde. Für die Wichtigkeit und die Ausdehnung der alten Befestigungswerke zeugen noch zwei große Wallberge von 16 Fuß Höhe, mit niedrigern Vorburgplätzen, zu beiden Seiten der Elde im Wiesengrunde ungefähr tausend Schritte aufwärts vom Amtshause. Im Jahre 1509 ließen die Herzoge durch den märkischen und meklenburgischen Baumeister Andreas Techel den noch stehenden *runden Thurm* und im Jahre 1558 einen andern, schon abgebrochenen Thurm bauen.

Lübz war seit der Einlösung wiederholt der *Wohnsitz fürstlicher Wittwen*, und hat hiedurch vorzüglich einen Namen in der Geschichte gewonnen, namentlich durch die im 16. Jahrhundert verwittweten Herzoginnen, Gemahlinnen dreier in der Abstammung auf einander folgender Regenten. Zuerst war Lübz 1547–1567 Wittwensitz der Herzogin *Anna*, Gemahlin des katholisch gesinnten Herzogs Albrecht des Schönen, Tochter des Kurfürsten Joachim von Brandenburg, welche bis an ihr Ende dem katholischen Kirchendienst anhing, und noch in ihrem Testamente im Jahre 1557 verordnete, daß sie nach alter Weise mit Seelenmessen nach ihrem Tode beerdigt sein wollte. Zwar zerstörte ihr Sohn der Herzog Johann Albrecht I. im Jahre 1559 einmal bei ihrer Abwesenheit den katholischen Gottesdienst; doch konnte er es nicht hindern, daß sie den im Kloster Dobbertin noch immer herrschenden Papismus begünstigte und im Jahre 1562 elf katholisch gesinnte Nonnen dieses Klosters, welche den dringenden Anordnungen des Herzogs halsstarrig widerstrebten und endlich heimlich entwichen, auf einige Zeit bei sich aufnahm, zum allgemeinen Anstoß und zum Aergerniß des Herzogs. Darauf war Lübz 1576–1591 Wittwensitz der Herzogin *Anna Sophie*, der edlen Gemahlin des edlen, hochgebildeten Herzogs Johann Albrecht I., welche in stiller Abgeschiedenheit in Lübz das hohe Glück ihres ehemaligen musterhaften Familien= und Regentenlebens betrauerte. Endlich war Lübz 1592–1634 Wittwensitz der Herzogin *Sophie*, Gemahlin des unglücklichen Herzogs Johann, Sohnes des Herzogs Johann Albrecht I., und Tochter des Herzogs Adolf von Holstein, einer höchst merkwürdigen Frau, welche als ein seltenes Muster von Tüchtigkeit und Standhaftigkeit in der Geschichte dasteht. Nach einem durch die ärmlichen Zeitumstände gedrückten häuslichen Leben, hatte sie den Schmerz, ihren Gemahl auf eine betrübende Weise scheiden zu sehen. Wenn sie auch fortwährend mit widrigen Verhältnissen zu kämpfen hatte, so überwand sie doch alle Hemmungen durch eine höchst angestrengte persönliche Thätigkeit, indem sie überall selbst nach dem Rechten sah, das Zweckmäßige anordnete, ja überall, selbst in der Landwirthschaft, Besseres einführte. Sie war in ihren Leibgedingsämtern sehr häufig auf Reisen und ihrem Scharfblick entging selten ein Mangel. Doch der größte Sturm stand ihr noch bevor. Kaum hatten ihre Kinder zahllose Hemmungen und Schwierigkeiten überwunden, und angefangen, sich im Glücke des Landes auch des eigenen Glückes zu freuen, als der unheilvolle dreißigjährige Krieg mit allen seinen Schrecken hereinbrach und am härtesten die alte Herzogin berührte. Ihre beiden Söhne Adolph Friedrich I. und Johann Albrecht II. (– ihre einzige Tochter Anna Sophie war schwachsinnig –) wurden ihrer Länder beraubt, mit denen der weltberühmte *Wallenstein*, welcher als Herzog von Meklenburg im Jahre 1628 zu Güstrow seine Residenz aufschlug, vom Kaiser begnadigt ward, und die re-

AMT LÜBZ

gierenden fürstlichen Familien mußten die Heimath verlassen. Da galt es Muth und Standhaftigkeit zu beweisen. Sophie wankte nicht. Mit beispiellosem Muthe widerstand sie dem allgewaltigen Manne und nichts konnte sie dahin bringen, das Land zu verlassen, um für ihre Kinder und Enkel zu wirken, wie ein Löwin für ihre Jungen kämpft. Sie blieb in Lübz, rastlos in der Politik, wie im Hauswesen wirkend; sie war auf tausend Wegen beständig von allen Schritten unterrichtet und unterhielt den lebhaftesten Briefwechsel mit ihren Söhnen, mit dem älteren nach Reinerz, mit dem jüngeren nach Harzgerode; dazu wirkte und schaffte sie wie eine Bürgersfrau, um die dringendsten Bedürfnisse der Ihrigen befriedigen zu können, und schickte ihnen Kleider und Betten, Brot und Fleisch, ja Kinderzeug und Wiegen. Ja, sie hatte mit ihren Kindern heimliche Zusammenkünfte außerhalb des Landes, um mit denselben die Maaßregeln für die Zukunft berathen zu können, welche sie im Lande mit vielen Getreuen in Ueberlegung genommen hatte. Am 20. Julii 1629 brach Wallenstein von Güstrow auf, hinterließ zu Güstrow einen Statthalter und zog gegen Halberstadt. An demselben Tage setzte sich auch der Herzog Adolph Friederich in Bewegung. Die Reisen beider Gegner kreuzten sich am 22. Juli in Fehrbellin. Der Herzog Adolph Friederich zog grade durch Meklenburg, bei Parchim, Schwerin und Rehna vorüber, nach Lübeck, wohin ihm auch bald sein Bruder Johann Albrecht folgte. Hier wirkten beide im Vereine mit ihrer Mutter, welche fortdauernd von Lübz aus handelte, für die Wiedererlangung ihrer Herrschaft, bis endlich der günstige Zeitpunkt gekommen zu sein schien und die Herzoge gegen Schwerin aufbrachen, wo sie am 19. Julii 1631 eintrafen. Nach wenigen Tagen erlebte die würdige Fürstin die große Freude, daß ihre Söhne wieder in die Burg ihrer Väter einzogen. Nach einem schweren, sorgenreichen Leben legte sie am 14. November 1634, Morgens gegen 1 Uhr, ihr müdes Haupt zum ewigen Frieden nieder; ihre Leiche ward in der Kirche zu *Lübz* vor dem Altare *begraben*. Eine *Marmorbildsäule*, welche ihr ihre, im Jahre 1648 im Dom zu Schwerin in der Gruft des Herzogs Christoph beigesetzte Tochter, neben ihrer eigenen, in der Kirche zu Lübz hinter dem Altare setzen ließ und die größte Sehenswürdigkeit in der Stadt ist, giebt ein sehr lebendiges, anschauliches Bild von der rüstigen Frau und sorgsamen Mutter, welche in keiner Lage des Lebens die Erfüllung ihrer Pflichten und die Erreichung ihres Ziels aus den Augen verlor.

Das *Schloß*, jetzige *Amtshaus*, wie wir es auf unserem *Bilde* erblicken, ist von ihr erbauet und noch mit ihrem Wappen geschmückt; jedoch hat es nicht wohl im Laufe der Zeit mannigfache Veränderungen erlitten. Von dem alten Schlosse ist nichts weiter vorhanden, als der rechts von dem Amtshause stehende runde *Thurm*, ein tüchtiges Gebäude. Das Schloß oder Amtshaus liegt links am Eingange der Stadt von Parchim her, an der Elde, in welcher hier in den neuern Zeiten mit großem Kostenaufwande bei der Einrichtung der seit einigen Jahren immer lebhafter werdenden Eldenschiffahrt eine prächtige Schleuse erbauet ist.

Penzlin

Die kleine Stadt Penzlin, am östlichen Ende des Großherzogthums Meklenburg=Schwerin, in einer großartig gebildeten Landschaft nicht weit vom Tollenze=See gelegen, ist sehr reich an Begebenheiten und steht ganz eigenthümlich in der Geschichte Meklenburg's da. Der Ort ist sehr alt; schon im J. 1170 ward er mit vielen anderen Gütern rund um den Tollenze=See von den pommerschen Fürsten dem Bisthume Havelberg geschenkt, unter der Bedingung, auf den Gütern ein Kloster, das spätere Kloster Broda bei Neubrandenburg, zu gründen. Die Gegend war durch die verwüstenden Bekehrungskriege Heinrichs des Löwen damals herrenlos geworden; Penzlin lag dicht vor dem Eingange in das hart mitgenommene, berühmte Rhedarierland zwischen Prillwitz und Hohen=Zieritz und in den Grenzen der Stadt lag i. J. 1263 gegen das Land der Rhedarier hin eine "Eiserne Pforte." Zur Stiftung des Klosters kam es aber in den nächsten Zeiten eben so wenig, als zur Abtretung der Güter an das havelberger Bisthum; theils störten die wiederholten Aufstände der Wenden, theils verhinderten die Ueberfälle der brandenburgischen Markgrafen auf lange Zeit jede Pflanzung des Friedens. Die ganze Gegend gehörte damals den Fürsten von Pommern, welche sie aber nach blutigen Kriegen mit den Margrafen im J. 1182 verloren; das Land Stargard, das jetzige Großherzogthum Strelitz, mußten sie durch den Vertrag von Cremmen im J. 1236 an Brandenburg abtreten. Die westlicher gelegenen Gegenden, namentlich das *Land Penzlin*, gingen an die meklenburgischen Fürsten über, wenn auch die Art und Weise und die Zeit bis jetzt völlig dunkel sind.

Der Fürst *Heinrich Borwin* II. erhob, nach einer späteren Bestätigung, den Ort zu einer Stadt und bewidmete sie mit dem schwerinschen Rechte; dies muß in der Zeit von 1218–1226 geschehen sein: eine Stiftungsurkunde ist nicht bekannt geworden. Durch die erste Landestheilung vom Jahre 1229 kam das Land Penzlin an das meklenburgische Fürstenhaus *Werle*, bei welchem es auch bis zum Erlöschen desselben blieb. In der Zeit, in welcher die meisten Landesverhältnisse geregelt wurden, bestätigte der ordnende, väterliche Fürst Nicolaus I. von Werle im J. 1263 auch die Gründung der Stadt Penzlin, gab ihr schriftlich das verliehene Stadtrecht und beschrieb die Grenzen der Feldmark.

Dennoch behaupteten die *Bischöfe von Havelberg*, wenn auch die werleschen Fürsten seit Heinrich Borwin immer im Besitze gewesen waren, fortwährend das Eigenthumsrecht des Landes, bis sie sich mit den Fürsten von Werle am 5. Juni 1274 durch einen zu Röbel geschlossenen Vertrag über alle Eigenthums= und Besitzstreitigkeiten verglichen und namentlich ihren Rechten auf das Land Penzlin und die von demselben zu entrichtenden Zehnten entsagten, diese jedoch den Fürsten unter der Bedingung zu Lehn gaben, daß sie den mit Zehnten im Lande Penzlin schon Belehnten, namentlich den Söhnen der Herren *von Plate* (oder von Plote), die Belehnung mit den Zehnten erneuerten. Die besitz= und einflußreichen stargardischen Ritterfamilien *von Plate*, später Landmarschälle des Landes Stargard, und *von Peccatel*, im Besitze vieler gewaltigen Burgen, waren damals die angesehensten in jenen Gegenden und namentlich im Lande Penzlin, und am 12. März 1274 hatte der Fürst Nicolaus von Werle die Ritter von Peccatel mit den im Lande Penzlin gelegenen Gütern Peccatel, Hohen=Zieritz, Vielen und andern mehr belehnt. Am 23. April 1273 hatte derselbe Fürst dem Kloster Broda das Patronatrecht über die Kirchen zu Penzlin und Smort (bei Penzlin) mit den dazu gehörenden Pfarrländereien und acht Hufen in Klokow zur Besorgung des Gottesdienstes in der *Burgkapelle zu Penzlin* gegeben. Im J. 1283 finden wir neben dem Pfarrer zu Penzlin zwei Kapellane desselben.

In der zweiten Hälfte des 13. Jahrhunderts entspannen sich wieder allerlei Streitigkeiten mit den eroberungssüchtigen Markgrafen von Brandenburg. Die werleschen Fürsten verloren damals Freienstein, welches sie von dem havelberger Bisthume zu Lehn trugen, und mochten sie auch durch den Vertrag von Röbel die Belehnung mit Penzlin gewinnen, so findet man doch bald darauf Penzlin einige Zeit im Besitze der Markgrafen, welche im J. 1278 die Privilegien der Stadt bestätigten. Doch waren die markgräflichen Waffen mit der Zeit so wenig in Meklenburg, als in Pommern siegreich, und die werleschen Fürsten besaßen Penzlin sicher im J. 1283 wieder, wie sie in diesem Jahre auch den Pfandbesitz des später ihnen eigenthümlich abgetretenen Landes Stavenhagen, für ihre den pommerschen Herzogen geleistete wirksame Hülfe gegen Brandenburg, erhielten.

Aber auch die inneren Verhältnisse waren zerrüttet. In Meklenburg war Heinrich der Pilger im Morgenlande gefangen; in Rostock saß Nicolaus das Kind auf dem Throne. Nicolaus I. von Werle war nach langer, segensreicher Regierung im J. 1277 gestorben und hatte zwei Söhne hinterlassen: Heinrich I. von Werle=Güstrow und Johann I. von Werle=Parchim. Johann starb im J. 1283 und hinterließ sechs Söhne, deren ältester, Nicolaus II., der Wirklichkeit nach die Regierung führte. Da geschah eine Unthat, welche das Maaß des Landesunglücks voll machte: die beiden Söhne Heinrichs I., Heinrich II. und Nicolaus, erschlugen im J. 1291 ihren Vater, über dessen Wiedervermählung im hohen Alter erzürnt. Nicolaus II. ergriff sogleich die Waffen gegen die Vatermörder, denen alle Städte die Thore verschlossen; nur in dem festen Penzlin konnte Heinrich II. sich behaupten. Nachdem nach einem heftigen Kriege Nicolaus seinen Vetter Heinrich, da dessen Bruder so eben gestorben war, im Jahre 1293 bei Parchim aufs Haupt schlug, so gab dieser nach und begnügte sich in den Friedensunterhandlungen mit dem Besitze von Penzlin, bis er im J. 1307 durch Nicolaus vertrieben ward und entfloh; sein einziger Sohn ging in ein Kloster.

Im J. 1327 erwarb die Stadt Penzlin das Eigenthum des Dorfes Smort.

Das ganze 14. Jahrh. hindurch hat Penzlin keine besondere geschichtliche Wichtigkeit; es mochte den werleschen Fürsten unangenehm sein, in dem Orte zu verweilen, an den sich so trübe Erinnerungen knüpften: er wird in dieser Zeit öfter zu Bürgschaft gesetzt. Die Burg war ihnen jedoch der Lage wegen wichtig. Die *von Plate*, welche schon sehr früh mit dem Schicksale der Stadt und des Landes in Verbindung standen, scheinen im 14. Jahrhundert in Penzlin eine Rolle gespielt zu haben. Wedege von Plate war im J. 1378 Voigt zu Penzlin und überließ im J. 1395 die Hälfte von Schloß, Stadt und Land Penzlin an die Voß.

Mit dem J. 1414 tritt aber ein sehr wichtiges Ereigniß in die Geschichte Penzlins: am 17. December 1414 verpfändeten nämlich die Fürsten von Werle an *Lüdeke Maltzan* auf Wolde erblich Land, Schloß und Stadt Penzlin, welche seit dieser Zeit bis auf heute mit geringen Unterbrechungen in dem Besitze der *Maltzan* geblieben ist. Die Maltzan, Erblandmarschälle des Landes Werle, hatten im J. 1375 den Pfandbesitz des Landes Stavenhagen erworben, welchen sie, wahrscheinlich zum Theil für Penzlin, im J. 1414 wieder aufgaben. Die Maltzan baueten hier auf dem uralten, fürstlichen Burgwalle eine feste *Burg*, von welcher noch ein Theil mit dem merkwürdigen Burgverließ steht. Zwar ward im J. 1463 die Wiedereinlösung durch die Herzoge von Meklenburg beschlossen; die gänzliche Wiedereinlösung kam aber erst im J. 1479 zu Stande. Jedoch schon im Jahre 1500 war der berühmte Ritter *Bernd Maltzan* schon wieder im Pfandbesitze von Penzlin und gewann schon im J. 1501 die *erbliche Belehnung* mit dem Schlosse und der Stadt Penzlin mit mehreren Gütern im Lande Penzlin, welche bis auf den heutigen Tage fortgedauert hat.

Zur Anerkennung seiner glänzenden Thaten ward

PENZLIN

Bernds Sohn, *Joachim Maltzan*, kaiserlicher Rath und oberster Feldmarschall, mit seinem nachkommenden Geschlechte, welches noch heute blühet, auf dem berühmten Reichstage zu Augsburg im J. 1530 zum *Reichsfreiherrn zu Wartenberg und Penzlin* erhoben; die Herrschaft Wartenberg in Schlesien hatte derselbe Joachim erworben. Noch heute ist die freiherrliche Linie der Maltzan, mit einem Schlosse auf dem Burgwalle, im Besitze der Stadt, in welcher sie die niedere Gerichtsbarkeit und andere Gerechtigkeiten ausübt, während die Herzoge sich im J. 1501 die Contributionen und Steuern vorbehalten hatten. Im J. 1777 gaben die Freiherren Maltzan die Hörigkeit der Stadtbewohner auf und schlossen mit dem Magistrate einen Vergleich über die Grenzen der Gerichtsbarkeit. In diesen Verhältnissen steht Penzlin noch heute.

Die Stadt, welche klein und eng gebauet ist und gegen 2500 Einwohner zählt, ist ein nahrhafter Ort mit vortrefflichen Besitzungen und großer Ackerwirthschaft. Die Gegend ist durch viele Höhen und Seen sehr anmuthig und durch viele Burgwälle, welche von der ehemaligen Wichtigkeit und Festigkeit des Ortes zeugen, sehr merkwürdig.

Plau

Plau, an dem großen und schönen Plauer See und dem Ausflusse der Elde aus den großen Seen ihres obern Laufes gelegen, ist eine der ältesten und merkwürdigsten kleinen Landstädte Meklenburgs. In den heidnischen Zeiten lag nicht weit von der Stelle der späteren Stadt Plau die wendische Fürstenburg *Kutsin*, später *Quetzin*, von welcher die ganze Landschaft Land Kutsin und der Plauer See Kutsiner See, im J. 1177 auch Stur造sche See, genannt ward. Noch in den nächsten Jahrhunderten wird der Burgwall beim Dorfe Quetzin öfter genannt.

Die deutsche Stadt ward unter den Borwinen, also in der Zeit 1218-1226 gegründet, als sie das Land Plau einer christlichen Bevölkerung von Fremden und Einheimischen zum Anbau hingaben; es ist jedoch keine Urkunde hierüber bis jetzt bekannt geworden. Im J. 1235 bestätigten die vier Söhne Heinrich Borwins II. schriftlich zusammen die Stiftung ihrer Aeltern und verliehen der Stadt ein dem parchimschen ähnliches Recht und 55 Hufen. Aus diesen Zeiten stammt die im ernsten, würdigen Geiste erbauete Kirche. In Folge der ersten Landestheilung vom J. 1229 fiel darauf das Land an den Fürsten Pribislav von Parchim=Richenberg; bei diesen blieb es bis zum J. 1257, wo es an das fürstliche Haus Werle überging, bei welchem es auch bis zu dessen Erlöschen blieb. Unter dem weisen Fürsten Nicolaus I. von Werle genoß die Stadt einer ruhigen Entwickelung; er starb am 7. Mai 1277 zu Plau und ward zu Doberan begraben. Nach seinem Tode fiel Plau an die werle=parchimsche Linie und erlebte bald eine größere Bewegung. Im J. 1285 baute der Fürst Nicolaus II. das Schloß bei Plau; wahrscheinlich waren deshalb die Bürger gegen ihn aufsätzig gewesen, da sie sich im J. 1288 mit dem Fürsten wegen aller ihm zugefügten Kränkungen aussöhnten; bei dieser Gelegenheit überließ der Fürst der Stadt eine Summe zu ihrer stärkeren Befestigung und traf mehrere Verfügungen zur Bewachung derselben. In Folge der werleschen Kriege wegen des Vatermordes ward Plau 1293 an den Fürsten Wizlav von Rügen verpfändet, jedoch im J. 1298 wieder eingelöset. Während dieser Zeit erwarb auch das rügensche Kloster Neuencamp (jetzt Franzburg), welches zu Kuppentin bei Plau und in der Nähe von Goldberg mehrere Güter besaß, die Mühle zu Plau, indem es im J. 1296 dieselbe mit dem Aalfange von dem Kloster Doberan eintauschte, welches sie im J. 1282 erworben hatte; im J. 1437 veräußerte jedoch das Kloster Neuencamp die Mühle mit einem Hause in Plau wieder an die Landesherrschaft. Diese Zeit war überhaupt für die Stadt wichtig, indem der Fürst im J. 1292 auch das Eigenthum der Dörfer Gropentin und Gedin an die Stadt verkaufte und es derselben frei stellte, die Aecker an die Bürgerhäuser zu vertheilen.

Im J. 1356 verpfändeten die werleschen Fürsten Plau an den Herzog Albrecht von Meklenburg und dieser im J. 1361 wieder an Heinrich v. Strahlendorf, Otto v. Dewitz und Danquard v. Bülow. Im J. 1362 trugen die Fürsten von Werle einen Theil ihrer Schulden ab, mußten jedoch für den Rest Plau und Krakow dem Herzoge als Pfand lassen. Zwar schlossen sie im J. 1365 ein eigenes Bündniß zur Wiedergewinnung der ihnen so wichtigen Schlösser Plau und Stavenhagen, verhandelten auch im J. 1366 mit dem Herzoge, erreichten jedoch ihr Ziel nicht. Im J. 1369 erhielt Heinrich von Strahlendorf seinen Theil der Pfandsumme zurück, und auch Otto von Dewitz wird bald ausgelöset sein; denn die v. Bülow blieben im Besitze von Plau und Krakow bis zum J. 1405.

Das Schloß war zwar fest, war aber durch die Verpfändungen ohne Zweifel so vernächlässigt, daß ein Neubau nöthig ward. Diesen führte Lüdecke Hahn d. J. von Basedow, damals herzoglicher Vogt zu Plau, unter seiner Leitung aus und schoß das Geld dazu her; der Bau war im J. 1463 vollendet und im J. 1465 ward es im Innern ausgebauet, da es der Herzog Heinrich für seine Gemahlin Margarethe zum Leibgedinge bestimmt hatte. Was also von dem Schlosse noch jetzt an Wällen, Mauern und Thurm steht, stammt ohne Zweifel aus dieser Zeit. Es ward fortan immer das Schloß mit Aufmerksamkeit gepflegt, da es eines der besten und stärksten im Lande war; noch gegen die Mitte des 16. Jahrh. ward viel an den Werken gebauet. Im J. 1715 war es aber schon sehr verfallen.

Die Stärke des Schlosses zog der Stadt im dreißigjährigen Kriege viele außerordentliche Leiden zu und in den nächsten hundert Jahren nach demselben brannte die Stadt drei Mal ganz ab. Von 1735–1787 war Plau an Preußen verpfändet und von preußischen Husaren besetzt. Im J. 1806 litt die Stadt bedeutend durch die Franzosen.

Dennoch hat die Stadt in guten Zeiten so viel erworben, daß sie sich trotz alles Drucks immer vor dem Verfall gerettet hat. Lage und Besitz sind schön. Gegründet ward sie mit 55 Hufen; dazu erwarb sie schon früh die Dörfer Glapzow und Quetzin, 1292 die Dörfer Gropentin und Gedin, 1323 das Dorf Woceken, in der Zeit von 1375-1388 das Dorf Gaarz von den Schwartepape und von Restorf, welche es von dem Domkapitel zu Havelberg, in dessen Besitz es seit dem J. 1223 gewesen war, zu Lehn trugen und wodurch die Stadt Plau in Lehnsabhängigkeit von demselben Domkapitel kam; auf der Feldmark Gaarz steht noch jetzt der Burgwall der Lehnträger, auf welcher nach der Volkssage ein Raubritter Schwartepape gewohnt haben soll. Außerdem besitzt die Stadt schätzenswerthe Gerechtigkeiten an Weiden, Hölzungen und Gewässern. Seit dem J. 1508 ließen die Fürsten lange Zeit bedeutenden Weinbau bei Plau treiben.

In den neuesten Zeiten hat Plau durch Gewerbethätigkeit und Handel einen bedeutenden Aufschwung erhalten. Die verbesserte Eldenschiffahrt hat den Verkehr in hohem Grade belebt. Vorzüglich aber ist die Tuchfabrication zur Blüthe gelangt, zu deren Aufhülfe der Großherzog seit dem J. 1830 hier große Maschinenanstalten mit Dampfmaschinen u.s.w. errichten ließ. Die bedeutende Maschinenfabrik des Dr. *Alban* ist von hoher Wichtigkeit für das Land; seit dem J. 1845 befährt auch ein von ihm erbauetes Dampfschiff die Eldeseen.

Auf unserem Bilde erblicken wir rechts die Burg mit dem in den letzten Jahren restaurirten Thurme, links die Elde.

PLAU

Röbel

Die Stadt Röbel, an einer Bucht des großen Müritz=Sees, in einer angenehmen Landschaft, an den Straßen von dem südöstlichsten Theile von Meklenburg=Schwerin nach der Mark Brandenburg gelegen, ist ein sehr alter Ort, welcher im Mittelalter eine nicht unbedeutende Stelle eingenommen hat. Durch die ganze Geschichte der Stadt geht bezeichnend die Eintheilung derselben in die Altstadt und die Neustadt, welche durch eine Niederung geschieden werden; die ganze Stadt ist in die Länge gebauet und stellt sich hiedurch, durch ihre Lage und ihre beiden Kirchen ganz ansehnlich und malerisch dar. Diese Theilung der Stadt in zwei Theile hat einen uralten geschichtlichen Grund, indem der südliche Theil (die Neustadt) zum Lande Vipperow, der nördliche Theil (die Altstadt) zum Lande Röbel gehörte; daher ging auch die Gränze der Bisthümer Havelberg und Schwerin mitten durch die Stadt, denn zu jenem gehörte die Neustadt, zu diesem die Altstadt.

Die Stadt, wegen der umherliegenden bedeutenden Gewässer an einem nicht unwichtigen Straßenzuge liegend, wird schon zu den wendischen Zeiten eine fürstliche Burg gehabt haben; wahrscheinlich ist die steile Höhe, auf welcher die altstädtische Kirche steht, links auf unserm Bilde, der alte Burgwall, und daher wird auch dieser Theil der Stadt der älteste und die Altstadt genannt sein.

Die Altstadt ward von dem Fürsten Heinrich Borwin II. (1218–1226) gegründet: ihr ältestes Privilegium ist vom J. 1226. Sehr bald darauf ward auch die Neustadt angelegt. Bei der ersten Landestheilung vom J. 1229 fiel Röbel dem Fürstenhause Werle zu; im J. 1261 gab der Fürst Nicolaus I. von Werle, um die Stiftung seines Vaters Heinrich Borwin zu vollenden, der Neustadt die schriftliche Ausfertigung des schwerinschen Rechts.

Im 13. Jahrhundert war Röbel eine beliebte Residenz der Landesherren. Sehr häufig erscheinen die Fürsten seit dem J. 1227 zu Röbel und treten die Burgmänner und der ritterliche Vogt von Röbel in ihrem Gefolge auf. Bis in das 14. Jahrhundert stand zu Röbel ein fürstliches Residenzschloß.

Vorzüglich hervorragend waren aber die geistlichen Verhältnisse. Jeder Stadttheil hatte früher, wie noch heute, eine eigene Kirche; beide sind sehr alt und in schönem Styl und sehr tüchtig bei der Gründung der Stadt erbauet. In jedem Stadttheile residirte ein bischöflicher Stellvertreter, Archidiakonus oder Propst, in der Altstadt für den Bischof von Schwerin, in der Neustadt für den Bischof von Havelberg. Dazu hatte die Stadt im 13. Jahrh. zwei Klöster. Seit den frühesten Zeiten bestand in der Neustadt ein Nonnenkloster Augustiner=Ordens. Im J. 1285 ward in der Altstadt ein Dominikaner=Mönchskloster gestiftet. Da aber das Nonnenkloster arm war und zwei Klöster, außer der zahlreichen Geistlichkeit, für die kleine Stadt zu viel waren, so ward das Nonnenkloster im J. 1298 nach Alt=Malchow verlegt, wo es noch heute besteht, und den Dominikanern der Nonnenhof auf der Neustadt, in der Nähe der Stadtmauer, angewiesen. Dieses Mönchskloster ward erst zur Zeit der Reformation aufgehoben und seit dem J. 1568 nach und nach abgebrochen; die Steine wurden zum Theile zum Bau in Wredenhagen verwandt, die Chorstühle der Kirche wurden in den Chor der neustädter Kirche versetzt, wo sie noch heute stehen. Ferner hatte das Kloster Dobbertin für seine in der Nähe der Müritz gelegenen Güter einen Verwalter in Röbel wohnen, welcher hier neben dem Dominikanerkloster einen Hof mit Haus und Speichern hatte; wegen der Beschaffenheit mehrerer dieser Güter ward derselbe, im Gegensatze zu den beiden andern Pröpsten

ROEBEL

zu Röbel, Sandpropst genannt, woher denn die Güter selbst den Namen Sandpropstei erhielten. Endlich hatte die Stadt noch ein St. Georgen=Hospital mit einer Kapelle, ein Hospital zum Heiligen Geist (seit 1298), wahrscheinlich ebenfalls mit einer Kapelle, eine Kalandsbrüderschaft, zwei Altäre zu Mirow in der Kirche der Johaniterritter, mit denen die Stadt in vielfachem Verkehr stand, und andere geistliche Stiftungen.

Ein so sehr bewegtes geistliches Leben ward ohne Zweifel durch die Beförderung der fürstlichen Familie hervorgerufen; wenn Röbel auch keine Hauptresidenz ward, so war es doch öfter fürstlicher Wittwensitz. Namentlich residirte hier an 20 Jahre des werleschen Fürsten Johann I. einflußreiche Wittwe Sophia, aus dem nahen landesherrlichen Hause Lindow=Ruppin, welche sich hier mit einem großen geistlichen Hofstaate umgab und zwei ihrer Söhne, Bernhard und Heinrich, in das dortige Dominikanerkloster schickte und mit diesen hier begraben ward; auch Nicolaus II. Gemahlin Richenza, Prinzessin von Dänemark, welche jedoch vor dem Gemahle starb (1308), hatte Röbel zum Leibgedinge. Unter diesen Verhältnissen wandten sich auch viele ritterliche Familien nach Röbel, welche bei der neustädter Kirche wohnten, wie die von Morin, welche auch Geistliche zu den röbelschen Pfründen stellten, und die von Buno, und außerdem wohnten auf der Altstadt die ritterlichen Burgmänner.

Bald trat Röbel jedoch gegen die mehr aufstrebenden werleschen Residenzen Güstrow und Parchim, und später Goldberg, in den Hintergrund. Zwar schien der Stadt noch ein Mal das Glück lächeln zu wollen, als im J. 1347 die Brüder der werle=güstrowschen Linie, Nicolaus und Bernhard, die Länder theilten und dem letztern Röbel, Wredenhagen, Waren und Penzlin zufielen; aber Bernhard wandte sich mehr nach Waren und begünstigte Wredenhagen in der Nähe von Röbel. Endlich verpfändete Bernhard im J. 1362 Land und Stadt Röbel an den Herzog Albrecht von Meklenburg, welcher sich verpflichtete, ein fürstliches Haus in der Stadt zu erbauen; Albrecht aber verpfändete im J. 1368 Schloß, Stadt und Land Röbel an die von Flotow auf Stur, welche im Mittelalter in diesen Gegenden das angesehenste und reichste Rittergeschlecht bildeten und seit 1354 auch in dem Pfandbesitze des angrenzenden Landes Malchow waren. Seit dieser Zeit scheint die politische Rolle Röbels aufgehört zu haben, sicher seit dem Aussterben des werleschen Fürstenhauses i. J. 1436.

Durch eine beträchtliche und fruchtbare Feldmark, welche in den guten Zeiten erworben und vergrößert ward, hat sich die freundliche Stadt immer eines gewissen Wohlstandes erfreut. Im J. 1274 erwarb die Neustadt jenseit der Müritz den "Düstern Wold", später "Röbelschen Wold" genannt, welcher in den neuesten Zeiten an das angrenzende Gut Speck veräußert ist; in den J. 1284 und 1288 erwarb die Neustadt 19 Hufen in dem südlich an die Feldmark grenzenden, schon früh untergegangenen Dorfe Kuskow.

Auf unserm Bilde sehen wir die Stadt in ihrer Längenausdehnung, links die hoch liegende altstädter Kirche, rechts die tiefer liegende neustädter Kirche mit ihrem 235 Fuß hohen, alten Thurme.

Sülz

Die Stadt Sülz, in dem Kniee des Reknitzflusses, liegt an dem von der Trebel und Reknitz gebildeten, großen, wiesen= und torfreichen Thale, welches Meklenburg von Schwedisch=Pommern (in alter Zeit: Festland Rügen) scheidet und an mehreren Stellen Salzquellen hat. Von allen meklenburgischen Salzquellen ist die sülzer bei weitem die reichste und älteste, ist seit uralter Zeit immer benutzt worden und hat der Stadt ihre Entstehung gegeben, wie sie auch ihren Namen von der Salzquelle trägt, denn alle an *Salzquellen* gelegenen Orte in Meklenburg heißen *Sülz* oder *Sülten*, da hier Salzquelle oder Salzwerk durch das Wort *Sülte* oder *Sülze* bezeichnet wird.

Die Salzquellen von Sülz werden seit den allerältesten Zeiten benutzt worden sein, selbst als noch keine Stadt bei denselben stand. Ein viel älterer Ort als die Stadt Sülz ist das eine Meile von derselben gelegene Städtchen *Marlow*, welches schon im 12. Jahrhundert neben einer alten fürstlichen Burg bestand, auf welcher fürstliche Vögte und Burgmänner die Gegend verwalteten. Daher wird das Salzwerk zu Sülz das 13. Jahrhundert hindurch gewöhnlich die *Saline bei Marlow* genannt. Im J. 1243 wird die Saline in Urkunden zuerst genannt, als das Kloster Doberan Besitzungen in derselben erhielt; im J. 1252 erhielt auch das Kloster Dargun ähnliche Gerechtigkeiten. Schon im J. 1262 waren die Stadt und die Saline vollständig geordnet, da in diesem Jahre zuerst der Magistrat genannt und die Einrichtung der Saline ziemlich genau beschrieben wird. Eine sichere Regelung erhielt die Stadt durch die Verleihung des lübischen Rechts, welches ihr die Fürsten von Rostock, in deren Gebiete sie lag, wiederholt, z.B. 1277 und 1298, bestätigten. Das Jahr 1298 war überhaupt für Sülz eines der wichtigsten, welche die Stadt erlebt hat; am 21. Sept. d. J. verlieh ihr nämlich der Fürst Nicolaus von Rostock das Eigenthumsrecht des Dorfes *Symen*, welches sie gekauft hatte, machte ihr jedoch die Ummauerung und Umwallung der Stadt zur Pflicht, versprach ferner, für einen Canal (den "Moorgraben") zwischen der Reknitz und der Trebel und für einen Landweg durch das Salzmoor zwischen Sülz und Triebsees zu sorgen, und verlegte das Landgericht (Landding), d.h. den Sitz des fürstlichen Vogtes und des Amtsgerichts, von Marlow nach Sülz. Diese Begnadigungen sind die wahren Lebensbedingungen der Stadt geworden. Die Feldmark Symen, welche unter das lübische Recht der Stadt gelegt war, ward in Erben unter die angesessenen Bürger (die "Symer Erbtheiler") vertheilt, eine Einrichtung, welche zum Theil noch besteht. Das Dorf *Redderstorf*, welches die Stadt im J. 1326 erwarb, ging im Anfange des 16. Jahrh. an die v. Kardorf und bald darauf an die v. d. Lühe über. Die *von der Lühe*, welche seit alter Zeit in jenen Gegenden ansässig sind, haben überhaupt großen Einfluß auf die Stadt ausgeübt. Sie waren schon im 14. Jahrh. landesherrliche Vögte zu Sülz und im Pfandbesitze der Saline. Zwar ward die Stadt Sülz, so wie die Stadt Marlow, im J. 1371 an das Bisthum Schwerin verpfändet, um die Stadt von den von Dewitz und wahrscheinlich auch die Saline von den von der Lühe einzulösen; aber nach langen Streitigkeiten zwischen den Bischöfen und den Herzogen, während welcher diese die Stadt und die Saline wieder erlangten, verpfändeten die Herzöge im J. 1448 wieder an die von der Lühe die Städte und Länder Sülz und Marlow und bekräftigten ihnen im J. 1450 den erblichen Pfandbesitz, in welchem sie sich bis zum J. 1768 behaupteten.

Die Saline war seit alter Zeit im Besitze verschiedener Herren und daher nicht besonders gut verwaltet. Eine bessere Zeit für dieses wichtige Werk begann im J. 1744, als der meklenburgische Oberhofmeister *von Vieregge* auf Rossewitz, der nachmalige kurhessische Minister Freiherr Waitz von Eschen zu Cassel und der Cammerrath und Salinedirigent *Koch* zu Nauheim zusammen die fürstlichen Antheile an der Saline in Pacht nahmen und einen Sohn des Cammerraths *Koch* zum Verwalter der Saline bestellten. Der Oberhofmeister von Vieregge schied bald aus; dagegen blieben die Familien Waitz und Koch bis Johannis 1816 in dem Besitze der Pachtung. Viel ward im Laufe dieser Pachtzeit für die Saline gethan und der Flor, dessen sich die Saline jetzt erfreut, stammt aus jener Zeit. Zunächst wurden alle einzelnen Pfannenbesitzer ausgekauft, und bald war das ganze Werk unter Einen Herrn vereinigt: noch vor Ablauf eines Jahres war die Saline im Besitze der Landesherrschaft. Darauf wurden die alten Brunnen gereinigt und neue Brunnen gegraben, neue große Gradirhäuser angelegt, Mühlen und andere Bewegungswerke angelegt, wichtige Grundstücke erworben, kurz, alles für einen regelrechten Betrieb des Werkes geschaffen, so daß die Saline ein so wichtiges Werk ward, daß sie in den J. 1807 bis 1813 das ganze Land mit Salz versorgen konnte. Im J. 1816 ging die Saline in fürstlichen Besitz zur Administration der Cammer über unter der Verwaltung eines eigenen *Salinenamts*. Seit dieser Zeit ward das Werk wieder bedeutend vergrößert und verbessert und mit wichtigen Erwerbungen vermehrt.

Durch die Erkenntniß der Wichtigkeit der Bäder angeregt, ward durch den hochseligen Großherzog *Friederich Franz*, unter der Leitung des Geheimen=Medicinal=Raths *Vogel*, des Gründers des Seebades Doberan, im J. 1822 zu Sülz ein *Soolbad* gegründet und stattlich ausgerichtet; leider hat es bis jetzt noch nicht die verdiente Beachtung gefunden, obgleich es für viele Krankheitsformen heilbringend und kräftig ist.

Eine im J. 1828 gegründete *chemische Fabrik* mußte wegen des großen Aufschwunges anderer großen Werke ähnlicher Art bald wieder eingehen, da sie nicht so niedrige Preise, wie andere Anstalten, halten konnte und nicht günstig für den Absatz lag.

Die Saline aber, welche das ganze Land mit Salz versorgen kann, und die einzige im Betrieb begriffene und zugleich die reichste Salzquelle im Lande besitzt, geht ihrer Vervollkommnung immer mehr entgegen. Hat auch die kleine Stadt ausreichende und fruchtbare Besitzungen aller Art, so wird ihr doch fortwährend ein großer Theil ihres Verkehrs und Wohlstandes durch die Saline zugeführt, so daß sie sich in diesem Jahrhundert mit der Saline immer mehr vergrößert und verschönert hat.

Auf unserem Bilde, welches von der Windmühle aus aufgenommen, sehen wir links die Stadt und rechts die Saline von der Reknitz.

SÜLZ

Teterow

Die Stadt Teterow ist eine der bekanntesten Städte im Lande. Ihr Alter reicht nicht sehr weit hinauf; die älteste, bekannte Urkunde, durch welche der Fürst Nicolaus von Werle unter Zustimmung seiner Söhne Heinrich und Johann am 17. Dec. 1272 den "Bürgern der Stadt Teterow" zur Vertheilung unter die Bürger gegen Pachtzins 43 Hufen in dem angrenzenden Dorfe Baudorf übergiebt, ist wahrscheinlich eines der ältesten Privilegien der Stadt und derselben bald nach ihrer Gründung ertheilt. Wahrscheinlich ward sie in der Zeit von 1260 bis 1270 gegründet, in einer Zeit, in welcher sehr viele Stiftungen im Lande geschahen. Eine Andeutung giebt das Stadtsiegel, welches den Helm der Fürsten von Werle: einen Helm mit zwei über denselben gekreuzten Pfauenfedern, enthält, da die Helmzierden erst später in allgemeinere Anwendung kamen und die Stadt jedenfalls nach Vollendung der ersten Landestheilung durch den Fürsten Nicolaus I. von Werle gegründet sein muß. Von den Schicksalen der Stadt ist äußerst wenig bekannt geworden. Im J. 1285 verkaufte der Fürst Heinrich von Werle den Grundzins von 22 Hufen der Stadtfeldmark an das Heil.=Geist=Hospital zu Lübeck; diese Hufen gehörten vielleicht zu dem der Stadt übergebenen Dorfe Baudorf: nach langen Streitigkeiten trat das Heil.=Geist=Hospital im J. 1610 diesen Grundzins an die Herzoge von Meklenburg ab. Im J. 1380 verpfändete der Fürst Lorenz von Werle Stadt und Land Teterow an die Ritterfamilie Smeker, welche im Mittelalter in der Gegend von Teterow angesessen, einflußreich und angesehen war und namentlich Wüstenfelde als ein Hauptgut besaß.

Die Stadt führte alle Zeiten hindurch ein friedliches, rein bürgerliches Dasein. Sie besitzt eine große, äußerst fruchtbare, üppige und reizende Feldmark und liegt in der Mitte der fruchtbarsten Landschaft Meklenburgs, umgeben von einer großen Anzahl reicher und schöner Landgüter. Daher hat sich die Stadt selbst immer theils dem eigenen Ackerbau, theils dem bürgerlichen Gewerbe für die umliegende Landschaft zugewandt; es herrscht daher in der kleinen Stadt, welche sich ungewöhnlich rasch vergrößert und verschönert und jetzt schon an 4000 Einwohner zählt, viel Betriebsamkeit, lebhafter Verkehr und selbst nicht unbedeutender Handel.

Durch dieses rein bürgerliche Leben, welches sich in früheren Zeiten wohl mehr allein auf den Ackerbau beschränkt haben mag, mögen denn auch die Einwohner in den üblen Ruf der Einfältigkeit gekommen sein, der jetzt aber wahrlich keine Begründung hat. Wie jedes Land sein Schöppenstädt hat, so erzählt man auch von den alten Teterowern viele ergötzliche, alberne Streiche, so daß jedes einfältige Beginnen in Meklenburg ein "*Teterower Streich*" genannt wird; aber wie gesagt, der Leumund findet jetzt keinen weiteren Grund, als daß die niedere Volksklasse es sehr übel vermerken soll, wenn man sich nach den einzelnen teterower Streichen erkundigt.

TETEROW

Waren

Die Stadt Waren ist durch ihren Verkehr eine der bedeutendsten Landstädte Meklenburgs, obgleich sie nicht sehr groß ist und ungefähr 5000 Einwohner zählt. Ihre Bedeutsamkeit hat sie ohne Zweifel ihrer Lage zu verdanken, indem sie am nördlichen Ende des großen Müritz=Sees und dadurch am Anfange der großen Wasserverbindung der bis in die Elbe reichenden Eldegewässer, der bedeutendsten Wasserverbindung Meklenburgs, liegt und hinter sich eine weite Landschaft hat, welche zu den fruchtbarsten und reichsten Meklenburgs gehört. Sobald Waren seine Lage erkennt und benutzt, wird es immer blühend sein. Daher ist es auch seit alter Zeit immer Ziel des Strebens gewesen, theils die Eldengewässer zur Schifffahrt zu ordnen, theils eine Wasserverbindung zwischen der Müritz und den Havelgewässern herzustellen, durch welche Waren in die Mitte zwischen die beiden wichtigen Flußsysteme zu stehen kommt. Schon vor dem J. 1273 hatte der edle Fürst Nicolaus I. von Werle bei Bök einen Kanal von der Müritz nach den Seen der Havelverbindungen graben lassen; es ward derselbe jedoch schon nach hundert Jahren der Böker Mühlengraben genannt. Jedoch ist vor ungefähr zehn Jahren ganz in der Nähe dieses alten Kanals, bei der Boldter Mühle, ein neuer Kanal gegraben. An der Eldenschiffahrt ward schon im 16. Jahrh. mächtig gearbeitet; sie ist in unsern Zeiten vollendet. Ja seit dem J. 1845 geht ein in Plau erbauetes Dampfschiff von Plau in die Müritz!

Die Zeit der Entstehung der Stadt ist dunkel, da ihre Original=Urkunden verbrannt sind. Der Ort ist wahrscheinlich uralt, da sein Name an den des alten Volks der Warner erinnert. In den noch vorhandenen Urkunden wird die deutsche Stadt zuerst im J. 1271 erwähnt, als der Fürst Nicolaus von Werle ihr den dritten Theil der Gerichtsbarkeit und andere Freiheiten verlieh. Dann wird die Kirche genannt, als im J. 1273 deren Patronat dem Kloster Broda verliehen ward, welches in der Nähe von Waren mehrere Besitzungen hatte. Diese St. Georgen=Kirche auf der Altstadt, die eigentliche Pfarrkirche der Stadt, giebt aber den Beweis, daß die Stadt noch in der ersten Hälfte des 13. Jahrh., etwa zwischen 1220 und 1240, gegründet sei, indem sie einen kleinen viereckigen Chor im Uebergangsstyl mit Rundbogenverzierungen besitzt, eine Bauweise, welche der ersten Hälfte des 13. Jahrh. eigenthümlich ist. Eine bedeutendere Rolle spielt die Stadt seit dem J. 1292, als sie sich gegen die werleschen Vatermörder erklärte und ihre Erklärung durch Kraft in mehreren Belagerungen behauptete. Damals muß sie schon stark befestigt gewesen sein und eine fürstliche Burg gehabt haben. Die fürstliche Burg lag dicht an der Stadt, neben der jetzigen Marienkirche und der Burgstraße; die Marienkirche war in alten Zeiten Burgkapelle, genannt zu St. Marien, und um die Burg bildete sich schon früh eine Neustadt. Nach mehreren Eigenthümlichkeiten im Bau wird auch diese oft ausgebrannte und schlecht hergestellte Kirche in oder schon vor der Mitte des 13. Jahrh. erbauet worden sein. Die Burg selbst aber war im J. 1458 so zerfallen, daß sie dieser Kirche geschenkt ward. Schon seit dem 13. Jahrh. hatte auch einer der sechs Archidiakone des Bischofs von Schwerin seinen Sitz zu Waren. Im J. 1292 erhielt die Stadt ihre Feldmark und deren Grenzen bestätigt.

Zur großen Blüthe gelangte Waren jedoch seit dem J. 1347, als die Fürsten von Werle=Güstrow ihre Länder theilten und der Fürst Bernhard seine Residenz zu Waren nahm und dadurch eine eigene werle=warenschen Linie stiftete, welche das 14. Jahrh. hindurch zu Waren wohnte.

Durch das Aussterben des fürstlichen Hauses Werle im J. 1436 verlor Waren allerdings viel. In den Zeiten der

WAREN

neuern Geschichte litt es bedeutend, indem es 1568 und 1671 gänzlich abbrannte und im dreißigjährigen Kriege wiederholt stark heimgesucht ward. Am 1. Nov. 1806 fiel in der Stadt ein bekanntes Gefecht zwischen Blücher und den nacheilenden Franzosen vor.

Dennoch hat die Stadt sich bald wieder gehoben; sie hat in alter Zeit die Gunst der Umstände benutzt und sehr bedeutende Güterbesitzungen und Gerechtigkeit erworben, so daß sie eine der größten Stadtfeldmarken im Lande mit vielen kleinen Ortschaften besitzt.

Den bedeutendsten Gewinn hat die Stadt aber in den neuesten Zeiten aus der Erkenntniß und Benutzung seiner Lage und einem bedeutenden hierauf gegründeten Handelsverkehr gezogen. An der Müritz ist ein tüchtiger Uferdamm gebauet, auf demselben steht eine Reihe großer Speicher und Fabriken mit Dampfmaschinen, so daß diese ganze Einrichtung ein wahrhaft großstädtisches Ansehen hat, welches das Aeußere mancher kleinen Seestadt verdunkelt.

Auf unserem Bilde sehen wir die Stadt mit ihrem Hafen, an welchem die Speicher und Fabriken liegen, und links die St. Georgen=Kirche auf der Altstadt, rechts die St. Marien=Kirche auf der Neustadt.

Dömitz

Durch ihre Lage an der Elbe, an der Einmündung der Elde und der Kreuzung nicht unwichtiger *Land und Wasserwege* gelegen, hat die kleine Stadt Dömitz zu allen Zeiten eine gewisse Wichtigkeit gehabt und sich immer als *Festung* geltend gemacht, in neueren Zeiten als die einzige des Landes.

Dömitz gehörte im frühesten Mittelalter den *Grafen von Danneberg*, welche diesseit der Elbe das *Land Weningen* (die spätere Vogtei Dömitz) zwischen der Elde und der Rögnitz und das nördlich daran grenzende Land Jabel bis an die Sude, und außerdem die Länder Grabow und Marnitz besaßen. Die sandigen, mit dampfenden Fichtenhaiden bedeckten Länder Weningen und Jabel waren noch spät der christlichen Cultur unzugänglich und lange ein Sitz wendischer Wildheit; es erhielt sich hier hin und wieder *wendische Sprache und Sitte* bis in das 16. Jahrhundert, ja in dem dannebergischen Amte Lüchow am linken Elbufer bis in den Anfang unsers Jahrhunderts. Zur Belohnung mancher Verdienste erhielt der Graf Heinrich I. von Danneberg nach dem Sturze Heinrichs des Löwen im J. 1182 von dem Herzoge Bernhard von Sachsen diese Länder zu Lehn, nachdem er schon im J. 1178 die Zehnten von diesen Ländern von dem Bischofe von Ratzeburg zu Lehn genommen hatte. Aber noch im J. 1230 war der ganze Landstrich wendisch und es sind aus dieser Zeit nur einige wenige wendische Dörfer im Lande Weningen bekannt. Die Stiftung des Cistercienser=Nonnen=*Klosters Eldena* im Lande Weningen, bald nach dem J. 1230 und vor dem J. 1235, war der mächtigste Schritt zur Umwandlung dieser Gegend. Das Kloster ward auch bald Lieblingsstiftung der Grafen von Danneberg, von denen mehrere in der dortigen Kirche ihre Ruhestätte fanden.

Bald darauf wird auch *Dömitz* als Stadt genannt. Nach dem wendischen Namen zu schließen, war der Ort als Dorf oder als Burg schon früh vorhanden; der Propst des Klosters Eldena erhielt schon bei dessen Stiftung das geistliche Aufsichtsrecht über die Pfarre zu Dömitz. Aber als *Stadt* wird *Dömitz*, oder *Dömelitz*, wie es im 13., oder *Dömenitz*, wie es im 14. Jahrh. heißt, erst im J. 1259 *genannt*, als die Grafen dem Kloster Eldena 2 Wispel Malz jährlicher Einkünfte aus der "Mühle in der Stadt Dömitz" schenkten; wahrscheinlich wird sie aber schon früher gegründet worden sein, jedoch ist die Stiftungsurkunde nicht mehr vorhanden. Seit dieser Zeit *residirte* in der Regel eine Linie der *Grafen von Danneberg* zu Dömitz, wo sie ein festes *Schloß* hatten, welches schon im J. 1269 genannt wird und von welchem sich einige Glieder der gräflichen Familie auch *Grafen von Dömitz* nannten. Auch besaßen die Grafen schon seit dieser Zeit den *Elbzoll* zu Dömitz, welcher noch heute erhoben wird.

Das Haus der *Grafen von Danneberg* starb im J. 1307 aus und ihre Herrschaft zerstückelte sich unter die Nachbaren. Von dem Lande *Dömitz* nahm der Herzog Rudolf von *Sachsen* als Oberlehnsherr sogleich Besitz; doch behielt dieser es nicht lange. Schon in der zweiten Hälfte des 13. Jahrhunderts hatten während vielfacher Streitigkeiten zwischen den Grafen von Danneberg und Schwerin die Markgrafen von *Brandenburg* ihre Hände auch in diesen Gegenden ins Spiel zu mischen gesucht und das Land Grabow an sich zu bringen gewußt. Bald mochten die Herzoge von Sachsen der unfruchtbaren Verwaltung des Landes Dömitz überdrüssig sein, da dasselbe bald im Pfandbesitze der Markgrafen von Brandenburg erscheint, welche es mit dem Lande Lenzen im J. 1337 an die *Grafen von Schwerin*, denen schon im J. 1291 ein Vorkaufsrecht zugesichert war, verpfändeten. Schon im 13. Jahrh. waren die Ritterburgen des rauhen Landes Dömitz Fehden und Räubereien bequem gelegen gewesen, da der bedeutende Waarenverkehr von den großen Städten Hamburg und Lübeck nach dem Innern des östlichen Deutschlands durch das waldbedeckte Land gehen mußte. Als nun bei den häufigen Verpfändungen das Land gewissermaßen herrenlos ward, nahmen die Räubereien so sehr überhand, daß die Lübecker im Vereine mit dem Herzoge Albrecht von Meklenburg, dem kräftigen Landfriedensbewahrer, sich 1353 und 1354 zur Zerstörung der Schlösser, unter denen auch das wahrscheinlich an Ritter verpfändete Dömitz sich befand, genöthigt sahen. Als im J. 1358 die Grafschaft Schwerin an die Herzoge von Meklenburg überging, gehörte Dömitz nicht mehr zu derselben, sondern die Herzoge von Sachsen hatten es, wahrscheinlich zur Handhabung des ungebührlich gestörten Rechtszustandes, wieder eingelöst und an sich genommen.

Bald kam aber das Land Dömitz auf immer an das Herzogthum Meklenburg. Für die Hülfe, welche der Herzog Albrecht von Meklenburg den sächsischen Herzogen in dem lüneburgischen Erbfolgekriege gegen Braunschweig zu leisten verhieß, überließen die Herzoge von Sachsen dem Herzoge Albrecht von Meklenburg im J. 1372 zum unwiderruflichen Eigenthum nicht nur das Land Dömitz (die alten Länder Weningen und Jabel zwischen Elde und Sude), sondern auch die Aemter Neuhaus und Weningen mit vielen Gerechtigkeiten; freilich erlangte der Herzog von Meklenburg nur den Besitz des Landes Dömitz. Der Herzog Albrecht verpfändete nun Land, Schloß und Stadt Dömitz sogleich an den Knappen Henning v. *Halberstadt*, vielleicht um die Kosten zu der verheißenen Rüstung bestreiten zu können, und machte es ihm in demselben Jahre zur Pflicht, das *Schloß* Dömitz auf seine Kosten zu bauen und zu *befestigen*, nachdem es im J. 1353 zerstört worden war. Bald darauf (vor 1403) war Dömitz an die *von Bülow* verpfändet, welche auch Neustadt zum Pfande hatten. Noch einmal ward Dömitz, in dem Kriege wegen des gefangenen Herzogs Johann von Stargard, 1420 von den Brandenburgern eingenommen, jedoch im J. 1423 dem Herzoge Albrecht statt eines Brautschatzes ohne Vorbehalt auf immer zurückgegeben. Seitdem ist Dömitz, einzelne Verpfändungen und Einräumungen, z.B. an den Kanzler *Caspar von Schöneich* im J. 1530 auf Lebenszeit, abgerechnet, immer bei der schwerinschen Linie des herzoglichen Hauses Meklenburg geblieben.

So alt auch die Stadt war, so hatte sie doch am Ende des 15. Jahrh. keine Privilegien mehr aufzuweisen; selbst das vom Herzoge Magnus bald nach 1470 ihr verliehene Privilegium ist nur aus späteren Urkunden bekannt. Das älteste geschriebene Privilegium ist vom J. 1505, welchem unter den nächstfolgenden Regierungen andere folgen.

Den größten Dank aber ist die Stadt dem hochverdienten Herzoge *Johann Albrecht* I. schuldig, welcher der eigentliche Gründer ihrer gegenwärtigen Lage genannt werden kann, so groß auch die Irrungen waren, in welche er mit der Stadt wegen Ueberschreitung ihrer Privilegien gerieth. Die Hauptgegenstände des Wirkens dieses edlen Fürsten, welcher, wie jeder große Geist, durchführte, was er angefangen, waren: die neue protestantische Kirche zu befestigen, Bildung und Wissenschaft zu verbreiten, die Rechtspflege zu befördern und den Verkehr zu beleben. Um das letztere zu erreichen, lag ihm vor allen Dingen die schon lange beabsichtigte *Schiffbarmachung der Flüsse* und die Verbindung der verschiedenen Gewässer durch *Kanäle* am Herzen, namentlich die Schiffbarmachung der Elde und die Verbindung dieses Flusses mit dem Hafen von Wismar. Der Endpunct dieser Unternehmungen war der Lage nach die Stadt Dömitz. Unter andern ließ er nun, um diese Stromschifffahrt ganz zu befreien und den untern Lauf der Elde durch das brandenburgische Gebiet zu vermeiden, von Eldena bis Dömitz einen geraden Canal (die *neue Elde*) aus der Elde in die Elbe führen. Unter den allergrößten Schwierigkeiten und Hindernissen, außer denen, welche so bedeutende Wasserbauten schon an und für sich mit sich führen, setzte er 1568–1576 durch seinen *Mathematiker Tilemann Stella* seinen Plan vollständig durch und das unscheinbare "Städtlein" Dömitz, welches man kaum für eine Stadt

DÖMITZ

hatte gelten lassen wollen, gewann dadurch nicht nur einen lebhaften Verkehr, sondern gelegentlich auch manche andere große Begünstigung.

Zu gleicher Zeit ward auch die mittelalterliche Burg zu einer *Festung* im neuern Sinne umgeschaffen. In den Religionskriegen nach der Reformation war die Wichtigkeit des Elbüberganges bei Dömitz hell ans Licht getreten. Der Herzog *Johann Albrecht* I. hatte daher schon in den ersten Jahren seiner Regierung manches für die Wiederherstellung der Burg gethan, welche unter der Aufsicht des Schloßhauptmanns Georg von Danneberg stand. Bei der Einrichtung der Wasserverbindung erschien ihm aber die stärkere Befestigung der Burg noch nothwendiger. Er berief daher einen italienischen Baumeister *Franz von Bornau* aus Brescia mit Maurern aus Trient; dieser legte in der Zeit von 1560–1570 auf neuere, kunstgemäßge Weise die *Befestigung* der Schlösser zu Schwerin und *Dömitz* an. Zwar ward das zu Dömitz auf der Festung erbauete Haus mit einem Theile der Befestigungswerke im J. 1571 durch eine von einem Blitzstrahle veranlaßte Pulverentzündung zerstört, jedoch wieder hergestellt. Als die Gefahren des dreißigjährigen Krieges drohend wurden, ließ der Herzog Adolph Friederich I. die Befestigungswerke verstärken, und wirklich spielte Dömitz in den Wechselfällen dieses verwüstenden Krieges oft eine Rolle, indem z.B. am 31. Aug. 1627 die Festung sich den Kaiserlichen ergab und *Wallenstein*, welcher späterhin die Wiederherstellung der verfallenen Stromschifffahrt anordnete, sein erstes Hauptquartier in Meklenburg während des Monats September 1627 zu Dömitz nahm. Nach dem dreißigjährigen Kriege verlor man die Festung mehr und mehr aus den Augen.

In den beklagenswerthen Wirren des Herzogs *Carl Leopold* mit dem Lande verlegte dieser seine Regierung im J. 1719 nach Dömitz, wo er auch selbst bis zum J. 1721 wohnte, in welchem Jahre er sich dort zu einem blutigen Schritte gegen seinen Minister von Wolfradt und dessen untergeordnete Arbeiter hinreißen ließ. In demselben Jahre ging er nach Danzig, im J. 1730 wieder nach Schwerin, im J. 1735 nach Wismar und im J. 1741 wieder nach Dömitz, wo der Tod im J. 1747 sein stürmevolles und beunruhigendes Leben beendigte.

Mit der Ausbildung des Kriegswesens verlor die Festung Dömitz immer mehr an Bedeutung, obgleich ihre Lage für eine Festung nicht ungünstig ist. Um sie nutzbar zu machen, ward schon im J. 1753 von dem Herzoge *Christian Ludwig* ein *Zuchthaus* oder Arbeitshaus für Sträflinge auf der Festung angeordnet; der Herzog starb zwar am 30. Mai 1756, jedoch war im Jan. 1757 zur Aufnahme der Sträflinge alles eingerichtet. Sein Nachfolger, der Herzog Friederich, betrieb sowohl die Eröffnung, als auch die Verbesserung der Anstalt mit Eifer, indem er die Arbeiten der Sträflinge auf fabrikmäßige Weise treiben zu lassen, namentlich mit den Fabriken in dem aufblühenden Ludwigslust in Verbindung zu setzen suchte; daher ward die Anstalt auch "*Zucht= und Werkhaus*" genannt. Dadurch, daß die Sträflinge des Landes fortan an Einem Orte vereinigt wurden, ward der Name Dömitz im Lande sprichwörtlich und "*nach Dömitz kommen*" heißt noch heute so viel, als ein Verbrecher sein; selbst politische Verbrecher wurden auf der Festung Dömitz in Haft gehalten. Auch Wahnsinnige niedern Standes wurden zur Beaufsichtigung, Beschäftigung und Heilung nach Dömitz geschickt, wo neben dem Zuchthause ein *Irrenhaus* war. Diese Anstalt hat in neueren Zeiten zu den folgenden beiden großartigen Anstalten Veranlassung gegeben.

In der Zeit 1755–1770 war bei Dömitz auch ein blühendes *Eisenwerk*, welches das inländische Raseneisen mit Gewinn verarbeitete und in Dömitz den Verkehr beleben half; noch heute kennt man das "Eisenwerk" bei Dömitz.

In den neusten Zeiten hat die *Schiffbarmachung der Elde* und die *Dampfschifffahrt* auf der Elbe die Lebhaftigkeit der Stadt bedeutend erhöhet.

Auf unserm Bilde sehen wir links die Stadt, deren Umgebungen öfter den Ueberschwemmungen der Elbe ausgesetzt sind, und rechts die seit dem J. 1809 nicht mehr im Kriegszustande unterhaltene Festung.

SACHSENBERG

Die Irrenheilanstalt Sachsenberg

Die *Irrenbewahranstalt* zu Dömitz genügte nicht mehr den Anforderungen der Wissenschaft und der Menschlichkeit. Daher waren die obern Landesbehörden schon lange mit Plänen zu ihrer Verbesserung beschäftigt gewesen, bis sich endlich die Nothwendigkeit einer gänzlichen Trennung von dem *Zuchthause* unabweislich herausstellte. Unter dem Großherzoge *Friederich Franz* I. keimte die Saat und reifte die Frucht, deren Besitz ein Ruhm des Vaterlandes ist: es ward die Stiftung einer eigenen *Irrenheilanstalt* beschlossen. Zum Orte ward der *Sachsenberg* gewählt, eine auf der Feldmark des Dorfes Gr. Medewege, eine halbe Stunde von Schwerin, in der Nähe der nach Wismar führenden Chaussee gelegene Höhe, welche auf alten Gutscharten mit dem Namen "Sassenberg" (wohl nach einem früheren Besitzer) bezeichnet ist. Die weithin sichtbare Höhe liegt an dem Ziegelsee, einem mit dem großen schweriner See in Verbindung stehenden Gewässer, dem waldgeschmückten "Werder" gegenüber, in einer gesunden, friedlichen Gegend, mit einer der reizendsten Aussichten im nördlichen Deutschland und einer freundlich und sauber angebauten Umgebung.

Der große Bau begann im J. 1825. Die Eröffnung der Anstalt geschah im Anfange des J. 1830. Die *Einrichtung* der ganzen Anstalt geschah unter der einsichtsvollen Leitung des Ober=Medicinal=Raths *Flemming*, welcher noch jetzt der Anstalt vorsteht. Die großartige Anstalt ward nach den Erfahrungen tiefer Wissenschaft und den Grundsätzen reiner Menschlichkeit mit allem eingerichtet, was zur Erreichung des ernsten Zwecks dienen konnte, und ist die einzige ihrer Art in den deutschen Ostseeländern. Daher hat sie sich auch bei günstigen Folgen eines stets wachsenden Vertrauens und gegründeten Rufes, selbst in fernern Nachbarländern, zu erfreuen gehabt und die Zahl der Kranken ist bis auf 200 gestiegen, so daß das große Gebäude stets gefüllt ist.

Ursprünglich war das Institut nur für eine *Heil=Anstalt* gestörter Personen bestimmt, wenn auch manche hoffnungslose Kranke in demselben blieben. Der Plan zur Anlegung eines *Pflegehauses* für unheilbare Kranke, welches seit der Aufhebung der dömitzer Anstalt dem Lande bis jetzt eigentlich fehlte, ward im J. 1844 verwirklicht, indem für solche Leidende zwei von dem Hauptgebäude getrennte Flügel errichtet wurden, so daß einer Vergrößerung und weitern Ausdehnung der Anstalt jetzt nichts im Wege steht und dieselbe *alle* Anforderungen zu befriedigen im Stande sein wird.

Die Landesstrafanstalt zu Dreibergen

Das Zucht= und Werkhaus auf der Festung *Dömitz* genügte mit der Zeit auch nicht mehr den Anforderungen, welche man billiger Weise machen konnte; theils konnten durch die Gebäude die Verbesserungen des Gefängnißwesens neuerer Zeit nicht in Anwendung gebracht werden, theils war für die Zusammenziehung und Regelung des Gerichtswesens, so wie für eine geordnete Verwaltung einer beabsichtigten größern Anstalt der Raum zu beschränkt: die Anstalt für Dömitz war für 80 Sträflinge eingerichtet, und in den Jahren 1823 und 1835 betrug dort ihre Zahl an 200. Daher vereinbarte sich in den neuesten Zeiten die Landesregierung von Meklenburg=Schwerin mit der Landesregierung von Meklenburg=Strelitz und den Landständen zur Errichtung einer gemeinsamen Landes=Straf= und Besserungs=Anstalt, welche denn auch bald zweckmäßig in der Nähe der Stadt *Bützow*, dem Sitze des *Criminal=Gerichts*, gegründet ward.

Die Anstalt *Dreibergen*, welche seit den letzten Jahren nach und nach gebauet und eingerichtet, jedoch noch nicht ganz vollendet ist, hat ihren Namen von *drei Hü-*

DREIBERGEN

geln, auf denen sie, eine Viertelstunde von Bützow, steht. Jeder der drei Hügel ist für eine besondere Anstalt: die mittlere ist für männliche, die südlich davon gelegene für weibliche Verbrecher bestimmt; der dritte Hügel hat noch keinen bestimmten Zweck. Die Anstalt ist großartig und zweckmäßig eingerichtet, der Natur ihrer Bestimmung nach jedoch von einer 20 Fuß hohen Mauer eingeschlossen.

Der Zweck der in jeder Hinsicht wohlthätigen Anstalt ist der, durch heilsame Zucht die Verbrecher während der Strafzeit zugleich zu bessern. Daher sind theils auch alte Einrichtungen entfernt, welche die Strafe leiblich nur noch fühlbarer machten, theils herrscht nicht eine bestimmte Ansicht in der Behandlung der Sträflinge, nicht eine bestimmte Art der neueren Behandlungsweisen vor. Da die Reue die Mutter der Besserung ist, so wird bei Versunkenheit und Verstocktheit freilich die einsame Absperrung mit gänzlichem Schweigen angewandt; so wie aber Besserung sich zeigt, wird der Sträfling nach und nach der Thätigkeit in Gesellschaft zugeführt. Diese wahrhafte Erziehungsordnung, deren Hauptgrundlage christliche Unterweisung ist, ist das Neue der Anstalt, welche keiner einseitigen Ansicht huldigt. Daher sind für jede Stufe des Fortschrittes in der Besserung und Beschäftigung besondere Gebäude und Einrichtungen vorhanden; die Hauptanstalten sind für jede Abtheilung ein Isolirhaus und ein Haus des gemeinsamen Lebens. Im Uebrigen ist in Beziehung auf die Lebensbedürfnisse alle Vorkehr für die Gesundheit getroffen, namentlich für Licht, Luft, Wärme, Reinlichkeit und gesunde Nahrung; für die geistigen Bedürfnisse sorgen Gottesdienst, Belehrung, Bücher, Gesangübungen u.s.w. Daß die Veranstaltungen für die Bewachung der Sträflinge zur Sicherheit des Landes zweckmäßig und ausgezeichnet sind, läßt sich bei der übrigen Großartigkeit der Einrichtung voraussetzen. Bei fortgesetztem und unermüdetem Streben und Beobachten wird diese Anstalt die segensreichsten Früchte liefern.

Militär

Die mecklenburgische Artillerie

Eine regelmäßig eingerichtete Feld=Artillerie erscheint in Meklenburg erst zur Zeit des siebenjährigen Krieges; vor demselben befanden sich bei den Truppen nur einige größere Geschütze, welche Regimentsstücke hießen und durch Bauerpferde fortgeschafft wurden. Am 2. Mai 1761 ward aber bestimmt, daß jedes der 3 Infanterie=Regimenter 2 Regimentsstücke haben solle, eiserne Dreipfünder, welche in Schweden angefertigt wurden. Nach Beendigung der Krieges ist lange Zeit hindurch keine Rede von einer meklenburgischen Feldartillerie, und bis zum J. 1806 befanden sich nur unbedeutende Artillerie=Abtheilungen zu Schwerin und Dömitz zur Wartung der vorhandenen Geschütze. Die Uniform dieser Artillerie war für die damalige Zeit sehr glänzend: hellblaue Röcke mit schwarzen Umschlägen und mit goldenen Litzen besetzt, gelbes Unterzeug, hohe schwarze Tuchkamaschen, Hüte mit einer schmalen goldenen Tresse, gelbes Lederzeug; die Officiere trugen goldene Achselbänder.

Als im J. 1808 Meklenburg dem Rheinbunde beitrat und eine neue Militaireinrichtung stattfand, ward eine Artillerie=Compagnie errichtet und unter den Befehl des Majors von *Colleville* gestellt, eines ausgewanderten französischen Seeofficiers, welcher in Ludwigslust lebte und jetzt als Artilleriehauptmann angestellt ward. Diese Compagnie, aus 4 Officieren, 6 Unterofficieren, 49 Kanonieren etc. bestehend, erhielt Grabow zur Garnison. Im J. 1809 schloß sich diese Artillerie mit 6 mit Bauernpferden bespannten Geschützen in Damgarten den Contingentstruppen an. Diese Geschütze fielen jedoch in die Hände des schillschen Corps.

Bis zur Erhebung gegen Frankreich im J. 1813 blieb die Artillerie in ihrem mangelhaften Zustande. Dann aber löste sich die Compagnie gänzlich auf und es wurden im Frühling des J. 1813 zwei Geschütze ausgerüstet und unter dem Befehle des Lieutenants *von Rhein* der Infanterie zugetheilt.

Während des Feldzuges des Marschalls Davoust in Meklenburg erhielt die Artillerie am 27. August 1813 auf Befehl des Kronprinzen von Schweden zwei englische Sechspfünder nebst vollständiger Ausrüstung, mit denen sie am 28. Aug. an dem Gefechte von *Retschow* Theil nahm. Auch in dem heißen Gefechte bei *Schlagbrügge* am 6. Oct. 1813 war sie thätig. Da aber eine so geringe Artillerie ohne Anschluß an ein größeres Ganzes nicht wirksam genug sein konnte, so beorderte der Kronprinz von Schweden am 18. Dec. 1813, daß die meklenburgischen Geschütze einstweilen an die Schweden abgegeben wurden; die Mannschaft blieb bei der Infanterie.

Im ersten Feldzuge gegen Frankreich erhielt die Artillerie vor *Jülich* im März 1814 ihre Geschütze von den Schweden zurück und noch 2 englische Haubitzen dazu. Nach der Rückkehr der meklenburgischen Truppen im J. 1814 kam die Artillerie nach *Schwerin* in Garnison.

Beim Wiederausbruche des Krieges im J. 1815 wurden mit den Truppen wieder 2 Geschütze ins Feld gesandt, welche während der Belagerung der Festungen *Montmedy* und *Longwi* das Hauptquartier des Erbgroßherzogs deckten. Nach der Rückkehr erhielt die Artillerie Schwerin als Garnisonsort.

Bei den neuen Einrichtungen im J. 1821 ward auch der Artillerie größere Sorgfalt zugewandt. Nach der großherzoglichen Verordnung vom 18. April 1821 ward in Gemäßheit der Bundesbeschlüsse eine fahrende *Batterie* Sechspfünder von 6 Kanonen und 2 Haubitzen mit einer Bedienung von 310 Mann (mit Einschluß von 36 Pionnieren und Sappeuren) in 2 Compagnien in Schwerin errichtet und unter die Oberleitung des Majors *von Martius* und den Befehl des aus kurhessischen Diensten berufenen Capitains (nachmaligen Artillerie=Majors, jetzigen Obersten und Commandanten) *von Huth*, als Batteriechefs, gestellt. Im Juni 1821 trafen die Kanonen aus Berlin ein und im Sept. 1822 ward der Artillerie bei Buchholz unweit Schwerin ein Platz zu ihren Schießübungen und anderen Arbeiten angewiesen, welche zuerst am 25. Sept. mit Erfolg begannen und bis heute rühmlichst fort-

Grossherzoglich-meklenburgischer
Kanonier Dragoner
1844

gesetzt sind. Im J. 1824 erhielt die Artillerie den ersten Mörser.

Seit dieser Zeit hat sich die meklenburgische Artillerie, welche jetzt unter dem Commando des Majors *Scheffer* steht, wissenschaftlich und practisch rastlos immer weiter fortgebildet, so daß sie jetzt zu der besseren im deutschen Bundesheere gezählt werden kann.

Die mecklenburgischen Dragoner

Meklenburg=Schwerin hat zum deutschen Bundesheere an Cavallerie ein *Regiment Dragoner* zu stellen. Bei der vollständigen Einrichtung des bundesmäßigen Militairwesens ward im J. 1821, nach einer großherzoglichen Bestimmung vom 18. April 1821, das Regiment gegründet und im J. 1821 eine Schwadron gebildet. Zum Standorte des Regiments ward die Stadt *Grabow* erwählt. Im J. 1832 folgte die Einrichtung einer zweiten Schwadron. Nach der Verlegung der Residenz und der Grenadier=Garde von Ludwigslust nach Schwerin ward im J. 1837 eine Schwadron, im J. 1838 die andere von Grabow nach *Ludwigslust* versetzt und hier im J. 1841 durch Errichtung von noch zwei Schwadronen das Regiment vollständig gemacht. Bis zum J. 1840 bestand die Kopfbedeckung der Dragoner aus Helmen; seit dieser Zeit tragen sie Tzschackos. Fortgehende Verbesserungen und zweckmäßige Einrichtungen nehmen die Theilnahme für das Regiment dauernd in Anspruch.

Die Einführung von Waffenröcken, welcher nach und nach die neueren Verbesserungen des deutschen Kriegswesens folgen werden, ist bei dem meklenburgischen Militair nach Vollendung unserer Zeichnungen geschehen.

Die mecklenburgische Gendarmerie

Die meklenburgische Gensdarmerie ist eine militairische Stiftung zur Handhabung der Landespolizei, welche sich eine so unbedingte Achtung und vertrauensvolle Anerkennung erworben und bewahrt hat, daß sie, gewiß ein seltenes Beispiel, bis jetzt von aller Gehässigkeit, Verläumdung und Stichelei befreit gewesen ist, ohne Zweifel eine Frucht der Bildung, welche immer in diesem Corps erhalten ist. – Sowohl die schweriner, als die strelitzer Gensdarmen sind aus den frühern *Districtshusaren* entstanden, welche in Uniform den zietenschen Husaren nachgebildet waren; die Uniformen beider waren den hier abgebildeten strelitzer Gensdarmen ähnlich, nur daß sie früher auch Bärenmützen trugen. Die Districtshusaren waren freilich zur Ausübung der Polizei, namentlich auf dem Lande bestimmt, waren jedoch in jedem der beiden Herzogthümer nur 12 Mann stark und wurden viel als reitende Boten zur Ueberbringung von Papieren von den abwesenden Fürsten an die obern Landesbehörden gebraucht. Schon seit 200 Jahren hatte Meklenburg ähnliche reitende Boten der Fürsten, welche unter dem Namen "*Einspänniger*" bekannt sind und welche auch auf die Landessicherheit wachten, denen es jedoch an Regelung und Einheit fehlte.

Die mecklenburg=schweriner Gendarmen

Nachdem die im J. 1801 errichteten, 12 Mann starken Districtshusaren aufgelöset waren, ward am 28. Septbr. 1812 ein Corps berittener Gensdarmen nach dem Muster der französischen errichtet zur Handhabung der Polizei, Sicherung vor Verbrechen und Erhaltung der polizeilichen Ordnung, namentlich auf dem Lande und den Heerstraßen, und unter den Oberbefehl des damaligen Majors, jetzigen General=Majors von Boddien gestellt, welcher denselben noch jetzt führt. Dieses Corps besteht

Grossherzoglich-Meklenburg.
Strelitzer Schweriner
Gensd'armes

außer dem Oberbefehlshaber aus einem Officier, 1 Quartiermeister, 8 Brigadiers mit Feldwebelsrang und 49 Gensdarmen mit Unterofficiersrang. Der Hauptstandort ist *Ludwigslust*; Brigaden, in der Regel aus einem Brigadier und 6 Gensdarmen bestehend, stehen in Schwerin und den 6 Militärdistricten Wismar, Boizenburg, Parchim, Plau, Güstrow und Bützow. Die Uniformirung war seit der Errichtung des Corps im Allgemeinen von der jetzigen nicht wesentlich verschieden; nur war das Lederzeug gelb, der Schnitt der Uniform nach französischer Weise länger und die Farbe der Beinkleider der des Rockes gleich. Der hochselige Großherzog Paul Friedrich ließ beim Antritte seiner Regierung im Einklange mit den übrigen Militärveränderungen die Uniformen so ändern, wie sie unsere Abbildung zeigt.

Im Jahre 1813 machten 2 Brigadiers und 18 Gensdarmen unter den freiwilligen reitenden Jägern den Befreiungskrieg mit. Während des Gefechtes bei Retschow war die ganze Mannschaft dem Armee=Corps des schwedischen Generals von Vegesack zugetheilt, später ein Theil in das Hauptquartier des Erbgroßherzogs Friederich Ludwig commandirt. Im Kriegsfalle sollen dem meklenburgischen Bundes=Contigent von der Gensdarmerie 1 Officier, 1 Unterofficier und 10 Gensdarmen zugetheilt werden.

Die mecklenburg=strelitzer Gendarmen oder Distriktshusaren

Die meklenburg=strelitzer Gensdarmen haben Namen und Uniform seit ihrer Errichtung beibehalten. Die *Districtshusaren* wurden am 4. Juni 1798 zur Hemmung jeder Art von Bettelei und Vagabondirens, unter dem Oberbefehle des Majors, spätern Obersten von Bonin (bis 1810), unter dem Namen der *herzoglichen Husaren* zu Neu=Strelitz errichtet, wogegen die Gardes du Corps nach und nach eingehen sollten. Sie bestanden zuerst aus 1 Wachtmeister und 12 Husaren. Im Jahre 1808 war das Corps 1 Wachtmeister, 1 Unterofficier und 18 Mann stark; in demselben Jahre wurden sie um 6 Mann, im J. 1809 um 1 Unterofficier, für das Fürstenthum Ratzeburg, wohin 4 Husaren beordert waren, und um 6 Mann zur Wache im Schlosse vermehrt. Darauf, seit dem J. 1813, wuchs das ganze Corps bis auf die Zahl von 33 Mann, welche bis jetzt auch nicht überschritten ist. Im Jahre 1808 ward das Land für die Husaren in 8 Districte, statt der bisherigen 6, getheilt; einige Mannschaft ward jedoch zu außerordentlichen Verschickungen und zum Wachtdienste im Schlosse bestimmt. Die Uniform hat sich im Allgemeinen seit der Errichtung nicht bedeutend verändert; im Anfange hatten sie blaue, rauhe Mützen, seit dem J. 1808 trugen sie Bärenmützen, in neueren Zeiten haben sie Tzschackos erhalten.

Die mecklenburgische Grenadier-Garde der Großherzöge Friedrich Franz I. und Paul Friedrich

Das großherzoglich=meklenburg=schwerinsche *Grenadier=Garde=Bataillon* leitet seinen Ursprung aus den *Zeiten des französischen Kaiserreichs* her. In Folge der Besetzung Meklenburgs durch die Franzosen nach der unheilvollen Schlacht bei Jena ward das meklenburgische Militair am 28. Nov. 1806 aufgelöst. Am 11. Julii 1807 ward der Herzog Friederich Franz in seine Herrschaft wieder eingesetzt, sah sich jedoch genöthigt, am 22. März 1808 dem Rheinbunde beizutreten, wobei das meklenburg=schwerinsche Militair-Contingent zur Rheinbunds=Armee auf 1900 Mann Infanterie festgesetzt ward.

Im Mai 1810 *ward das Grenadier=Garde=Bataillon*, aus 3 Compagnien bestehend, *gebildet*, und zwar aus einiger Mannschaft der ehemaligen Reuter=Garde, aus der *Leib=Grenadier=* und der Voltigeur=Compagnie und aus einer Abgabe des aus Pommern zurückgekehr-

Grossherzoglich-Meklenburgische Grenadier-Garde
bis 1840 seit 1840

ten Rheinbunds=Contingents; Befehlshaber war der General=Major von Moltcke. *Der ersten Compagnie* ward *Ludwigslust*, dem Stabe, der zweiten und dritten Compagnie Schwerin zur Garnison angewiesen. Die *Uniformirung* richtete sich nach der damals herrschenden französischen Art und Weise.

Am 12. März 1812 trat das meklenburgische *Rheinbunds=Contingent*, ungefähr 1700 Mann stark, unter dem General=Major von Fallois den verhängnißvollen *Marsch nach Rußland* an. Die dritte Compagnie des *Garde=Bataillons*, welches im *Vaterlande blieb*, jedoch *100 Mann zur Vervollständigung des Contingents* hatte abgeben müssen, ging noch im Monate März nach *Rostock*, theils um hier den Garnisonsdienst zu versehen, theils um die *Küsten* und das leer stehende französische *Lager* bei Barnsdorf zu bewachen.

Nach der von allen Schrecken des Elends begleiteten *Niederlage des französischen Heeres* in Rußland kamen die beklagenswerthen geringen Trümmer des schönen meklenburgischen Regiments im Anfange des J. 1813 in der theuren Heimath wieder an. In Ludwigslust ward alsbald eine 4te oder *Garde=Voltigeur=Compagnie* neu errichtet. Am 17. März erließ der König Friederich Wilhelm von Preußen den Aufruf an sein Volk. Nur Meklenburg, Hamburg und Lübeck, noch von Tausenden von Feinden nahe bedroht, folgten dem Beispiele Preußens. Am 14. März 1813 zog der russische Oberst *von Tettenborn* mit 1200 Reitern und 2 Kanonen von Berlin her unter dem lauten Jubel der Bewohner in Ludwigslust ein und an demselben Tage *entsagte Friederich Franz zuerst dem französischen Rheinbunde*, dem er von allen zuletzt beigetreten war. Am 25. März 1813 rief Friederich Franz offen sein Volk zu den Waffen. – *Tettenborn* war in *Hamburg*, das durch offenen Aufstand die Herrschaft der Franzosen abgeworfen und Tettenborn eingeladen hatte, unter unbeschreiblichem Jubel eingerückt. Da v. Tettenborn aber keine Infanterie zur Verfügung hatte und noch sehr große Gefahr drohete, so bat er noch einmal um das meklenburgische *Garde=Bataillon*, das er von Ludwigslust gern gleich mitgenommen hätte. Am 27. März war das Bataillon, ungefähr 400 Mann stark, unter dem Commando des Majors, jetzigen General=Lieutenants *von Both* zum Abmarsche bereit; Friederich Franz hielt ihm in Gegenwart aller Einwohner von Ludwigslust eine erhebende Rede und erfüllte den dringenden Wunsch v. Tettenborns so schnell, daß das auf Wagen beförderte Bataillon schon am andern Mittage *in Hamburg* einrückte.

Napoleons Rüstungen, das Verlorene wieder zu gewinnen und die Bewegung zu unterdrücken, waren furchtbar und machten in Sachsen zuerst Fortschritte; dadurch ermuthigt, setzte sich auch der *Marschall Davoust*, Prinz von Eckmühl, von Braunschweig gegen Hamburg in Bewegung und eröffnete, da Tettenborn Hamburg nicht halten konnte und die Dänen die Vertheidigung übernahmen, vom 29. April 1813 an zur Wiedergewinnung der Stadt, die sich mit Riesenkräften zur Abwehr rüstete, die *Feindseligkeiten an der Elbe*. In der Nacht vom 8.–9. Mai gingen die *Franzosen*, 1200 Mann stark, *über die Elbe* und landeten auf der Insel *Wilhelmsburg*. Die bewundernswerthe *Tapferkeit der Meklenburger*, denen die Abwehr des Ueberganges anvertraut war, so wie das Benehmen ihres *Anführers*, drängte den weit überlegenen Feind durch einen glänzenden Sieg zurück. In der Nacht vom 11ten bis 12ten Mai wiederholten die Franzosen den Angriff auf Wilhelmsburg mit größern Massen; wiederum bestand die meklenburgische Garde ein ruhmvolles Gefecht; jedoch mußten sich die Verbündeten zurückziehen. In den nächsten Tagen nach den Gefechten folgte ihr das neu errichtete *Infanterie=Regiment*, 800 Mann stark, unter dem Befehle des Generals *von Fallois*; seit dem 5. Mai hatten auch die *freiwilligen Jäger* nach und nach bei Dömitz und Boizenburg die Elbe erreicht. Nach vielen kleinern Gefechten und manchen Anstrengungen erklärten sich gegen Ende des Mai die neutralen Dänen für die Franzosen und Tettenborn räumte am 29sten Mai *Hamburg den Franzosen*. Am 4. Junii ward ein Waffenstillstand bis zum 20. Julii geschlossen. Die *Garde zog nach Ludwigslust* zurück, wo sie am 12. Junii, von dem Herzoge persönlich geführt, einrückte. Während des Waffenstillstandes ward das Garde=Bataillon mit den beiden Musketier=Bataillonen zu einer Brigade unter dem Obersten von Both vereinigt.

Die unter den Oberbefehl des Generals von Fallois gestellten meklenburgischen Truppen, ungefähr 2700 Mann stark, bestehend aus dem Garde=Grenadier=Bataillon von 600 Mann, dem 1sten und 2ten Musketier=Bataillon, 800 Mann stark, den beiden Regimentern der freiwilligen Jäger zu Fuß und zu Pferde und einer Batterie von 2 Kanonen und 2 Haubitzen, wurden während des Waffenstillstandes mit der *schwedischen Division des Generals von Vegesack vereinigt*, die im Norden Meklenburgs stand. Mit dem Ablaufe des Waffenstillstandes setzte sich am 16. August die französische Nordarmee, 41,000 Mann stark, in Bewegung und der *Marschall Davoust* rückte *in Meklenburg* vor, besetzte Schwerin und entsandte eine Heeresabtheilung unter dem *General Loison* gegen Vegesack nach Rostock hin. Auf die Nachricht von dem Siege der Verbündeten bei Großbeeren zogen sich die Franzosen zurück, welche am 28. Aug. *bei Retschow* unweit Doberan von Vegesack angegriffen und nach einem ernsthaften Gefechte zurückgedrängt wurden; das Garde=Bataillon nahm an diesem Gefechte und an der Zurückdrängung des Feindes Theil. Vom 3. Sept. an zogen sich die Franzosen aus Meklenburg zurück. Am 18. October entschied die Schlacht bei Leipzig Deutschlands Heil. *Davoust*, von seinem Heere abgeschnitten, versuchte sich *in Hamburg* durch die schrecklichsten Mittel zu halten. Die Meklenburger folgten dem Zuge der Verbündeten durch *Holstein* gegen die Dänen; die *Garde* nahm jedoch keinen Theil an der Schlacht bei Sehestädt am 10. Decbr. 1813, sondern ward zur Einschließung der Festung *Rendsburg* während eines beschwerlichen Winterfeldzuges mit gebraucht. Am 15. Jan. 1814 trat Dänemark durch den Frieden zu Kiel der gemeinschaftlichen Sache Europas bei und die Meklenburger zogen sich seit dem 26. Jan. nach Lübeck zurück, um sich dem großen Heere *gegen Frankreich* anzuschließen, nachdem Blücher am Neujahrstage 1814 über den Rhein gegangen war.

Jetzt übernahm der *Erbgroßherzog Friederich Ludwig* statt des Generals von Fallois den *Oberbefehl* über die meklenburgischen Truppen, welche ihren *ersten Feldzug gegen Frankreich* damit eröffneten, daß sie am 5. Febr. 1814 bei Boizenburg über die Eisdecke der Elbe gingen. Am 7. März führte der Erbgroßherzog die Meklenburger in Parade in Düsseldorf ein, am folgenden Tage fand der feierliche Uebergang *über den Rhein statt*; am 8. März rückten die Meklenburger in *Aachen* ein, welches sie bis zum 23. besetzten. Die Franzosen hielten damals noch die nahe liegende, ziemlich starke Festung *Jülich* mit starker Mannschaft und guten Vertheidigungsmitteln besetzt und wurden hier von den lützowschen Jägern eingeschlossen; am 24. März wurden die Lützower von den Meklenburgern abgelöst, welche die Belagerung mit Nachdruck übernahmen. Nach der Einnahme von Paris zogen die Meklenburger am 22. April in der Richtung nach *Aachen* ab; die Garde bezog zunächst in Aachen, am 25. April in Verviers Quartiere. Am 26. April reiste der Erbgroßherzog nach Paris und der Oberst von Both übernahm den Oberbefehl der Truppen. Nach dem Frieden von Paris am 31. Mai traten die Meklenburger am 7. Junii den *Rückmarsch in die Heimath* an; am 9. Julii hielt die ganze Brigade bei Boizenburg den jubelvollen Uebergang über die Elbe, an deren vaterländischem Ufer sie der Prinz Paul Friederich erwartete. Von hier ging der unvergeßliche und ununterbrochene Triumphzug über Schwerin und Wismar nach Rostock. Am 21. Julii ward die Brigade aufgelöst und die 1ste und 4te Compagnie der *Grenadier=Garde* ging nach *Ludwigslust*, die 2te und 3te Compagnie nach *Schwerin* zurück.

Plötzlich erschien Napoleon am 1. März 1815 aus seiner Verbannung auf die Insel Elba wieder in Frankreich und gewann seine Herrschaft wieder. Sogleich rüsteten die Verbündeten und zogen Napoleon in Belgien entgegen. Meklenburg zog das Garde= und Musketier=Bataillon in Ludwigslust zusammen, um sie marschfertig zu machen. Am 7. Julii 1815 traten die meklenburgischen Truppen, bestehend aus dem Garde=Bataillon, 2 Musketier=Bataillons, 3 Bataillons einer dem regulairen Militair völlig gleichen Landwehr und der Artillerie, unter dem Befehle des *Erbgroßherzogs Friederich Ludwig* zum *zweiten Male den Marsch gegen Frankreich* an; sie zogen von Schwerin nach Kölln, wo sie am 31. Julii *über den Rhein* gingen. Am 15. August begannen sie ihre Kriegsarbeit mit Einschließung und Beobachtung der starken *Festung Montmedy* im Luxemburgischen. Am 4. Sept. wurden sie abgelöst und zur Belagerung der *Festung Longwi* bestimmt und hiebei in zwei Abtheilungen unter dem Erbgroßherzoge und dem Obersten von Both getheilt. Die *Garde*, unter dem Commando des Obersten von Both, stand zu *Long la Ville*, einem Gute des Generals Loison, der im J. 1813 auf dem Zuge gegen Rostock in Meklenburg oft so hart gehandelt hatte, und ward nur mit Mühe abgehalten, den Ort in Schutt zu verwandeln. Am 9. Sept. begann die Beschießung der Festung, bei der die Meklenburger mit geringem Verlust viel Geistesgegenwart bewiesen, und am 18. Sept. ward die Festung an die Preußen und Meklenburger übergeben. Die Schlacht von Belle Alliance am 18. Junii hatte dem Reiche Napoleons auf immer ein Ende gemacht; der Friede war gesichert und die Meklenburger traten am 3. Nov. den *Rückmarsch* an; am 12. Dec. rückten sie in *Ludwigslust* ein.

Die *1te und 2te Compagnie* der Garde stand darauf *zu Ludwigslust, die 3te und 4te Compagnie zu Schwerin* in Garnison.

Bei der neuen Gestaltung der meklenburgischen Truppen im J. 1821 kam das neu errichtete leichte Infanterie=Bataillon nach Schwerin, und die *3te und 4te Garde=Compagnie* zuerst nach Neustadt, dann *nach Ludwigslust*.

Alljährlich gab die Garde ein *Commando* von 29 Mann unter 1 Lieutenant *nach Doberan* während der Badezeit her, und im Februar 1837 ein Commando zur Beisetzung der Leiche des Großherzogs Friederich Franz in Doberan.

Im Monat October 1837 war großes *Avancement*, bei welcher Gelegenheit der hochselige *Großherzog Paul Friederich* sich selbst zum *Chef der Garde* erklärte, nachdem die *Verlegung der Garde nach Schwerin*, wohin auch das Hoflager versetzt war, beschlossen war. Am 1. Nov. 1837 führte der Großherzog die Garde in den neuen Garnisonsort Schwerin ein.

Bei der Errichtung des Garde=Bataillons im J. 1809 ward für die Uniform nach dem damals herrschenden Geiste und durch Nothwendigkeit die *französische Uniformirung* zum Muster genommen. Die einzelnen Compagnien unterschieden sich wieder unter einander. Die *1. Compagnie* hatte rothe Epaulets und hohe *Bärenmützen* mit weißen Fangschnüren und rothem Federbusch, die 2. und 3 Compagnie rothe Epaulets und Czakos mit rothen Fangschnüren und rothem Federbusch, die 4. Compagnie grüne Epaulets und Czakos mit grünen Fangschnüren und grünem Federbusch. Diese Uniformirung blieb bis zur Umgestaltung der Garde und ihrer Zusammenziehung in Ludwigslust im J. 1821, wo das *ganze Bataillon die Uniform der ersten Compagnie mit Bärenmützen* erhielt, wie sie auf der *Abbildung* darstellt ist. Nach der Versetzung der Garde nach Schwerin ward nach und nach die in neuern Zeiten herrschend gewordene *preußische Uniformirung* eingeführt. Im J. 1840 wurden die Bärenmützen und die Epaulets abgelegt und das ganze Bataillon erhielt Czakos und Achselklappen; die Uniform gestaltete sich so, wie sie die *Abbildung* zeigt; auch wurden nach und nach graue Beinkleider statt der weißen angelegt, welche im Winter jetzt nur noch für festliche Ehrenwachen und für die Officiere bei festlichen Gelegenheiten in Anwendung kommen.

Die mecklenburg-strelitzschen freiwilligen Husaren 1813–1816

Unter den Fürsten Deutschlands waren die Herzoge von Meklenburg=Schwerin und Strelitz neben dem Könige von Preußen die ersten unter den deutschen Fürsten, welche im J. 1813 ihr Volk zum Kampfe gegen die Gewaltherrschaft Frankreichs unter die Waffen riefen. Nachdem der Herzog Friederich Franz von Meklenburg=Schwerin schon am 25. März 1813 das Volk aufgeboten hatte, erließ der *Herzog Carl* von Meklenburg=Strelitz am 30. März eine offene Erklärung an sein Volk und zugleich einen Aufruf an die streitbare Mannschaft, sich zur Bildung eines Husaren=Regiments freiwillig zu stellen. Auf diese Aufforderung des edlen Fürsten drängten sich alsbald von allen Seiten so viel Kampflustige herbei, daß dem mit der Bildung der Schaar beauftragten wackern Anführer, Obristlieutenant *von Warburg*, die Auswahl schwer fiel und nicht nur eine Aushebung zur Bildung eines Contingents unnöthig ward, sondern auch sehr viele Meklenburg=Strelitzer in fremde, namentlich in preußische Kriegsdienste, und hier vorzüglich zu den Lützowern, gingen. Am 10. April hielt der Herzog einen Convocations=Tag zu Neu=Brandenburg, um mit den Ständen die Rüstung zum Kriege gegen Frankreich zu berathen; in allen Verhandlungen zu Hause erwarb sich der Minister *v. Oertzen* rühmlichen Andenkens große Verdienste. Ueberall zeigte sich bei der Bildung des Regiments eine glühende Vaterlandsliebe; die Stände bewilligten große, freiwillige Mittel an Geld und Pferden; der Herzog opferte das ganze fürstliche Silbergeräth, die Prinzessin entkleidete sich ihres kostbaren Schmuckes; die Zünfte und Gilden weiheten ihre Becher und Schilde, jedermann die in der Zeit der Gefahr unnöthigen Kostbarkeiten; Geld brachte jeder dar nach seinen Kräften. Und so ward in sehr kurzer Frist die Rüstung möglich gemacht, für ein kleines Land eine bedeutende Anstrengung; das aus der Blüthe der vaterländischen Jugend errichtete Husarenregiment, welches durch seine *hochherzige Tapferkeit unvergänglichen Ruhm* erwarb, stand durch Aufbietung aller Kräfte in dem beispiellos kurzen Zeitraume von 2 Monaten völlig ausgerüstet und hinreichend geübt unter den Waffen. Das Regiment der *Husaren* war auf 4 Schwadronen, jede zu 120 Pferden, gebracht, wozu noch eine Abtheilung *freiwilliger Jäger zu Pferde* von 60 Mann stieß, welche sich auf eigene Kosten ausrüsteten und auf Verpflegung nur während ihrer Dienstzeit Anspruch hatten; die Jäger waren zum schnellern Felddienst zu Vorposten, Sendungen u.s.w., im Allgemeinen zur Sicherheit des Regiments bestimmt, thaten keinen Wachdienst, hatten alle Unterofficiers=Rang und traten bei gehöriger Befähigung sogleich als Wachtmeister oder Officiere in Lücken ein. Am 29. Junii brach das Regiment von Strelitz auf, um über Berlin, Frankfurt a.O., Züllichau, Trachenberg, Ohlau zum 1. preußischen Armee=Corps unter dem General *von York*, der zu der Befreiung Deutschlands die Bahn gebrochen hatte, zu stoßen, und ward unter die von dem Herzoge *Carl* von Meklenburg=Strelitz befehligte 2te Brigade gestellt. Zuerst nahm das Regiment alsbald an den denkwürdigen Thaten des schlesischen Heeres unter Blücher nicht unrühmlichen Antheil.

Am Greditzberge wechselten seine Plänkler am 19. August die ersten Schüsse; bei Löwenberg erlitt die 2te Schwadron am 21. August beim Verfolgen französischer Chasseurs die ersten Verluste; am 23. August bestand das ganze Regiment bei *Goldberg*, wo der tapfere Prinz Carl mit der Fahne in der Hand die Truppen ins Feuer führte, einen heißen Kampf mit manchem schmerzlichen Verluste so rühmlich, daß viele Officiere, Jäger und Husaren mit dem eisernen Kreuze belohnt wurden. Am 26. August nahm das Regiment thätigen Antheil an der siegreichen Schlacht an der *Katzbach* und war bei den Bewegungen des schlesischen Heeres während des Monats September, bald beim Vortrabe, bald beim Nachtrabe, in Thätigkeit. Beim *Elbübergange bei Wartenburg am 3. Oct.* half es mit dem 2ten Leibhusarenregiment (dem alten schwarzen) die ruhmvolle Entscheidung des Tages herbeiführen, half das westphälische Gardereiterregiment in die Flucht jagen, nahm dessen Anführer nebst vielen Leuten und Pferden gefangen, brachte eine fliehende würtembergische Batterie zum Stillehalten, die gezwungen ward, auf die Franzosen zu feuern, sprengte dann allein, zu einem neuen Angriffe beordert, über Gräben und Dornengestrüpp unter dem Feuer zweier feindlichen Vierecke auf französische Kanonen und Munitionswagen, die erbeutet wurden, und errang sich die anerkennende Belobung seines heldenmüthigen Brigadiers, des "Helden des Tages", und seiner Kamaraden, welche von dem Tage an die meklenburgischen Husaren gleich den alten Todtenköpfen mit dem Ehrennamen "Heurich!" begrüßten. Am 16. Oct. nahm es nicht minder rühmlichen Theil an der *Völkerschlacht bei Leipzig*, zwang, als es nach mehrstündigem heißen und bangen Warten im entscheidenden Augenblicke im heftigsten Feuer bei Möckern zum Einhauen kam, ein Viereck der französischen Kaisergarde, die Waffen zu strecken, nahm den Obersten des Regiments, 2 Obristlieutenants, 21 untere Officiere und gegen 500 Gemeine gefangen und erbeutete den *Adler* des Regiments, den ersten, welcher je genommen ward, und eine Haubitze; nach der Verwundung des Herzogs Carl führte des Regiments tapferer Oberst *von Warburg* den Befehl der Brigade in der Schlacht. Bei der Verfolgung des von Leipzig abziehenden Feindes war das Regiment bei Freiburg und am Hörselberge thätig und mußte, nach angestrengten Märschen am *Rheine* angelangt, bei seiner nur noch geringen Anzahl dienstfähiger Leute vom 11. Nov. an einen höchst beschwerlichen Postendienst bei der Einschließung von *Kastel* übernehmen, bis es, am 30. Dec. abgelöst, mit dem ganzen Corps nach Caub zum *Rheinübergange* zog. Nachdem es am 2. Jan. 1814 den Rhein überschritten hatte, mußte es den abziehenden Feind beobachtend verfolgen, dann der Bewegung über Kreuznach und Saarbrück nach *Metz* hin folgend, hielt es diese Festung an der Südostseite einige Tage lang eng eingeschlossen und brach am 26. Jan. mit dem Yorkschen Heerestheile von da weiter in Frankreich vordringend auf. Bei S. *Diziers* bestand es am 30. Jan. das erste ernstliche Gefecht auf französischem Boden, half dann am 3. Febr. in noch hitzigerm Gefechte bei La Chaussée eine feindliche Carabiniers=Linie auseinander sprengen und Kanonen erbeuten, war beim Kampfe vor *Chalons sur Marne* am Febr. mit thätig, deckte, nach der Theilnahme an dem Gefechte bei Montmirail am 11., den Rückzug auf Chateau=Thierry am 12., zog mit dem Heere auf *Rheims*, von da wieder in einer Nacht auf Chalons. Nach einem Tage Ruhe ging es mit dem ganzen, wieder vereinten schlesischen Heere am 18. Febr. gegen Mery an der Seine, brach von da, als Blücher wieder Freiheit erhalten hatte, selbstständig zu operiren, in der Nacht vom 23. auf den 24. über Sezanne nach La Ferté sous Jouarre auf, mehr oder weniger an den Vortrabsgefechten Theil nehmend, und von da den Nachtrab mitbildend gelangte es über Soissons am 8. März in die Aufstellung von Laon. Am 9. nahm das Regiment Theil an der siegreichen *Schlacht bei Laon* und brach am 12. gegen die Marne auf, die es am 24. bei Chateau=Thierry überschritt, indem es gegen Montmirail vorrückte. Am 26. März griff es vereint mit dem ostpreußischen National=Cavallerie=Regimente einen Zug französischer Ersatzmannschaften der jungen Garde und der pariser Noblegarde zu Pferde an, welche Militaireffecten escortirten, half Gefangene und viele Beute machen, nahm am 27. an dem Marneübergange und dem Gefechte bei Trillport, unfern Meaux, thätigen Antheil, ging am 28. in grauer Frühe durch Meaux und war am 30. März 1814 in der *Schlacht von Paris* mit seiner Brigade bis hart an die Barriere St. Martin vorgedrungen, wo ein Trompeter des Regiments, den vom Feuern nicht ablassenden Franzosen die Kunde von dem Abschlusse eines Waffenstillstandes überbringend, verwundet ward. Am 2. April brach das Regiment von Boulogne bei Paris auf und erhielt auf der Straße nach Orleans in und um Palaiseau Cantonnement, bis es am 10. von da in die Erholungsquartiere im Norddepartement unsern Calais marschirte.

Meklenburg - strelitzer
freiwillige
Husaren Jäger
1813-1815

Die Dienste, welche das junge Regiment in den Feldzügen geleistet hatte, wurden auf vielfach ehrende Weise anerkannt. Eine ansehnliche Zahl der Mannschaft aller Grade hatte das eiserne Kreuz und andere Orden erworben. Das Gouvernement von Berlin übersandte an den Befehlshaber des Regiments einen Ring mit einem orientalischen Topase, welcher die Hand zweier, bei Auerstädt und Dennewitz fürs Vaterland gefallenen Krieger geziert hatte, mit der Bemerkung, daß er für einen verdienstvollen freiwilligen Jäger oder Husaren des meklenburgischen Regiments bestimmt sei; der Befehlshaber ließ unter 9 vorgeschlagenen Kriegern durch das Loos entscheiden. Die ehrenvollste Anerkennung erhielt das Regiment aber in der von dem Könige Friederich Wilhelm III. ihm verliehenen Standarte, welche mit dem eisernen Kreuze erster Classe geschmückt war.

Am 18. Julii 1814 kehrte eine Abtheilung der Jäger nebst 42 Husaren heim. Das Jäger=Corps ward am 11. Aug. aufgelöst. Erst am 23. März 1815 rückte das Husaren=Regiment aus dem Felde in Neu=Strelitz ein.

Zum Kriege des J. 1815 rückten die Husaren, mit Kraft und Nachdruck wieder völlig gerüstet, am 16. Junii wieder ins Feld. In diesem Feldzuge hatte das Regiment, erst nach der Schlacht von Belle=Alliance zum Bundesheere stoßend, weniger Gelegenheit zur Entfaltung einer bedeutenden Thätigkeit, indem es vorzüglich bei der Einschließung und Belagerung mehrerer französischer Festungen mitwirkte, wobei es am 4. Sept. vor Montmedy mit den meklenburg=schwerinschen Truppen zusammentraf. Nach dem Abschlusse des Friedens trat das Regiment den Rückmarsch an, auf welchem es am 5. Nov. zu Luxemburg auf ehrenvolle Weise die Standarte mit dem eisernen Kreuze erhielt. Am 21. Dec. 1815 zog das Regiment wieder in Neu=Strelitz ein und ward im März 1816 aufgelöst, den nachkommenden Geschlechtern ein glänzendes Vorbild hinterlassend.

Auf unserm Bilde sehen wir links einen Husaren und rechts einen Jäger. Die *Husaren* trugen eine schwarze Jacke mit gelbem Besatz und einen scharzen Pelz mit gelbem Besatz und mit weißem Pelz verbrämt, graue Reithosen, schwarzes Lederzeug und einen Tzschacko mit weißem Kreuze und der Landeskokarde und mit gelben Fangschnüren. Die *Jäger* waren im Allgemeinen wie die Husaren gekleidet, nur waren Jacke und Pelz von grüner Farbe mit gelbem Besatz und schwarzen Aufschlägen und Kragen und der Pelz schwarz verbrämt; der Kragen war mit einer goldenen Tresse eingefaßt, der Tzschacko hatte grüne Fangschnüre; sie trugen außer Säbel und Pistolen noch eine größtentheils ausgezeichnete Büchse und alle ein goldenes Portd'epee. Eine eigene Paradekleidung kam nur wenig und zwar nur in den ersten Zeiten zur Anwendung. – Die Pferde, sowohl der Husaren, als der Jäger, hatten große, schwarz tuchene Pferdedecken, mit blau, gelb geränderten Zacken eingefaßt.

Die freiwilligen Jäger

Am 25. März 1813 rief Friederich Franz sein Volk gegen die Zwingherrschaft Napoleons zu den Waffen. Die lange im Stillen genährte Gluth der Begeisterung für das Vaterland loderte in hellen Flammen empor und schaarenweise zogen die Jünglinge und Männer aller Stände zu den Fahnen. In Norddeutschland, welches sich zuerst erhob, waren es vorzüglich die *lützowischen* und *meklenburgischen freiwilligen Jäger*, welche den Geist des Volkes trugen: die edelsten Jünglinge boten freiwillig Blut und Leben für das Vaterland. Schon am 26. März forderte Friederich Franz zur Bildung einer Schaar von Freiwilligen auf, welche sich aus eigenen Mitteln oder durch allgemeine freiwillige Beiträge rüsteten. In *Güstrow* wurden sogleich zwei Regimenter freiwilliger Jäger, eines zu Fuß und eines zu Pferde, jedes ungefähr aus 600 Mann, in 4 Compagnien oder Schwadronen, gebildet. Die Jäger zu Fuß standen unter der Leitung des Obersten Grafen v. d. *Osten=Sacken*, auf Bellin, die Jäger

Meklenburgische freiwillige Jäger - 1813 u. 1814
zu Fuss zu Pferde

zu Pferde unter der Leitung des Obersten *von Müller*, auf Striggow, beide durch Bildung, Aufopferung, Thätigkeit und Tapferkeit gleich ausgezeichnet. Am 8. Mai zogen die noch nicht vollständig gerüsteten Schaaren von Güstrow, die reitenden Jäger nach Parchim, die Fußjäger nach Grabow, zur weiteren Organisirung. Mit der Eröffnung der Feindseligkeiten zogen die Jäger an die *Elbe* gegen Hamburg, welches die Franzosen jedoch am 29. Mai in Besitz nahmen. Während des Waffenstillstandes bis zum 20. Julii zogen sich die Jäger in das mittlere Meklenburg zurück. Vom 16. August an rückte die französische Armee unter dem Marschall Davoust von Hamburg in Meklenburg vor, bis am 28. Aug. eine französische Heeresabtheilung bei *Retschow* geschlagen ward. Die Jäger zeichneten sich bei diesem Gefechte zur allgemeinen Anerkennung rühmlich aus. Von da an verfolgten sie beobachtend und beunruhigend den Rückzug der Franzosen, bis sie sich den zwischen Lübeck und Boizenburg gegen Davoust aufgestellten Verbündeten anschlossen. Vom 5. Oct. an fochten die Jäger im Fürstenthume *Ratzeburg* gegen die Franzosen; hier erlitten sie trotz ungemeiner Tapferkeit und Kühnheit bei der Zurückdrängung des Feindes am 6. Oct. bei *Schlagbrügge* harte Verluste. In den vielen kleinen Gefechten in diesen Gegenden erwarben sich die Jäger, die von der Ausschmückung ihrer Uniformen durch Gold den Namen *Goldjäger* erhalten hatten, durch ihre besonnene, ausharrende Tapferkeit begündeten Ruhm und selbst die Achtung und Theilnahme des Feindes. Gleich nach der Uebergabe von Lübeck am 5. Dec. mußten die Jäger an dem beschwerlichen Winterfeldzuge gegen die den Franzosen noch verbündeten Dänen in *Holstein* Theil nehmen. Bei *Sehestädt*, in der Gegend von Rendsburg, bewiesen sie am 10. Dec. die glänzendste Tapferkeit, jedoch wieder mit harten Verlusten; auch der Herzog Gustav verlor an der Spitze seiner zweiten Schwadron zwei Finger und sein Pferd. Nach dem Frieden zu Kiel am 15. Jan. 1814 zogen die Jäger mit den übrigen meklenburgischen Truppen gegen *Frankreich*, am 5. Febr. bei Boizenburg über die Elbe, nahmen vom 22. März an der Belagerung der Festung *Jülich* Theil und zogen am 22. April nach *Aachen*. Der Friede von Paris am 31. Mai bestimmte die jubelvolle *Rückkehr* der Tapfern in die Heimath, welche eben so rührend, als ehrenvoll war und ewig unvergeßlich sein wird. Am 21. Julii war die Schaar zum letzten Male in Rostock versammelt; an diesem Tage erfolgte die Bestimmung der Auflösung, welche in den Garnisons=Orten am 20. August 1814 geschah. In der Kriegsgeschichte Meklenburgs bilden die freiwilligen Jäger neben den strelitzer Husaren des Freiheitskrieges ohne Zweifel den glänzendsten Theil.

Körners Grabmal zu Wöbbelin

Als der König von Preußen im J. 1813 sein Volk gegen die französische Gewaltherrschaft zu den Waffen rief, blieb kein Stand, kein Alter zurück, sich um die Fahnen des Vaterlandes zu sammeln. Vor allen aber erglüheten Deutschlands Jünglinge für die Wiedergewinnung der Freiheit; *freiwillig* und freudig zogen sie in großen Schaaren zu den Waffenplätzen: eine solche Zeit hat Deutschland nie gesehen. Die edelsten Jünglinge des Vaterlandes traten zusammen und bildeten durch eigene Kraft Regimenter von *Freiwilligen*, unter denen, neben den meklenburgischen freiwilligen Jägern, die *Lützower* oder, nach ihrer Kleidung, die *schwarzen Jäger* hervorleuchteten. Der Major *von Lützow* errichtete nämlich mit Bewilligung seines Königs eine *Freischaar*, welche für sich bestehend vorzüglich zu kühnen Unternehmungen auf den Seiten und im Rücken des feindlichen Heeres, zu Vorpostengefechten, Ueberfällen und andern raschen Ausführungen bestimmt war. Die Schaar ward in Schlesien errichtet und brach am 29. März 1813 nach Sachsen auf. Zu den vielen hochherzigen Jünglingen in dieser Schaar gehörte auch *Theodor Körner*, eine der edelsten Naturen,

THEODOR KÖRNER'S
GRAB

welche je auf dem vaterländischen Boden gewandelt haben. Er zog dem Feinde nicht allein mit dem *Schwerte*, sondern auch mit der *Leyer* entgegen, und hat durch seine begeisterten Gesänge, die in erhabenen Melodien aus Aller Mund strömten und in Aller Herzen drangen, gewiß manchen Sieg gewonnen; seine *Kriegslieder* werden, wie sein edler Sinn, unsterblich sein. Körner hatte in Sachsen durch eine eigene Aufforderung für die Vergrößerung der lützowschen Freischaar gewirkt und stieß bald zu ihr. Am 25. April 1813 zog die Schaar aus Leipzig mit 1000 Mann Fußvolk und 400 Reitern. Die kühnen Unternehmungen, die verwegene Tapferkeit und die schwärmerische Begeisterung der *Schwarzen* leben noch in den Liedern und im Andenken.

Zuerst fochten die Lützower in Sachsen. Darauf wurden sie der Heeresabtheilung des General=Lieutenants Grafen von Walmoden=Gimborn, und besonders dem General von Tettenborn, der mit den leichten Truppen die Vorhut befehligte, zugetheilt; am 6. Aug. zogen sie von Nauen aus und gingen nach Schwerin. Der Marschall Davoust setzte sich am 16. Aug. von Hamburg aus gegen Meklenburg in Bewegung und besetzte am 23. Aug. Schwerin. Wallmoden war ihm in der rechten Flanke gefolgt und stellte sich, nach dem Gefechte bei Vellahn am 21. Aug., auf den Ebenen nördlich von *Neustadt* und Ludwigslust auf: die Reiterei stand bei Rastow, das Fußvolk bei Lüblow und *Wöbbelin*, die Vorhut unter Tettenborn bei Fahrbinde. Bald begannen die Verbündeten den Angriff, um Davoust von Hamburg abzuschneiden. Tettenborn, der schon bis Warsow vorgedrungen gewesen war, schickte den Major von Lützow mit 100 Reitern seiner Schaar und 100 Kosacken auf die Straße von Schwerin nach Gadebusch zu einem kühnen Streifzuge. Da zeigte sich in der Frühe des 26. August zwischen Schwerin und Gadebusch bei *Rosenberg* ein Transport von feindlichen Wagen mit Lebensmitteln und Kriegsbedarf beladen; im Augenblick waren die Wagen genommen und die Bedeckung in die Flucht geschlagen oder getödtet. Der flüchtige Theil der Feinde hatte sich in ein rechts an der Straße hinter dem rosenberger Kruge liegendes Tannengehölz geworfen und unterhielt von hier kurze Zeit ein Gewehrfeuer; eine Kugel gab hier, außer dem jungen Grafen von Hardenberg, dem edlen *Körner* den Tod, den er geahnt hatte, als er wenige Stunden zuvor in demselben Gehölze sein feurig=wehmüthiges *Schwertlied* dichtete. Als am andern Morgen 3 Uhr die Leiche mit den erbeuteten Wagen und den Gefangenen in *Wöbbelin*, wo die lützowschen Fußjäger im Freien lagerten, angelangt war, ward der edle Sänger, mit Eichenkränzen geschmückt, auf dringenden Wunsch seiner Gefährten unter einer prangenden Eiche auf dem Felde neben dem Dorfe, an der Straße zwischen Schwerin und Ludwigslust, feierlich begraben. Körners einzige Schwester Emma, welche im März 1815 dem geliebten Bruder aus Gram über seinen Verlust nachfolgte, ward neben ihm beigesetzt; ein wundersames Naturspiel deutete bei ihrem Begräbnisse der trauernde Vater auf dieses geschwisterliche Verhältniß: in der Mitte des Stammes theilt sich die kräftige Eiche in zwei Arme, die sich in der Krone wieder vereinigen. Um Pfingsten des J. 1831 ward auch der Vater neben seinen Kindern in die Gruft gesenkt. Noch bis zum J. 1834 ward an dem Todestage Körners am Grabe eine Todtenfeier gehalten. Im Junii 1832 ward hier noch die Schwester der Mutter, Dorothea Stock, beigesetzt; auch die hochbejahrte Mutter des Dichters hat hier ihre Ruhestätte erwählt.

Carl Theodor Körner, Sohn des Appellations=Raths, nachmaligen Staats=Raths Körner, war am 23. Sept. 1791 zu Dresden geboren und empfand schon früh bei ausgezeichneten Anlagen die heiligsten Regungen für Tonkunst und Dichtkunst. Im J. 1808 bezog er die Bergakademie zu Freiburg und im J. 1810 die Universität Leipzig, wo seine ersten Gedichte mit entschiedenem Beifalle aufgenommen wurden. Im August 1811 ging er nach Wien, wo er eine ehrende Anstellung als Theaterdichter erhielt, aber auch seine Begeisterung für das bedrängte Vaterland entflammte. Am 19. März 1813 ging er zu Breslau in die lützowsche Freischaar und trat, nach einem letzten Besuche in Dresden, als Lieutenant zu Leipzig ein. Bei Kitzen ward er in muthigem Kampfe schwer verwundet.

Durch Körner's Familie wurden Eiche und Grab, das unter schönen Anpflanzungen, zu denen der Großherzog Friederich Franz den Boden hergab, ein eisernes Denkmal ziert, mit einer Mauer umschlossen und der Zugang an der Landstraße mit einer Pforte in Gestalt eines Triumphbogens, nach einem Plane von *Schinkel* geziert mit der Inschrift: *Vergesset die treuen Todten nicht*!

Anmerkungen zur Originalfassung und zur Neuausgabe

Im Oktober 1841 kündigt der Schweriner Archivar G.C.F. Lisch das Erscheinen von *Meklenburg in Bildern* an:

»Unter diesem Titel beabsichtigt die J. G. Tiedemann'sche Hof=Steindruckerei zu Rostock von Weihnacht d. J. an eine Sammlung von Bildwerken herauszugeben, welche alles umfassen soll, was für Meklenburg von einiger Bedeutung geworden ist: ein Erinnerungsbuch für die Vergangenheit, Gegenwart und Zukunft.
Da die Erweckung, Belebung und Verbreitung der Vaterlandskunde und dadurch der Vaterlandsliebe Zweck des Unternehmens ist, so wird das Werk das ganze Vaterland umfassen und nach und nach Alles zur Abbildung bringen, was sich Merkwürdiges, Sehenswerthes und Erinnerungswürdiges in Städten, in Flecken und auf dem Lande, an Gegenden, Gebäuden, Denkmälern, Volkstrachten u.s.w. findet; es ist auf Alles für Alle berechnet. Das Unternehmen soll aber nicht allein ein allgemeines für die Gegenwart sein, sondern auch ein historisches; in diesem Sinne werden daher neben den Ansichten von Gegenden, Gebäuden, Denkmälern, Volkstrachten, wie sie jetzt sind, auch Ansichten von Ortschaften, Plätzen, Gebäuden, Trachten und merkwürdigen Personen früherer Zeiten, insofern diese für die Geschichte des Vaterlandes und die Entwickelung einzelner Ortschaften von Bedeutung geworden sind, so viel sich davon noch zusammenbringen läßt, zur Abbildung kommen.
In diesem Geiste eines für das Allgemeine berechneten Unternehmens wird denn auch die allgemeine Theilnahme und Mithülfe in

Diese Anzeige erschien am 31. Oktober 1841 in der Zeitung »Neue wöchentliche Rostock'sche Nachrichten und Anzeigen«.

Mit Bezugnahme auf beiliegende Ankündigung des Herrn Archivar Lisch zu Schwerin, erlaube ich mir für das in meinem Verlage auf Subscription erscheinende Werk:

Meklenburg in Bildern

die rege Theilnahme des gesammten Meklenburger Publicums in Anspruch zu nehmen.
Die heftweise Lieferung und der aufs billigste gestellte Subscriptionspreis dürfte Jedem dies vaterländische Original=Bilderwerk zugänglich machen, für dessen saubere Ausführung und anständige Ausstattung ich besondere Sorge tragen werde.
Das I. Heft wird spätestens Mitte December, also noch vor Weihnacht, abgeliefert, und werden dann im Laufe des nächsten Jahres noch 7 Hefte erscheinen.
Eine Subscriptions=Liste nebst vollständigen Probe=Exemplaren der 3 verschiedenen Ausgaben des I. Heftes mit 3 **Schweriner Ansichten** und dem dazu gehörigen Texte, sowie das **colorirte Trachtenblatt:** „die **Biestower Bauern**" aus dem II. Hefte, werde ich so frei sein um etwa 8 Tage den geehrten Bewohnern Rostocks zur gütigen Unterzeichnung vorlegen zu lassen.
Rostock, den 30. October 1841.

J. G. Tiedemann.

Anspruch genommen; jede Beihülfe wird dankbar anerkannt, jeder Rath, jeder Wunsch freundlich aufgenommen und nach Möglichkeit berücksichtigt werden, und es wird daher um die allgemeine Mitwirkung dringend gebeten.

Die Abbildungen werden von einer geschichtlichen Erläuterung begleitet werden, welche, so wie die Redaction des ganzen Unternehmens, der Unterzeichnete übernommen hat, der ebenfalls um Berücksichtigung der ausgesprochenen Wünsche der Verlags=Anstalt bittet.

Da bei dem Zwecke des Unternehmens eine möglichst allgemeine Verbreitung des Werkes Hauptwunsch und wesentliches Erforderniß ist, so ist der Preis desselben möglichst billig gestellt worden, so billig, daß er wohl schwerlich niedriger gestellt werden kann, und auch Unbemittelten die Anschaffung möglich machen wird. Das Unternehmen wird daher geschmackvollern und sinnreichern Schmuck auch in die Hütten zu verbreiten im Stande sein.

Der Plan, nach welchem die Herausgabe stattfinden soll, wird die Anschaffung noch mehr erleichtern.

Es wird alle 6 Wochen ein brochirtes Heft in gr. 8., mithin werden in jedem Jahre 8 Hefte erscheinen. Jedes Heft enthält 3 lithographirte Original=Ansichten mit geschmackvoller Einfassung in feinster Federzeichnung und 1/2 Bogen Text in elegantem Umschlage, Alles auf gutem Papier. Ein Heft um das andere wird ein sauber colorirtes Blatt, vorzüglich für Volkstrachten bestimmt, oder ein historisches Portrait, oder eine Darstellung eines merkwürdigen Ereignisses, ein Ansichten=Blatt ersetzen, so daß jährlich 4 colorirte Trachten= oder Portraits=Blätter und 20 Ansichten=Blätter geliefert werden. - Das erste Heft wird vor Weihnacht 1841 versandt werden.

Die Subscription, zu welcher hiedurch freundlichst eingeladen wird, verpflichtet nur zur Abnahme der im ersten Jahre (1842) erscheinenden 8 Hefte, die bei der Ablieferung zu bezahlen sind.

Um mehrseitige Anforderungen befriedigen zu können, wird eine dreifache Ausgabe veranstaltet werden, und zwar:

1) mit Bildern auf gutem geleimten Velin=Papier, à Heft 6 Schill., à Jahrgang 1 Rthlr. N 2/3;
2) mit Bildern auf feinstem, dickem Velin= und Chinesischen Papier, à Heft 9 Schillinge, à Jahrgang 1 Rthlr. 24 Schill. N 2/3;
3) mit sauber colorirten Bildern auf feinstem, dickem Velin=Papier, à Heft 14 Schill., à Jahrgang 2 Rthlr. 16 Schill. N 2/3.

Einzelne Hefte der ersten Ausgabe werden, so weit der Vorrath nach Befriedigung der Subscribenten reichen wird, zu 9 Schillingen überlassen.

In allen Städten und Flecken des Vaterlandes wird die Verlags=Anstalt Subscriptions=Listen in Umlauf setzen, und von den Herren Landbewohnern Subscriptions=Bestellungen, je nachdem es gelegen ist, entweder direct, oder durch die auf der Rückseite dieser Ankündigung aufgeführten Herren Commissionaire, portofrei entgegennehmen.

Die einzelnen Hefte werden stets unverzüglich nach ihrem Erscheinen den Commissionairen in den respectiven Städten zur kostenfreien Vertheilung an die Subscribenten ihres Wohnortes franco übersandt; wohingegen die auswärtigen Subscribenten das etwanige geringe Porto von der Stadt, wo sie subscribirten, zu tragen haben.

Man subscribirt auf **Meklenburg in Bildern** entweder directe bei der Verlags=Anstalt, oder bei deren nachbemerkten Herren Commissionairen:

Boitzenburg, Herr G. Lach.
Neu=Brandenburg, Herr Hofbuchhändler L. Dümmler.
Bruel, Herr F. Stutz.
Neu=Buckow, Herr J. C. Tiede.
Bützow, Herr H. Klemm.
Crivitz, Herr Senator C. Schartow.
Dargun, Herr F. C. Peters.
Dassow, Herr Postmeister Homann.
Doberan, Herr Reinhardt.
Dömitz, Herr A. L. Staack.
Feldberg, Hr. Apotheker A. D. Plümecke.
Friedland, Herren A. & C. Heuck.
Fürstenberg, Herr E. Gebert.
Gadebusch, Herr Lehrer Halbach.
Gnoyen, Herr Senator Fr. Stahr.
Goldberg, Herren Brandes & Kleffel.
Grabow u. Ludwigslust, Herr C. Boldemann.
Grevesmühlen, Herr A. Pelzer.
Güstrow, Herren Opitz & Cie
Hagenow, Herr J. L. Pitschner.
Neu=Kalden, Herr A. Ascher.
Klütz, Herr Fr. Rubin.
Kotelow, Herr Pastor Mussehl.
Krakow, Herr G. Koenemann.
Kröplin, Herr Rector Schönherr.
Laage, Herr F. Bonneval.
Lübz, Herr Senator F. H. Wolff sen.
Malchin, Herr A. C. Scherzer.
Malchow, Herr Fr. Dalitz.
Marlow, Herr Senator E. Fr. Schlie.
Neustadt, Herr Senat. F. H. Fabricius.
Parchim, Herr Kunsthändler J. Pirscher.
Penzlin, Herr Fr. Schroeder.
Plau, Herr Joh. Höppener.
Ratzeburg, Herr J. C. Caller.
Rehna, Herr J. A. F. Stubbendorf.
Ribnitz, Herr J. C. Lembke.
Roebel, Herr W. H. Pintz.
Schönberg, Herr Buchdrucker L. Bicker.
Schwaan, Herr Pastor Koch.
Schwerin, die Stiller'sche Hofbuchhandlung.
Stargard, Herr Actuarius Thiele.
Stavenhagen, Herr J. C. Tessen.
Sternberg, Herr F. Eggebrecht.
Alt=Strelitz, Herr Apotheker J. H. Behrend.
Neu=Strelitz, Herr Hofbuchhändler L. Dümmler.
Sülz, Herr Gastwirth Schwarz.
Tessin, Herr C. Kloß.
Teterow, Herr G. Kliefoth.
Valluhn, Hr. Steuer=Controleur Schuppmann.
Wahren, Herr C. H. Zeumer.
Warin, Herr H. Witte.
Wismar, Herr Fr. Fuhrmann.
Wittenburg, Herr A. C. Schubart.
Woldegk, Herr Senator C. F. Herzog.

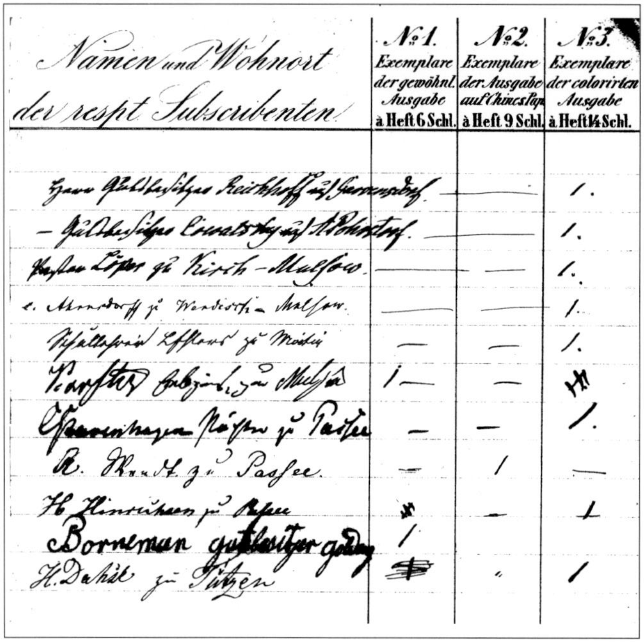

Namen und Wohnort der respt. Subscribenten	№ 1. Exemplare der gewöhnl. Ausgabe à Heft 6 Schl.	№ 2. Exemplare der Ausgabe auf Chinesl.Pap. à Heft 9 Schl.	№ 3. Exemplare der colorirten Ausgabe à Heft 14 Schl.
[illegible]	—	—	1.
[illegible]	—	—	1.
[illegible] zu Kirch-Mulsow	—	—	1.
[illegible] zu Wendorf-Mulsow	—	—	1.
[illegible]	—	—	1.
[illegible]	1	—	[illegible]
[illegible] zu Passee	—	—	1.
R. [illegible] zu Passee	—	1	—
H. [illegible]	[illegible]	—	1
Borneman [illegible]	1		
H. Dahl zu Pützen	[illegible]	"	1

Meklenburg in Bildern
redigirt und mit erläuterndem Texte begleitet
von
G. C. F. LISCH,
grossherzogl. meklenburgischem Archivar.
1. Heft 1842.
Subscr. Pr. 6 Schill.
Lithographie, Druck, Verlag
der J. G. Tiedemann schen Hof-Steindruckerei zu Rostock.

Wer jedoch auf die zweite oder dritte Ausgabe subscribirt und gleichzeitig den Betrag eines vollen Jahrganges mit resp. 1 Rthlr. 24 Schill. oder 2 Rthlr. 16 Schill. N 2/3 pränumerando der Verlags=Anstalt direct übermacht, dem werden von solcher die einzelnen Hefte unverzüglich nach deren Erscheinen postfrei zugesendet.
Da die Ausdehnung des Unternehmens nur durch den Stoff, der sich bei seinem Reichthume nicht übersehen läßt, beschränkt ist, so wird die Ausführung desselben von der Lebendigkeit der Theilnahme abhangen. So lange der Absatz die sehr bedeutenden Kosten deckt, wird das Werk fortgesetzt; es wird nur durch Erschöpfung des Stoffes oder durch Befriedigung der Theilnehmer ein Ende erreichen. Im Vertrauen auf die Gunst des Publikums wird für den ersten Jahrgang die Einrichtung auf eine Gesammtauflage von 4000 vollständigen Exemplaren getroffen werden.
Es soll übrigens ein möglichst großer Wechsel in den Abbildungen stattfinden, so daß nach und nach alle Gegenden und Ortschaften des Vaterlandes an die Reihe kommen. Im ersten Jahrgange sollen namentlich Ansichten von Neubrandenburg, Doberan, Neustadt, Ratzeburg, Rostock, Schwerin und Wismar nebst den dahin gehörenden Volkstrachten zur Abbildung gelangen.
Und so sei der Theilnahme des ganzen Publicums ein Unternehmen übergeben, welches ganz und allein auf diese Theilnahme gegründet ist.«

Nach dieser gemeinsamen Ankündigung von Verleger und Herausgeber vergingen nur wenige Tage, bis das Probeheft in dreifacher Ausstattung zur Vorbestellung eines Jahrganges vorlag. Schon am 18.11.1841 konnte man in den *Rostock'schen Nachrichten* eine erste Rezension dieser Subskriptionsausgabe lesen, die auch das Interesse an dem geplanten Vorhaben fördern sollte. Dem ersten Heft war eine Kurzinformation des Verlages bei-

Rezension des Probeheftes in der Zeitung »Neue wöchentliche Rostock'sche Nachrichten und Anzeigen« vom 18. November 1841.

Todesstätten.« Er nennt das Einweihungsfest »eins der schönsten, welches der Mensch dem Menschen geben kann, und wobei er, Raum und Entfernung verkürzend, den süßen Traum allgemeiner Brüderschaft der Völker zu verwirklichen strebt.«

In der großen Gußeisenwaarenfabrik des Hauses Braham und Robinson zu London (Belgraveplatz, Pimlico) ist so eben ein 105 Fuß hoher Leuchthurm vollendet worden, welcher ganz aus Gußeisenplatten besteht, und für das auf der Westküste der britischen Antilleninsel Jamaika gelegene Cap Mordant bestimmt ist. Dieses Wunderwerk der neuesten Eisengußtechnik ist auf Bestellung der Admiralität in der unglaublich kurzen Zeit von zwei Monaten mit wahrer Eisenbahnschnelle vollendet worden, wiegt nicht mehr als 100 Tonnen (2000 Ctr.) und kommt in Bausch und Bogen, nämlich Riß, Bau, Verschiffung über den atlantischen Ocean und Aufstellung auf dem Mordant-Vorgebirge, nicht über 7000 Pfd. Sterl. zu stehen! —

Literarisches.

Meklenburg in Bildern,

redigirt u. mit erläuterndem Texte begleitet
von
G. C. F. Lisch,
Großherzogl. meklenburg. Archivar.

Lithographie u. Verlag d. Tiedemann'schen Hof-Steindruckerei zu Rostock.

Unter diesem Titel verheißt uns die von dem eben genannten Verleger kürzlich desfalls in Umlauf gesetzte Subscriptions-Einladung »eine Sammlung von Bildwerken, welche alles umfassen soll, was für Meklenburg von einiger Bedeutung geworden ist,« — und Referent, dem das bereits fertige erste Heft dieser Sammlung mit der Subscriptions-Liste zu Gesicht gekommen, mag um so weniger unterlassen, durch eine kurze Anzeige die Aufmerksamkeit Anderer auf dies vaterländische Kunst- und Literatur-Product hinzuleiten, je mehr auch ihm in letzterem ein sehr geeignetes Mittel zur »Erweckung, Belebung und Verbreitung der Vaterlandskunde und dadurch der Vaterlandliebe,« — dies ist der im Prospecte namhaft gemachte Zweck des Unternehmens, — vorzuliegen, somit aber auch das Unternehmen selber volle Anerkennung und Beförderung zu verdienen scheint.

Es soll hier, wie der Plan besagt, nach und nach alles zur Abbildung gebracht werden, was sich Merkwürdiges, Sehenswerthes und Erinnerungswürdiges an Gegenden, Gebäuden, Denkmälern, Volkstrachten u. s. w. irgendwo in Meklenburg findet, oder in früheren Zeiten fand, soweit sich hievon für die Geschichte des Vaterlandes und die Entwickelung einzelner Ortschaften bedeutungsvoll gewordenes noch jetzt zusammenbringen läßt.

Die jedesmaligen Abbildungen verheißt der Redacteur, Herr Archivar Lisch in Schwerin, mit geschichtlichen Erläuterungen zu begleiten, — und hiedurch eben werden die Bildwerke um so mehr erst einen besonderen Werth erhalten, je mehr der Herr Verfasser durch seine bisherigen Arbeiten im historischen Fache zu dieser Leistung wohlbefähigt erscheint. Die zum ersten Hefte gehörigen und mit demselben schon vorliegenden Erläuterungen haben den Ref. sehr angesprochen, indem sie in einer sehr planen Darstellungsweise einen gedrängten, aber genügenden, Abriß von dem Geschichtlichen des abgebildeten Gegenstandes enthalten.

Alle sechs Wochen soll ein Heft von drei Original-Ansichten, nebst einem halben Bogen Text ausgegeben, ein Heft um das andere aber eins von den Ansichtenblättern durch ein colorirtes, besonders für Volkstrachten bestimmtes Blatt, durch ein historisches Portrait, oder durch eine Darstellung eines merkwürdigen Ereignisses ersetzt, somit aber jährlich die Anzahl von vier colorirten Trachten- oder Portraitblättern und 20 Ansichtenblättern geliefert werden.

Für den ersten Jahrgang werden uns Ansichten von Schwerin, Rostock, Wismar, Doberan, Neustadt, Ratzeburg und Neubrandenburg verheißen, und schon jetzt liegen in dem ersten Hefte an Abbildungen vor: 1) die Stadt Schwerin (von der wismarschen Chaussee aus;) 2) der Dom zu Schwerin; 3) das alte Schloß daselbst, und als Trachten-Probeblatt überdies die colorirte, recht gelungene Abbildung eines Bauern und einer Bäuerin aus Biestow, bei Rostock.

Das obengedachte erste Heft liegt uns in einer dreifachen Ausgabe vor, deren eine à Heft 6 ßl., oder für den ganzen Jahrgang von 8 Lieferungen 1 Rthlr., — die zweite, auf noch dickerem Velin- und chinesischem Papier, 9 ßl., oder für das Jahr $1\frac{1}{2}$ Rthlr., — die dritte endlich, mit colorirten Bildern, 14 ßl., oder à Jahr 2 Rthlr. 16 ßl. kosten soll, — ein Preis, bei dem Ref. in der Erklärung des Verlegers: daß der Preis möglichst billig gestellt worden, keineswegs eine nichtssagende Wiederholung der zum Ueberdruß bekannten Redensart findet, indem der Betrag von zwei Schillingen für ein Blatt der ersterwähnten Ausgabe, den jedenfalls werthvollen Erläuterungstext noch ganz ungerechnet, offenbar so niedrig ist, daß dabei ein besonderer Gewinn für den Verleger sehr problematisch werden und die Bemerkung des Letzteren: daß das Unternehmen nur durch eine rege Theilnahme des Publikums bestehen könne, leicht begreiflich erscheinen muß.

Je mehr nun Ref. in diesem Unternehmen ein zu dem oben dargelegten Zwecke sehr geeignetes und somit wirklich Nutzen bringendes gewahrt, um so mehr würde es ihn freuen, wenn er durch diese wenigen Worte irgend etwas zur Vergrößerung jener erwarteten regen Theilnahme des Publicums beizutragen und es zu hindern vermöchte, daß nicht aus Mangel an literarischem Patriotismus hier das Gute zugleich mit dem Schlechten übersehen und ein wahrhaft nützliches Literatur-Erzeugniß mit einer bloßen Buchhändler-Speculation verwechselt werde. †.

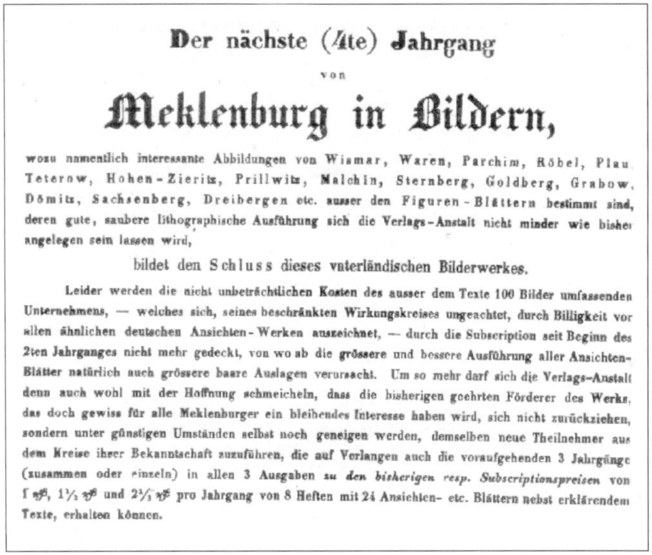

Der nächste (4te) Jahrgang

von

Meklenburg in Bildern,

wozu namentlich interessante Abbildungen von Wismar, Waren, Parchim, Röbel, Plau Teterow, Hohen-Zieritz, Prillwitz, Malchin, Sternberg, Goldberg, Grabow, Dömitz, Sachsenberg, Dreibergen etc. ausser den Figuren-Blättern bestimmt sind, deren gute, saubere lithographische Ausführung sich die Verlags-Anstalt nicht minder wie bisher angelegen sein lassen wird,

bildet den Schluss dieses vaterländischen Bilderwerkes.

Leider werden die nicht unbeträchtlichen Kosten des ausser dem Texte 100 Bilder umfassenden Unternehmens, — welches sich, seines beschränkten Wirkungskreises ungeachtet, durch Billigkeit vor allen ähnlichen deutschen Ansichten-Werken auszeichnet, — durch die Subscription seit Beginn des 2ten Jahrganges nicht mehr gedeckt, von wo ab die grössere und bessere Ausführung aller Ansichten-Blätter natürlich auch grössere baare Auslagen verursacht. Um so mehr darf sich die Verlags-Anstalt denn auch wohl mit der Hoffnung schmeicheln, dass die bisherigen geehrten Förderer des Werks, das doch gewiss für alle Meklenburger ein bleibendes Interesse haben wird, sich nicht zurückziehen, sondern unter günstigen Umständen selbst noch geneigen werden, demselben neue Theilnehmer aus dem Kreise ihrer Bekanntschaft zuzuführen, die auf Verlangen auch die voraufgehenden 3 Jahrgänge (zusammen oder einzeln) in allen 3 Ausgaben *zu den bisherigen resp. Subscriptionspreisen* von 1 Thlr, 1½ Thlr und 2⅔ Thlr pro Jahrgang von 8 Heften mit 24 Ansichten- etc. Blättern nebst erklärendem Texte, erhalten können.

gelegt, in der es hieß: »Die mit der Herausgabe verbundenen Kosten sind so bedeutend, daß solche die bisher subscribirten (...) 2500 Exemplare, der billigen Preisstellung wegen, noch nicht decken.« Der Absatz konnte 1842 noch verbessert werden, denn Tiedemann schrieb im Mai 1843: »Von dem ersten Jahrgange dieses Bildwerkes (...) wurden über 3000 Exemplare allein in Meklenburg abgesetzt.« Doch der Verlag ist mit dem erzielten Umsatz nicht zufrieden und wahrscheinlich liegt hierin auch der Grund für die Ankündigung Ende des Jahres 1844: »Dieser (4te) Jahrgang von Meklenburg in Bildern (...) bildet den Schluss dieses vaterländischen Bilderwerkes. Leider werden die nicht unbeträchtlichen Kosten des ausser dem Texte 100 Bilder umfassenden Unternehmens (...) durch die Subscription seit Beginn des 2ten Jahrganges nicht mehr gedeckt, von wo ab die grössere und bessere Ausführung aller Ansichten-Blätter natürlich auch grössere baare Auslagen verursacht.«

Mit 32 Heften, die in vier Jahrgängen von 1842-1845 erschienen, findet *Meklenburg in Bildern* seinen Abschluß; der Verlag legte dem letzten Heft ein Haupttitelblatt sowie Inhaltsverzeichnisse aller vier Jahrgänge bei. Tiedemann verwandte Ansichten-, Trachten- und Militärblätter in vielfacher Weise, so zum Beispiel für regionale Ansichtenmappen, für Briefbögen, Tableaus und Ansichtskarten. Wer die Vorlagen für die Ansichten dieses Bandes lieferte, konnte nicht ermittelt werden.

Eine »Sammlung von Bildwerken herauszugeben, welche alles umfassen soll, was für Meklenburg von einiger Bedeutung geworden ist«, hatten Lisch und Tiedemann ihrem mecklenburgischen Publikum bei der Ankündigung ihres Vorhabens versprochen. Das Erscheinen wurde jährlich geplant und angekündigt. So hieß es in der Ankündigung des zweiten Jahrganges bei Lisch: Es werden »die Städte und Orte Rostock, Schwerin, Neubrandenburg und Nemerow oder Strelitz, Güstrow, Dargun, Ludwigslust und einige Landschlösser und die Seebäder zur Abbildung kommen und dabei die dazu passenden Volkstrachten, Portrait- und Militair-Bilder geliefert werden.« Dieses Verfahren führte dazu, daß z.B. Bilder und Texte zu den Städten Rostock und Schwerin in drei Jahrgängen und zu den Städten Güstrow, Neubrandenburg und Wismar in zwei Jahrgängen erschienen. Wiederholungen und Überschneidungen blieben so nicht aus, die auch der heutige Leser in Kauf nehmen muß.

Die Herausgeber hielten es aber für wesentlicher, dieses für die mecklenburgische Geschichte wichtige und bedeutende Werk vollständig herauszugeben. Korrekturen wurden daher nur bei offensichtlichen Schreib- und Setzfehlern vorgenommen. Die vorliegende Ausgabe basiert auf einer thematischen Zusammenführung der Bilder und Texte, erschlossen durch ein ausführliches Inhaltsverzeichnis. Die regionale Zuordnung der Fürsten- und Trachtenbilder wurde beibehalten, nur die Militärblätter sind zusammengestellt worden.

Die Abbildungen auf den vier Titelblättern, die in keiner Ausgabe koloriert waren, wurden den jeweiligen Orten zugeordnet und vergrößert in den Text eingefügt. Bilder und Texte zu den Orten Dargun, Doberan und

Schwerin.

Schwerin, oder nach alter Schreibart Zuerin oder Suerin, seit fast fünfhundert Jahren die Hauptresidenz der meklenburgischen Fürsten und vorher an zweihundert Jahre Residenz der Grafen von Schwerin, ist die einzige Stadt in den wendischen Ostseeländern, welche seit uralter Zeit ununterbrochen den Ruhm einer Residenz und Hauptstadt behauptet hat. In einer durch Fruchtbarkeit und durch Wasser- und Waldreichthum gleich ausgezeichneten Gegend, einer der reizendsten Norddeutschlands, gelegen, leitet sie ihren Ursprung aus den Zeiten der Wenden her, welche dem Orte den Namen Zuerin, d. h. Thiergarten oder Lustwald, gaben, einen Namen, mit dem noch heute wendische Völker ihre Lusthaine belegen; die ältern Lobredner der Stadt werden nicht müde, die Gegend von Schwerin mit der Lage der Stadt Capernaum am galiläischen Meere zu vergleichen. Schwerin liegt nämlich am Südende des mit reichen Hügelufern und Inseln geschmückten großen schweriner Sees, welcher an drei Meilen lang und eine halbe Meile breit ist, und wird außerdem noch von fünf kleinern Seen bespült.

Die Stadt Schwerin verdankt ihren Ursprung der wendischen Burg gleichen Namens, welche an der Stelle des jetzigen alten Schlosses, auf einer kleinen Insel, lag. Die wendischen Hauptorte oder Vesten waren nämlich nur kleine, auf Inseln oder in Mooren aufgeworfene Erdwälle von ungefähr tausend Schritten Umfang. In Friedenszeiten mochten sich unter dem Schutze dieser Vesten vor denselben Anbauer in größerer Anzahl ansiedeln; diese zerstoben jedoch in die Wälder, sobald ein Kriegssturm hereinbrach: von einer wendischen Stadt im neuern Sinne kann also nicht die Rede sein. Zuerst erscheint Schwerin (Zuarin) im J. 1018 als Veste des Obotriten-Königs Mistizlav; aber erst 150 Jahre später tritt sie in die zusammenhangende Geschichte: in der Mitte des 12ten Jahrhunderts war sie eine der Hauptvesten des letzten Wendenkönigs Niklot.

Erste Textseite des ersten Heftes von 1842.

Beispiel einer Ansicht aus dem ersten Heft, einfache Ausführung.

Güstrow wurden den Residenzen und Klöstern bzw. den Residenzen und Vorderstädten zugeordnet, um ihrer unterschiedlichen Bedeutung gerecht zu werden.

Der Vergleich mit den im Anhang abgedruckten Seiten des ersten Heftes von 1842 zeigt, daß das Satzbild verändert und der Text den Bildern zugeordnet wurde. Das kleine Format der Bilder war schon 1842 kritisiert worden, so daß sich Tiedemann für größere Abbildungen entschied und im Gegenzug auf die kunstvollen Rahmen verzichtete. Der Verlag entschloß sich jetzt zu einer Vergrößerung aller Bilder und wählte eine neue Rahmenlösung. Die auf den Vorsatzblättern abgebildete Karte von Mecklenburg-Schwerin und Strelitz aus dem Jahre 1845 ist vorne unverändert abgedruckt, hinten hingegen wurden alle Orte gekennzeichnet, die in diesem Buch mit zeitgenössischen Lithographien vertreten sind.

Nach 150 Jahren erscheint somit *Meklenburg in Bildern* wieder, Verlag und Herausgeber wünschen dem Klassiker zur mecklenburgischen Geschichte auch heute ein interessiertes Publikum.

MEC
SCHW
DIE OST-SEE
MECKLENBURG SCHWERIN
Holstein
Busen v. Lübeck
Oster Brok
Dahme
Wustrow
Saaler Bodden od. Bluck See
Fischland
Ribnitz
Warnemünde
Warnow
Seebad
Doberan
Rostock
Kessin
Sülze
Gr. Wustrow
Gr. Tiff
Poel
I. Poel
I. Wallfisch
Lieps
Wismar
Neu Kloster
Bützow
Dargun
Güstrow
Teterow
Malchin
Malchiner S.
Basedow
Rehna
Gadebusch
Ratzeburg
SCHWERIN
Sternberg
Lauenburg
Goldberg
Plau
Plauer S.
Malchow
Waren
Penzlin
Lübz
Bruch
Elde
Wöbbelin
Parchim
Neustadt
Die Müritz See
Röbel
Ludwigslust
Elbe
Dömitz
Kgr. Hannover
Provinz
Brandenburg
n. Berlin
54
53
30
29°
30
30°
30